KB139864

홍길동전 필사본 연구

이윤석

연세대학교 국어국문학과 교수

저역서

『임경업전 연구』
『홍길동전 연구』
『남원고사 원전비평』
『용비어천가』

논문

경판 〈설인귀전〉 형성에 대하여
김태준 『조선소설사』 검토
방각본 『십구사략』 간행의 양상과 의미
상업출판의 관점에서 본 19세기 고지도
고수관이 부른 노래는 판소리인가

홍길동전 필사본 연구

값 34,000원

2015년 2월 17일 초판 인쇄
2015년 2월 25일 초판 발행

저　　자 : 이 윤 석
발 행 인 : 한 정 희
발 행 처 : 경인문화사
서울특별시 마포구 마포동 324 - 3
전화 : 718 - 4831~2, 팩스 : 703 - 9711
이메일 : kyunginp@chol.com
홈페이지 : 한국학서적.kr / www.kyunginp.co.kr
등록번호 : 제10 - 18호(1973. 11. 8)

ISBN : 978-89-499-1064-2　93910

홍길동전 필사본 연구

이 윤 석 지음

景仁文化社

머리말

필자는 <홍길동전>의 작자가 허균이라는 학계의 통설이 잘못이라는 사실을 오랫동안 지적해왔다. 그러나 <홍길동전> 작자에 대한 합리적인 논의의 장은 제대로 열리지 못하고 있다. 대부분의 고소설 연구자들은 현재까지 알려진 <홍길동전>의 여러 이본 가운데 허균이 지은 것이라고 말할 수 있는 것은 없다고 생각한다. 그리고 허균이 한글소설을 썼을 것이라는 데 대해 의문을 갖고 있으면서도 한글소설 <홍길동전>의 작자는 허균이 아니라고 말하기 어려워한다. 이러한 현상의 밑바탕에는 한국문학사를 위해서는 허균이 <홍길동전>의 작자라고 말하는 것이 좋겠다는 생각이 깔려 있다.

<홍길동전> 허균 창작설의 근거는, 1674년에 간행된 이식(李植, 1584~1647)의 『택당집(澤堂集)』에 "허균은 수호전을 흉내 내 홍길동전을 지었다(筠又作洪吉同傳以擬水滸)"는 구절이다. 이식은 뛰어난 문장가로 높은 벼슬을 한 인물이고, 그의 문집 『택당집』은 조선후기에 여러 차례 간행되었다. 조선후기에 『택당집』은 쉽게 볼 수 있는 책이었고 허균도 유명한 인물이었으므로, "허균이 홍길동전을 지었다."는 구절은 『택당집』을 읽은 사람이라면 대체로 알고 있는 내용이라고 보아야 한다. 그러나 조선시대 어느 누구도 『택당집』의 이 구절을 한글소설 <홍길동전>과 연결시켜 생각하거나 말하지 않았다.

김태준은 1930년 동아일보에 연재한 '조선소설사'에서 <홍길동전>의 작자 허균에 대해서 언급한 일이 있다. 그동안 국문학계에서는 이 글

이 <홍길동전>의 작자를 허균이라고 한 첫 번째 발언이라고 여겨왔다. 그러나 경성제국대학 교수 다카하시 토오루[高橋亨]는 1927년 그의 논문 「조선문학 연구-조선의 소설」에서 『택당집』을 인용하여 <홍길동전>의 작자를 허균이라고 말한 바 있다. 조선시대 『택당집』을 읽은 많은 사람들 가운데 한글소설 <홍길동전>의 작자를 허균이라고 말한 사람은 아무도 없는데, 다카하시는 『택당집』의 '洪吉同傳'과 한글소설 <홍길동전>을 연결시켜 <홍길동전>의 작자를 허균이라고 말했다. 다카하시가 <홍길동전>의 작자를 허균이라고 얘기한 후, 그의 경성제국대학 제자인 김태준, 조윤제, 김사엽 등 1세대 한국문학 연구자들은 '허균이 쓴 <홍길동전>'의 연구를 더욱 심화시켜나갔다. 그리고 이들의 연구를 바탕으로 <홍길동전>의 작자, 주제, 영향관계 등등의 다양한 연구가 현재도 계속되고 있다.

<홍길동전>은 그 형식과 내용이 19세기에 유행한 전형적인 한글소설이다. 이 한글소설의 작자는 권력이나 양반지식층과는 거리가 먼 무명의 시정인이다. 그리고 이들 무명작가가 쓴 작품을 읽고 즐긴 독자들도 바로 작가와 같은 계층의 사람들이다. <홍길동전>을 허균과 연결시켜 영광스러운 문학사를 서술하고 싶어 했던 1930년대 식민지 지식인의 열정은 그 나름대로 의미가 있다. 그러나 이제 <홍길동전>을 원래 작자와 독자에게 돌려주고, 그들이 얘기하고 싶어 했고 또 얘기했던 것이 무엇인가를 밝히는 작업이 필요한 때가 온 것 같다. 한글소설 <홍길동전>의 작자를 허균이라고 말하면서 허균의 생각으로 <홍길동전>을 재단하는 무의미한 일을 더 이상 계속할 필요는 없다. 그러나 이런 작업이 제대로 이루어지기 위해서는, <홍길동전>은 누가 만들었고, 또 어떻게 유통되었나 하는 문제에 대한 정치한 연구가 필요하다.

최근 필자는 방각본 <홍길동전> 교주본(2014, 연세대학교 대학출판문화원)을 냈다. 이 책에는 경판 30장본과 완판 36장본의 현대어 교주와

함께 경판본 사이의 축약 양상을 파악할 수 있도록 이본의 내용을 비교한 자료도 실었다. <홍길동전> 방각본은 경판 5종, 완판 2종, 안성판 2종 등으로 현재 9종이 알려져 있는데, 경판본과 안성판본은 모두 경판 30장본과 같은 내용의 이본에서 나온 것이고, 완판본은 36장본이 34장본에 선행한다. 이처럼 방각본 내의 상호관계는 선명하게 파악할 수 있으나, 방각본의 원천이 무엇인지에 대해서는 이제까지 아무도 얘기하지 못했다. 그러나 이 문제를 해결하지 못하면, 누가 <홍길동전>을 썼고, 또 어떤 과정을 거쳐 다양한 이본이 만들어졌는가를 알아낼 길이 없다.

방각본 소설의 원고는 어디서 왔을까? 이 문제에 대한 답을 명확하게 제시할 수 있을 때 비로소 고소설의 작자와 유통 문제에 대한 해답의 실마리를 얻을 수 있다. 고소설 연구자들이 바라보는 방각본은 한글 고소설뿐이지만, 방각본에는 『남훈태평가』 같은 노래책, 『대동여지도』나 「수선전도」 같은 지도, 『간독정요』나 『사요취선』과 같은 한문 교양서 등 여러 가지가 있다. 방각본 고소설만이 아닌 방각본 전체를 시야에 넣고 바라보아야 전체적인 방각본의 상을 파악할 수 있다. 이렇게 방각본 전체상을 어느 정도 잡아낼 수 있게 되면, 방각본은 창작물이 아니라 선행하는 어떤 것을 그대로 옮기거나 축약했다는 사실을 알 수 있게 된다. 그리고 이와 같은 방각본의 일반적 특징은 고소설 방각본에도 그대로 적용된다. 즉, 방각본 소설은 선행하는 어떤 것을 저본으로 그것을 그대로 옮기거나 또는 축약한 것이다. 이때 '선행하는 어떤 것'이란 방각본일 수도 있고 필사본일 수도 있으며, 외국책일 수도 있고 조선 책일 수도 있다. 선행하는 어떤 것이 방각본일 경우는 방각본 이본 사이의 내용비교를 통해 그 계보를 확인할 수 있으나, 방각본이 아닐 경우에는 그 저본을 찾아내기 위해서는 다양한 이본을 조사해야만 한다. 경판 <홍길동전> 가운데 가장 앞선 30장본의 원천을 찾아내기 위해서는 다양한 필사본 이본을 검토하지 않으면 안 된다.

방각본은 상업출판물이고, 출판업자는 이익을 위해서 방각본을 출판한다. 그러므로 방각본 업자가 어떤 책을 출판할 때 고려하는 가장 중요한 기준은 이익을 낼 수 있는가 없는가 하는 점이다. 방각본 업자가 기존에 잘 알려진 것을 번각(飜刻)하거나 축약해서 출판하는 이유는, 유행하는 작품을 간행하면 어느 정도 판매가 보장되기 때문이다. 그러므로 방각본 업자로서는 당대의 독자들에게 인기를 끄는 작품이 무엇인가를 파악하는 일이 중요하다. 18세기 중반부터 한글소설은 세책으로 유행하게 되고, 19세기 전반에 방각본 소설은 본격적으로 나타나기 시작한다. 방각본 소설은 세책으로 인기를 얻은 작품을 축약해서 출판한 것임을 알 수 있다. <홍길동전>도 예외가 아니어서, 최초에 세책집에서 만들어서 빌려주던 책이 인기를 끌게 되자 다른 세책집에서도 이 책을 베껴서 빌려주고, 또 세책을 축약한 방각본이 간행되자 이 방각본을 번각하거나 축약한 여러 종의 방각본이 나오게 된 것이다. 경판 방각본만이 아니라 완판 방각본도 서울의 세책을 바탕으로 만든 것이다. 다만 완판은 단순한 축약이 아니라 상당한 변이가 이루어져서 개작 수준의 작품이 되었다.

이 책에는 필자가 그동안 이런 문제에 대해서 발표한 여섯 편의 논문과 네 종의 필사본 이본을 현대어로 옮긴 것을 실었다. 논문의 출처는 아래와 같다.

① 「홍길동전 작자 논의의 계보」, 『열상고전연구』 36집, 2012
② 「홍길동전 연구의 문제」, 『고소설연구사』(월인, 2002)
③ 「경판 홍길동전 축약의 양상과 그 의미」, 『열상고전연구』 40집, 2014
④ 「홍길동전 55장본 개작에 대하여」, 『열상고전연구』 13집, 2000
⑤ 「동양문고본 홍길동전 연구」, 『동방학지』 99집, 1998
⑥ 「홍길동전 필사본 89장본에 대하여」, 『애산학보』 9집, 1990

여섯 편의 논문의 내용을 간단히 소개하기로 한다.

①은 <홍길동전> 작자를 허균이라고 처음 얘기한 사람이 김태준이 아니라 김태준의 스승인 다카하시 토오루라는 것을 밝힌 글이다. 그리고 식민지시기 경성제국대학 교수 다카하시의 이 발언이 그 이후 어떤 영향을 미쳤는가를 분석했다. 또 '훌륭한' 한국문학사를 위해서 <홍길동전>의 작자가 허균이 될 수밖에 없었던 상황을 검토하고, 더 이상 이런 식의 <홍길동전> 논의가 필요하지 않다는 점을 얘기했다.

②는 기존 <홍길동전> 연구의 문제점을 얘기한 글이다. <홍길동전> 분석이 1930년대 김태준의 논의를 벗어나지 못하고 있는 현실을 지적하고, <홍길동전>을 이해하기 위해서는 다양한 이본을 정치하게 읽어낼 필요가 있음을 말했다. 그리고 그동안 작품 해석이나 허균의 생각을 읽어내는 근거로 이용해온 「서유록발(西遊錄跋)」에 대한 논의를 살펴보았는데, 「서유록발」의 텍스트 선정에서부터 해석에 이르기까지 그 논의가 매우 허술하게 이루어졌음을 알 수 있었다. 이 글은 기존의 <홍길동전> 연구가 정밀하게 이루어지지 않았음을 드러낸 것이다.

③은 경판(안성판 포함) 7종의 <홍길동전> 이본의 내용을 비교하여, 이 가운데 가장 앞선 것은 경판 30장본이고, 나머지 6종은 경판 30장본에서 파생된 것임을 밝힌 논문이다. 이 글에서 경판 30장본은 세책(조종업본)을 저본으로 축약한 것임을 밝혔다. 이러한 사실을 통해 <홍길동전>의 작자는 세책집과 관련을 맺고 있는 인물이며, 세책으로 인기를 얻은 작품을 축약해서 만든 것이 경판 소설임을 알 수 있게 되었다. 이 논문에서 필자는 세책집이 고소설의 창작과 유통의 중심에 있었다는 사실을 구체적으로 확인했다.

④에서 다룬 55장본은 현재까지 필자가 본 30여 종의 <홍길동전> 이본 가운데 가장 특이한 내용을 갖고 있는 이본이다. 55장본의 개작자는 기본 줄거리는 그대로 둔 채 여기에 독자들에게 익숙한 여러 가지

이야기를 덧붙여서 더 재미있는 <홍길동전>을 만들어 내려고 했다. 그간 학계의 <홍길동전> 분석은 주로 이념적인 것이었는데, 이러한 작품 해석은 <홍길동전>을 읽던 독자들의 생각과는 동떨어진 것인지도 모른다. 비단 55장본처럼 그 변이의 폭이 크지 않더라도 현존하는 모든 이본은 각기 내용상의 변이를 갖고 있으므로, 연구자는 이 내용상의 변이를 어떻게 해석할 것인가를 잘 생각해보아야 한다. 이 논문은 <홍길동전>의 다양한 이본에 대한 검토가 필요함을 얘기한 것이다.

⑤는 일본 동양문고에 소장된 3권 3책의 필사본 이본을 다룬 글이다. 동양문고에는 1900년 무렵 서울에서 유통되던 세책 약 300여 책 소장되어 있는데, 이는 현재 남아 있는 세책 고소설 총량의 반 정도 되는 숫자이다. <홍길동전>도 이 세책 가운데 하나이다. 동양문고본 제2권까지는 경판 30장본과 거의 자구가 일치하는데, 제3권의 율도국 대목은 경판 30장본에 비해 매우 확장되었다. 필자가 이 논문을 쓸 무렵(1998년)에는 아직 세책에 대한 이해가 없었기 때문에, 이 논문에서는 <홍길동전> 연구에서 세책 연구가 필요하다는 점을 강조한 정도에 그쳤다.

⑥은 1980년대까지 경판과 완판에 집중되어 있는 학계의 <홍길동전> 연구의 진부함에 새로운 활력을 불어넣기 위해 필사본 가운데 중요한 이본으로 판단한 89장본을 다룬 논문이다. 이 논문을 쓰던 1990년에 필자가 다룬 필사본 이본은 다섯 종에 불과했으므로, 89장본이 경판 30장본에 선행한다는 정도까지만 얘기할 수 있었다. 그러나 이후에 조종업 교수 소장본 세책과 내용 비교를 통해 89장본은 조종업본과 같은 계열임을 밝혀낼 수 있게 되었다.

①과 ②는 기존의 <홍길동전> 연구에 어떤 문제가 있는가 하는 점을 밝힌 글이다. 이미 1997년에 간행한 필자의 『홍길동전 연구』에서 이런 문제는 대부분 얘기한 것이지만, <홍길동전>의 작자를 허균이라고 처음 말한 사람은 일본인이고, 그 시기가 1927년이라는 사실은 ①에서

처음 얘기한 것이므로 이 책에 실었고, ②는 <홍길동전>과 허균을 연결시켜 논의할 때 연구자들이 인용한 자료에 어떤 문제가 있는가 하는 점을 드러내기 위해서 실었다. 나머지③~⑥은 이 책에 실은 네 개의 필사본 이본에 관한 논문이다.

이 책에 실은 네 개의 필사본 이본은 <홍길동전> 이본 가운데 중요한 위치에 있는 이본이다. 네 이본을 간단히 소개하면 아래와 같다.

㉮ 89장본 : 현재 단국대학교 율곡도서관에 소장되어 있다. 인터넷을 통해서 원문 서비스를 하므로 원문을 볼 수 있다.
㉯ 55장본 : 이 이본도 단국대학교 율곡도서관에서 소장하고 있고, 인터넷을 통해서 원문 서비스를 한다.
㉰ 동양문고본 : 1911년 서울 사직동 세책집에서 제작한 세책이다. 율도국 대목이 매우 길다는 특징이 있다. 고려대학교 해외한국학자료센터에서 인터넷을 통해서 원문을 볼 수 있다.
㉱ 조종업본 : 현재 충남대학교 도서관에 있다. 1, 2권 두 책만 남아 있는데, 전체는 4권 4책이었던 것으로 보인다. 동양문고본과 마찬가지로 세책본이지만, 동양문고본과는 형식과 내용 모두가 다르다.

조종업본 이외의 나머지 3종은 인터넷을 통해 원본의 이미지를 볼 수 있으므로 원문을 확인하러 소장처를 가야만 하는 번거로움을 피할 수 있다. 조종업본은 아직까지는 인터넷을 통해 원문을 볼 수 있는 방법이 없으므로, 충남대학교 도서관을 가야만 원문을 볼 수 있다. 89장본, 55장본, 동양문고본은 각기 작품 전체를 현대어로 옮기고 필요하다고 생각한 곳에 괄호 안에 한자를 넣고 주석을 붙였고, 조종업본은 앞의 세 이본과는 다른 방식으로 현대어역을 제시했다.

조종업본은 경판본의 저본이 된 세책이다. 이 말은 현재 알려진 <홍길동전> 경판 이본은 조종업본과 같은 내용의 세책을 축약해서 만든 것이라는 의미이다. 이 문제에 대해서는 논문 ②에서 자세히 논의했다. 이 책에서는 조종업본과 경판본의 관계를 분명하게 알 수 있도록 조종업본의 전문과 경판 30장본의 해당 부분을 함께 제시했다. 이렇게 두 본을 같이 놓고 보면, 경판본이 세책을 저본으로 축약한 양상을 한눈에 볼 수 있다.

근대적인 학문 훈련을 받은 연구자들이 고소설 연구를 시작한 지 80년이 넘었으나, 고소설 연구 초기에 해결하지 못한 문제 가운데는 아직도 제자리걸음을 하고 있는 것이 많다. 그 중 대표적인 것이 한글소설은 누가 왜 썼으며, 어떻게 유통되었는가 하는 점이다. <홍길동전>도 여기서 예외는 아니다. <홍길동전>의 작자를 허균이라고 한다거나, 이미 축약본임이 밝혀진 경판 24장본을 작품 분석의 대본으로 쓰는 연구가 아직도 간간이 보이는 것은 <홍길동전>의 논의가 80년 전에서 크게 나아가지 못하고 있음을 보여주는 것이다.

한글 고소설의 작자와 유통에 관한 연구는, 세책과 방각본 그리고 활판본에 대한 이해를 바탕으로, 고소설이 당대 통속문예물이라는 관점을 견지할 때 비로소 제대로 방향을 잡았다고 할 수 있다. 조선시대 한글소설의 창작과 유통의 중심에는 세책집이 있다. 세책집에서 소설의 창작이 이루어지고, 이 소설을 빌려주는 영업이 서울 전역으로 확대되면서 소설이 통속문예물로 자리 잡게 된다. 그리고 이 세책으로 독자들의 인기를 끈 작품 가운데 한두 권으로 축약할 수 있는 분량의 작품을 목판본으로 제작한 방각본이 나오면서 비로소 조선의 소설은 인쇄된 형태로 유통되게 된다. 이렇게 서울에서만 제작되고 유통되던 소설이 전주와 안성에서도 방각본으로 간행되면서 소설은 그 영역을 넓혀간다. 20세기 초까지 서울에서는 세책집이 계속 영업을 했고 경판 방각본도 팔리고 있었으나, 새로운 문물인 신문이나 잡지 등의 읽을거리와 신소설이나 여러 가지 전기물이 나타나면서 고소설은 더 이상 새로운 작품을 창작하지는 않게 된다. 그러나 전주나 안성에서는 방각본 소설이 계속 간행되었다. 1910년대에 들어서면서 고소설은 새로운 시대를 맞이하게 되는데, 활판인쇄로 고소설을 인쇄한 소위 '딱지본소설'이 대량으로 싼값에 보급되기 시작한 것이다. 이 활판본 고소설의 간행으로 비로소 고소설은 전국적인 유통이 가능하게 되었다.

<홍길동전>은 이와 같은 고소설의 일반적인 창작과 유통의 경로 속에서 이해해야하는 작품이지 다른 방식의 이해가 필요한 특별한 작품은 아니다. 앞으로 <홍길동전> 연구의 중요한 과제 가운데 하나는, 고전문학 연구에서 이 작품이 특별히 관심을 끌게 된 이유와 그 과정을 면밀히 검토하는 일이 될 것이다. 허균이 <홍길동전>을 썼다는 고소설 연구 초기의 잘못된 주장이 왜 이렇게 오랫동안 계속되고 있는가를 밝히는 것 또한 고소설 연구의 중요한 과제이다.

필자는 1997년에 『홍길동전 연구』(계명대학교 출판부)를 내면서 부록으로 11종의 이본 원문과 두 종의 현대어역 등 전체 13개의 파일을 담은 디스켓을 공개한 바가 있다. 그런데 이렇게 공개한 자료가 학계에서는 별로 쓰이지 않는 것으로 보인다. 기존에 잘 알려진 경판본과 완판본 이외의 자료를 바탕으로 <홍길동전>에 관한 논문을 쓴 연구자는 아직까지 별로 없는 것 같다. 필자가 공개한 자료를 바탕으로 국외의 연구자가 낸 성과가 두 가지 있다. 하나는 일본 오사카[大阪]시립대학 교수 노자키 미쯔히코[野崎充彦]가 낸 『洪吉童伝』(平凡社, 2010)이고, 다른 하나는 미국 미주리대학(University of Missouri - St. Louis) 역사학과 교수 강민수(Minsoo Kang)의 <홍길동전> 번역과 그 해제이다.

노자키 교수는 89장본, 55장본, 동양문고본 등 세 개의 <홍길동전> 이본을 일본어로 번역하고 상세한 해설을 붙였다. 노자키 교수는 이 책에서 <홍길동전>의 작자가 허균이라고 전해진다는 의미로 '傳許筠'이라고 했다. 강민수 교수는 2013년 하버드대학 한국학연구소에서 발간하는 Azalea : Journal of Korean Literature and Culture 6집에 'Introduction to the Story of Hong Gildong'이라는 해제와 함께 'The Story of Hong Gildong(Pilsa 89 Version)'을 실었는데, 이 번역은 89장본을 완역하고 여기에 상당한 양의 주석을 붙인 것이다. 강민수 교수는 해제 및 본문 번역에서 <홍길동전>의 작자는 허균이 될 수 없음을 상세하게 설명했다.

국외 연구자의 <홍길동전> 번역을 보면서 몇 가지 이본의 현대역을 내야겠다는 생각을 하게 되었고, 책을 내는 김에 그동안 쓴 논문 가운데 몇 편을 함께 싣기로 했다. 이 책이 <홍길동전> 연구에 작은 보탬이 되기를 기대한다.

2014년 11월

이윤석

차 례

연구편

자료편

일러두기

1. 연구편에 실린 논문 가운데는 이본 사이의 내용 비교에서 원문의 철자를 그대로 옮긴 것이 있었는데, 이 책에 실으면서 현대어로 옮기고 괄호 안에 한자를 넣었다.

2. 자료편에 실린 네 종의 이본을 현대어로 옮긴 원칙은 다음과 같다.

ㄱ. 원문이 보이지 않는 부분은 ○ 표시를 했다.
ㄴ. 내용을 알 수 없는 곳은 '미상'이라 했고, 사전에는 뜻이 나오지 않지만 개연성이 높은 단어나 구절에는 "무엇 무엇으로 보임"이라고 각주를 달았다.
ㄷ. 다른 이본(異本)을 참조하여, 내용이 빠졌거나 명백히 틀린 곳은 바로잡고 각주를 달았다.
ㄹ. 현대어로 옮길 때 가능한 한 현재 표기법에 따랐다. 그러나 고어만 있는 단어는 고어를 쓰고 주를 붙였다.
ㅁ. 원문의 장차(張次)를 알 수 있도록, 매 장의 첫 글자에 방점을 찍고 장수 표시를 했다.

연 구 편

1. 홍길동전 작자 논의의 계보

1. 서 론

<홍길동전>의 작자가 누구인가 하는 논의는 이제 맥 빠진 주제가 된 느낌이다. 대부분의 고소설 전공자들은 현재 자신들이 연구의 대상으로 삼고 있는 한글소설 <홍길동전>은 허균의 원작과는 거리가 있다고 생각하고 있으나, 그렇다고 해서 허균이 작자가 아니라고 얘기하기도 어려운 처지에 있다. 고전문학 연구자가 아닌 사람들은 <홍길동전>을 1600년 무렵에 허균이 창작한 한글소설로 알고 있다.

그동안 <홍길동전> 논의에서 작자가 허균이라는 발언을 누가 맨 처음 했는가 하는 문제는 특별히 거론된 일이 없었다. 대체로 김태준의 『조선소설사』라는 의견이 통용되었는데, 여기에 대해서 본격적인 논의가 있었던 것은 아니다. 이 글에서는, <홍길동전>의 작자로 허균이 거론된 과정을 검토해보고, 김태준보다 앞서서 <홍길동전>의 작자를 얘기한 다카하시 토오루[高橋亨]의 글을 보기로 한다. 그리고 다카하시가 얘기한 이후 <홍길동전>의 작자를 둘러싼 논의가 어떻게 진행되었으며, 그 의미는 무엇인가를 검토해보기로 한다.

<홍길동전>은 주인공을 서자로 설정했다는 것만으로도 고소설 가운데 의미 있는 작품이다. 이렇듯 <홍길동전>의 중요성은 작자가 누구냐에 있는 것이 아니라 작품의 내용에 있다. 이미 많은 연구자들이 지적했

듯이, <홍길동전> 연구가 지나치게 작자에 매달려왔기 때문에 다양한 작품 해석을 해내지 못하고 있다는 것은 어느 정도 사실이다. 허균이 지은 작품이 발견되거나, 허균이 지은 것으로 추정할 수 있는 어떤 근거 자료가 없음에도 불구하고 허균 창작설을 계속 수용할 수밖에 없는 고소설학계의 현실을 정확하게 점검할 필요가 있다. <홍길동전> 허균 창작설은, 한글 고소설의 성격을 잘못 이해하고 있던 초기 소설 연구자들, 반역죄로 사형당한 뛰어난 문인 허균, 그리고 한글소설의 시작을 1600년까지 끌어올릴 수 있다는 '한국문학사 서술에 유리하다는 연구자들의 태도' 등이 합쳐져서 계속되고 있는 것이라고 필자는 생각한다. 그러나 <홍길동전> 허균 창작설은, 조선시대 한글소설은 지식인이나 지배층과는 아무런 관련이 없는 도시 서민의 예술이었다는 점을 간과하고 있을 뿐만 아니라, 조선후기 통속문예물을 이해하는 기본적인 태도가 양반 중심이라는 문제를 갖고 있다. <홍길동전>을 제외하면 한글 고소설 가운데 작자가 알려진 작품은 거의 없다. 왜 유독 <홍길동전>만 허균이라는 당대 최고의 양반 지식인의 작품이 되어야 하는가? 또는 되어왔는가? 이 글은 이런 문제에 대한 답변의 모색이라고 할 수 있다.

2. 이제까지 〈홍길동전〉 논의

2.1 식민지시기

<홍길동전>의 작자가 허균이라고 알려진 때는 언제인가?[1)]

---

1) 고소설 전공자가 아니라면 이런 질문을 이상하게 생각할 수도 있다. 왜냐하면 작자를 알 수 없는 소설을 생각하기 어렵기 때문이다. 그러나 현재 남아 있는 수백편의 한글 고소설 가운데 작자가 알려진 작품은 거의 없다. 김만중이나 조성기 등

지금까지 고소설 연구자들 사이에서 <홍길동전>의 작자를 허균이라고 한 첫 번째 문헌은 김태준의 『조선소설사』라고 알려져 왔다. 『조선소설사』는 1933년에 간행되었으나, 이 책은 1930년 10월 31일부터 1931년 2월 14일까지 총 69회에 걸쳐 동아일보에 연재한 '조선소설사'를 단행본으로 묶은 것이다. 동아일보 연재 제1회에 전체 목차가 제시되는데, 이 목차의 15번은 '洪吉童傳과 許筠의 藝術'이다. 그리고 1930년 12월 4일 제18회부터 '<홍길동전>과 허균의 예술'이 시작된다. 김태준이 <홍길동전> 작자를 최초로 밝혔다면, 동아일보에 연재를 시작한 1930년 12월 4일이라고 할 수 있다.

'<홍길동전>과 허균의 예술'은 3회에 걸쳐 실리는데, 그 목차는 다음과 같다.[2)]

洪吉童의 梗概(18회, 12월 4일)
作者 許筠의 一生
洪吉童傳을 通하여 본 許筠의 思想(19회, 12월 5일)
許筠의 文藝眼
洪吉童傳의 特有한 價値(20회, 12월 6일)

1933년 초간 『조선소설사』의 이 대목 목차는,

이 고소설의 작가로 거론되나, 필자는 이들이 한글로 소설을 창작한 것은 아니라고 본다. 중등학교에서 <홍길동전>의 작자를 허균이라고 가르치므로, 많은 사람들이 허균 스스로 <홍길동전>을 썼다고 말했을 것이고, 당연히 작자를 밝힌 작품이 남아 있을 것이라고 생각한다. 그러나 허균(1569~1618) 자신은 그런 말을 한 일이 없고, 현재 남아 있는 30여 종의 <홍길동전> 이본 가운데 작자가 허균이라고 되어 있는 이본도 없다. 잘 알려진 대로 <홍길동전>의 작자를 허균이라고 하는 근거는 이식(李植, 1584~1647)의 『택당집』에 나오는 "筠又作洪吉同傳以擬水滸(허균은 또 홍길동전을 지어 수호전에 비겼다.)"라는 문구이다.

2) 원문을 인용할 때, 가능하면 현대 철자로 옮기고 문장부호를 붙이기로 한다.

第三章 洪吉童傳과 許筠의 藝術
第一節 洪吉童傳의 梗槪
第二節 作者 許筠의 一生
第三節 洪吉童傳을 通하여 본 許筠의 思想
第四節 許筠의 文藝眼
第五節 洪吉童傳의 特有한 價値

라고 하여 장과 절을 붙였을 뿐 제목이나 내용은 동아일보에 연재한 것과 같다.[3)]

'작자 허균의 일생'에서 김태준은 "「許筠, 作洪吉童傳, 以擬水滸」(澤堂雜著, 松泉筆談)라는 文句로써 홍길동전의 저자가 허균임을 알았다."고 했다. 김태준은『조선한문학사』'李朝篇' 제4장 '穆陵盛世의 文運'의 8절 '획기적 소설가의 발흥'에서 "다음은 홍길동전의 작자 허균이니 이에 다시 多舌치 아니한다."[4)]라고 하여 <홍길동전>의 작자가 허균임을 여기에서도 밝혔다.

김태준의 '조선소설사' 이전에 고소설을 다룬 글로는 안확의『조선문학사』와 조윤제의「朝鮮小說發達概觀」을 들 수 있다. 1922년 안확이 저술한『조선문학사』에는 <홍길동전>에 관한 다음과 같은 내용이 있다.

> 사회소설은 <홍길동전>이라. 洪은 서자라 父를 父라 呼치 못하며, 兄을 兄이라 稱치 못할 뿐 아니라 과거에 등용치 못하니, 그 계급사회의 불평은 홍길동의 手로 打破된지라. 길동이 활빈당을 조직하고 관리의 불의한 재물을 압수하여 貧民을 구제하니 그 神術은 官力이 不能及이라. 因하여 병조판서를 受한 후 작란을 止하고 更히 중국에 渡하여 왕이 된지라. 此 사회

---

3) 1939년에 학예사에서 나온『증보 조선소설사』에서도 <홍길동전>의 목차는 그대로이고, 내용만 조금 달라졌다.
4) 김태준,『조선한문학사』(조선어문학회, 1931) 153면.

적 관념의 발달이라. 後日 嘉山에 起한 홍경래는 此 홍길동과 其 관계가 重하니라.[5)]

안확은 <홍길동전>을 사회소설로 분류했는데, 이렇게 <홍길동전>을 다루면서도 작자에 대해서는 언급하지 않았다. 안확이 『조선문학사』에서 소설의 작자에 대해 말하지 않은 것은 아니다. 그는 『옥루몽』이나 『구운몽』의 작자는 얘기하지 않았으나, 『창선감의록』 작자는 김도수(金道洙), 『화사』의 작자는 임제(林悌)라고 했다. 안확이 『조선문학사』에서 <홍길동전>의 작자에 대해서 말하지 않은 것은, 『택당집』의 내용을 몰랐거나, 또는 알았다 하더라도 『택당집』의 <홍길동전>과 한글소설 <홍길동전>을 같은 것으로 보지 않았기 때문일 것이다.

조윤제의 경성제국대학 졸업논문은 「朝鮮小說の硏究」인데, 이 논문의 1장을 바탕으로 한 「조선소설발달개관」이 1929년 7월호부터 3회에 걸쳐 『신생』에 실린다. 이 글에는 <홍길동전>에 대한 언급이 없다. 조윤제가 이 글에서 다룬 소설은 <금오신화>(김시습), <화사>(임제), <천군연의>(정태제), <구운몽>(김만중), <사씨남정기>(김춘택) 등의 작자가 알려진 작품과 <왕랑반혼전> 등이다. 조윤제는 졸업논문에서 <홍길동전>을 다뤘지만 작자에 대해서는 얘기하지 않았다.[6)] 그러나 10년 쯤 후에 『문장』에 발표한 「조선소설사개요」에서는 <홍길동전>에 대해 아래와 같이 길게 서술했다.

---

5) 안확, 『조선문학사』(한일서점, 1922) 111면.

6) 조윤제는 1929년 경성제국대학을 졸업하면서 졸업논문으로 「朝鮮小說の硏究」를 제출했다. 이 논문은 '도남유고'의 하나로 『도남학보』 6집(1983)과 7, 8합집(1985)에 「조선소설의 연구」라는 제목으로 번역되어 실렸다. 「조선소설의 연구」 2장에서 조윤제는 소설을 11종으로 나누고 <홍길동전>을 '사회제도에 반항적 소설'에 포함시켰다. 그리고 4장에서는 홍길동이 자객을 죽이는 대목을 제시하고 '마술적 도술'이라고 했다.

> 그러면 먼저 知名作家의 작품으로부터 말하겠으나 이 시대에 들어와서 가장 이른 年代에 產出하고 또 비교적 우수한 작품에 허균의 <홍길동전>을 들지 않을 수 없다. 저자 허균은 시와 문장으로 一竝에 獨步하던 문학자로서 일찍이 讖記를 지어 세상에 전하고 만년에는 大北에 투신하여 李爾瞻에 附會하니 金闓 辛光業 河仁俊 黃廷弼 李國樑 徐尙顔 南正燁 등이 그 문에 輻輳하였다. 그리하여 점점 어떤 야심을 일으켰던가, 혹은 遷都의 議를 主唱하고 혹은 외적의 침입을 告하여 인심을 소동케 하는 등 음모를 하다가 發露되어 광해군 십년 팔월에 반역이라는 죄명으로 伏誅되었으나, 그는 그만큼 어느 방면으로 보아 일세의 革命兒이었다. 또 그 당시 일면 사회는 부패하고 서얼에 대한 差待는 심하였으므로 혁명적 사상이 농후한 그는 특히 徐羊甲(益의 서자) 沈友英(銓의 서자요 筠의 처삼촌) 등에 동정을 보내어 그들과 交遊하고, 支那小說로는 수호전을 탐독하여 그 적장의 별명으로 그 黨의 호를 지어 相謔하였다 하니, <홍길동전>은 순전이 그의 사상적 생활에서 우러나온 것이고 또 수호전 등 지나소설에서 영향됨이 컸다. -중략(줄거리)- 여기에 작자 허균의 가슴 가운데 숨은 사상의 전모가 나타난 듯하고, 또 여기에 이조후기에 들어온 조선소설은 드디어 소설로서의 체재를 확립하였음을 볼 수 있다.[7]

조윤제는 졸업논문에서 <홍길동전>을 높이 평가하지 않았으나, 이 글에서는 이른 시기에 나온 우수한 소설이라고 했다. <홍길동전>의 작자가 허균이라는 것이 일반화되면서 이 작품에 대한 평가가 매우 높아졌

---

7) 조윤제, 「조선소설사개요」, 『문장』 2권 7호, 1940.9, 147~149면. 이 글의 말미에 "내 十餘年前에 『조선소설발달개관』이라는 小文을 當時 『新生』에 寄稿한 일이 있었다. 그러나 조선문학의 연구는 나날이 진보하여 그 후 얼마 아니 있어 그를 개정하지 않으면 아니 될 것을 느끼게 되었다. 그러자 김태준씨의 『조선소설사』가 公刊되고, 또 그 개정판이 작년에 朝鮮文庫本으로 나와 이 방면에 공헌이 적지 않았다. 그렇지마는 김씨의 소설사는 너무 방대하고 설명의 독창적 부분이 심하여 일반의 讀物로는 다소 불편한 점이 없지 않다. 그래서 이것을 기회로 나의 前稿를 근본적으로 개정하고, 또 한편 조선소설의 발달과정을 간략하고도 속임없이 하나 통속적으로 써보고자 하든 年來의 희망도 있었으므로 이제 이 小文을 作稿하였다. 다행이 이것이 현 문단인을 비롯하여 일반 교양인의 한 상식이 되어준다면 필자로서 幸甚함이 이에 지날 바이없겠다."라고 썼다.

음을 알 수 있다.

안확이나 김태준 그리고 조윤제 이전에 <홍길동전>의 작자를 생각해볼 만한 자료로는 신문관에서 간행한 <홍길동전>이 있다. 1912년부터 활판본 고소설의 간행이 유행하게 되자 신문관에서도 이 대열에 합류하는데, 신문관에서 간행한 고소설의 저본은 다른 출판사와 마찬가지로 세책과 방각본 소설이었다. 신문관에서 '육전소설(六錢小說)'이라는 이름의 시리즈로 다른 출판사보다 싼 값의 고소설을 내어놓은 것 가운데 <홍길동전>이 있다. 1913년 신문관에서 간행된『고본춘향전』뒤에 다음과 같은 <홍길동전>의 광고가 실렸다.

> 洪吉童은 天縱한 奇傑이라. 구태 大家의 庶子로 나서 天下一命을 代하여 積憤을 雪할새, 한번 蹶起하매 그 才略이 鬼神 같고 그 擧動이 疾風迅雷 같하여 天下萬人의 毛骨이 悚然하고 朝廷百官의 心膽이 俱塞하고 萬乘至尊이 또한 所措를 罔知하여, 畢竟 所爲대로 放任하고 所求대로 酬應할밖에 없이 되니 一代豪傑이요 萬古英雄이로다. 此快丈夫의 事行을 보고 擊膝稱快치 아니하는 者는 血氣있는 男兒라 할 수 없도다.

이 광고에는 <홍길동전>의 내용만 얘기했지 작자에 대한 언급이 없다. 신문관 육전소설 <홍길동전>은 경판 <홍길동전>을 저본으로 한 것이므로 당시 서울에서는 잘 알려진 작품이다. 신문관에서 활판본으로 내면서 작자에 대한 언급이 없었다는 것은, 그때까지 서울에서는 <홍길동전>의 작자가 허균이라는 얘기는 없었음을 보여준다고 하겠다.[8)]

두 가지 자료를 더 보기로 한다. 먼저 호소이 하지메[細井肇]가 자유토구사(自由討究社)에서 간행한 <홍길동전>이다. 1926년에 나온 이 책은, 등장인물의 이름을 임의로 만들어 넣은 것, 중간중간 원문이 빠졌

---

8) 1912년부터 활판본(소위 딱지본)으로 많은 <홍길동전>이 간행되는데, 이 가운데 작자의 이름이 들어 있는 것은 없다.

다고 표시한 것, 또는 율도국을 유구(琉球)로 바꾼 것 등은 특이한 점이나, 기본적으로는 경판계열의 충실한 번역이다.[9] 호소이 하지메가 쓴 이 책의 서문에 <홍길동전>의 작자에 대한 언급은 없다. 다음으로 1937년 조선문학전집 제6권으로 간행된 고소설 모음집인 『소설집 二』에 들어 있는 <홍길동전>이다. 이 책의 해설에서는 <홍길동전>의 작자를 허균이라고 했다. 해설의 일부를 보면,

> 홍길동전은 東方漢詩의 翹楚로 이름을 드날리든 허균의 저작이니 조선의 수호전으로 애독을 받는 작품이다. 허균은 光海時의 사람이니 당시 조선의 명문이요 서화담의 高足으로 도학의 宗이 되든 許曄의 庶子로 태어나 그 형인 筬과 篈과 자매인 난설헌으로 더불어 詩名이 일세에 빛났으나 -중략- 허균은 그 출생부터가 庶子라하는 인간적 불운을 타고난데다가 위인이 豪逸하여 아무 구애가 없고, 또 성격이 감상적이요 불의를 볼 때에는 의분에 넘치는 激感性의 소유자로 그의 師友와 知己가 모두 동병상련의 庶族이라. 그의 處地 行事로 미루어볼진대 홍길동전은 곧 작가 허균의 자서전이요, 홍길동은 균의 이상적 인물일 것이다.[10]

라고 했다. 이 해설에서 재미있는 점은 허균을 서자라고 한 것이다. 이 해설은 '김태준씨 『소설사』에서'라고 해서 김태준의 『조선소설사』를 바탕으로 쓴 것으로 보이는데, 『조선소설사』에는 없는 허균이 서자라는 내용이 들어 있다. 이 글의 필자는 홍길동이 서자로 설정된 것은 작자 허균이 서자이기 때문에 자신의 울분을 토로하기 위한 것이라고 생각했던 것 같다.

이와 같이 허균이 서자라는 잘못된 정보까지 만들어내면서 식민지시

---

9) 호소이 하지메가 낸 『조선문화사론』에도 <홍길동전>의 번역이 있는데, 여기에도 작자에 대한 언급은 없다. 이 책에서는 길동이 조선을 떠나서 제도로 가는 대목까지, 약 반 정도를 의역했다고 말했다. 細井肇, 『朝鮮文化史論』(朝鮮研究會, 1911) 600~626면.

10) 신명균, 『소설집 二』(중앙인서관, 1937) 해설 1~2면.

기 <홍길동전>은 계급타파와 해외진출과 같은 주제를 갖고 있는 작품으로 알려지게 된다. 그리고 고소설 <홍길동전>은 근대학문의 훈련을 받은 연구자의 손을 거치면서 매우 중요한 소설로 평가받기 시작했고, 또 여러 장르로 재창작된다.[11)]

2.2 해방 이후

해방 이후에 나온 많은 고전문학 관련 서적에서 <홍길동전>의 작자는 허균임이 분명해지고, 나아가 <홍길동전>은 최초의 국문소설로 알려지게 되었다. 각종 한국문학사나 한국문학개설서에서 <홍길동전>의 작자를 허균으로 기술했고, 또 중등학교 교과서에서도 이대로 실었다. 연구자들의 <홍길동전> 해석은 김태준의 기조를 그대로 유지하고 있었으므로, 작품의 해석이 아닌 작자 허균에 대한 연구가 주를 이루었다. 1960년대 중반부터 고소설학계(넓게는 국문학계)에서 <홍길동전>의 작자가 허균이라는 데에 의문을 제기하기 시작했다. 이능우와 김진세는 여러 가지 근거를 제시하면서 <홍길동전>의 작자가 허균일 수 없음을 말했다.[12)] 이들의 논의에 대해 여러 연구자들의 반론이 있었는데, 차용주나 이강옥은 『택당집』의 "筠又作洪吉同傳以擬水滸"라는 기록을 부정할 수 있는 실증적 자료가 나오지 않는 한 <홍길동전>의 작자가 허균이라는 사실은 부정될 수 없다고 했다.[13)] 1990년대 초까지 <홍길동

---

11) 영화 : 「홍길동전」, 감독 김소봉, 1934.
「홍길동전 후편」, 감독 이명우, 1936.
서사시 : 김안서, 「新編 洪吉童」, 매일신보 1935.5.22.~9.18. 112회 연재.
소설 : 김유정, 「洪吉童傳」, 『신아동』 2호, 1935.10.
滄浪人, 「洪吉童傳」, 만선일보, 1940.3.20.~10.31. 270회 연재.

12) 이능우, 「許筠論」, 『논문집』 5집, 숙명여자대학교, 1965.
김진세, 「洪吉童傳의 作者考」, 『논문집』 1집, 서울대학교 교양과정부, 1969.

13) 차용주, 「許筠論再攷」, 『아세아연구』 48집, 고려대 아세아문제연구소, 1972.

전<의 작자 논의는 이복규의 논문에 잘 정리되어 있다.[14] 1990년대 중반에 이윤석과 백승종이 <홍길동전> 작자가 허균이라는 학계의 통설이 갖고 있는 문제점을 지적하는 글을 발표했다.[15]

1960년대 중반까지는 <홍길동전>의 작자가 허균이라는데 대해 아무도 다른 의견을 내지 않았으나 <홍길동전> 연구가 계속되면서 다양한 논의가 이루어지게 되었다. 이런 논의가 가능해진 것은 작품해석에서 작자가 차지하는 위상이 낮아진 것과도 관련이 있는 것이지만, 그보다는 초기에 허균과 <홍길동전>을 직접 연결시켜 논의하던 방식에 대한 반성이기도 하다. 1990년대 이후의 <홍길동전> 논의 몇 가지를 보기로 한다.

> 본 논문은 <홍길동전>의 작가가 허균이다 아니다를 따지는 해묵은 논쟁을 되풀이하자는 것은 아니다. 현전 <홍길동전> 이본을 지나치게 허균의 작가의식과 결부시켜 단선적으로 해석하는 기존의 연구 경향을 반성하고, 현전 <홍길동전>의 의미를 새로운 각도에서 해석해보고자 하는 것이다. 그리고, 허균이 <홍길동전>을 지었든 짓지 않았든 현전 <홍길동전>과 허균 사이에는 일정한 거리가 있음을 인정해야 하며, 황윤석의 허균과 홍길동 이야기의 관계에 대한 기록을 통해 볼 수 있듯이, 『택당집』의 기록도 비판을 거쳐 수용해야 되는 하나의 사료로 받아들여야 한다는 것을 역설한 것이다. 그리하여 기존의 연구에서처럼 허균의 작가의식을 <홍길동전> 연구의 기본 전제 또는 출발점으로 생각하는 풍토를 지양하자는 이야기를 한 것이다.[16]

이강옥, 「<홍길동전>의 제문제와 그 해결」, 『한국고전소설론』, 새문사, 1990.

14) 이복규, 「<홍길동전> 작자 논의의 연구사적 검토」, 『논문집』 20집, 서경대학교, 1992.

15) 이윤석, 「<홍길동전> 원본 확정을 위한 시론」, 『동방학지』 85집, 연세대학교 국학연구원, 1994.
백승종, 「고소설 <홍길동전>의 저작에 대한 재검토」, 『진단학보』 80집, 진단학회, 1995.

16) 박일용, 「<홍길동전>의 문학적 의미 재론」, 『고전문학연구』 9집, 한국고전문학

<홍길동전>의 작자가 정말로 허균인가 하는 문제는 아직 해결이 나지 않은 상태이다. 이 문제는 허균이 지었다고 택당이 언급한 <홍길동전>과 현전하는 <홍길동전>이 다른 작품일 것이라는 논의가 제기되면서 새로운 쟁점으로 부각되고 있다. 그러나 현재의 상황에서 <홍길동전>의 작자가 허균이 아닐 가능성보다는 허균일 가능성이 더 높기 때문에 본고에서는 <홍길동전>의 작자가 허균이라는 전제에서 논의를 전개하려 한다.[17]

'<홍길동전> 최초 국문소설설'은 뚜렷한 근거도 없이 정설로 받아들여지고 있으며, 그 전제 위에서 수많은 연구가 이루어지고 있다. 엄밀하게 말해서 이같은 관행은 학문적이지 못하다. 앞으로는 원작 <홍길동전>을 한문소설로 보거나, 현전 <홍길동전>을 원작과는 구별해서 보자는 견해에 대하여 귀를 기울이면서, 새로운 대안을 모색하는 것이 바람직한 일이 아닌가 한다.[18]

이 도적 홍길동을 모델로 허균(1569~1618)은 <홍길동전>을 지었다. 허균과 같은 시기에 살았던 택당(澤堂) 이식(李植, 1584~1647)이 그의 저록에서 허균이 중국의 <수호전(水滸傳)>을 모방하여 <홍길동전>을 지었다고 말했고, 택당의 이 말을 150여년 지난 뒤 『송천필담(松泉筆譚)』에서 다시 인용하여 말한 것으로 보면 홍길동 이야기는 조선후기까지 계속 사람들 입에 오르내렸음을 짐작할 수 있다. 그런데 지금 전해지고 있는 <홍길동전>이 허균이 지은 그대로인가 하는 문제는 풀리지 않는 의문으로 남는다.[19]

<홍길동전>의 작가가 허균이고 원작이 국문이었는지의 여부는 물론, 원작 <홍길동전>은 어떤 형태였으며 현전 이본과는 어느 정도의 거리가 있는지

회, 1994, 291면.

17) 임철호, 「아기장수설화의 전승과 <홍길동전>」, 『구비문학연구』 4집, 한국구비문학회, 1997, 1~2면.

18) 이복규, 「초기 국문소설의 존재 양상」, 『국제어문』 21집, 서경대학교, 2000, 29면.

19) 김종군, 「해외개척 대도(大盜)설화의 소설 유입 양상과 의미」, 『어문연구』 50집, 어문연구학회, 2006, 20~21면.

등등 많은 의문점들이 아직 미해결 상태에 있는 것이 현재의 상황이다.[20)]

> 작자가 과연 허균인가 하는 기초적인 문제도 해결되었다고 볼 수 없고, 허균이 지었다고 가정해도 현재 남아있는 판본과 필사본들이 얼마나 원본에 가까운가 하는 문제도 그대로 남아있다. -중략- 허균이 처음 지었고, 200여년이 지난 뒤 지금의 모습으로 변용되었다는 가설을 인정한다면, 그 사이에 형성된 복잡한 형질도 고려하여야 한다.[21)]

위에서 본 고전문학 연구자들은 <홍길동전>의 작자가 허균이라 하더라도, 현재 전하는 한글소설 <홍길동전>이 허균이 지은 바로 그것이라고 보기는 어렵다는 태도를 보인다. 이와 같이 고전문학 연구자들은 <홍길동전>의 작자가 허균이라고 명시적으로 주장하지는 않는다. 그러나 이러한 고전문학 연구자들의 연구성과가 다른 분야의 연구자나 중등학교 교육현장에는 제대로 전해지지 못하고 있다.

> 허균이 <홍길동전>에서 첨예하게 드러내고자 했던 당대 사회의 문제점이 무엇인가를 알 수 있다. 그것은 양반지배구조의 경직화라는 현실과 사회적으로나 정치적으로 좌절하고 희망이 거세된 마이너리티 곧 서얼들의 울분으로 요약될 수 있다. 가정과 사회 양측으로부터 희망이 거세된 마이너리티들의 분노가, 가정으로부터 이탈과 의적활동으로 투신이라는 극적인 사건들을 연결시켜주는 주요한 모티브로 작용하고 있는 것이다.[22)]

> 1612년경에 허균에 의해 쓰여진 <홍길동전>은 차별로 가득찬 사회현실에 대한 불만과 이에 대한 개혁의 꿈으로 이루어져 있다.[23)]

---

20) 소인호, 「고소설사 기술에 있어서 '최초주의'에 대한 반성적 고찰」, 『우리문학연구』 21집, 우리문학연구회, 2007, 74면.

21) 이승수, 「<홍길동전>의 서사 지형도」, 『한국언어문화』 46집, 한국언어문화학회, 2011, 396면.

22) 김성우, 「<홍길동전> 다시 읽기」, 『역사비평』 61호, 역사문제연구소, 2002, 416면.

23) 이기봉, 「인문지리학 강의와 몇 개의 짧은 사례」, 『문화역사지리』 19권 3호, 한국

위의 두 글은 각각 역사학자와 지리학자가 쓴 것이다. 이들은 <홍길동전>의 작자가 허균이라는 것 이외에 <홍길동전>을 쓴 시기까지도 명시했다. 이와 같이 고소설학계의 연구를 원용할 수밖에 없는 다른 분야의 연구자들은, <홍길동전>의 작자와 주제 등에 대해서 김태준의 『조선소설사』 이래 계속되어온 논의를 그대로 따르는 경우가 많다. 게다가 최근의 <홍길동전> 연구의 경향은, 작자나 이본과 같은 실증이 필요한 문제는 다루지 않고 임의로 한 이본을 택해서 텍스트 분석을 하는 방향으로 나아가고 있다. 한 예를 보기로 한다.

> 이러한 인상적 비평 이상으로 <홍길동전>을 해석하려고 했을 때에는 <홍길동전> 작자나 원본, 형성배경에 대한 시시비비, 그리고 이 작품이 과연 사회소설로서의 주제를 온전히 구현하고 있느냐와 같은 여러 문제에 부딪히게 된다. 그러나 본고는 <홍길동전>에 나타나는 이해하기 어려운 상징들에 대한 관심에서 출발한 것으로서, 그 같은 텍스트 외적 문제는 차치하고 현전하는 <홍길동전>에 대한 현상학적인 이해에만 논의의 초점을 제한하고자 한다.[24]

> 이 논문에서는 <홍길동전>과 허균과의 관련 문제에 대해서는 다루지 않는다. 이미 많은 논의들이 제출되었고, 현전 <홍길동전>이 허균이 창작한 것과는 다른 이본이라는 것에 대부분 동의하고 있는 것으로 보인다. 필자 역시 이 입장에 있으며 <홍길동전>에 대한 현재적 이해는 현전 <홍길동전>이 어떤 이념적 자장에서 형성되었으며, 그것은 조선후기 조선인들의 어떤 이념이나 욕망을 대변하고 있는가를 들여다보는 것이 중요하다고 생각한다. 허균이라는 천재적이고 문제적인 작가의 후광이 <홍길동전> 해석에 한계를 가져왔을 수도 있다고 보기 때문이다.[25]

문화역사지리학회, 2007, 121면.

24) 김효정, 「자기실현의 관점에서 본 <홍길동전>의 자기서사」, 『문학치료연구』 9집, 한국문학치료학회, 2008, 151~152면.

25) 김경미, 「타자의 서사, 타자화의 서사, <홍길동전>」, 『고소설연구』 30집, 한국고

이런 식의 연구를 하더라도 <홍길동전> 연구자가 부딪치는 문제는 있다. 현재까지 알려진 약 30여종의 <홍길동전> 이본 가운데 어떤 것을 선택하여 작품 분석의 대본으로 삼을 것인가 하는 점이다. 왜냐하면 <홍길동전>이라고 일률적으로 부르지만, 이본 사이의 내용이 매우 다르기 때문이다. 아무리 임의로(문자 그대로 아무 생각 없이 눈에 띄는 것을 하나 골라서) 텍스트를 선정한다 하더라도, 이미 논자는 <홍길동전>에 대한 어떤 선택을 한 것이고, 그 선택은 <홍길동전>의 작자 문제나 이본 문제에 뛰어든 것이 된다. 그렇기 때문에 <홍길동전>을 다루는 연구자는 <홍길동전>의 작자나 이본 문제에 대한 자신의 견해를 갖고 있어야 한다.

최근의 <홍길동전> 연구의 한 경향은 <홍길동전>을 현대어로 옮긴 것이나 새로 쓴 것에 대한 연구이다.[26)] 이 연구에는 현대문학 연구자들도 가세하는데, 현대문학 연구자들은 매우 신중하게 이 문제에 접근할 필요가 있다. 왜냐하면 고전문학 연구자들은 <홍길동전>의 작자나 이본에 대한 기존의 연구를 어느 정도 알고 있지만, 현대문학 연구자는 고전문학분야의 연구 성과를 알기 어렵기 때문이다. 그렇기 때문에 특정한 고전문학 연구자의 연구를 원용하거나, 또는 고전문학분야의 연구성과를 거의 참고하지 않고 연구를 진행할 가능성이 크다. 다시쓰기 연구를 위해서는, 고전문학분야의 <홍길동전> 연구 전체를 참고할 수는 없다 하더라도, 최소한도 어떤 논의가 현재 진행되고 있는지에 대한 지식은

소설학회, 2010, 189면.

26) 홍기돈, 「김유정의 <홍길동전> : <홍길동전> 다시쓰기에서 나타나는 유정의 무의식과 작가의식」, 『근대서지』 5집, 근대서지학회, 2012.
김미지, 「박태원 소설의 고전 수용 양상과 고전 새로 쓰기의 방법론」, 『사이』 11집, 국제한국문학문화학회, 2011.
권혁래, 「<홍길동전>과 다시쓰기 출판물」, 『온지논총』 29집, 온지학회, 2011.
이문규, 「허균, 박태원, 정비석 <홍길동전>의 비교 연구」, 『국어교육』 128집, 한국어교육학회, 2009.

갖고 있어야 할 것이다.

3. 문학사와 〈홍길동전〉의 작자

앞에서 장황하게 <홍길동전>의 기존 연구에 대해서 알아보았다. <홍길동전>의 작자와 관련된 논의는 대체로 다음의 세 가지로 나눌 수 있다.

> 첫째 : 『택당집』에서 언급한 <홍길동전>과 현재 우리가 알고 있는 한글소설 <홍길동전>은 같은 것이다. <홍길동전>의 작자는 허균이다.
>
> 둘째 : 『택당집』에 허균이 <홍길동전>을 지었다고 했으니 <홍길동전>의 작자는 허균이라고 보아야 한다. 그러나 허균이 지은 것과 한글소설 <홍길동전>이 완전히 같은 내용은 아닐 것이다.
>
> 셋째 : 『택당집』의 내용은 한글소설 <홍길동전>과 관련이 없다.

현재 연구자들이 가장 많이 선택하고 있는 것은 두 번째이다. 그런데 두 번째는 사실상 한글소설 <홍길동전>의 작자는 허균이 아니라는 내용이다. 이렇게 대부분의 연구자들은 자신이 연구대상으로 삼고 있는 고소설 <홍길동전>은 허균이 지은 것으로 볼 수 없다는 생각을 하고 있으면서도, 정작 <홍길동전>의 작자를 허균이 아니라고 말하지는 못하고 있다. 1960년대에 처음으로 <홍길동전>의 작자가 허균이 아니라는 의견을 낸 이능우에게도 이 문제는 매우 곤혹스러운 것이었다.

> 얼마 안 되는 고전작가, 이 중 한 사람의 이름을 국문학사에서 빼는 일은 여간 섭섭하고 안 된 일이 아니다. 더구나 허균에 이르면 16세기까지나

> 올라가는 일이 되니, 만일 이것이 부정된다면, 우리의 국문 고소설은 19세기말 목판본들 <이야기책>으로서만 남게 되니, 그 허술하고 맹랑한 문학사의 일이 말이 아니게 된다. 마치 우리 아버지는 남과 같이 출세도 못 하고 돈도 못 벌어 지금 내 꼴이 말 아니게 추레할 뿐이라고 이렇게 우리 아이들한테서 탓을 듣고, 그리고 나는 有口無言일 뿐인 이러한 감정과 엇비슷한 느낌이 들 것만 같다. 허지만 어떻게 하란 말이냐 날더러.[27]

이능우의 이 발언은 <홍길동전> 작자 문제가 단지 사실을 얘기하는 차원의 일이 아님을 잘 보여준다. 이능우처럼 <홍길동전>의 작자가 허균이 아니라고 분명하게 말하는 것은 쉬운 일이 아닌 것 같다. 권순긍의 말을 들어보기로 한다.

> 과연 이 대단한 <홍길동전>을 허균이 지었을까? 웬 뚱딴지 같은 소리냐 하겠지만, 중학교 교과서에도 실려 있는 <홍길동전>을 보면 길동이 집을 떠나고자 해 그 어미에게 "옛날 장충의 아들 길산은 천한 출생이지만 열세 살에 그 어미와 이별하고 운봉산에 들어가 도를 닦아 아름다운 이름을 후세에 전하였습니다"라고 고하는 대목이 있다. 장길산은 황석영에 의해 소설화된 17세기 숙종 때의 도둑이다. 허균은 광해군 때 사람이니 죽고 나서 소설 속에 장길산이 등장한 꼴이 된다. 이 사태를 어떻게 이해해야 할까? 허균이 <홍길동전>을 지었다는 유일한 기록은 허균보다 15살 아래인 이식의 <택당집>에서 찾을 수 있다. 이식은 "또한 허균은 <홍길동전>을 지어 <수호전>에 비겼다"라고 해서 이를 근거로 <홍길동전>의 작자가 허균이라고 확정했다. 하지만 허균의 문집은 물론이고 처형당하기 전 문초받은 기록 어디에도 <홍길동전>을 지었다는 단서가 없다. 그렇다면 이식의 기록 한 줄을 가지고 과연 허균이 <홍길동전>을 지었다고 단정할 수 있을까? 여기에 <홍길동전> 작자가 누구인지에 대한 딜레마가 있다. 일단은 <홍길동전>을 짓지 않았다고 하는 확실한 근거가 없기에 문학사 서술에 유리한 방향으로 허균이 <홍길동전>을 지었다고 규정할 수밖에 없다.[28]

---

27) 이능우, 「<홍길동전> 연구의 현황과 문제점」, 『한국학보』 3권 3호, 일지사, 1977, 192면.

권순긍은 현재 고소설 연구자들이 갖고 있는 문제를 매우 솔직하게 드러냈다. <홍길동전>의 작자가 허균이라는 데는 문제가 있지만, 허균이라고 얘기하는 것이 한국문학사에 유리하다는 것이다. 그리고 허균이 쓴 것이 아니라고 주장하기 위해서는 허균이 쓰지 않았다는 증거자료를 내어놓아야 한다고 했다. 그러나 이 두 가지는 잘 따져볼 필요가 있다.

먼저 <홍길동전>의 작자가 허균이라는 것이 문학사에 유리하다는 말은, 허균이라는 조선조의 뛰어난 인물이 지은 작품이라는 점과 한글소설이 1600년 무렵에 있었다는 점이 자랑스럽다는 말일 것이다. 그러나 <홍길동전>의 여러 이본을 읽어보면, 이 작품이 뛰어난 학자나 문장가가 쓴 것이 아니라는 사실은 금방 알 수 있다. 그리고 <홍길동전>과 같은 형식의 한글소설은 대체로 19세기에 나타나는데, 만약 <홍길동전>이 17세기 초에 나타났다면 한글소설의 연대기를 설명할 길이 없게 된다. 또 <홍길동전>을 제외하고는 한글소설의 작자로 알려진 사람이 거의 없다는 것은, 한글소설이 작자 자신을 드러낼 필요를 느끼지 않았던 계층의 창작임을 보여주는 증거라고 할 수 있다. 그리고 이것이 조선시대 한글소설의 중요한 특징의 하나이다. 많은 <홍길동전> 연구자들은 <홍길동전>을 쓴 이름 없는 어떤 작가의 공(?)을 허균에게 돌리고 있는지도 모른다.

다음으로 고소설학계에서 오래 전부터 <홍길동전> 허균 작자설을 주장하는 연구자들이 근거로 삼고 있는 논리인, 『택당집』의 '허균이 <홍길동전>을 지었다'는 내용을 부정할 수 있는 자료를 제시하지 못한다면 <홍길동전>은 허균이 지은 것이 아니라고 말할 수 없다는 주장을 보기로 한다. 허균이 <홍길동전>을 짓지 않았다는 것을 증명할 수 있는 자료란 있을 수 없다. 그러나 이런 주장이 학계에서 통용되어온 것은,

28) 권순긍, 「자아실현을 위한 투쟁과 유토피아」, 월간 『논』 10호, 초암네트웍스, 2007, 36면.

<홍길동전> 작자 문제가 사실 관계를 따지는 문제가 아니라는 것을 잘 보여준다. 『택당집』의 '허균이 <홍길동전>을 지었다'는 내용은 부정할 수 없는 사실이다. 17세기에 간행된 책에 분명하게 쓰여 있기 때문이다. <홍길동전> 작자 문제는 『택당집』에서 말하는 <홍길동전>과 현재 고소설 연구자들이 다루고 있는 <홍길동전>이 같은 것이냐 아니냐의 문제이지, 『택당집』의 내용이 맞느냐 틀리느냐의 문제가 아니다. 더더욱 중요한 문제는, 『택당집』의 <홍길동전>과 한글소설이 같은 것이라고 주장한다고 해서 잘못도 아니고, 이런 주장을 아무도 막을 수도 없다는 점이다. 허균이 쓴 <홍길동전>이 19세기 <홍길동전>과 같은 내용인지 아닌지 알 수 있는 사람도 없고, 또 여기에 대해서 공정한 심판을 할 수 있는 사람도 없다. 각자의 주장을 제시한 다음, 어떤 주장이 더 합리적이고 논리적인가를 '학계'에서 판단하는 것이다. <홍길동전> 작자가 허균이 아니라는 것을 증명하기 위해서는, 『택당집』의 내용을 부정하는 어떤 자료를 제시하는 것이 아니라, 이 문제가 논의된 과정을 검토하고 그 과정의 문제가 무엇인가를 논리적으로 밝히는 것이 필요하다.

이제 <홍길동전> 작자 문제의 출발점으로 되돌아가 보자. 이제까지 <홍길동전>의 작자를 허균이라고 밝힌 사람은 김태준이라고 알고 있었다. 그런데 김태준 이전에 <홍길동전>의 작자를 허균이라고 말한 사람이 있다. 경성제국대학 교수로 조선문학 강좌를 맡고 있던 다카하시 토오루[高橋亨][29]가 바로 그 사람이다. 조금 길지만 그가 <홍길동전>의 작자에 대해서 언급한 부분을 원문과 함께 번역해서 보기로 한다.

---

29) 다카하시 토오루(高橋亨, 1878~1967)는 동경제국대학 문과대학 한문과를 졸업하고, 1903년 조선에 교사로 초빙되어 대구와 서울에서 가르쳤고, 1923년에는 경성제국대학 창립위원회 간사를 맡았다. 그리고 1926년 경성제국대학 본과가 개교하면서 조선문학 강좌를 맡는 교수가 되었다. 1939년 경성제국대학에서 정년퇴임한 후에는 혜화전문학교 교장을 역임했고, 해방 후에는 천리(天理)대학 교수로 조선학회를 만들고, 1964년까지 천리대학에 근무했다.

홍길동전은 여러 가지 의미에서 중요한 조선소설의 하나이다. 이 소설의 작자에 대해서 이식(李植)의 택당집 산록(散錄)에 허균의 작이라고 하고 있다. 허균은 선조에서 광해군까지의 사람이고, 이식은 광해군에서 인조조의 사람이므로 가장 믿을 만하다고 생각한다. 택당은 말하기를, "허균은 시문(詩文)의 재주는 일대에 가장 뛰어났지만, 성질은 기이한 것을 좋아하고 경박하며, 왕왕 무뢰배를 가까이 했다. 같은 무리인 박엽(朴燁) 등과 수호전을 대단히 애독하여 무리들끼리 서로 수호전 중의 호걸의 별명을 붙여 이것을 서로 부르며 즐거워했다. 그 극도에 이른 끝에 마침내 허균은 수호전을 모방하여 홍길동전을 지었다. 또 허균이 가까이했던 서양갑 심우영 등의 무리는 홍길동을 실제로 행하여 난폭한 해독을 마을에 끼치고, 마침내 허균 자신도 죄를 짓고 죽었다."고 했다. 서양갑은 부윤 서익(徐益)의 서자이고, 심우영도 역시 서자이다. 이들 외에 당시에 이름난 신하 김장생(金長生), 박순(朴淳)의 서자도 그의 동류에 들었다. 과연 홍길동전이 허균의 작(作)이라면, 현존 조선소설의 작자로 알려진 사람 가운데 가장 오래된 사람에 속한다. 이 책이 허균의 작(택당집에 의해)이라는 것을 모르는 많은 사람도, 이 책이 조선의 서자를 천대하는 국법에 분개하여 만든 것이라고 말하고 있다. 과연 허균이 가까이 했던 무뢰배에 명류(名流)의 서자가 많았다는 사실에 대해 여러 모로 생각해 보니, 이것을 허균의 작이라고 해도, 그가 부하의 호의를 얻기 위하고자 하는 의사도 포함하여 당시의 관습에 저항한다는 생각을 이 책에 나타냈다고 보아도 큰 지장은 없을 것이다. 그런 의미에서 이 책은 두 가지의 의미를 가지고 쓴 것이 된다. 그 하나는 수호전을 모방해서 가공의 영웅담적 구상을 발표하여 문사(文士) 자신이 즐거워했다는 점이고, 두 번째는 서자를 학대하는 국법의 관습에 반항하는 목소리를 높였다는 것, 여기에 있다. 그리고 첫 번째의 홍길동전의 영웅담적 구상은 물론 수호전의 모방이 많겠으나, 그밖에 조선에 옛날부터 같은 종류의 이야기가 있었다고 상상되는 것이 있다. 그것은 박지원의 연암집(燕巖集)에 실려 있는 허생원전이라는 것이 매우 홍길동전과 비슷하다는 것이다. 어쩌면 연암은 당시 저마다 서로 얘기하며 즐기던 호걸담을 써서 엮은 것이겠지만, 허생원이 무인도를 찾아내어 도적 무뢰배를 규합하여 이곳을 개척하고, 여기에 한 왕국을 만든다는 구상은, 중국인이나 조선인이 좋아할 만한 것이고, 아마도 홍길동전도 이런 것을 취한 작품일 것이다.

적서의 구별을 준엄하게 하는 것은, 조선의 육전(六典)에 이미 개가한 자

손은 청환(淸宦)에 등용하지 않는다고 규정해서 서자의 벼슬길을 막았다. 후에 연산군 때에 무오사화를 일으킨 유자광이 마침 서자였기 때문에 일층 그 차별을 엄하게 했다. 이 때문에 수많은 영재가 불우의 눈물을 흘리고, 무수한 불평불만의 무리를 만들었다. 홍길동전이 조선의 이런 사회적 불공평에 반항했다는 것은 이유가 없는 것이 아니다.

지금의 홍길동전은 언문으로 쓰여 있다. 허균이 지은 원문은 한문이 아니면 안 된다. 택당도 그것을 본 것 같다. 어느 때에 원본이 없어졌는지는 증거할 만한 것이 없다.

洪吉童傳は色々の意味て重要な朝鮮小說の一つである。此小說の作者に就いては李植の澤堂集散錄に許筠の作となしてゐる。筠は宣祖から光海君までの人であり、李植は光海君から仁祖朝の人であるから最も信を措くに足ると思はれる。澤堂は曰く、許筠は詩文の才調は一代の冠冕ではあるが、性質幻奇を喜び、又輕薄にして往々無頼の輩を近づけた。同臭の人朴燁等と水滸傳を非常に愛讀し、同人同志互に水滸傳中の豪傑の別名をつけ之を呼び合つて以て快とした。其の極まるところ終に許筠は水滸傳に倣つて洪吉童傳を作り、又筠の近づけた徐洋甲、沈友英等の輩は洪吉童を實際に行つて、亂暴狼藉害毒を村里に流し、終に筠自身も亦誅戮に伏した云々と。徐洋甲は府尹徐益の庶子で、沈友英も亦庶子、外に當時の名臣金長生、朴淳の庶子も彼の仲間に入つた。果して洪吉童傳が許筠の作とすれば、現存朝鮮小說の作者の知られたるものの中極めて古きものに屬する。澤堂集に據つて本書が許筠の作たるを知らない多くの人も、本書を以て朝鮮の庶子賤遇の國法に憤慨して作られたものだと稱してゐる。成程許筠の近づけた無頼輩に名流の庶子が多かつた事實に攷へ合して、此を許筠の作としても、彼が部下の好意を迎へんとする意思をも含めて、當時の慣習に反抗する考へを本書に表したとなして差支ない樣である。そこで本書は二通の意味を以て書かれたことになる。其一は水滸傳を模して架空の英雄談的構想を發表して文士自ら快とした事、其二は庶子虐待の國法慣習に反抗の聲を揚げた事、是である。而して第一の洪吉童傳の英雄談的構想は勿論水滸傳の模倣が多いであらうが、外に朝鮮に昔から同種の物語があつたものと想像される所のものがある。それは朴趾源の燕巖集に載せてある許生員傳なるものが頗る洪吉童に類してゐる事である。恐らく燕巖は當時の口々相語りて以て快とする豪傑譚を書綴つたものであらうが、許生員が無人島を見付けて盜賊無賴の者共を糾合して之を開拓し、此に一王國を形作るといふ構想は、支那人朝鮮人の好きさうな事で、恐らく洪吉童傳も之を取つたものであらう。

嫡庶の別を峻嚴にするは、朝鮮の六典に旣に、改嫁子孫は淸班を許す勿れと規定して庶子出身の途を杜ぎ、後燕山君朝戊午の士禍を起した柳子光がたまたま庶子であつた爲に一層其の差別を嚴にせられた。此の爲に幾多の英才が不遇に泣き、無數の不平不逞の徒を作つた。洪吉童傳が朝鮮の此の社會的不公平に反抗したのは其の理なきではない。

今の洪吉童傳は諺文で書かれてゐる。許筠が作った原文は漢文であらねばならぬ。澤堂も其を觀たものであらう。いつ頃原本が滅びたか徵すべきものがない。[30]

이 글은 1927년 11월에 나온 『日本文學講座』 제12권에 실린 것이다. 다카하시는 『택당집』의 <홍길동전> 관련 내용을 한글소설 <홍길동전>과 연결시켜 설명했다. 이 글을 보면, 『택당집』을 인용하여 <홍길동전>의 작자를 처음 얘기한 사람은 기존에 알려진 것처럼 김태준이 아니라 다카하시임을 알 수 있다. 다카하시는 1926년 경성제국대학이 개교하면서 조선어문학 강좌의 교수로 부임했고, 김태준은 1928년 경성제국대학에 입학해서 중국문학을 전공했다. 다카하시와 김태준은 잘 알려진 대로 사제관계이다.[31]

---

30) 高橋亨, 「朝鮮文學研究－朝鮮の小說－」, 『日本文學講座』 제12권(東京: 新潮社, 1927) 34~35면.
新潮社의 『일본문학강좌』는 두 가지가 있다. 하나는 1926년에서 28년 사이에 19권으로 편찬된 것이고, 다른 하나는 1931년에서 32년 사이에 15권으로 편찬된 것이다. 두 가지의 내용은 같은데, 편집의 형태가 다르다. 다카하시의 논문은 1932년판에는 제15권에 들어 있다. 두 책은 같은 지형(紙型)을 쓴 것이므로 내용은 완전히 같다. 1927년판은 전체 쪽수가 없이 각 논문별로만 쪽수가 표시되어 있다.

4. 식민지 대학과 지식

1927년에 다카하시가 「조선문학연구」에서 『택당집』을 인용하여 <홍길동전> 작자가 허균이라는 얘기를 하기 전까지 조선 사람들은 『택당집』의 허균 관련 내용을 모르고 있었을까? 그렇지는 않을 것이다. 사대가(四大家)의 한 사람으로 당대 최고의 문장가라는 평을 들은 이식(1584~1647)의 『택당집』은 1674년에 처음 간행된 이후에 여러 차례 나왔고, 또 그 판목이 있는 동안에는 계속 다시 찍어낼 수 있었으므로 그렇게 구해보기 어려운 책이 아니었다. 『택당집』을 읽어본 사람이라면 허균이 <홍길동전>을 지었다는 내용을 대체로 알고 있었다고 보아야 할 것이다. 그렇다면 왜 아무도 『택당집』의 <홍길동전>과 한글소설 <홍길동전>을 연결시켜 말하지 않았을까?

조선시대에 한문 문집인 『택당집』과 한글소설 <홍길동전>은 같은 장에서 만날 수가 없는 책이다. 『택당집』의 독자와 한글소설 <홍길동전>의 독자는 함께 어울릴 수 없는 다른 계층이었으므로 『택당집』을 읽는 사람들은 <홍길동전>에 대해서는 언급하지 않고, <홍길동전>을 읽는 사람들은 『택당집』에 대해서 알 수 없었다. 두 책을 모두 읽은 사람도 있을 수 있지만, 대체로 두 책은 서로 다른 세계에 속하는 책이었다. 이 둘이 한 자리에 만나는 것이 가능하게 된 것은, 한글소설이 문학의 한 자리를 차지하게 되고, 대학에서 가르치고 배우는 내용에 포함되면서부터라고 볼 수 있다. 그리고 좀더 정확하게 말한다면, 경성제국대

31) 다카하시와 김태준은 공동연구를 한 일도 있다. 高橋亨, 金台俊, 「李朝文學史の研究」, 『財團法人服部報公會 研究抄錄』 6, 8, 9집, 1938, 1939, 1941. 이 논문에는 두 사람의 직위가 나와 있다. 1938년에 다카하시는 경성제국대학 교수, 김태준은 명륜학원 교원이고, 1939년에는 두 사람 모두 경성제국대학 법문학부 강사이며, 1941년(1940년 4월 30일에 접수된 것임)에는 두 사람 모두 경성대학 강사라고 되어 있다.

학이 개교하고 여기에 조선문학 강좌가 개설되면서 가능해졌다고 하겠다. 한글소설이 학문의 대상이 될 수 있게 된 시기가 되어야 『택당집』의 <홍길동전>과 한글소설 <홍길동전>이 만날 수 있는 것이다. 그리고 이 둘을 처음으로 연결시키는 영광(?)은 경성제국대학 교수 다카하시 토오루에게 돌아가게 된다.

신문관에서 펴낸 육전소설 <홍길동전>이나 안확의 『조선소설사』에서 <홍길동전>의 작자에 대해서 아무 말도 하지 않았는데, 이것은 최남선이나 안확이 『택당집』의 내용을 몰랐다기보다는 『택당집』의 <홍길동전>과 한글소설 <홍길동전>은 같은 층위에서 논의할 성질의 것이 아니라고 생각했기 때문일 가능성이 더 크다. 이와 같이 다카하시가 <홍길동전>의 작자를 얘기하기 전까지 조선에서는 누구도 『택당집』의 <홍길동전>과 한글소설 <홍길동전>을 연결시키지 않았다. 그 이유는 『택당집』에서 <홍길동전>을 언급한 사실을 몰랐던 것이 아니라, 그 둘은 전혀 다른 것이기 때문이다. 그렇다면 다카하시는 왜 이 둘을 연결시켰을까? 다카하시는 한문에 능통했고, 조선어도 유창했으며, 조선의 일상에 대해서 당대의 조선인 못지않게 많이 안다고 스스로 생각했던 사람이다. 그는 조선의 한문전적을 이해하는 데는 아무런 문제가 없었고, 민요에 대해서도 상당한 수준의 지식이 있었다. 그의 조선에 대한 지식은 대부분 책에 의거한 것인데, 특히 한문전적에서 얻은 것이다. 이렇게 조선에 대해서 풍부한 지식을 갖고 있었지만, 그가 맞춤법이 통일되지 않았던 시기의 한글소설을 잘 읽어내기는 어려웠을 것이다.[32] 다카하시가 한글소설에 대해 갖고 있는 지식에는 조선인이 갖고 있는 한글소설에 대

---

32) 필자는 다카하시의 경성제국대학 문학강의 노트 44권을 볼 기회가 있었는데, 전체의 내용은 한문학과 민요에 관한 것이다. 그리고 김태준과 함께 연구한 「李朝文學史の研究」도 한문학 관련 연구이다. 강의노트나 김태준과 공동연구한 것에도 한글소설에 대한 내용은 거의 없다. 필자는 다카하시가 한글소설을 다루지 않은 가장 큰 이유를 읽기 어려웠기 때문일 것으로 본다.

한 직관 같은 것이 없었다. 그의 지식은 문헌에 의존하는 것이기 때문에, 『택당집』의 '허균이 <홍길동전>을 지었다'는 기사를 즉각적으로 한글 소설 <홍길동전>과 연결시킬 수 있었다.

다카하시가 「조선문학연구」에서 <홍길동전>의 작자를 허균이라고 밝힌 이후에 그의 제자들에 의해서 '허균이 쓴 <홍길동전>'은 한없이 확장되어 간다. 이것은 정인보가 조선인 역사학자들에 대해서 한 다음과 같은 말과 어느 정도 같은 맥락이다.

> 아무개와 같은 자는 바로 한낱 비루천박하고 어리석은 무리일 뿐이오. 그 자는 문헌에 실린 바를 따른다고 하지만, 그가 과연 제대로 글자나 가려 읽고 문구나 꼼꼼히 따질 수 있는지 모르는지 나는 모르겠소. -중략- 최근 일본학자가 왕왕 자기가 朝鮮史家임네 하기를 좋아하여, 내외의 옛 역사를 증명하는데 한결같이 문헌에 의존한다고 과시하오. -중략- 밤낮으로 졸졸 따라다니며 자기 선생의 자취만 밟아서, 저들이 대충만 써대어도 아무개가 상세하게 펴내고, 저들이 그 실마리라도 들추면 아무개가 끝맺음을 한다오. 저들이 平壤 鳳山이 예전에 漢郡에 들었다고 하면, 아무개는 바로 湖西의 郡邑이 다 그 屬縣이라 하여 더 보태어 들여서, 잘 알지도 못하는 것을 끌어대고 자질구레하게 스스로 고증에 덧붙인다오. 아무개의 마음을 헤아리건대 그 사람이라고 한들 어찌 반드시 그 스승에게 충성을 바치려고 그러겠소? 대개 어쩌다가 敎授라는 이름 하나 얻어서 영광으로 여기려는 것이라오.[33]

정인보의 이 말은 관학파 사학자를 비판하기 위한 말이지만, 경성제국대학에서 조선문학을 공부한 학생들도 다카하시에게 배운 것을 바탕으로 연구하고 이를 확대해나간 것은 마찬가지이다.[34] 김태준이 1930년

---

33) 정인보 지음, 정양완 옮김, 「호암 문일평에게 보내는 편지」, 『담원문록』 중권, 태학사, 2006, 138~140면.

34) 다카하시는 1878년생으로 경성제국대학이 개교할 무렵인 1926년이면 거의 오십이 다 되었으므로 이십대 초반의 학생들에게는 거의 30년 연상의 교수이다. 나이

동아일보에 연재한 '조선소설사'에서 서술한 <홍길동전>은 다카하시의 연장이며 확장이라고 할 수 있다. 이것은 조윤제의 학부 졸업논문 「朝鮮小說の硏究」도 마찬가지이다.

<홍길동전>의 작자가 허균이라는 발언을 처음으로 한 사람이 김태준이 아니라 다카하시라는 사실은 문학사를 서술하는 사람들에게 실망감을 줄 수도 있다. 그러나 <홍길동전>의 작자가 허균이라는 발언을 다카하시가 했건 김태준이 했건 『택당집』의 <홍길동전> 관련 기록은 아무런 변화가 없다. 『택당집』은 스스로 아무 말도 하지 않는다. 『택당집』을 읽는 사람들이 얘기할 따름이다.

5. 결 론

호레이스 알렌(Horace Newton Allen)의 Korean Tales(1889)이나 모리스 쿠랑(Maurice Courant)의 『조선서지』(1894)에는 <홍길동전>이 실려 있다. 두 사람은 모두 외교관으로 활동했으므로 정보를 모으는 일에 매우 능숙한 사람들이다. 알렌은 <홍길동전>을 번역하면서, 그리고 쿠랑은 조선의 전적을 수집하면서 <홍길동전>을 접했는데, 이들은 <홍길동전>의 작자에 대해서는 아무런 언급을 하지 않았다. 두 책에 <홍길동전>의 작자에 대한 언급이 없다는 것은, 이들이 기대고 있던 조선의 정보 제공자들이 <홍길동전>의 작자에 대해서 아무런 정보가 없었다

의 차이, 교수와 학생이라는 신분의 차이, 그리고 지식의 양적인 차이를 고려하지 않고, 다카하시와 학생들(조윤제, 김태준, 방종현, 구자균, 김사엽, 고정옥, 이명선 등)의 관계를 대등한 것처럼 생각한다거나, 조선문학에 대해서는 조선학생들이 더 나을 수도 있다는 생각은 잘못이다. 그러므로 경성제국대학 조선문학 전공 졸업생들의 조선문학 연구는, 적어도 식민지시기 동안에는, 다카하시의 범위를 넘어서기 어렵다고 보는 것이 좋을 것 같다.

는 말이나 마찬가지이다.

조선시대 공식적인 기록에서 한글소설에 대한 내용은 어디에서도 찾아볼 수 없다. 현재 가장 광범위한 한문 자료를 데이터베이스화 해놓은 한국고전번역원 홈페이지의 한국고전종합DB에서 '춘향전'이라는 단어를 검색해보면, 단 한 개도 나오지 않는다. 여기에는 『조선왕조실록』이나 『승정원일기』 같은 공적 문서만이 아니라 수많은 개인문집도 있는데, 이 많은 자료 가운데 '춘향전'에 대해 언급한 것은 없다. '홍길동전'을 검색하면 『택당집』 이외에는 없다. 한글소설 <홍길동전>은 알렌이나 호소이 하지메가 번역하거나, 또는 안확이 『조선문학사』에서 사회소설이라고 말하기 전까지는 존재하지만 존재하지 않는 것이나 마찬가지였다. 그리고 『택당집』의 <홍길동전> 기록을 아는 사람들이 많이 있었다 하더라도, 다카하시 토오루가 <홍길동전>의 작자를 허균이라고 말하기 전까지는 한글소설 <홍길동전>과 『택당집』의 <홍길동전>은 연결될 수 없었다.

한두 가지 문제를 더 얘기하고 논의를 마무리 짓기로 한다.

조선의 지배층에게 완벽하게 무시당하던 한글소설이 의미를 갖기 시작한 것은 식민지시기이다. 필사본이나 방각본으로 특정 지역에서 유통되던 한글소설이 1912년부터 활판인쇄에 의해 전국적으로 대량 유통되면서 고소설은 식민지시기 대중문학의 주류를 이루게 된다. 그러나 조선시대 창작된 이 한글소설은 근대지식인에게 다시 한 번 철저히 외면당한다. 고소설의 유행은 타파해야할 구습 정도가 된다. 한글소설이 공식적인 자리에 나서게 되는 것은 조선을 이해하려는 외국인의 번역에 의해서 가능해졌고, 한글소설 연구의 필요성은 식민지시기 관학자에 의해서 생겨났다. <홍길동전>도 대체로 이런 길을 밟아서 식민지시기에 주목을 받았다. 해방 후 <홍길동전>은, 봉건에 저항하다 사형당한 허균이라는 지식인이 지은 것으로, 반봉건적 주제를 갖고 있는 최초의 한글소설이 된다. 그러나 해방 후의 이러한 <홍길동전>에 대한 평가는, 학문적 토론이나 검증의 결과가 아니라 김태준의 『조선소설사』를 답습한 결과이다.

만약 한국문학사가 한국문학이 훌륭하다는 것을 드러내기 위한 것이라면, <홍길동전>의 작자가 허균이라는 것과 이름을 알 수 없는 어떤 사람이었다는 것 둘 중에 어느 쪽이 유리한가? 혹은 한글소설 <홍길동전>이 1600년 무렵에 나왔다는 것과 19세기 중반에 나왔다는 것 둘 중에 어떤 것이 더 좋은 것인가? 또는 조선시대 한글소설의 특징의 하나인 작자를 알 수 없다는 것은 좋은 것인가, 그렇지 않은 것인가? 이런 식의 질문은 더 많이 할 수 있다. 그런데 이런 문제에 대한 답변은, 연구자의 기호에 따른 선택의 문제가 아니라, 학문적이라고 알려진 방식에 따라 논리적으로 검증해서 판단할 문제이다.

적서차별을 없애야 한다는 양반지식인의 한문으로 쓴 글은 많이 있다. 그러나 그들의 어떤 글에서도 적서차별을 몸으로 깨부수고 왕이 되는 서자의 이야기는 없다. <홍길동전>의 가치는 여기에 있다. 그리고 이런 이야기가 지식인이 사용하던 한문으로 된 것이 아니라, 천대받던 '언문'으로 된 이야기책으로 나왔다는 점이 중요하다. 또 이 이야기는 화려한 경력의 천재적인 양반문인인 허균이 아니라, 이름도 알려지지 않은 어떤 서민작가의 손에서 이루어졌다는 데에 그 의미가 있는 것이다. 그러므로 필자가 이 글에서 얘기하고자 하는 것은, 『택당집』의 "허균이 홍길동전을 지었다"는 기록을 부정하는 자료를 제출해서 "<홍길동전>의 작자가 허균이 아니라는 사실을 확인"하려는 것이 아니다. 마치 신념처럼 되어버린 '<홍길동전>의 작자 허균'에 대해 이제는 논리적 검토를 할 때가 되었다는 점을 얘기하려는 것이다. 그리고 이런 논의를 통해서 조선후기 대중문화의 원래 주인에게 <홍길동전>을 돌려주는 것이 필요하다는 학계의 토론을 끌어내기 위한 것이다.

2. 홍길동전 연구의 문제

1. 서 언

우리나라 고소설은 작자와 창작시기를 알 수 없는 작품이 대부분이다. 특히 한글로 된 작품 가운데 작자나 창작시기가 알려진 것은 거의 없다. 또 작자가 알려진 작품일지라도, 원본이 어느 본인지 밝혀진 작품도 별로 없다. 잘 알려진 작품 가운데도 작자나 창작시기를 알 수 없을 뿐 아니라, 원본이 어느 본인지 알 수 없는 경우가 많다.

<홍길동전>도 마찬가지이다. <홍길동전>은 허균이 쓴 작품이라는 설이 이제까지 학계의 통설이나, 허균이 썼다는 '洪吉同傳'과 현재 우리가 알고 있는 고소설 <홍길동전>이 같은 작품이라는 것을 아직 증명하지 못하고 있을 뿐만 아니라, 같은 작품이라면 허균이 쓴 원본은 현전하는 많은 <홍길동전> 이본 가운데 어느 본인지 확정짓지 못하고 있다. 그런데 <홍길동전>은 고소설 가운데 매우 특별한 작품이다. <홍길동전>은 작자, 이본, 주제 등의 문제를 어떻게 볼 것이냐에 따라 우리나라 소설사의 구도가 달라질 정도로 중요한 작품이다.

필자는 현재 남아 있는 <홍길동전> 이본 약 30여 종을 정리하여 이를 학계에 보고하면서, 그 동안 <홍길동전> 연구에서 소홀히 다루었던 점들을 지적한 바 있다.[1)] 지금까지 꽤 많은 <홍길동전>에 관한 논문이

---

1) 이윤석, 『홍길동전 연구』, 계명대학교출판부, 1977.

나왔는데, 대체로 김태준의 『조선소설사』 관점을 유지하고 있다고 해도 과언이 아니다. 이 글에서는, 먼저 『조선소설사』에서 <홍길동전>을 어떻게 다뤘는가를 검토한 다음, 기왕의 <홍길동전> 연구에 대해 문제를 제기한 필자의 주장을 간단히 요약한다. 그리고 허균의 『성소부부고(惺所覆瓿藁)』에 들어 있는 「서유록발(西遊錄跋)」에 대한 기존의 논의를 검토하여, <홍길동전> 논의를 허균과 결부시킨 논의의 문제점을 드러내고, 『택당집(澤堂集)』의 "筠又作洪吉同傳以擬水滸"의 해석을 어떻게 하는 것이 좋은가 하는 점을 얘기하려고 한다.

2. 기왕의 〈홍길동전〉 연구의 문제

김태준 이래 고소설 연구는 몇몇 작자가 알려진 작품과 판소리계열의 작품을 중심으로 이루어졌는데, 작자가 알려진 작품은 대체로 한문본이거나 한문본이 남아 있는 것이고, 판소리계열 작품도 신재효가 정리한 필사본처럼 정리한 사람이 명확하거나, 창자가 알려진 창본들이 많았다. 이와 같이 초기의 고소설 연구가 작자가 알려진 작품 위주로 이루어진 것은, 시간적인 순서에 따라 작품을 검토하여 궁극적으로 소설사를 정리하겠다는 생각을 바탕에 깔고 연구가 이루어졌기 때문이다. 초창기 연구가 큰 틀을 꾸미는 데 집중되었기 때문에 이런 식으로 될 수밖에 없었으나, 이런 연구태도나 방식만으로 고소설 연구를 계속할 수는 없다. 매우 복잡한 양상을 띠고 있는 고소설의 전개양상을 어떤 한 줄기로 가닥을 잡기는 어렵다. 이제는 큰 틀을 짜기 위해 개별 작품을 연구할 것이 아니라, 개별 작품의 연구를 통해 큰 틀을 고쳐나가야 할 것이다.

이윤석, 「새로 소개하는 <홍길동전> 이본 몇 가지」, 『문학한글』 13호, 한글학회, 1999.

<홍길동전> 연구도 마찬가지이다. 지금까지 계속되어온 '허균이 지은 최초의 한글소설'이라는 소설사를 위한 연구에서 벗어나, <홍길동전>이 무엇인가를 밝히는 연구가 이루어져야 할 것이다. <홍길동전> 연구의 문제를 살펴보기 위해서 가장 먼저 해야할 일은, 김태준이 『조선소설사』에서 <홍길동전>을 어떤 관점에서 다루었는가 하는 점을 확인하는 일이다.

김태준의 『조선소설사』에서 <홍길동전>을 다룬 대목의 목차를 보면 다음과 같다.

第三章 洪吉童傳과許筠의藝術
第一節 洪吉童傳의梗概
第二節 作者 許筠의一生
第三節 洪吉童傳을通하여본許筠의思想
第四節 許筠의文藝眼
第五節 洪吉童傳의特有한價値

제3장의 목차를 보면, 김태준이 중요하게 생각하고 다룬 것은 <홍길동전> 작품보다 허균이었음을 알 수 있다. <홍길동전>을 다룬 제3장에서 줄거리와 허균에 관한 내용을 빼면, 제5절의 '홍길동전의 특유한 가치'가 남는데, 이 제5절의 분량은 제3장의 약 10% 정도이다. 그러니까 <홍길동전> 작품을 직접 분석한 것은 전체의 10% 정도밖에 안 된다. 제5절의 전체 내용은 다음과 같다.

第五節 洪吉童傳의特有한價値

洪吉童傳은 許筠과같이博識한사람의손에되엿슴으로 조선最初의小說다운小說이면서도 가장古典에依한部分이 많다. 活貧黨一段과其他英雄的記事가 水滸傳의宋江과黑旋風을 함께마시는듯하며 甁속에가루가되여도 오히려 살어있엇다는것은 西遊記第七十五回와 吻合하고 芒碭山妖怪屈은 剪燈新

> 話의申陽洞記와 述異記의鼠國에서模倣한것인듯하다. 松泉筆談에는
> 「筠作洪傳하야以擬水滸하고 與其徒로躬蹈其行하니 一村虀粉이다」
> 라고한것은 가장理由있는말이다. 洪吉童이라는 實在人物이 있엇슬理는 없으나 全朝鮮各地에 吉童의生地와住所라고傳하는곧이많은것은 무엇을例證함인가? 李星湖의僿說에도「自古로 西道에多劇賊호되 有洪吉童이歲遠不知幾何라」라고하엿다. 星湖와같은博學家로서도 傳說로서만存在한洪吉童의史蹟은알수없엇다. 洪吉童傳은그만큼有名하엿고 또愛讀되엿든것인 줄을알겟다. 洪傳은筠輩의自敍傳이여슬소록 더욱貴重하다. 가즌暴虐과 賤待를다하는兩班政治에 叛旗를든 風雲兒洪吉童의性格이 前後에矛盾없이 完全히描寫되엿스며 章回小說의始祖가 되엿다는點으로서 朝鮮小說史上에 가장巨擘이라하겟다.[2)]

이와 같은 김태준의 <홍길동전> 분석 태도는 이후의 많은 연구자들이 이 작품을 분석하는 방향을 제시했다. 즉, 주인공 홍길동은 혁명적·반항적 인물이고, 이 작품은 사회소설·혁명소설이라는 견해에 대해서 별로 의심하지 않고 작품 분석이 이루어졌다. 또 작품의 후반부에서 홍길동이 율도국으로 가는 것에 대해 많은 연구자들이 율도국을 이상향으로 보았는데, 이렇게 된 데는, "길동은 그 후 고국을 떠나 남경을 향하다가 망탕산 요괴를 퇴치하고 율도국왕이 되어 이상의 나라를 건설하였다"는 김태준의 해석이 커다란 영향을 미쳤을 것이다. 김태준은 신후담(愼後聃)의 『남홍기사(南興記事)』에 대해서 말하면서, "「南興」은實로조선 最初의 파라다이스記錄이엿든것이다. 洪吉童傳에나타나는硉島國과 함께 實學派의가심에 그리던理想鄕의實際記錄일것이다."[3)]라고 하여, 율도국을 이상국으로 파악하고 있음을 보여준다.

<홍길동전> 연구가 김태준의 관점에서 크게 벗어나지 못하게 된 가장 큰 이유는, 김태준과 다른 관점을 갖는다는 것은, <홍길동전>에 대

---

2) 김태준, 『조선소설사』, 청진서관, 1933, pp.62~63.

3) 김태준, 앞의 책, p.119.

해서 내린 김태준의 찬사를 부정하는 것으로 여겨질 가능성이 있기 때문이었을 것이다. 그러나 <홍길동전>에 대한 김태준의 찬사가 과연 정확하게 이루어진 것인가 하는 점은 자세히 검토할 필요가 있다.

식민지 시대 좌파 민족주의자였던 김태준으로서는 허균이 <홍길동전>을 지었다는 택당(澤堂) 이식(李植)의 글은 중요했음이 틀림없다. 이식의 글에 나오는 '洪吉同傳'이 바로 많은 사람들이 좋아하는 한글 작품인 <홍길동전>이라는 것을 확인할 필요도 여유도 없었을 것이다. 그러나 <홍길동전>을 올바로 이해하기 위해서는 작품을 분석해야 한다. 문학작품의 해석에서 작자도 중요하지만, 작자보다 작품 자체가 중요하다는 아주 평범한 원리를 연구자들은 생각해야 한다. <홍길동전>의 가치는 작자가 누구냐에 의해서 결정되는 것이 아니라, 작품의 내용이 무엇이냐에 의해서 결정되는 것이다. 작품 분석을 위해서는 분석을 위한 대본을 결정해야 하는데, <홍길동전>처럼 많은 이본이 있는 경우에는, 많은 이본 가운데 어떤 본을 택해서 작품 분석을 할 것인가를 정하는 일이 중요하다.

문학연구에 있어서 원본 확정 작업은 매우 중요하다. 특히 고소설은 작자와 창작시기가 알려지지 않은 작품이 대부분이기 때문에 원본을 확정하는 작업은 가장 기본적인 것이다. 그러나 우리나라 고소설 연구에서 이 이본 문제는 그렇게 중요하게 다루지 않아 왔다. <홍길동전> 연구에 있어서도 원본을 확정하는 가장 기초적이고 필수적인 작업이 처음부터 제대로 이루어지지 않았기 때문에 <홍길동전> 연구에 혼란이 있었다. <홍길동전>을 허균이 쓴 최초의 한글소설이라는 관점으로 보아왔기 때문에 그 동안의 <홍길동전> 연구는 주로 허균과의 관계를 중심으로 이루어졌다. 그러므로 이제까지 이루어진 많은 연구는 <홍길동전> 연구라기보다 허균 연구의 부산물 같은 것이었다.

<홍길동전>의 작자 문제도 완전히 결말이 난 것은 아니다. <홍길동

전> 작자에 대한 연구자들의 견해는 다음의 세 가지로 나눌 수 있다. 첫째는, 택당 이식의 『택당집』에 나오는 "허균은 또 홍길동전을 지어 수호와 비겼다.(筠又作洪吉同傳以擬水滸)"는 글 속의 '洪吉同傳'과 현존하는 <홍길동전>을 같은 것으로 보는 견해이다. 둘째는, 현존 <홍길동전>의 작자는 허균이 아니라는 견해이다. 셋째는, 택당 이식의 문집에 나오는 내용을 부정하지는 않으나, 택당 문집의 '洪吉同傳'과 현재 남아 있는 <홍길동전>은 다른 것이라는 견해이다. 이상의 세 견해는 모두 나름대로의 근거를 갖고 있다. 그러나 대부분의 논자들은 허균에 대한 접근을 통해 작자문제를 해결하려고 했기 때문에 이본의 문제에는 별 관심을 기울이지 않았다. 그 결과 이본 문제를 도외시하고 이루어진 이러한 논의들은 구체적이지 못하고 추상적일 수밖에 없었다.

주제 연구도 마찬가지이다. <홍길동전>의 작자를 허균이라는 전제 아래 주제를 다룬 많은 연구자들은 이 작품의 시대적 배경을 16세기라고 보았고, 또 이 작품에는 허균의 사상이 녹아 있는 것으로 파악했다. 그러나 실제 작품을 분석할 때는 허균이 죽은 이후인 17, 18, 19세기 조선왕조의 사회상을 바탕으로 작품분석을 한 학자도 있다. 이처럼 허균이 쓴 작품이라고 하면서도 허균 이후의 시대상과 연결시켜 주제를 다룬 것도 문제이지만, 더 큰 문제는, 연구자마다 자신이 택한 이본의 내용을 중심으로 주제연구를 해왔다는 점이다.

필자가 <홍길동전>의 이본계열을 필사본계열, 경판계열, 완판계열의 셋으로 나누기 이전에는, 경판과 완판 두 계열로 보는 견해가 유력했다. 그런데 경판계열과 완판계열의 내용을 보면, 큰 줄거리는 일치하지만 세부적인 내용은 상당한 차이를 나타내고 있다. 정주동 교수가 『홍길동전 연구』를 발표하면서 이 책의 뒤에 경판 24장본을 주석하여 활자로 옮긴 것이 실린 이래, 이 본이 학계에서 작품분석의 대본으로 많이 이용되었다. 그리고 1970년대 초반 정규복 교수는 <홍길동전>의 이본을 분석하여 경판24장본을 가장 선행하는 본으로 발표했다. <홍길동전>의 원본에 가장 가까운 본이 경판 24장본이라는 발표가 있었고, 또 이 작업을 학계에서도 인정했음에도 불구하고, 작품을 분석을 할 때는 모든 연구자들이 경판 24장본을 대본으로 한 것은 아니었다. 학자에 따라 완판을 대본으로 하는 학자도 있고 경판을 대본으로 하는 학자도 있다. 결국 작자는 한 명인데 작품 분석의 대본은 몇 가지가 되는 셈이다.[4)]

3. 「서유록발(西遊錄跋)」 논의의 문제

김태준이 <홍길동전>의 작자를 허균이라고 한 이래, 많은 연구자들이 <홍길동전>을 얘기할 때, 빠뜨리지 않는 것이 바로 「서유록발」이다. 그런데 이 「서유록발」의 인용이나 해석의 대본이 무엇인지 명확하지 않은 것 같아서, 몇몇 연구자들의 「서유록발」에 대한 언급을 알아보고, 이 문제에 대한 필자의 생각을 간단히 피력하려고 한다.

「서유록발」은 『성소부부고(惺所覆瓿藁)』 13권에 실려 있다. 김태준도 「서유록발」을 『조선소설사』에서 얘기했다. 김태준은,

> 許筠은詩뿐아니라 小說·戲曲같은軟文藝에도 가장造詣가깊으니 그가西遊記跋을지여말호되 「余得戲家說數十種, 除三國隋唐外, 兩漢齬, 齊魏拙, 五代殘唐率, 北宋略, 水滸則姦騙機巧」라고하엿으니 이것이조선사람으로서 中國小說을批評한始初者인同時에 唯一한것이다.[5)]

4) 경판 24장본은 후반부가 심하게 축약된 본이므로, 이 본은 작품분석의 대상으로는 적절한 본이 아니라는 것이 후에 밝혀졌다.

5) 김태준, 앞의 책, pp.61～62.

라고 했다. 「서유록발」에서 김태준이 인용한 "余得戱家說數十種, 除三國隋唐外, 兩漢齬, 齊魏拙, 五代殘唐率, 北宋略, 水滸則姦騙機巧"라는 대목에 대해서, 이후의 많은 연구자들이 나름대로 이 문장을 번역하고 분석했다. 몇몇 연구자들의 분석을 보기로 한다.

정주동 교수는,

> 이리하여 在來로 우리 나라에서 전하는 것, 또는 中國에서 가져온 것 등을 閑暇를 타서 읽고, 간단하나마 그에 대한 評까지도 내렸던 것이다.
>
> 『余得戱家說數十種 除三國隋唐外而兩漢齬 齊魏拙 五代殘唐率 北宋略 許則姦騙機巧皆不足訓 而著於一人手 宜羅氏之三世啞也 西遊記云 出於宗藩卽玄奘 取經記而衍之 事盖略見於釋譜及神僧傳在疑信之間 而今其書特暇修煉之旨…… 皆假丹訣而立言也 固不可廢哉 余特存之修眞之暇倦 卽以攻睡魔焉』 <惺所覆瓿藁 卷之十三 西遊錄跋>
>
> 說話 뿐 아니라 모든 演義小說을 모조리 通讀한 것 같고, 그 小說이 된 經緯, 小說의 內容, 小說의 好否의 評까지 이르러 一家見을 가졌다.
>
> 이와 같이 많이 읽은 小說의 지식은 「洪吉童傳」의 創作에도 直接 間接으로 영향되고, 주로 「洪吉童傳」의 精神은 「水滸傳」에서, 그의 表現方法은 「西遊記」에서 더 많이 따 왔다고 볼 수 있겠고, 그외 部分的으로 「三國志演義」·「剪燈新話」 등 許筠의 읽은 여러 小說 가운데서 본뜬 점도 있다.
>
> 이와 같이 小說을 많이 읽고 또 直接 小說을 썼지마는 그의 小說觀은 여전 小說이란 世敎에 別로 도움이 있는 것이 아니고 다만 破閑止睡의 具로 삼던 당시 士大夫들의 생각과 별로 發展된 것이 었(없)는 듯하다. 그는 「水滸傳」을 평하기를 『水滸姦騙機巧 皆不足訓 而著於一人手宜羅氏之三世啞也』<惺所覆瓿藁>라하여 「水滸傳」이 敎訓的이 못됨을 責한 자로서 스스로 革命的인 內容의 「洪吉童傳」을 지었다는 것은 自家撞着이라 하지 않을 수 없다.[6)]

고 했다. 정주동 교수는 본문을 인용한 데서는 "除三國隋唐外而兩漢齬

6) 정주동, 『洪吉童傳 硏究』, 문호사, 1961, pp.82~83.

齊魏拙 五代殘唐率 北宋略 許則姦騙機巧皆不足訓 而著於一人手 宜羅氏之三世啞也"라고 했으나, 이 대목을 분석할 때는, "「水滸傳」을 평하기를 『水滸姦騙機巧 皆不足訓 而著於一人手宜羅氏之三世啞也』"라고 하여, 본문의 '許則姦騙機巧'를 '水滸姦騙機巧'라고 고쳤다.

조동일 교수는,

> 중국소설을 받아들일 때 월남에서는 「西遊記」가, 일본에서는 「水滸傳」이 가장 인기가 있었던 것과 달리, 한국에서는 「三國志」를 위시한 演義類의 역사소설을 특히 애호했다. 許筠이 "余得戱家說數十種 除三國隋唐外 而兩漢齬 齊魏拙 五代殘唐率 北宋略 水滸則姦騙機巧 開(皆)不足訓"(「西遊記跋」, 『許筠全集』(성균관대학교 대동문화연구원, 1972, p.137)이라고 한 말이 그 증거가 된다. "戱家說"은 소설을 총칭하는 말이다. 중국소설을 수십 종 구해 읽었다고 하면서, 역사소설인 演義類에 대해서 특별한 관심을 가졌다.
>
> 「三國志演義」와 「隋唐演義」를 제외하고 나머지는 모두 본받을 만한 것이 못 된다고 해서 그 둘은 가치가 있다고 평가했다. "兩漢齬"이라는 말은 「西漢演義」와 「東漢演義」는 사실 또는 이치에 어긋난다는 말이다. 「齊魏演義」는 졸렬하다고 했다. 「五代殘唐演義」는 경솔하다고 했다. 「北宋演義」는 소략하다고 했다. 「水滸傳」은 간사하게 속이고 책략이 교묘하다고 했다. 그래서 모두 본받을 만한 것이 되지 못한다고 했다.
>
> 그런 소설을 읽고 자극을 받아 許筠 자신은 역사소설이 아니고 영웅소설인 「洪吉童傳」을 지었다. 그 이유를 찾자면, 소설 이전 서사문학의 전통에서 중국과 한국이 달랐던 점부터 주목해야 한다. 불행하게 태어난 영웅이 죽을 고비를 넘기고 투쟁에서 승리하는 영광을 차지한다는 고대문학 이래의 '영웅의 일생'이 서사무가를 통해 전승되어, 소설로 재창조되었다. 許筠은 중국소설의 영향과 자극을 받고서 중국소설과는 다른 한국소설을 만들어내는 일을 했다.[7)]

---

7) 조동일, 「한국 일본 월남의 중국소설 수용양상 비교연구 서설」, 『韓國古典小說과 敍事文學』 上, 기념논총간행위원회, 1998, pp.27~28.

고 했는데, 성균관대학교 대동문화연구원에서 영인해낸 『허균전집』에는 「西遊記跋」이 아니라 「西遊錄跋」이고, "水滸則姦騙機巧"가 아니고 "許則姦騙機巧"로 되어 있다.

장효현 교수는, "허균이 관심을 가졌던 여러 종의 중국소설이 문언소설이 아닌 구어체의 백화소설이었던 점에서 볼 때, 허균이 스스로 소설을 창작함에 있어 구어체인 한글소설에 관심을 가졌음직 하다."고 하고, 이 대목에 『惺所覆瓿藁』 13권의 '西遊錄跋'을 다음과 같이 번역해서 주석을 달았다.

> 허균, 西遊錄跋, 『惺所覆瓿藁』 권13. "나는 戱家의 소설 수십 종을 얻어 읽었는데, <삼국지연의>, <수당연의>를 제외하고, <양한연의>는 어긋나고 <제위연의>는 서투르며 <오대잔당연의>는 거칠고 <북송연의>는 간략하고, <수호전>은 간사하고 교활하여, 모두 독자를 교훈하기에 부족하다. 그런데 이것들이 한 사람의 손에서 나왔으므로 羅貫中의 三代가 벙어리가 되었다는 것은 의당한 일이다. <서유기>라는 책이 있는데, 宗藩에서 나왔다고 하는 것으로 이는 곧 玄奘의 取經記를 가지고 그것을 부연한 것이다. …… 비록 지루하고 늘어져 그 말들이 올바른 말이 아니지만 종종 丹訣을 빌려 이야기를 펼쳤으니 진실로 내버릴 수 없다. 그래서 나는 특별히 이것을 간직하여 眞諦를 수련하는 여가에 고단하면 이로써 잠을 쫓는 도구로 삼았다.(余得戱家說數十種, 除三國隋唐外, 而兩漢齬, 齊魏拙, 五代殘唐率, 北宋略, 水滸則姦騙機巧, 皆不足訓, 而著於一人手, 宜羅氏之三世啞也, 有西遊記, 云出於宗藩, 卽玄奘取經記, 而衍之 …… 雖支離漫衍, 其辭不爲莊語, 種種皆假丹訣而立言也, 固不可廢哉, 余特存之, 修眞之暇, 倦卽以攻睡魔焉)"[8]

장효현 교수는 이 글에서 「서유록발」의 인용문헌을 밝히지 않아서 출전이 어떤 본인지는 알 수 없다.

---

8) 장효현, 「<홍길동전>의 生成과 流轉에 대하여」, 『국어국문학』 129, 국어국문학회, 2001, p.129.

그런데 소재영 교수는 이 대목을 다음과 같이 해석했다.

> 내가 戲家說 數十種을 얻었는데 그중 三國과 隋唐을 제외하면 兩漢은 어긋나고 齊魏는 옹졸하고 五代殘唐은 경솔하고 北宋은 간략하며, 이처럼 간사하게 속이고 교묘하게 꾸며 모두가 본받기엔 不足하다.(惺所覆瓿藁 卷3 文部10「西遊記跋」余得戲家說數十種 除三國隋唐外 而兩漢齬 齊魏拙 五代殘唐率 北宋略 許則姦騙機巧 皆不是(足)訓)[9]

소재영 교수는 이 대목을, "얼핏 읽으면 小說에 대한 매우 부정적 태도를 나타낸 것으로 보이지만 이는 戲家說을 즐기면서 그 결함을 비판한 올바른 비평의 자세라고 여겨진다."고 했다. 그런데 한 가지 특이한 것은, 소재영 교수는, '許則姦騙機巧'의 해석을 "이처럼 간사하게 속이고 교묘하게 꾸며"라고 해석했다는 점이다. 소재영 교수가 인용한 원전은 성균관대학교에서 영인한 본이다.

「서유록발」의 이 대목은 허균과 현전 <홍길동전>의 관련성을 얘기할 때 자주 거론되는 구절이므로 텍스트를 정확히 살펴볼 필요가 있다. 몇 가지 <성소부부고> 이본에서 이 대목이 어떻게 나와 있나 보기로 한다. 필자가 본 <성소부부고>는 세 가지인데, 성균관대학교 대동문화연구원에서 나온 영인본, 문집총간 영인본, 그리고 연세대학교 도서관 소장본이다. 각 본의 이 대목은 다음과 같다.

> 余得戲家說數十種除三國隋唐外而兩漢齬齊魏拙五代殘唐率北宋畧許則姦騙機巧皆不足訓而着於一人手宜羅氏之三世也(대동문화원영인본)

> 余得戲家說數十種除三國隋唐外兩漢齬齊魏拙五代殘唐率北宋畧水許則姦騙機巧皆不足訓而着於一人手宜羅氏之三世啞也(문집총간영인본)

---

9) 소재영,「許筠의 생애와 文學」,『許筠研究』(증보판), 새문사, 1989, Ⅱ-13.

> 余得戱家說數十種除三國隋唐外兩漢齬齊魏猝五代殘唐率北宋畧水滸則姦騙機巧皆不足訓而着於一人手宜羅氏之三世啞也(연세대본)

세 본은 같은 내용이지만, 학계에서 수호전이라고 해석한 부분과 삼대가 벙어리가 되었다는 대목은 세 본의 자구가 다르다. 대동문화원 영인본의 수호전 대목은 '許則姦騙機巧'이고, 문집총간 영인본은 '水許則姦騙機巧'이며, 연세대학교도서관소장본은 '水滸則姦騙機巧'로 되어 있다. 그런데 연세대본은 처음에는 水滸가 아니라 '水許'였는데, 누군가 '許'자에 삼수변을 더 그려넣어서 '滸'자가 되었다. 그리고 대동문화연구원본에는 '啞'자가 없고, 문집총간본과 연세대본은 '啞'자가 이상하게 되어 있다.

대동문화원 영인본은 1961년에 처음 영인되어 학계에서 많이 사용한 자료이다. 그런데 이 대동문화원 영인본에는 '許則姦騙機巧'라고 되어 있다. 「서유록발」에서 허균이 언급한 '戱家說'은 『삼국지연의』, 『수당연의』, 『양한연의』, 『제위연의』, 『오대잔당연의』, 『북송연의』 등으로 모두 연의소설이다. 『삼국지연의』와 『수당연의』를 제외한 나머지 작품을 평한 단어는, '齬', '拙', '率', '畧' 등으로 모두 한 글자이다. 만약 '許則姦騙機巧'의 '許'를 '水滸'의 잘못이라고 본다면, 앞에서는 모두 연의소설류만을 한 글자로 평하다가, 왜 갑자기 연의소설이 아닌 <수호전>이 나오면서 네 글자로 평을 했을까 하는 의문은 한 번 가질 만하다. 대동문화원 영인본의 「서유록발」에는 "羅氏之三世啞也"라는 대목에서 '啞'자가 빠졌다. 이것으로 보아 이 본이 정치하게 필사된 본은 아닐 가능성이 있지만, '許'를 '水滸'라고 읽어도 괜찮은지 생각해볼 필요가 있다. 이러한 문제 제기는, 허균이 <서유기>에 대해서 어떻게 생각했었나 하는 점을 보는 것에만 한정시킨다면, 별로 중요한 것이 아닐 수도 있다. 그러나 「서유록발」은, <홍길동전>을 허균이 지었다고 주장하는 연구자들이 중요하게 다루는 자료이다.

『택당집』의 '洪吉同傳'이 바로 우리가 지금 연구하고 있는 <홍길동전>과 같은 것이라고 주장하는 많은 연구자들은, 허균이 중국의 통속소설을 많이 읽은 것이 <홍길동전> 창작에 영향을 미쳤을 것이라는 근거로 「서유록발」을 인용한다. 그러나 『택당집』에는 허균이 <수호전>을 비겨서 '洪吉同傳'을 지었다고 했다. 「서유록발」의 이 대목을 허균이 <수호전>을 비판한 것으로 읽어야 한다면, 허균은 자신이 좋아하지 않는 <수호전>을 비겨서 '洪吉同傳'을 지은 것이 된다.

4. 『택당집』의 '筠又作洪吉同傳' 해석 문제

김태준이 『조선소설사』에서 <홍길동전>의 작자를 허균이라고 하고, 또 <홍길동전>이 <수호전>과 관련이 있다는 주장을 할 수 있었던 자료는, 이식의 다음과 글이다.

> 世傳作水滸傳人 三代聾啞 受其報應 爲盜賊尊其書也. 許筠朴燁等 好其書 以其賊將別名 各占爲號 以相謔. 筠又作洪吉同傳 以擬水滸. 其徒徐羊甲·沈友英等 躬蹈其行. 一村虀粉 筠亦叛誅 此甚於聾啞之報也.(李植, 『澤堂先生別集』 권15, 雜著, 散錄)[10]

『택당집』의 이 대목에 대해 김태준은, "傳하는말에 許筠이가 水滸傳을百讀하고서 洪吉童傳을지엿다고한다. 「許筠作洪吉同傳, 以擬水滸」(澤堂雜著) (松泉筆談)라는文句로써 洪吉童傳의著者가 許筠임을알엇다."[11]고 했다. 현전하는 <홍길동전>의 작자는 허균이고, <홍길동

---

10) 『한국문집총간』 88, 민족문화추진회, 1992, p.530.

전>과 <수호전>은 긴밀한 관련이 있다는 논의의 시발은 바로 김태준의 이 발언이고, 그 근거는 『택당집』의 기록이다.

<홍길동전>의 작자가 허균이라는 김태준의 주장은, 1960년대 중반 이능우 교수[12]와 김진세 교수[13]가 작자에 대한 의문을 제기하기까지는 이론이 없었다. 두 교수의 주장이 나온 후 차용주 교수가 이에 대한 반론을 폈다. 차용주 교수는, "許筠의 人間性과 七庶事件의 眞僞 및 그와의 關係를 檢討하여 그가 과연 洪吉童傳을 著作할 수 있는 人物이 아니었던가 하는 것을 再攷해 보고자 하며, 아울러 그의 佛敎觀에 까지 論及"하여 <홍길동전>의 작자가 허균임을 확인했다. 차용주 교수는 이 논문의 결말에서 다음과 같이 말했다.

> 그의 洪吉童傳 著作說이 李能雨 敎授의 文獻的(주로 實錄 위주) 考證과 金鎭世氏의 周邊 分析을 中心으로 한 接近方法으로 否定的인 意見이 나왔는데, 이들 推論이 論理上으로는 비록 首肯이 가는 점이 있다 할지라도 澤堂의 記錄을 否定할 만 한 確然性은 稀薄하다고 보기 때문에 이들 推論을 뒷받침할 만한 確固한 考證 資料가 나타나기 전에는 洪吉童傳 著作의 榮光은 계속 許筠에게 있다고 믿는다.[14]

차용주 교수의 이와 같은 발표 이후에 많은 연구자들이 <홍길동전>의 작자는 허균임을 다시 한 번 강조했는데, 이들의 주장을 뒷받침하는 근거는 『택당집』의 "筠又作洪吉同傳以擬水滸"일 뿐이다.

현재 <홍길동전>의 작자는 허균이고 허균이 지은 <홍길동전>은 현재 우리가 연구의 대상으로 삼고 있는 한글본 <홍길동전>과 같은 내용이라고 하는 것이 통설이다. 그러나 이와 같은 통설은, 허균이 사형

---

11) 김태준, 앞의 책, p.56.

12) 李能雨, 「許筠論」, 『논문집』 5집, 숙명여자대학, 1965.

13) 金鎭世, 「洪吉童傳의 作者考」, 『논문집』 1, 서울대학교 교양과정부, 1969.

14) 車溶柱, 「許筠論 再攷」, 『亞細亞硏究』 48호, 고려대학교, 1972.

당한 17세기초에는 <홍길동전> 같은 한글소설이 존재했다는 소설사의 구도를 만들게 된다. 대부분의 소설사나 한국문학사는 이렇게 되어 있다. 그 한 예로 정병설 교수의 논문 하나를 보기로 한다. 정교수는,

> 일반적으로 고전소설의 前史는 「檀君神話」 등의 神話에서 출발하여, 『三國遺事』, 『殊異傳』 등의 삼국시대의 설화로 이어지고, 고려시대의 假傳 등의 서사문학을 경유하여, 조선전기의 『金鰲新話』에 이른 것으로 본다. 그리고 이러한 한문소설에 뒤이어 16세기에 들어와서는 蔡壽(1449~1515)의 『薛公瓚傳』, 許筠(1569~1618)의 『홍길동전』 등이 창작·유통되면서 국문소설의 시대가 열렸다.[15)]

고 하고, "주지하다시피 『홍길동전』의 허균 작가설은 설득력 있는 반론이 제기된바 있으며, 이제 어느 정도 논의가 정리된 상태이다."라는 주석을 달았다. 그러나 필자가 보기에는 아직까지 설득력 있는 반론이 제기된 것 같지는 않다.

<홍길동전>의 작자와 관련된 문제는 다음의 두 가지이다. 하나는, 『택당집』의 "筠又作洪吉同傳以擬水滸"이라는 기록만을 바탕으로, 현재 우리가 연구의 대상으로 삼고 있는 고소설 <홍길동전>의 작자를 허균이라고 할 수 있는가 하는 것이다. 이 문제를 해결하고 나면, 두 번째 문제로, 현재 전하는 많은 이본 가운데 허균이 지은 것은 어느 본인가를 확정해야 한다는 것이다. 많은 연구자들이 <홍길동전> 연구의 문제는 바로 이 점이라는 것을 분명히 알고 있지만, 이 문제를 해결할 뾰족한 방법이 없기 때문에 <홍길동전>의 작자를 허균이라고 볼 수밖에 없다는 견해를 갖고 있다. 몇몇 연구자의 견해를 보기로 한다.

이문규 교수는,

---

15) 정병설, 「조선후기 장편소설사의 전개」, 『한국고전소설과 서사문학』 상, 집문당, 1998, p.247.

『홍길동전』의 작자 시비에 얽힌 문제나 원본의 확정에 관한 문제는 명확히 해결되기 힘든 한계를 자체내에 내포하고 있다. 그러나 이런 문제를 도외시하고 작품 논의에 돌입하는 행위는 방향감각을 잃고 대해에서 표랑하는 신세를 면키 어렵다. 현재로선 『홍길동전』의 작자를 허균으로 인정하고, 京板 24張本을 그런대로 허균의 의식을 가장 잘 담고 있는 판본으로 선정한 다음 허균의 의식을 작품의 의미 해명의 基軸으로 삼아 작품 논의를 전개하는 것이 목적지에 안착할 수 있는 최상의 可能策이라 하겠다.[16)]

고 했다. 김광순 교수는 이 문제에 대해 다음과 같이 말했다.

현존 「홍길동전」의 작자는 쉽게 말할 수 없다. 현존본 「홍길동전」, 곧 19세기本 「홍길동전」 그대로는 許筠이 썼다고는 할 수 없고 不傳하는 원본 「홍길동전」 이야기가 수백 년 동안 口碑傳承되는 과정에서 에피소드의 첨삭을 거쳐 현존본 「홍길동전」이 존재하는 것으로 생각된다. 따라서 현존본 「홍길동전」 그대로는 허균이 지었다고는 할 수 없다. 그렇다고 「홍길동전」이 허균의 작품이 아니라고는 더욱 말할 수 없으니, 「홍길동전」의 작자로 허균의 작이란 주장과 아니라는 주장 모두가 옳다고 할 수 있는 근거가 바로 여기에 있다. 남은 문제는 원본 「홍길동전」이 어떠했던가를 再構하는 작업이 절실히 요망된다. 이는 곧 傳承의 과정에서 개작된 요소가 무엇인가? 예컨대 해인사 에피소드, 장길산, 大同米, 訓練都監 등의 사안이 전승 과정에서 첨가되었다고 생각되는 것을 제외시키는 작업을 거쳐야 하지만 전승 과정에서 빠진 부분은 어떻게 처리해야 할 것일까? 더욱 큰 문제이다. 그리고 왜 첨가 내지 제외되었겠느냐? 하는 문제도 당시인의 의식구조와 사회인식의 문제에서 풀어나가야 할 것이다. 원본 「홍길동전」의 再構作業이 쉽지 않다는 것이 바로 여기에 있다. 그러므로 원본 「홍길동전」이 발굴되기를 기다릴 수밖에 없다.

아무튼 「홍길동전」의 작자는 草堂 許曄의 셋째 아들 蛟山 許筠으로 看做해야 하지만, 現存本 「홍길동전」 그대로는 허균의 작품이 아니고 수백년 동안 口碑傳承되는 과정에서 개작된 「홍길동전」만이 전하고 있을

16) 李文奎, 「洪吉童傳」, 『韓國古典小說作品論』, 집문당, 1990, p.247.

뿐이다.[17)]

이문규 교수와 김광순 교수는 모두 현재 우리가 연구대상으로 삼고 있는 <홍길동전>이 허균이 지은 바로 그것이라고 말할 수 없다는 데 일치된 의견을 갖고 있다. 오랫동안 <홍길동전> 이본에 관심을 갖고 논문을 발표한 정규복 교수도 다음과 같은 의견을 내어놓았다.

> 현존한 <홍길동전>은 이교수의 주장과 같이 19세기로 잡는 것은 별 문제가 없다. 또한 이것이 전제가 되는 한, 현존한 <홍길동전>과 작자 허균(1580~1618)과의 200여년이라는 시간적 상거는 현존한 본소설은 작자 허균의 원전urtext인 <홍길동전>과는 내용의 소단위는 말할 것도 없고, 문체·분위기·양상 등과는 현격한 차이가 있을 것으로 사료된다. 그렇지만 현존한 본소설의 의적 모티프를 주제로 한 대단위의 내용들은 작자 허균의 생애와 사상으로 볼 때, 그 원작과 별반 차이가 없을 것으로 짐작된다.[18)]

<홍길동전>의 작자와 이본에 대한 몇몇 연구자들의 견해를 보았는데, <홍길동전>의 작자를 허균이라고 주장하는 연구자들도 현전하는 <홍길동전>의 내용은 허균이 지은 원전과는 거리가 있을 것이라는 의견을 갖고 있다. 그렇지만 원전을 찾을 길이 없기 때문에 부득불 현전하는 여러 이본 가운데 하나를 허균이 지은 원본으로 상정해볼 수밖에 없다는 것이다. 그러나 <홍길동전>의 작자를 허균이라고 확정하기 위해서는 선결되어야 하는 문제가 여러 가지 있다. 『택당집』의 "筠又作洪吉同傳以擬水滸"라는 글 속의 '洪吉同傳'은 한글로 쓴 것인지, 아니면 한문으로 쓴 것인지 하는 문제가 해결되어야 한다. 많은 연구자들이 허균이 쓴 몇 개의 '전'이 있으므로 '洪吉同傳'도 당연히 쓸 수 있다고 생각

---

17) 김광순, 『韓國古小說史와 論』, 새문사, 1990, pp.224~5.

18) 정규복, 「서평 『홍길동전 연구』」, 『고소설연구』 5집, 한국고소설학회, 1998.

하는데, 그렇다면 『택당집』에서 언급한 '洪吉同傳'은 당연히 한문으로 쓰여진 것이어야 한다. 현전하는 <홍길동전>은 모두 한글본이거나 한글본에서 파생된 것인데, 『택당집』에서 언급한 '洪吉同傳'은 어떤 경로를 거쳐 한글로 번역되었는가 하는 것도 밝혀내야 한다. 그리고 번역되어 전승되는 동안 내용에 어떤 변화가 있었는가 하는 점도 밝혀야 제대로 <홍길동전>과 허균을 연결시킬 수 있다. 그러나 이런 문제는 지금으로서는 해결할 수 없다.

최근에 <홍길동전>에 관한 재미있는 논의 가운데 하나는, 설성경 교수의 "실존인물 홍길동"에 관한 것이다. 일련의 글을 통해 설교수는 홍길동이 유구국으로 갔다는 설을 제기했다. 설성경 교수의 주장에 대한 반론이 장효현 교수에 의해 이루어졌고,[19] 장효현 교수의 반론에 대한 설성경 교수의 재반론이 있었다.[20] 두 연구자들은 서로 다른 주장을 하고 있으나, <홍길동전>은 허균이 지은 작품이라는 데 대해서는 같은 의견을 갖고 있다. 그리고 현전 <홍길동전>은 허균이 지은 것으로 여기에는 허균의 사상이 직접적으로 반영된 것으로 보는 것도 일치한다. 그러므로 <홍길동전>이라는 작품에 대한 두 연구자의 생각은 기본적으로 같다.

이와 같이 <홍길동전>과 관련된 여러 가지 논의가 있지만, <홍길동전>의 작자는 허균이고, 현재 우리가 연구의 대상으로 삼고 있는 <홍길동전>에는 허균의 생각이 그대로 반영되어 있다는 통념은 변하지 않고 있다. <홍길동전>에 관한 논의가 이렇게 된 가장 큰 이유는, <홍길동전> 연구가 작품에서 시작되지 않고 『택당집』의 "筠又作洪吉同傳以擬水滸"에서 시작되었기 때문이다. 그리고 『택당집』 이외의 자료가 없

---

19) 장효현, 「<홍길동전>의 生成과 流轉에 대하여」, 『국어국문학』 129호, 국어국문학회, 2001.

20) 설성경, 『홍길동의 삶과 홍길동전』, 연세대학교출판부, 2002.

었기 때문이기도 하다.

『해동이적 보(海東異蹟 補)』에 실려 있는 <해중서생(海中書生)>은 <홍길동전> 연구에 도움을 줄 수 있는 자료라는 점에서 관심을 가질 만하다. 몇몇 연구자들이 여기에 대해서 언급하였는데, 그 가운데 김현룡 교수의 연구가 눈에 띈다. 김현룡 교수는 홍길동에 관한 원문과 번역문을 다음과 같이 정리해서 발표했다.

> (ㄱ) 舊聞 國朝中葉以前 有洪吉童者 相臣逸童孼弟也(洪逸童 居長城 亞次谷) 負才氣自豪 而拘國典 不許科宦淸顯 一朝忽逃去 (ㄴ) 後有使者 歸自明朝言 海外一國使臣 以其王表文 賚至北京 王姓□ 從共下水 此何字也 或疑 其爲洪吉童變姓 (ㄷ) 吉童忽單騎 來謁逸童上壽 留數日 將行泣曰 自此不復來矣 乃去 豈其威儀容止 非復爲人下者 必其逃海外自王 或曰 許筠所作傳 不足信 何可信也 若鄭所遇 豈亦吉童者流歟 (ㄹ) 天下無窮 又不可爲無此 但令用人者 有能鑑別拔擢 豈至坐失豪傑 況天生此輩 如生龍活虎 非俗學 常典所可拘者 不入道釋 亦必遠逃如彼 及其未也 早爲之所 其亦庶乎可也((ㄱ) 옛날 들으니, 우리나라 중엽 이전에 홍길동이 있었는데, 재상 홍일동의 서제(庶弟)이다.(홍일동은 장성 아차곡에 살았다) 홍길동은 재주와 기개를 자부하면서 호탕했지만, 나라 법에 걸려 과거 급제 및 관직 취임 등 출세 길이 허용되지 않으니, 일조에 도피해 떠났다. (ㄴ) 뒤에 중국에 사신 갔던 사람이 명나라에서 돌아와 말하기를, 해외의 한 나라 사신이 자기나라 임금 표문을 가지고 왔는데 보니 그 왕의 성씨가 □자로, '共'자 밑에 '水'자를 붙였으니 알 수 없는 글자였다. 혹자는 의심하기를 그것은 홍길동이 성씨의 글자를 바꾼 것으로 생각했다. (ㄷ) 홍길동이 갑자기 말을 타고 형님 홍일동을 뵙고 상수(上壽)를 빌고 며칠 머문 후에 떠나면서, 이후는 다시 오지 못할 것이라고 말하고 울었다. 이때 홍길동의 차림이나 거동으로 보아 남의 밑에 있는 사람 같지는 않았으니, 반드시 해외로 도피해 스스로 왕이 된 것 같았다. 혹자는 허균이 홍길동의 전(傳)을 지었다고 하는데 믿을 수 없다. 어찌 가히 믿겠는가? 앞에서 이야기한 정태화가 만난 사람이 홍길동 같은 무리일 것이다. (ㄹ) 천하는 무궁하니 또한 이러한 사람이 없을 수 없다. 다만 사람을 등용하는 자리에 있는 사람이 잘 가려 발탁했더라면 어찌

> 이러한 호걸을 앉아서 잃을 수가 있었겠는가? 하물며 하늘이 이런 무리를 냄은 살아 있는 용과 활동하는 호랑이 같은 것이고 세속의 학자가 아닌데, 율법에 걸린 사람은 도사와 승려가 되지 않으면 저와 같이 멀리 도피하니, 미연에 빨리 이 사람들을 위하여 자리를 마련해 줌이 좋을 것 같다.[21)]

이와 같이 원문과 번역문을 싣고, 김현룡 교수는,

> (ㄱ)의 내용을 보면, 홍길동에 관해 당시 알고 있는 사람이 별로 없는 것처럼 새롭게 설명하고 있다. 그리고(ㄴ)(ㄷ)에서는, 오늘날 홍길동이 율도국을 건설했다는 것을 모르는 사람이 없는데, 지금부터 200년쯤 전에는 그것도 막연하게 풍문으로만 알려져 있었던 것으로 설명하고 있다. 그리고 (ㄷ)의 굵은 글씨에서 보는 바와 같이, 허균이 「홍길동전」을 지었다는 사실 자체를 못믿겠다고 말하고 있으니까, 당시 「홍길동전」을 보지 못한 것은 확실하며 세상에 소문만 있고 「홍길동전」 소설 자체는 없었다고보아야 한다. 그런데 (ㄴ)(ㄷ)의 해외 국가 건설 풍문도 사실이 될 수 없다. 홍길동은 연산군 6년(1500) 10월에 체포된 것으로 왕조실록에 분명히 나타나 있고, 이어 문초한 기록도 있으니 해외로 도피했다는 것은 사실이 될 수없다. 그러니까 홍길동이 해외 건국 이야기는 뒤에 그를 미화해 꾸민 얘기가 된다. 또 홍길동이 형 홍일동(洪逸童, ?~1464)을 만나고 영원히 떠났다는 이야기도 홍일동의 사망한 해와 홍길동의 체포된 해를 비교해 보면 사실일 가능성은 매우 희박하다. 위 기술을 토대로 이런 점 등을 종합해보면, 최소한 18세기 무렵에는 「홍길동전」은 없었고, 19세기 들어와서 전하는 얘기들을 모아 재구성한 작품이란 추정이 설득력을 갖게 된다.[22)]

고 했다.

김현룡 교수는, 『해동이적(海東異蹟)』에 순양자(純陽子)가 증보한 '보(補)'가 추가되어 있는 이 본의 성립시기를 정조(正祖: 1776~1800 사이)

---

21) 김현룡, 「한국고소설 형성과 문헌설화의 관계」, 한국고소설학회 제50차 학술발표회 발표지, 2000.8.

22) 김현룡, 앞의 글.

연간으로 보고 있다. 이 책에서는 허균이 홍길동의 전을 지었다는 것은 믿을 수 없다고 했으니, 순양자가 믿을 수 없다고 한 것은 『택당집』의 "筠又作洪吉同傳以擬水滸"일 가능성이 크다.

허균이 지은 '洪吉同傳'이 바로 우리가 지금 연구의 대상으로 삼고 있는 고소설 <홍길동전>이라고 말하기 위해서는, 허균이 지은 '洪吉同傳'이 알려지고, 이 '洪吉同傳'과 같은 내용의 고소설 <홍길동전> 이본이 확인되어야 할 것이다. 『택당집』의 "筠又作洪吉同傳以擬水滸"를 부정할 수 있는 자료는 나타날 수가 없다. 그런데 이 나타날 수 없는 자료가 나타나기 전까지는 <홍길동전>의 작자는 허균이라고 하는 통설을 바꿀 수 없다면, 앞으로 <홍길동전> 연구는 벽에 부딪칠 수밖에 없다.

5. 결 언

필자는 『택당집』의 '筠又作洪吉同傳以擬水滸'이라는 기록이 잘못된 것이라고 생각하지 않는다. 그러나 이 기록에 나오는 '洪吉同傳'이 바로 지금 우리가 연구의 대상으로 삼고 있는 한글본 <홍길동전>이라고는 생각하지 않는다. 또 『조선왕조실록』에 나타나는 도둑 홍길동의 존재를 부정하지도 않는다. 그러나 그 홍길동과 고소설 <홍길동전>의 주인공 홍길동을 연관시키는 데는 동의하지 않는다.

이제는 <홍길동전>에 대해서 좀더 가볍게 접근할 필요가 있다. 김태준이 <홍길동전>의 작자를 허균이라고 밝히고 <홍길동전>의 사회적 의미를 강조한 해석의 밑바탕에는, 김태준 개인의 성향과 함께 식민지라는 시대적 상황이 자리잡고 있다는 명백한 사실을 외면할 필요는 없다. 이와 함께 우리나라에는 16세기말에 한글로 된 혁명적 내용의 소설이 나타났었다는 통설을 지키기 위해, 고소설의 생성과 유통에 대한 최소한의 보편적 원리를 외면해도 괜찮을까 하는 문제도 아울러 생각해야 한다. 허균은 고소설 <홍길동전>에 들어 있는 내용보다 더욱 혁신적인 인물일 수도 있다. 그러나 한글소설을 쓰는 것과 개인의 신념은 별개의 문제이다. <홍길동전>이 나타나기 위해서는 <홍길동전>과 같은 양식의 소설이 만들어질 수 있는 토대 있어야 한다. 한글소설이 만들어질 수 있는 토대가 없는데, 어느날 갑자기 허균이 한글로 <홍길동전>을 쓸 수는 없는 일이다.

<홍길동전>에 대한 연구는, 초기부터 작품 자체보다 작가로 알려진 허균에 대한 연구에 중점을 두었다. 그래서 상당수의 연구는 <홍길동전> 연구가 아니라 허균 연구였다. 이렇게 <홍길동전> 연구가 작품에서 시작되지 않고 허균에서 시작되었기 때문에, 연구자들은 이본에 대한 연구를 소홀히 했다. <춘향전> 연구에서는 일찍부터 이본의 연구가 있었던 데 비해, <홍길동전> 연구에서는 의외로 이본에 대한 연구가 없었다. 게다가 초기의 <홍길동전> 연구에서 선택한 이본이 축약본이었다는 사실 또한 작품 연구에서 문제였다.

이 글에서 필자가 허균의 「서유록발」의 한 대목을 얘기한 것은, <홍길동전> 연구가 정밀하게 이루어지지 않았음을 보이려고 한 것이다. 대부분의 연구자들이 주장하는 것처럼 허균이 「서유록발」에서 <수호전>을 비난했다면, 허균은 왜 자신이 이렇게 비난한 소설을 비겨 <홍길동전>을 지었을까 하는 것은 생각해볼 일이다. 그러나 이런 문제제기는 거의 없었다. 앞으로 <홍길동전> 연구는, "허균이 지은 최초의 한글소설 <홍길동전>"이라는 문학사적 의미에 집착할 것이 아니라, 작품 자체에 대한 섬세하고도 정직한 접근이 필요할 것이다.

3. 경판 홍길동전 축약의 양상과 그 의미

1. 서 언

한글고소설의 여러 가지 특징 가운데 하나는 작자가 알려진 작품이 없다는 점이다. 이 문제는 조선시대 한글소설의 생성과 변화 그리고 유통 등을 밝혀내는 데 커다란 장애가 되어 왔다. 고소설 연구 초기부터 고소설의 작자를 알 수 없다는 사실은 연구자들의 연구 의욕을 꺾어놓는 한 요소였음은 분명하다.

많은 한글 고소설 가운데 작자가 알려진 것은 <홍길동전>이 유일하다. <홍길동전>은 고소설 연구의 가장 큰 장애인 작자의 문제를 해결해주었기 때문에 수많은 연구가 가능했다. 그러나 <홍길동전>의 작자를 허균이라고 말하는 근거는 오직 이식의 『택당집』에 나오는 "허균은 홍길동전을 지어 수호전에 비겼다(筠又作洪吉同傳以擬水滸)"는 구절뿐이다. 이식이 말한 '洪吉同傳'의 내용이나 형식이 무엇인지 전혀 알 수 없음에도 불구하고, 많은 연구자들이 <홍길동전>의 작자를 허균이라고 생각하고 작품연구를 했다. 그러나 이식의 『택당집』 기록을 바탕으로 '洪吉同傳'의 작자가 허균이라고 말할 수는 있지만, 『택당집』에서 말한 '洪吉同傳'이 한글 고소설 <홍길동전>과 같은 것이라고 말해서는 안 된다. 허균이 지었다는 '洪吉同傳'이 한글 고소설 <홍길동전>과 같은 것이라는 증거는 어디에도 없다.[1]

지난 80년 동안 연구자들은 <홍길동전>의 작자를 허균으로 생각하면서도 각기 다른 이본을 선택해서 연구해왔다. 30종이 넘는 현존 <홍길동전> 이본 가운데 연구자들이 가장 많이 선택한 이본은 경판 24장본이다. 이병기는 1940년 『문장』 제19호에 실린 「조선어문학명저해제」에서 <홍길동전> 경성판과 전주판을 제시한 바 있고, 1961년에 정주동은 경판 24장본을 활자로 옮겨 실었으며, 장지영은 경판 24장본의 교주본을 냈고, 1971년에 정규복은 <홍길동전>의 이본 가운데 경판 24장본이 허균의 원본에 가까운 것이라는 발표를 했다.[2] 이러한 연구에 기대어 많은 연구자들이 경판 24장본을 허균이 쓴 <홍길동전>으로 여겨왔다. 그러나 경판 24장본은 제21장 이후가 심하게 축약된 것이다. 현재 알려진 경판본 가운데 가장 앞선 것은 경판 30장본이므로, 경판본을 작품 분석의 대본으로 쓰려면 경판 30장본을 쓰는 것이 좋다는 견해가 나온 지 이미 30년이 넘었다.[3] 그러나 아직도 경판 24장본을 허균이 지은 원본과 가장 가까운 것이라고 여기면서 작품 분석의 대본으로 사용하는 연구자도 있다.

경판계열[4] <홍길동전>은 5종의 경판과 2종의 안성판이 있는데, 23

---

1) 수많은 한글소설 가운데 <홍길동전>만 작자가 알려졌다는 사실 자체가 문제이다. 이 문제에 대해서는 고소설 연구자들이 좀 더 솔직해질 필요가 있다.

2) 정주동, 『홍길동전 연구』, 문호사, 1961.
장지영, 『홍길동전, 심청전』, 정음사, 1964.
정규복, 「홍길동전 이본고」 (1), (2), 『국어국문학』 48, 51호, 국어국문학회, 1970, 1971.

3) 임형택, 「홍길동전의 신고찰」, 『창작과 비평』 42, 43호, 창작과 비평사, 1976, 1977.
송성욱, 「홍길동전 이본 신고」, 『관악어문』 13집, 서울대학교 국어국문학과, 1989.
이윤석, 「홍길동전 이본의 성격에 관한 고찰」, 『국문학연구』 12집, 효성여자대학교 국어국문학과, 1989.
이창헌, 「경판방각소설 판본 연구」, 박사학위 논문, 서울대학교 국어국문학과, 1995.

4) 이 글에서 경판계열이라고 말할 때는 경판과 안성판을 아울러 지칭하는 것이다. 안성판은 따로 분류할 수도 있으나, 내용이나 형식이 경판과 긴밀한 관련이 있으므

장본은 경판과 안성판 모두 있으므로 전체 7종 가운데 6종이 각기 다른 내용의 이본이다. 경판계열 <홍길동전>의 내용과 형식은 19세기에 유행한 경판 고소설의 특징을 잘 보여준다. 그리고 현존하는 경판 <홍길동전>의 여러 이본은 경판본 고소설의 생성과 변화 그리고 유통에 대한 많은 정보를 준다.

필자는 이 논문에서 경판과 안성판 <홍길동전> 이본 7종을 분석해서, 경판계열 고소설의 기본적 속성이 선행본을 축약하는 방식으로 제작된다는 점을 다시 한 번 확인했다. 그리고 이 '선행본의 축약'이라는 경판본의 특징이 경판 <홍길동전> 상호간에만 이루어진 것이 아니라, 최초의 경판 <홍길동전>도 선행본의 축약임을 이 글에서 밝혔다. 경판 방각업자가 자신이 제작할 작품의 원고를 구하는 방법은 두 가지를 생각해볼 수 있다. 하나는 이미 유통되고 있는 작품을 시중에서 구하는 것이고, 다른 하나는 창작 작품의 원고를 구하는 것이다. 경판 <홍길동전> 이본을 검토해보면, 경판본 제작자는 시중에서 인기를 얻어서 유통되는 작품을 축약해서 방각본으로 제작했음을 알 수 있다. 그러므로 경판 소설은 선행본을 축약하는 방식으로 제작하는 것이지 창작한 것이 아니다.

7종의 경판계열 방각본 <홍길동전> 가운데 가장 먼저 이루어진 것은 경판 30장본이고 나머지는 모두 30장본을 축약해서 만든 것이다. 그리고 경판 30장본의 원천은 세책본이다. 경판과 안성판 <홍길동전>은 모두 선행본을 축약하는 방식으로 제작되었다. 이 글에서는 세책본을 축약한 경판 30장본과 이 30장본을 원천으로 축약한 나머지 6종의 방각본 제작 방식을 분석하여 방각본이 어떤 방식으로 축약되었는가를 볼 것이다. 이와 같은 경판 <홍길동전>의 제작방식이 다른 경판 고소설과 같은 것이라면, 경판 방각업자가 제작한 소설의 원천은 시중에서 유통되고 있던 작품(세책이나 방각본)이라고 말할 수 있다. 그리고 경판 고소설의

로 경판과 함께 논의해도 무방하리라고 본다.

원천이 세책 고소설이라는 점을 통해 고소설의 창작은 세책집을 중심으로 이루어졌다는 가설을 세울 수 있게 되었다.

2. 경판 〈홍길동전〉 축약의 양상

이제까지 알려진 경판계열 <홍길동전>은, 경판 30장본, 24장본, 23장본, 21장본, 안성판 23장본, 19장본 등 6종이었다. 최근에 순천 시립 뿌리깊은나무 박물관에 소장된 경판 17장본이 알려져서 경판계열 방각본은 7종으로 늘어났다.

이들 7종의 경판계열 방각본은 모두 선행본을 축약한 것이다. 이 축약의 양상을 잘 분석하면, 방각본 소설의 제작과 유통에 종사하던 사람들의 방각본 제작기법을 어느 정도 파악할 수 있을 것이다. 이제까지 필자는 <홍길동전>을 다루면서 경판 24장본과 안성판 19장본의 축약양상만 간단히 언급했다. 그런데 이번에 새로 알려진 경판 17장본을 보고, <홍길동전> 경판계열 방각본 전체의 축약양상을 검토해볼 필요가 있음을 깨달았다.

경판계열 <홍길동전>의 축약양상은 두 가지인데, 하나는 30장본 → 23장본 → 21장본으로 이어지는 것이고, 다른 하나는 24장 모본 → 24장본, 30장본 → 19장본, 23장본 → 17장본과 같은 축약방식이다. 23장본과 21장본 축약의 양상은, 내용의 변개 없이 분량을 약간 줄이고 전체 판목을 완전히 새로 만들어서 제작하는 것이다. 이렇게 제작함으로써 목판의 숫자를 줄이고 종이도 덜 쓸 수 있는데, 이것이 23장본과 21장본의 축약의도라고 할 수 있다. 24장본, 19장본, 17장본은 선행하는 판본의 목판을 부분적으로 이용하고, 뒷부분의 내용을 상당히 줄임으로써 분량을 줄였다. 이들의 축약 목적은 제작비를 절감한다는 경제적인 이유일 것이다. 경판 한글소설의 축약 현상이 갖고 있는 의미에 대해서는 경제적인 측면 이외에는 거의 다룬 바가 없는데, 경제적 문제 이외의 다른 면에 어떤 것이 있을 수 있는지도 앞으로 생각해볼 필요가 있다.

2.1. 23장본과 21장본의 축약양상

23장본은 경판과 안성판 두 가지가 있는데, 두 이본의 내용은 같다. 경판 23장본과 안성판 23장본은 어느 한쪽이 다른 한쪽을 번각한 것이다. 필자는 경판이 선행한다고 추정하는데, 그 근거는 안성판이 경판을 저본으로 한 것이 많다는 점이다. 23장본과 21장본은 선행본을 축약한 것인데, 23장본은 30장본을, 21장본은 23장본을 저본으로 제작했다. 아래에서 23장본과 21장본의 축약양상을 보기로 한다.

2.1.1. 경판 23장본

경판 23장본의 선행대본이 될 수 있는 이본은 경판 30장본과 24장본[5]인데, 23장본은 30장본을 바탕으로 만든 것이다. 경판 23장본은 18,780자이고 경판 30장본은 19,685자로 경판 30장본이 900자 정도가 많으므로, 분량만으로도 23장본은 30장본을 축약한 것임을 알 수 있다.

30장본과 23장본의 내용이 다른 대목을 비교해보면, 어떤 대목에서는 23장본이 30장본보다 글자 수가 많은 곳도 있지만, 대체로 30장본이 23장본에 비해 글자 수가 많다.[6]

---

5) 경판 24장본은 제21장 이후가 축약된 것인데, 축약되기 전까지를 23장본과 비교해보면 23장본은 24장본보다는 30장본과 가깝다는 것을 알 수 있다. 이윤석, 『홍길동전 연구』 참조.

6) 원문의 인용은, 원문을 현대 철자로 고치고, 띄어쓰기를 했으며, 문장부호를 붙였다.

30장본	23장본
❶ 소자의 팔자가 기박하여 천한 몸이 되오니 품은 한이 깊사온지라. 장부가 세상에 처하매 남의 천대 받음이 불가하온지라. 소자가 자연 기운을 억제치 못하여 모친 슬하를 떠나려하오니(3장)	소자의 팔자가 기박하여 천한 몸이 되오니 품은 한이 깊사온지라. 소자가 자연 기운을 억제치 못하여 모친 슬하를 떠나려하오니
❷ 어느 것이 정 길동인지 알지 못하는지라. 팔도에 하나씩 흩어지되, 각각 사람 수백여 명씩 거느리고 다니니, 그 중에도 정 길동이 어느 곳에 있는 줄 알지 못할러라. 여덟 길동이 팔도에 다니며 호풍환우하는 술법을 행하니, 각 읍 창곡이 일야간에 종적 없이 가져가며,(10장)	어느 것이 정 길동인지 알지 못할러라. 팔도에 하나씩 흩어지되, 각각 사람 수백 명씩 거느리고 다니며, 호풍환우하는 술법을 행하여, 각 읍 창곡을 일야간 종적 없이 가져가며
❸ 복이 우연히 무슨 살을 맞아 죽기에 이르렀으니, 아까 시자의 말을 듣고 그대를 청하였으니 이는 하늘이 명의를 지시하여 복을 살림이라. 바라나니 그대는 재주를 아끼지 말라.(20장)	복이 우연히 무슨 살을 맞아 죽기에 이르렀으니, 그대는 재주를 아끼지 말라. 복을 살리면 은혜를 중히 갚으리라.
❹ 대대로 장상이 끊기지 않을 것이니, 형장은 바삐 고국에 돌아가소서. 형장은 야야 생시에 많이 뵈셨으니(24장)	대대로 장상이 끊기지 않으리니, 형장은 바삐 고국에 돌아가 존당 문안을 살피소서. 형장은 야야 생시에 많이 뵈셨으니
❺ 길동이 대군을 휘동하여 율도국 철봉산하에 다다르니, 철봉 태수 김현충이 난데없는 군마가 이름을 보고 대경하여 일변 왕에게 보하고 일군을 거느려 내달아 싸우거늘, 선봉장 길동이 맞아 싸울새, 현충이 본디 용맹이 있으므로 길동이 졸연히 파치 못할 줄 알고 제장을 모아 의논 왈,(25장)	대군을 휘동하여 율도국 철봉산하에 다다르니, 철봉 태수 김현충이 난데없는 군마가 이름을 보고 대경하여 일변 왕에게 보하고 일군을 거느려 싸울새, 길동의 용맹을 아지 못하고 달려들어 수합이 못하여 대패하여 본진으로 돌아와 견벽불출하거늘, 길동이 제장을 모으고 의논 왈
❻ 내 일찍 기병하여 율도국을 치매, 먼저 철봉을 항복받고 물밀듯 들어오니 지나는 바에 투항 않는 이 없는지라. 이제 왕이 싸우고자 하거든 싸우고, 그렇지 아니하거든 일찍 항복하여 살기를 도모하라.(25장)	내 일찍 기병하여, 먼저 철봉을 항복받고 들어오니 지나는 바에 투항하니, 이제 싸우고자 하거든 싸우고, 그렇지 않으면 일찍 항복하라.
❼ 금일 길동의 서찰을 보니 날더러 다녀감을 일렀으나 기력이 부족하여 생의치 못하였더니, 네 이제 소분 말미를 얻었다 하니 조각이 신통한지라. 한가지로 가리니 너는 바삐 행장을 차리라.(28장)	금일 길동의 서찰을 보니 날더러 다녀감을 일렀으니 너와 같이 가리라.
❽ 왕이 일찍 삼자 이녀를 두었으니, 장자의 명은 현이라 이는 백씨 소생이요, 차자의 명은 창	왕이 일찍 삼자 이녀를 두었으니, 장자의 명은 현이니 백씨 소생이요, 차자의 명은 창이요, 삼

이라 이는 조씨 소생이요, 삼자의 명은 열이라 궁인의 소생이요, 이녀도 궁인의 소생이니, 부풍모습하여 개개 기골이 장대하고 문장 필법은 구예 일세 기남자라. 왕이 아름다이 여겨 장자로 세자를 봉하고, 기차는 다 각각 봉군하며, 이녀는 차차 부마를 간택하니, 그 거룩함이 일국에 진동하며 그 위의 비길 데 없더라.(29~30장)	자의 명은 열이니 다 조씨 소생이요, 이녀는 궁인의 소생이니, 개개이 부풍모습하여 기골이 장대하고 문장이 찬란 일세 기남자라. 장자로 세자를 봉하고, 기차는 각각 봉군하며, 이녀는 부마를 간택하니, 그 거룩함이 곽분에 비길러라.

위의 예문에서 볼 수 있듯이, 30장본과 23장본의 내용에서 차이가 나는 대목은 대체로 23장본이 30장본보다 분량이 줄어들었음을 알 수 있다(❶❷❸❻❼❽). 물론 30장보다 23장본의 내용이 늘어난 경우도 있고(❹❺), 30장본에 없는 내용이 23장본에 있는 것도 있다(❺의 견벽불출, ❽의 곽분양). 그러나 두 본의 내용을 비교해보면 23장본 제작의 기본 태도는 30장본의 축약이다.

2.1.2. 경판 21장본

앞에서 30장본과 23장본의 내용이 다른 대목을 보았는데, 23장본에서 달라진 대목이 21장본에서는 어떻게 되는가를 보기로 한다.

23장본	21장본
❶ 소자의 팔자가 기박하여 천한 몸이 되오니 품은 한이 깊사온지라. 소자가 자연 기운을 억제치 못하여 모친 슬하를 떠나려하오니(2장)	소자의 팔자가 기박하여 천한 몸이 되오니 품은 한이 깊사온지라. 소자가 자연 기운을 억제치 못하여 모친 슬하를 떠나려하오니
❷ 어느 것이 정 길동인지 알지 못할러라. 팔도에 하나씩 흩어지되, 각각 사람 수백 명씩 거느리고 다니며, 호풍환우하는 술법을 행하여, 각 읍 창곡을 일야간 종적 없이 가져가며(8장)	어느 것이 정 길동인지 알지 못할러라. 팔도에 하나씩 흩어지되, 각각 사람 수백 명씩 거느리고 다니며, 호풍환우하는 술법을 행하여, 각 읍 창곡을 일야간 종적 없이 가져가며
❸ 복이 우연히 무슨 살을 맞아 죽기에 이르렀으니, 그대는 재주를 아끼지 말라. 복을 살리면 은혜를 중히 갚으리라.(16장)	15장 낙장
❹ 대대로 장상이 끊기지 않으리니, 형장은 바삐 고국에 돌아가 존당 문안을 살피소서. 형장	대대로 장상이 끊기지 않으리니, 형장은 바삐 고국에 돌아가 존당 문안을 살피소서. 형장은

은 야야 생시에 많이 뫼셨으니(19장)	야야 생시에 많이 뫼셨으니
❺ 대군을 휘동하여 율도국 철봉산하에 다다르니, 철봉 태수 김현충이 난데없는 군마가 이름을 보고 대경하여 일변 왕에게 보하고 일군을 거느려 싸울새, 길동의 용맹을 아지 못하고 달려들어 수합이 못하여 대패하여 본진으로 돌아와 견벽불출하거늘, 길동이 제장을 모으고 의논 왈(19장)	대군을 휘동하여 율도국 철봉산하에 다다르니, 철봉 태수 김현충이 난데없는 군마가 이름을 보고 대경하여 일변 왕에게 보하고 일군을 거느려 싸울새, 길동을 모르고 달려들어 수합이 못하여 대패하여 본진으로 돌아와 견벽불출하거늘, 길동이 제장을 모으고 의논 왈
❻ 내 일찍 기병하여, 먼저 철봉을 항복받고 들어오니 지나는 바에 투항하니, 이제 싸우고자 하거든 싸우고, 그렇지 않으면 일찍 항복하라.(20장)	내 먼저 기병하여, 철봉을 항복받고 들어오매 지나는 바에 다 투항하니, 이제 싸우고자 하거든 싸우고, 그렇지 않으면 일찍 항복하라.
❼ 금일 길동의 서찰을 보니 날더러 다녀감을 일렀으니 너와 같이 가리라.	길동의 서찰을 보니 날더러 다녀감을 일렀으니 너와 같이 가리라.
❽ 왕이 일찍 삼자 이녀를 두었으니, 장자의 명은 헌이니 백씨 소생이요, 차자의 명은 창이요, 삼자의 명은 열이니 다 조씨 소생이요, 이녀는 궁인의 소생이니, 개개이 부풍모습하여 기골이 장대하고 문장이 찬란일세 기남자라. 장자로 세자를 봉하고, 기차는 각각 봉군하며, 이녀는 부마를 간택하니, 그 거룩함이 곽분에 비길러라.(22장)	왕이 삼자 이녀를 두었으니, 장자의 명은 현이니 백씨 소생이요, 차자의 명은 창이요, 삼자의 명은 열이니 다 조씨 소생이요, 이녀는 궁인 소생이니, 개개 부풍모습하여 일 기남자라. 장자로 세자를 봉하고, 기차는 각각 봉군하며, 이녀는 부마를 간택하니, 그 거룩함이 곽분에 비길러라.

23장본과 21장본의 내용은 대체로 같다는 것을 알 수 있다. 완전히 일치하는 대목(❶❷❹)과 약간 다른 대목(❺❻❼❽)이 있는데, 다른 대목은 모두 21장본이 23장본의 내용을 몇 자씩 빼거나 바꿔서 분량을 줄였음을 알 수 있다.

21장본의 몇 군데를 30장본, 24장본, 23장본과 함께 비교해서 21장본이 23장본을 원천으로 축약했음을 보기로 한다. 길동이 아버지에게 불만을 말하는 대목을 보면,

> 품은 한이 깁ᄉᆞ온지라 쟝뷔 세상의 쳐ᄒᆞᄆᆡ 남의 쳔ᄃᆡ바드미 불가ᄒᆞ온지라 소ᄌᆡ(30장본)
>
> 품은 한이 깁ᄉᆞ온지라 쟝뷔 세상의 쳐ᄒᆞᄆᆡ 남의 쳔ᄃᆡ바드미 불가ᄒᆞ온지

> 라 소지(24장본)
> 품은 흔이 깁ᄉ온지라 소지(23장본)
> 품은 흔이 깁ᄉ온지라 소지(21장본)

라고 하여, 30장본과 24장본이 같고 23장본과 21장본이 같음을 알 수 있다. 이런 부분은 네 본을 비교해 보면 상당히 많다. 위 대목에서는 23장본과 21장본이 같지만 21장본이 23장본에 비해 몇 자씩 빠진 곳이 꽤 있다. 인형이 길동을 잡으러 가는 대목을 보면,

> 빅빅샤은ᄒ고 인ᄒ여 하직ᄒ며 즉일발힝ᄒ여 감영의(30장본)
> 빅빅샤은ᄒ고 인ᄒ여 하직ᄒ며 즉일발힝ᄒ여 감영의(24장본)
> 빅빅ᄉ은ᄒ고 인ᄒ여 즉시 발힝ᄒ여 감영의(23장본)
> 빅빅ᄉ은ᄒ고 즉시 발힝ᄒ여 감영의(21장본)

라고 하여, 30장본과 24장본은 일치하지만, 23장본과 21장본은 다른데, 21장본이 23장본을 또 축약했음을 알 수 있다.

2.2. 24장본, 19장본, 17장본의 축약양상

24장본, 19장본, 17장본의 전반부는 선행하는 판본의 목판을 그대로 쓰고(혹은 번각하고) 뒷부분은 새로 목판을 만들어서 제작한 것이다. 이 3종의 신판과 구판의 합성은, 24장본은 20+4, 19장본은 14+5, 17장본은 10+7인데, 새로 만들 판목의 양을 미리 정하고 여기에 맞춰 내용을 축약한 것으로 보인다. 아래에서 각 이본의 축약양상을 보기로 한다.

2.2.1. 경판 24장본

경판 24장본은 제20장까지는 선행하는 본의 판목을 그대로 쓰고 나

머지 네 장은 새로 만든 판이다. 24장본의 선행본은 현재 남아 있지 않으므로 24장본과 선행본의 내용을 비교하기 위해서는 부득이 경판 30장본을 24장본의 선행본 대신 쓸 수밖에 없다.[7] 24장본의 축약이 시작되는 곳은 길동이 조선을 떠나겠다며 조선왕을 만나는 대목이다. 이 대목은 30장본의 제18장 앞면 제12행이다. 24장본의 축약이 시작되는 대목부터 마지막까지의 내용을 30장본에서 보면 다음과 같다.

① 조선왕과 만남. 신분문제 얘기하고, 정조 일천 석을 빌림.
② 무리를 이끌고 조선을 떠나 남경 제도로 감.
③ 망당산에 가서 요괴를 퇴치하고 두 부인을 얻음.
④ 아버지가 돌아가실 것을 미리 알고 묘를 준비함.
⑤ 중의 복색으로 조선에 가서 아버지 장례에 참석.
⑥ 어머니와 형과 함께 아버지 상구를 모시고 제도에 가서 장사를 지냄.
⑦ 율도국을 쳐서 왕이 됨.
⑧ 조선왕에게 사신을 보내면서 정조 일천 석을 갚음.
⑨ 조선왕이 길동의 형을 사신으로 율도국에 보냄.
⑩ 길동이 백일승천하고, 세자가 왕위에 올라 대대로 태평성대를 누림.

위의 열 개 단락은 24장본에도 모두 들어 있다. 다만 각 단락의 분량을 상당히 줄였으므로 세부적인 내용은 빠진 것이 많다. 24장본의 축약 양상은 두 가지 특징을 보이는데, 하나는 3분의 1로 축약했으면서도 이야기의 큰 단락은 빠뜨린 것이 없다는 점이고, 다른 하나는 내용을 요약하면서 새로 쓴 문장이 많다는 것이다.

24장본에서 축약이 시작되는 대목인 ①을 30장본에서 보기로 한다.

---

7) 24장본의 선행본이 몇 장이었는지는 알 수 없다. 24장본의 축약되기 전의 모습을 갖고 있는 제20장까지의 내용과 형식을 바탕으로 추정해보면, '34장본'이나 '36장본'이었을 것이다. 24장본 선행본의 내용과 분량이 30장본과 거의 같다는 것은 분명하다.

> "신이 전하를 받들어 만세를 뫼시려 하오나, 한갓 천비 소생이라. 문과를 하오나 옥당에 참여치 못할 것이요, 무과를 하오나 선천에 막히오리니, 이러므로 마음을 정치 못하와 팔방으로 오유하오며 무뢰지당으로 관부에 작폐하옵고 조정을 요란케 하옴은 신의 이름을 들추어 전하가 알으시게 하옴이러니, 국은이 망극하와 신의 소원을 풀어주옵시니 충성으로 섬김이 옳사오나 그렇지 못하와 전하를 하직하옵고 조선을 영영 떠나 한없는 길을 가오니, 정조 일천 석을 서강으로 대어주옵시면 전하 덕택으로 수천 인명이 보전할까 하나이다." 상이 즉시 허락하시고 가라사대, "전일에 네 얼굴을 자세히 못 보았더니 금일 비록 월하나 얼굴을 들어 나를 보라." 하시니, 길동이 비로소 얼굴은 드나 눈을 뜨지 아니하거늘, 상이 가라사대, "네 어찌 눈을 뜨지 아니하느뇨?" 길동이 대왈, "신이 눈을 뜨면 전하가 놀라실까 하나이다." 상이 차언을 들으시고, 과연 범인이 아님을 짐작하시고 위로하시니, 길동이 은혜를 사례하고 도로 공중에 소소아 가거늘, 상이 그 신기함을 일컫고 날이 밝으매 선혜당상에게 전지하사 정조 일천 석을 서강 강변으로 수운하라 하시니, 혜당이 아무런 줄 모르고 거행하였더니, 문득 여러 사람들이 큰 배를 대이고 싣고 가며 왈, "전임 병조판서 홍길동이 천은을 많이 입사와 정조 천 석을 얻어 가노라." 하거늘, 이 연유로 상달하온대, 상이 소왈, "길동은 신기한 사람이라. 제게 사급한 것이라." 하옵더라.

이 대목이 24장본에서는 다음과 같이 되어 있다.

> "신이 전하를 받들어 만세를 뫼올까 하오나, 천비 소생이라. 문으로 옥당에 막히옵고, 무로 선천에 막힐지라. 이러므로 사방에 오유하와 관부에 작폐하고 조정에 득죄하옴은 전하가 알으시게 하옴이러니, 신의 소원을 풀어주옵시니 전하를 하직하고 조선을 떠나가오니, 복망 전하는 만수무강하소서." 하고, 공중에 올라 표연히 나거늘, 상이 그 재주를 몹시 칭찬하시더라. 이후로는 길동의 폐단이 없으매 사방이 태평하더라.

24장본의 축약양상을 보면, 30장본에서 조선왕에게 신분문제를 하소연하는 대목은 상당히 줄였고, 눈을 뜨지 않는 대목과 정조 일천 석을 빌리는 내용은 삭제했다. 이런 식으로 내용을 빼서 분량을 줄이면서 이야기의 진행이 어색해지지 않도록 새로 문장을 만들어 넣었다. 24장본의 "복망 전하는 만수무강하소서."라든가, "재주를 몹시 칭찬하시더라. 이후로는 길동의 폐단이 없으매 사방이 태평하더라."라는 대목은 24장본 제작자가 새로 써넣은 문장이다.

24장본을 만든 방각업자는 내용을 변개시키기도 했다. ⑦의 율도국 대목에서 30장본의 율도왕이 자결하는 내용을 항복하는 것으로 바꿨다. 그리고 ⑩에서는 30장본의 길동이 신선의 도를 닦다가 백일승천하는 내용과 세자가 왕위에 올라 나라를 잘 다스린다는 내용은 모두 빼고, "왕이 치국 삼십 년에 홀연 득병하여 붕하니, 수가 칠십이 세라. 왕비 이어 붕하매, 선릉에 안장한 후, 세자가 즉위하여 대대로 계계승승하여 태평으로 누리더라."라고 짧게 작품의 마무리를 지었다. 30장본의 598자를 24장본에서는 62자로 줄였기 때문에 내용이 이렇게 된 것이다. 24장이라는 분량을 미리 정해놓고 축약한 것이므로 이렇게 결말을 지을 수밖에 없었다고 보인다.

2.2.2. 안성판 19장본

안성판 19장본은 경판 30장본의 제14장까지와 같은 내용이나 판목은 다른 것이다.[8] 제14장 마지막 부분은, 길동의 형이 경상감사가 되어 길동을 잡으러 왔을 때, 길동이 자수하는 대목이다. 그런데 19장본은 길동이 제도에 아버지 산소를 모시고 삼년상을 지내는 대목에서 끝을 맺었다. 이 대목은 율도국을 치기 직전이므로 19장본에는 율도국 내용이 없다.

19장본의 제14장까지가 선행본의 판목을 그대로 가져온 것인지, 그렇

---

8) 제12장 앞면 마지막 행의 경판 30장본의 '길동의됴화를신긔히녀여'가 안성판 19장본에는 '길동의죠화를신긔히녀여'라고 되어 있다.

지 않으면 30장본의 제14장까지를 번각한 것인지는 알 수 없다. 만약 선행본의 판목을 가져온 것이라면, 경판 30장본에는 야동본(冶洞本) 이외의 이본이 있다는 증거가 된다. 그렇지 않고 19장본의 제14장까지가 야동본의 번각이라면, 19장본을 제작할 때 30장본이 시장에서 영향력이 있는 이본이었음을 보여주는 것이다.

19장본의 1~2장은 매면 14행 매행 20자, 3~14장은 매면 14행 매행 24~26자, 15~19장은 매면 16행 매행 평균 31자이다. 제15장 이후의 다섯 장은 한 면에 들어가는 글자 수가 제14장까지보다 훨씬 많고, 24장본과 마찬가지로 19장의 뒷면 마지막 행까지 내용을 넣었다. 19장본의 제작자는 24장본의 제작자와 마찬가지로 전체 장수를 먼저 정하고 여기에 맞춰 내용을 축약한 것으로 보인다.

19장본의 축약은 선행본의 글자를 빼서 분량을 줄이는 방식인데, 구체적인 예를 하나 보기로 한다.

경판 30장본	안성판 19장본
말을 마치며 눈물이 비 오듯 하거늘, 길동이 머리를 숙이고 왈, "생이 이에 이름은 부형의 위태함을 구코자 함이니, 어찌 다른 말이 있으리오. 대저 대감께서 당초에 천한 길동을 위하여 부친을 부친이라 하고 형을 형이라 하였던들 어찌 이에 이르리이꼬? 왕사는 일러 쓸데없거니와, 이제 소제를 결박하여 경사로 올려 보내소서."(15장)	눈물을 흘리거늘, 길동이 머리를 숙이고 왈, "생이 부형의 위태함을 구코자 함이니, 대저 대감께서 당초에 길동을 위하여 부친을 부친이라 하고 형을 형이라 하였던들 어찌 이에 이르리이꼬? 왕사는 일러 쓸데없거니와, 이제 소제를 결박하여 경사로 올려 보내소서."

위에서 볼 수 있듯이, 19장본은 30장본에서 단어나 문장을 적절히 빼면서 축약한 것이다. 30장본의 '눈물이 비 오듯 하거늘'이 19장본에서 '눈물을 흘리거늘'이라고 되었는데, '이 비 오듯 하' 대신에 '을 흘리'를

넣어서 줄인 것이다.

이와 같은 방식으로 축약했으므로 19장본의 축약한 부분만 본다면 30장본의 약 4분의 3 정도의 분량이다. 그러나 율도국 이후의 내용을 뺐으므로 전체적으로는 30장본의 약 반 정도로 분량을 줄였다.

2.2.3. 경판 17장본

경판 17장본은 경판 23장본(어청교본)의 제10장까지는 같은 판목을 쓰고, 이후의 열세 장을 일곱 장으로 줄인 것이다. 17장본의 축약이 시작되는 곳은 포도대장이 길동을 잡지 못하고, 길동의 장난이 팔도에서 더욱 심해져서 조선왕이 근심하는 대목부터이다. 이 대목 이후의 내용을 23장본에서 먼저 보고, 17장본의 축약양상을 보기로 한다.

① 길동의 부형을 가두고 길동을 잡아오라고 함.
② 길동이 자수하여 서울로 압송되나, 임금을 농락함.
③ 병조판서를 요구하고 다시 자수했다가 달아나니, 임금이 임명함.
④ 조선을 떠나 율도국, 남경, 제도 등을 살피고 돌아옴.
⑤ 조선왕과 만남. 신분문제 얘기하고, 정조 일천 석을 빌림.
⑥ 무리를 이끌고 조선을 떠나 남경 제도로 감.
⑦ 망당산에 가서 요괴를 퇴치하고 두 부인을 얻음.
⑧ 아버지가 돌아가실 것을 미리 알고 묘를 준비함.
⑨ 중의 복색으로 조선에 가서 아버지 장례에 참석함.
⑩ 아버지 상구를 모시고 제도에 가서 장사를 지냄.
⑪ 율도국을 쳐서 왕이 됨.
⑫ 조선왕에게 사신을 보내면서 정조 일천 석을 갚음.
⑬ 조선왕이 길동의 형을 사신으로 율도국에 보냄.
⑭ 길동이 백일승천하고, 세자가 왕위에 올라 대대로 태평성대를 누림.

17장본이 23장본을 축약한 부분의 분량은 23장본의 약 55% 정도이다. 17장본의 축약방식은, 23장본의 단어나 문장을 빼서 축약하지만, 이야기의 진행을 방해하지 않는 정도에서 한 단락이나 에피소드 전체를 빼기도 했다.

단어나 문장을 빼는 방식의 예를 보기로 한다. ①에서, 길동이 경상감사로 내려온 형에게 자수하자 형이 말하는 대목이다.

23장본	17장본
감사가 자시 보니, 때로 기다리던 길동이라. 대경대희하여 좌우를 물리고 그 손을 잡고 오열유체 왈, "길동아, 네 한번 문을 나매 사생존망을 알지 못하여 부친께서 병입고황하시거늘, 너는 가지록 불효를 끼칠뿐 아녀 국가에 큰 근심이 되게 하니, 네 무슨 마음으로 불충불효를 행하며, 또한 도적이 되어 세상에 비치 못할 죄를 하는다? 이러므로 성상이 진노하사 나로 하여금 너를 잡아드리라 하시니, 이는 피치 못하리라. 너는 일찍 경사에 나아가 천명을 순수하라." 하고, 말을 마치며 눈물이 비 오듯 하거늘	감사가 자시 보니, 때로 기다리던 길동이라. 대경대희하여 좌우를 물리고 오열유체 왈, "네 한 번 문을 나매 사생을 알지 못하여 부친께서 병입고황하시거늘, 너는 불효를 끼칠뿐더러 국가에 큰 근심이 되게 하니, 네 무슨 마음이며, 또한 도적이 되어 세상에 비치 못할 죄인이 되는다? 이러므로 성상이 나로 하여금 너를 잡아드리라 하시니, 이는 피치 못할 죄라. 너는 일찍 경사에 가 천명을 순수하라." 하고 눈물이 비 오듯 하거늘

17장본의 이 대목은 23장본에서 조금만 뺐기 때문에 거의 비슷한 내용이다. 이런 방식으로 축약해서는 거의 반 정도로 분량을 줄이기는 어렵다. 17장본의 축약방식은 한 문단 전체를 빼는 것이다. 예를 들면, ①에서는 경상감사로 부임한 형이 길동의 자수를 권하는 방문을 뺀다든가, ③에서 길동이 병조판서를 요구한 후에 다시 자수하는 대목은 빼고 바로 병조판서를 제수하는 대목으로 연결시키는 방식이다. 이런 식의 축약 이외에 에피소드 전체를 삭제한 것도 있는데, 17장본에는 ⑦의 망당산 요괴 퇴치 대목이 없다.

망당산 요괴 퇴치 대목은, 길동이 살촉에 바를 약초를 구하러 망당산으로 가는 도중에 낙천 땅의 부자 백룡이 자신의 사라진 딸을 찾아주는 사람을 사위로 삼겠다는 말을 듣는 데서 시작한다. 길동이 약초를 캐다가 을동이라는 짐승을 활로 쏘고, 이튿날 이 짐승의 소굴에 들어가 이들을 소탕한다. 그리고 을동에게 잡혀간 백룡과 조철의 딸을 구해오니, 백룡과 조철이 길동을 사위로 맞이한다. 이 에피소드는 상당히 길어서 1,750자 정도 되는데, 이는 23장본 전체 분량 18,780자의 거의 10%쯤 되는 분량이다. 그런데 17장본의 이 대목은 아래와 같이 짧다.

> 그 곳에 만석꾼 부자가 있으니 성명은 백룡이라. 일찍 한 딸을 두었으되 인물과 재질이 비상하고 겸하여 시서를 통하며 검술이 초등하니, 그 부모가 극히 사랑하여 천하 영웅 곧 아니면 사위를 삼지 않으려하여 두루 구하더라. 이때 길동이 낙천 땅 백룡의 집에 숙소하더니, 백룡의 부부 길동의 용모가 비범함을 보고, 동리 조철과 의논하고 즉시 친척을 모으고 대연을 배설하고 홍생을 맞아 사위를 삼으니, 첫째는 백소저요, 기차는 조소저라.(17장본 제13장)

위의 인용문에서 볼 수 있듯이 17장본은 망당산에서 을동을 퇴치하는 대목 약 1,500자 정도를 뺐다. 이밖에 17장본에서 특이한 축약의 한 가지는, ⑨에서 중의 복색으로 가는 내용을 뺐다는 점이다. 길동이 아버지의 상구(喪具)를 제도로 모셔오려고 조선으로 가는 대목에서 길동이 불교 승려 행세를 한다. 그런데 17장본에서는 이 내용을 모두 뺐다. 그 대목을 보기로 한다.

23장본	17장본
중인을 불러 큰 배 한 척을 준비하되 조선국 서강 강변으로 대후하라 하고, 즉시 머리를 깎아 대사의 모양으로 작은 배를 타고 조선국으로 향하니라.	중인을 불러 큰 배 한 척을 조선국 서강으로 대령하라 하고, 즉시 조선국으로 향하니라.
다만 산지를 구치 못하여 정히 민망하더니, 일일은 하인이 들어와 보하되, "문밖에 어떤 중이와 영위에 조문코자 하더이다." 하거늘, 괴히 여겨 들어오라 하니, 그 중이 들어와 방성대곡하니, 제인이 이르되, "상공이 전일 친하신 중이 없더니, 어떤 중이완대 저다지 애통하는고?"	산지를 정치 못하여 정히 민망하던 차에, 하인이 들어와 고하되, "문밖에 어떤 사람이 와 영위에 조문코자 하더이다." 하거늘, 들어오라 하니, 기인이 들어와 방성대곡하더니
또 춘랑을 불러 보게 하니, 모자가 붙들고 통곡하다가 인사를 차려 길동의 모양을 보고 왈, "네 어찌 중이 되어 다니느뇨?" 길동이 대왈, "소자가 처음에 마음을 그릇 먹고 장난하기로 일삼더니, 부형이 화를 보실까 염려하와 조선 지경을 떠나오매, 삭발위승하고 지술을 배워 생도를 삼았더니, 이제 부친이 기세하심을 짐작하고 왔사오니, 모친은 과히 슬퍼 말으소서."	또 춘랑을 불러 보게 하니, 모자가 서로 붙들고 통곡하다가 전후 지내던 일을 말씀하더라. 그러나 산지를 얻지 못하여 가내 근심하거늘,

이렇게 길동이 승려의 복색을 한 것을 17장본에서는 모두 뺐다. 이것이 특정한 의도를 갖는 것인지, 그렇지 않으면 단지 축약한 것인지는 분명치 않다.[9)]

9) 완판 <홍길동전>의 내용상 특징 가운데 하나가 불교에 대한 비판적 시각이다. 그러므로 완판본에서는 길동이 중의 복색으로 조선에 가지 않는다. 17장본에서 길동이 승려 복색을 하고 조선으로 가는 내용을 뺀 것이 완판의 특징과 어떤 연관이 있는지에 대해서도 생각해볼 수 있다.

3. 축약양상을 통해서 본 의미

경판 <홍길동전>의 축약양상에 대한 고찰을 통해서 고소설의 이해를 심화시킬 수 있는 것으로 필자는 다음의 두 가지를 생각해보았다. 하나는 경판 고소설의 속성이 기본적으로 축약이라는 점이고, 다른 하나는 경판 소설의 축약양상을 통해서 고소설 작자의 창작기법을 추정해볼 수 있다는 점이다. 경판 고소설이 선행본을 축약한 것이라는 논의는 일찍부터 있었다. 그러나 경판 소설 상호간의 축약에 대한 논의가 아니라 경판 소설의 원천이 무엇인가 하는 데 대해서는 깊이 있는 연구가 없었다.

필자는 경판 방각본 소설의 원천을 세책본으로 본다. 이렇게 추정하는 근거의 하나는 경판 <춘향전>의 원천이 세책 <춘향전>이라는 사실이다.[10] 이 논문에서는 <춘향전> 세책본과 경판본의 관계를 <홍길동전>에 적용시켜, <홍길동전> 세책과 경판본의 내용 비교를 통해 세책 <홍길동전>이 경판 <홍길동전>의 원천이 될 수 있는지 확인해보기로 한다. 그리고 경판 <홍길동전>의 축약양상을 방각본 소설 제작자의 소설 제작 기법이라는 점과 연관시켜 논의를 전개시키려 한다. 필자는 이러한 논의를 통해 한글 고소설 작자를 추정할 수 있는 단서를 얻을 수 있을지도 모르겠다는 생각을 하고 있다.

3.1. 세책 고소설, 경판본 축약의 저본

앞에서 경판계열 <홍길동전>의 축약양상을 보았는데, 현재 알려진 경판과 안성판은 모두 선행본을 축약한 것이다. 그렇다면 최초의 경판 <홍길동전>은 어떻게 만들어졌을까?

---

10) 전상욱, 「방각본 춘향전의 성립과 변모에 대한 연구」, 연세대학교 박사학위논문, 2006.

현존 경판 <홍길동전>의 계통은 30장본을 중심으로 축약한 것임이 앞의 논의에서 드러났는데, 문제는 경판 30장본의 원천이다. 필자는 방각본의 원천으로 세책본을 생각하고 있다. 현재까지 알려진 세책 <홍길동전>은 두 가지로, 하나는 일본 동양문고 소장본이고, 다른 하나는 조종업 소장본이다. 동양문고본은 3권 3책의 완질인데, 2권까지의 내용은 경판 30장본과 거의 일치하고 3권은 30장본에 비해 율도국의 군담이 상당히 확장된 이본이다. 조종업본은 현재 2권 2책만 남아 있는데, 2권의 마지막은 30장본의 제14장 끝부분이다. 두 종의 세책 가운데 조종업본을 경판본과 비교할 대본으로 선택했는데, 동양문고본은 율도국 이전까지 경판본과 자구가 일치하므로 비교의 의미가 없기 때문이다. 조종업본과 경판 30장본의 내용을 비교해보면, 이야기의 진행은 완전히 일치하는데 조종업본의 분량이 훨씬 많다. 현재 남아 있는 조종업본 두 권의 글자 수는 23,000자 정도이고 경판 30장본 제14장 끝부분까지의 글자 수는 9,250자 정도이므로, 경판 30장본은 조종업본의 약 40%이다.[11)]

조종업본과 경판 30장본 몇 군데의 내용을 비교해보기로 한다.

조종업본	경판 30장본
공이 길동을 나을 때에 ~~방춘화시를 당하여 몸이 곤비하여 이에 화원 난간을 의지하여~~ 잠깐 조으더니, 문득 ~~한 곳에 들어가니 청산은 첩첩하고 녹수는 잔잔한데, 황금 같은 꾀꼬리는 양류간에 왕래하여 춘흥을 돋우니 경개 절승하여 가장 아름답더라~~. 공 ~~이 춘경을 탐하여 점점 나아가니, 길이 끊어지고 층암절벽은 하늘에 연하였고, 흐르는 폭포는 백룡이 있어 조으는 듯, 석담에 채운이 가득하였거늘, 공이 춘흥을 이기지 못하여 석상에 올라 걸터앉아 고요히 양수로 맑은 물을 우희여 수파를 희롱하더니,~~	선시에 공이 길동을 나을 때에 일몽을 얻으니, 문득 뇌정벽력이 진동하며 청룡이 수염을 거스리고 공에게 향하여 달려들거늘, 놀라 깨달으니 일장춘몽이라. 심중에 대희하여 생각하되, '내 이제 용몽을 얻었으니 반드시 귀한 자식을 낳으리라' 하고 즉시 내당으로 들어가니, 부인 유씨 일어 맞거늘, 공이 흔연히 그 옥수를 이끌어 정히 친합고자 하거늘, 부인이 정색 왈(1장)

11) 경판 35장본 <춘향전>의 분량은 세책 <춘향전>의 약 30% 정도이다.

~~홀연~~ 뇌정벽이 ~~천지를~~ 진동하는 ~~가운데 물결이 흉용하여, 또 일진청풍이 대작하며 오색 채운이 일어나는 곳에~~ 청룡이 수염을 거스리고 ~~눈을 부릅뜨고 주홍 같은 큰 입을 벌리고~~ 공을 향하여 ~~바로~~ 달려들거늘, ~~공이 혼비백산하여 아무리 할 줄 모르고 황황하여 몸을 급히 피하다가 문득~~ 깨달으니 남가일몽이라. 심중에 ~~가장 의혹하며 또한~~ 대희하여 ~~즉시 일어나 바로~~ 내당으로 들어가니 부인이 몸을 일어 맞거늘, 공이 희색이 만면하여 부인의 옥수를 잡고 친합고자 하더니, 부인이 ~~손을 떨치고~~ 정색 대왈(1권 1~2장)	
~~상공의 천대는 내념이 없삽거니와, 일가 노복이 다 업수이 여겨 아무 천혈이라 지목하오니, 생각하오면 한이 골수에 사무치온지라~~. 옛날 장충의 아들 길산은 천~~비소~~생이로되, 십삼 세에 그 어미를 이별하고 운봉산에 들어가 도를 닦아 아름다운 이름을 후세에 전하오대, ~~그 시종을 알 이 없삽나니~~, 소자가 ~~또한~~ 그런 ~~사람~~을 효칙하여 ~~몸을~~ 세상에 벗어나려 하오니, ~~복망~~ 모친은 ~~자식이 있다 마르시고 세월을 보내시면~~, 후일 ~~서로 찾아 모자의 정을 이을 날이 있으리이다~~. 근간 곡산모의 행색을 보오니 상공의 총을 잃을까 ~~저어~~하여 우리 모자를 원수같이 ~~여겨 장차 해할 뜻을 두오니, 불구에~~ 큰 화를 입을까 하나이다. ~~소자 집을 떠나올지라도 모친은 불효자를 생각지 마르시고 경심창지하사 스스로 화를 취치 마르소서~~.(1권 9~10장)	옛날 장충의 아들 길산은 천생이로되 십삼 세에 그 어미를 이별하고 운봉산에 들어가 도를 닦아 아름다운 이름을 후세에 유전하였으니, 소자가 그를 효칙하여 세상을 벗어나려하오니 모친은 안심하사 후일을 기다리소서. 근간 곡산모의 행색을 보니 상공의 총을 잃을까 하여 우리 모자를 원수같이 아는지라. 큰 화를 입을까 하옵나니 모친은 소자 나감을 염려치 마르소서.(3장)
소인 ~~길동~~이 ~~상공의 정기를 받자와 사람이 되어 세상에 났사오니, 생아지은이 호천망극이라. 몸이 맞도록~~ 부생모육지은을 만분지일이나 갚삽고자 하였삽더니, 가내에 불의지인이 있사와 상공의 ~~마음을 의혹하시게 하옵고~~, 소인을 ~~또한 해하려~~ 하옵다가	소인이 일찍 부생모육지은을 만분지일이나 갚을까 하였더니, 가내에 불의지인이 있어 상공께 참소하고 소인을 죽이려하오매, 겨우 목숨은 보전하였사오나 상공을 뫼실 길 없삽기로 금일 상공께 하직을 고하나이다.(6장)

~~일이 누설하여 성사치 못하오매, 오늘 밤에 집안에 큰 변이 있사와 소인이~~ 겨우 목숨을 보전하였사오나, ~~소인이 가중에 있삽다가는 반드시 소인의 목숨을 보전치 못하올지라. 사세 여차하온고로 마지 못하여 목숨을 도망코자 하와, 한 번 집을 떠나오매 부자형제 다시 모들 기약이 묘연하온지라. 금일 상공을 뵈와 안하에 하직을 고하옵나니, 엎드려 바라옵건대 상공은 귀체를 진중하사 만수무강하옵소서.~~(1권 32~33장)	
각설. 길동이 부모를 이별하고 ~~한 번 집~~ 문을 나매, ~~비록 집이 있으나 들어가지 못하고 부모 계시나 능히 의탁지 못하는지라. 어찌 슬프지 아니리오.~~ 일신이 표박하여 ~~사해로 집을 삼고 부운의 객이 되어~~ 지향 없이 ~~묘묘망망이~~ 행하여 한 곳에 이르니, ~~산이 높고 물이 맑아 경개 가장 절승한지라. 길동이 산로로 말미암아 점점 들어가며 좌우를 살펴보니, 청계벽담에 간수는 잔잔하고 층암절벽에 녹죽은 의의한대, 기화요초와 산금야수는 객을 보고 반겨 길을 인도하는 듯하더라. 길동이 풍경의 가려함을 사랑하여 점점 들어가니 경개 더욱 절승한지라. 나아가고자 하나 길이 끊어지고 물너오고자 하나 또한 어려운지라. 정히 주저할 즈음에 홀연 난데없는 표자 하나이 물에 떠내려 오거늘, 마음에 헤오되, '이런 심산유곡에 어찌 인가 있으리오 반드시 절이나 도관이나 있도다' 하고, 시내를 좇아 수 리를~~ 들어가니 큰 바위 밑에 석문이 ~~은은히~~ 닫혔거늘, ~~길동이 나아가~~ 돌문을 열고 들어가니 ~~천지 명랑하고~~ 평원광야에 ~~일망무제라. 산천이 험난하니 별유천지요 비인간이러라.~~ 수백 호 인가 즐비하고 ~~가중에 일좌 대각이 있거늘, 그 집을 향하여 들어가니~~, 여러 사람이 모여 ~~바야흐로~~ 대연을 배설하고 ~~주준을 서로 날리며 무슨 공론이 분분하니, 원래 이~~ 산중은 도적의 굴	각설. 길동이 부모를 이별하고 문을 나매 일신이 표박하여 정처 없이 행하더니, 한 곳에 다다르니 경개 절승한지라. 인가를 찾아 점점 들어가니 큰 바위 밑에 석문이 닫혔거늘, 가만히 그 문을 열고 들어가니 평원광야에 수백 호 인가가 즐비하고, 여러 사람이 모여 잔치하며 즐기니, 이곳은 도적의 굴혈이라.(7장)

혈이라.(2권 2~3장)	
좌우 대소하고, 꾸짖어 왈, "이 ~~용렬한~~ 사람아. ~~어찌 지부 십전과 십대 명왕이 있으리오.~~ ~~얼굴을~~ 나를 자세히 보라. 나는 ~~다른 사람이 아니오 이~~ 곧 활빈당 행수 홍길동이라. 그대 ~~무식 천견으로 감히 외람한 의사를 내어~~ 나를 잡고자 하매, 그 용맹과 뜻을 알고자 하여 작일 내 청포소년이 되어 그대를 인도하여 이곳에 이름은, ~~그대로 하여금~~ 우리 위엄을 보게 함이라." 하고, 말을 마치매 좌우를 명하여 그 맨 것을 끌러 올려 앉히고 술을 부어 ~~연하여 사오 배를~~ 권하여 ~~진정한 후~~, 가로되, "~~그대 같은 수는 천만이라도 나를 능히 잡으며 금단치 못하리니, 내 그대를 쾌히 죽여 세상을 다시 보지 못하게 할 것이로대, 그대 같은 필부를 죽이고 어디 가서 용납하리오.~~ 그대는 빨리 돌아가라. ~~연이나 그대~~ 나를 보았다 하면 반드시 죄책이 있으리니, 이런 말을 ~~일절~~ 내지 말~~고 재생지은으로 생각하여 다시 그대 같은 사람이 있거든 경계하여 그대같이 속는 폐를 없게 하라.~~"(2권 28~29장)	전상에서 웃음소리 나며 꾸짖어 왈, "이 사람아 나를 자시 보라. 나는 곧 활빈당 행수 홍길동이라. 그대 나를 잡으려 하매, 그 용력과 뜻을 알고자 하여 작일에 내 청포소년으로 그대를 인도하여 이곳에 와 나의 위엄을 뵈게 함이라." 하고, 언파에 좌우를 명하여 맨 것을 끌러 당에 앉히고 술을 내와 권하며 왈, "그대는 부질없이 다니지 말고 빨리 돌아가되, 나를 보았다 하면 반드시 죄책이 있을 것이니 부디 이런 말을 내지 말라."(12장)

위의 몇 군데 예를 보면, 조종업본의 삭제하지 않은 부분과 경판 30장본의 내용은 거의 같다. 좀 더 분명히 보기 위해 길동이 도둑의 소굴에 들어가는 대목에서 조종업본의 지운 부분을 뺀 나머지와 경판 30장본을 비교해보기로 한다.

> 각설. 길동이 부모를 이별하고 문을 나매, 일신이 표박하여 지향 없이 행하여 한 곳에 이르니 경개 절승한지라. 수 리를 들어가니 큰 바위 밑에 석문이 닫혔거늘, 돌문을 열고 들어가니 평원광야에 수백 호 인가 즐비하고 여러 사람이 모여 대연을 배설하고, 이 산중은 도적의 굴혈이라.(조종업본)

> 각설. 길동이 부모를 이별하고 문을 나매 일신이 표박하여 정처 없이 행하더니, 한 곳에 다다르니 경개 절승한지라. 인가를 찾아 점점 들어가니 큰 바위 밑에 석문이 닫혔거늘, 가만히 그 문을 열고 들어가니 평원광야에 수백 호 인가가 즐비하고, 여러 사람이 모여 잔치하며 즐기니, 이곳은 도적의 굴혈이라.(경판 30장본)

경판 30장본은 세책본의 단어나 문장을 빼면서 분량을 줄여나간 것이다. 이와 같은 일치는 세책본과 경판본 사이의 긴밀한 관련을 보여주는데, 이 관계를 설명할 수 있는 유일한 길은 경판본이 세책본의 축약이라고 해석하는 것이다. 경판본을 부연한 것이 세책본이라는 설명이 형식적으로는 가능하지만, 앞에서 본 바와 같이 방각본 제작의 기본 원리가 축약인 점을 고려한다면, 경판본을 부연한 것이 세책본일 가능성은 없다.

최초의 경판본 <홍길동전>은 세책집에서 빌려주던 <홍길동전>을 축약해서 만들었다. 그리고 이 경판 <홍길동전>은 계속 축약의 단계를 거치면서 경판과 안성판의 여러 이본을 만들어냈다.

3.2. 경판 〈홍길동전〉 축약의 의미

앞에서 얘기한 바와 같이 세책을 축약한 최초의 경판이 만들어진 이후, 이 최초의 경판을 축약한 다양한 경판과 안성판 이본이 만들어졌다. 최초의 경판을 편의상 '경판 원본'이라고 한다면, 경판계열 <홍길동전>의 축약양상은 두 가지이다. 하나는 경판 원본→30장본→23장본→21장본으로 이어지는 축약의 방식으로 경판 원본의 내용을 대체로 간직하면서 분량을 조금씩 줄여가는 것이고, 다른 하나는 24장 모본→24장본, 30장본→19장본, 23장본→17장본 등과 같이 전반부는 선행본의 판목을 그대로 쓰고 후반부는 새로 판을 만들어서 분량을 줄이는 것이다. 이와 같은 축약의 의미는 무엇일까?

경판본 방각업자가 한글소설을 간행하기로 결정하는 과정을 재구해 보기로 한다. 경판 방각업자는 출판을 통해 돈을 버는 것이 목적이므로, 어떤 작품을 간행할 것인가를 결정하는 과정에서 가장 중요한 기준은 그 작품을 간행했을 때 이익을 얻을 수 있느냐 없느냐이다. 그러므로 방각업자는 시장의 동향을 잘 파악하고 있어야 한다. 방각본 소설의 원천이 세책이므로, 방각업자는 세책집의 동향과 인기 있는 작품에 대한 정확한 정보를 갖고 있어야 한다. 이러한 시장의 정보와 지식을 바탕으로 출판할 작품을 결정하면, 다음 단계로 판하본의 제작, 판각과 인출, 그리고 판매가 이루어진다. 이와 같은 방각본 소설의 제작과 유통을 방각업자 한 사람이 다 맡았던 것으로 필자는 파악하고 있다.

방각본 사업자는 1인사업자인데, 이렇게 된 까닭은 조선후기 방각본 사업의 영세성 때문이다. 방각본 시장의 규모가 컸다면 당연히 큰 자본을 갖고 있는 상인들이 관여했을 것이다. 그러나 이제까지 조선후기 시장 연구에서 출판업이 큰 이윤을 남기는 업종으로 논의된 일이 없었고, 또 방각본 사업이 19세기 중반까지도 서울 이외의 지역에서는 거의 활성화되지 않았다는 사실을 통해 출판업이 이윤을 많이 남길 수 있는 사업은 아니었다고 본다. 세책집 운영자나 방각본 출판업자가 종업원을 고용하면서 영업을 할 수 있는 규모가 되기는 어려웠을 것이다. 이러한 추정을 뒷받침할 수 있는 자료로 김정호의 지도제작을 들 수 있다.[12] 그리

12) 필자는 방각본 출판의 실상을 파악할 수 있는 한 자료로 김정호의 「대동여지도」를 검토한 바 있다. 필자는 김정호에 대한 몇 가지 남아 있는 기록과 자료를 바탕으로, 김정호는 방각본 출판업자이고, 그는 지도 제작의 전 과정을 혼자서 담당했던 것으로 보았다. 이 문제에 대해서는 앞으로 학계에서 많은 논의가 있어야 될 것이다. 이제까지 지도제작을 방각본의 관점에서는 보지 않았는데, 방각본에 관심을 갖고 있는 사람이라면 조선후기 목판본 지도는 방각본이라는 사실을 금방 알아챌 수 있다. 김정호는 목판본 지도 제작을 위한 밑그림을 그렸고, 판각을 해서 인출했으며, 이를 판매하는 일까지 모두 했다. 이윤석, 「상업출판의 관점에서 본 19세기 고지도」, 『열상고전연구』 38집, 열상고전연구회, 2013.

고 현재 남아 있는 방각본 자료의 간기를 통해서도 이를 확인할 수 있다.

유탁일이 정리한 경판 방각본 방각업소 별 간행상황을 보면, 다음과 같은 자료를 볼 수 있다.[13)]

광통방 : 『주해천자문』, 1804
『삼략직해』, 1805
무 교 : 『전등신화구해』, 1863
『십구사략』, 1863
『천자문』, 1864
『소학제가집주』, 1864
『사요취선』, 1865
『명심보감초』, 1868
『의종손익』, 1868
『간독정요』, 1869
유 동 : 『동몽선습』, 1847
『천자문』, 1847
『삼설기』, 1848
『토생전』, 1848
『전운옥편』, 1850
『사씨남정기』, 1851
『증보천기대요』, 1855
『사요취선』, 1856
홍수동 : 『장풍운전』, 1858
『삼국지』, 1859
『숙영낭자전』, 1860
『신미록』, 1861

위에서 인용한 것은, 경판 방각업소 가운데 간행한 책이 많은 편에

13) 유탁일, 「경판방각소설의 문헌학적 연구를 위한 모색」, 『도남학보』 7, 8호, 도남학회, 1985.

속하는 몇몇 곳에서 출간한 책의 제목과 간행시기이다. 여기서 주목할 것은 각 방각업소에서 간행한 책이 대체로 한 해에 한 종 정도라는 것이다. 무교나 유동에서 한 해에 두 종을 간행한 것이 있고, 한 종이 두 책 이상인 『전운옥편』이나 『사요취선』 같은 것도 있지만, 대체로 한 해에 간행한 책이 두 종을 넘지 않는다. 이렇게 한 방각업소에서 한 해에 한두 종밖에 출간하지 못한 이유는 무엇일까? 그 가장 중요한 이유는 자본의 영세성일 것이다.[14] 자료 조사에서 제작 그리고 판매까지 모두 혼자서 할 수밖에 없는 방각본 출판업의 구조는, 이 사업이 크게 돈을 벌 수 없는 업종이었음을 증명하는 것이기도 하다.

또 하나 여기서 필자가 주목하는 점은, 세책을 저본으로 최초의 방각본을 만든 것에서부터 17장본까지 여러 명의 '개작자'가 경판 <홍길동전>을 축약했다는 사실이다. 선행본을 축약해서 간행한 여러 종의 <홍길동전> 경판본 제작자의 성격을 어떻게 볼 것인가에 대해서는 앞으로 학계의 논의가 필요하다. 최초의 <홍길동전>을 쓴 작가는 분명히 '소설가'인데, 이 소설을 축약한 방각본업자들도 소설가라고 할 수 있을까? 한글 고소설의 작자로 생각해볼 수 있는 인물은 고소설의 유통과 관련을 맺고 있는 사람일 것이다. 이 부류에 속하는 사람으로는, 중국소설의 번역자, 세책집의 운영자, 방각업소의 주인 등이 있다. 작자와 출판사가 완전히 분리되어 있는 현대의 출판구조와 조선시대 한글 고소설의 유통구조를 같은 것으로 생각해서는 안 된다.

현재 남아 있는 <홍길동전> 이본만을 놓고 보더라도 다양한 소설의 작자를 생각해볼 수 있다. 세책집에서 만들어서 유통시킨 두 종류의 세책본 작자, 조종업본을 축약해서 최초의 경판 <홍길동전>을 만든 방각

---

14) 박종화(1901~1981)는 방각본 인쇄 현장을 회고하면서, 여기에는 인출하는 사람과 제책하는 사람 등 많은 사람이 있었다고 했다. 박종화의 이 기억은 20세기 초에 대한 기억이므로, 이 시기의 상황은 19세기와는 달랐다고 보아야 한다. 최호석, 「지송욱과 신구서림」, 『고소설 연구』 19집, 2005. 참조.

업자, 이하 현존하는 7종의 경판과 안성판 방각업자, 완판본 제작자, 그리고 단순히 선행본을 옮겨 적은 것이 아닌 필사본 이본을 만든 사람 등도 넓은 의미의 '작가'라고 할 수 있다.

<홍길동전> 경판계열의 이본 7종 가운데 23장본처럼 경판본을 번각해서 만든 안성판도 있지만, 나머지 6종은 나름대로 이야기를 구성한 것이다. 그런데 이들 경판 <홍길동전> 제작자들은 <홍길동전> 한 작품만을 축약해서 상품을 만든 것은 아니다. 24장본과 21장본은 선행본을 전문적으로 축약하는 방각업자가 있었음을 보여주는 예이다.

경판 24장본은 기존의 판목 20장을 그대로 쓰면서 나머지를 네 장으로 축약한 것인데, 이와 같은 형식을 갖고 있는 작품이 여럿 있다. <홍길동전>처럼 구판 20장+신판 4장의 조합으로 된 작품은 <홍길동전> 말고도 <백학선전>, <소대성전>, <양풍운전> 등 세 작품이 더 있고, <심청전>은 구판 23장+신판 1장의 형식이다.[15] 필자는 <홍길동전> 이외의 나머지 작품을 정밀하게 검토하지 않아서 확정적으로 말하기는 어렵지만, 이들 몇 가지 24장본은 한 방각업소에서 나온 것일 가능성이 크다.

24장본이 한 방각업소에서 만들었을 가능성에 대해서는 추정 단계이지만, 송동(宋洞)에서 간행한 21장본은 축약을 전문적으로 하는 방각업자가 있었음을 분명하게 보여준다. 현재까지 송동에서 간행한 소설로 알려진 것은 <금방울전> 20장본, <백학선전> 20장본, <삼국지>, <심청전> 20장본, <쌍주기연> 22장본, <장경전> 21장본, <장화홍련전> 18장본, <춘향전> 20장본, <홍길동전> 21장본, <흥부전> 20장본 등 10종이다.[16] 송동에서 간행한 작품은 20장 내외로 장수는 적지만,

---

15) 이창헌, 「경판 방각소설 <24장본>의 문헌적 성격」, 『한국문학논총』 26집, 한국문학회, 2000.

16) 송동 간행본은, 유탁일(1985)에서는 6종, 이창헌(1995)에서는 8종이 보고되었는데, 일본 도야마[富山]대학 소장 <춘향전>과 정명기 소장 <장경전>이 더 있어

대체로 한 면에 15~16행에 한 줄에 30자 정도의 분량을 넣었기 때문에 한 장에 들어가는 글자 수는 꽤 많다. <홍길동전>을 예로 보면, 23장본은 30장본을 95%로 축약했고, 21장본은 23장본의 96% 정도 분량이다. 번각을 하는 데에는 소설가로서의 기술이 필요 없지만, 95%로 분량을 줄이기 위해서는 소설에 대한 소양이 있어야 한다. 특히 송동 방각업자처럼 기존의 경판을 저본으로 완전히 새 판목을 만들어서 축약본을 내는 경우에는 더더욱 그러하다.

4. 결 론

작자와 창작시기를 전혀 알 수 없는 한글 고소설의 연대기를 구성하는 일은 현재로서는 불가능하다. 그러나 개별 작품의 현존하는 이본의 분석을 통해 각 작품의 변이 양상을 파악할 수 있으므로, 이런 작업이 이루어진 다음 이를 종합하면 한글 고소설 전체의 연대기를 구성할 수 있을 가능성은 있다. 이 글에서 경판 <홍길동전>의 축약양상을 다룬 것은 그런 작업을 염두에 두었기 때문이다. 앞에서 본 바와 같이, <홍길동전> 이본의 계보를 만든다면 경판본 앞에 세책(조종업본)을 놓을 수밖에 없다. <홍길동전>의 연구 결과를 경판 고소설 전체로 확대시킨다면, 경판 고소설은 세책집에서 빌려주던 작품을 축약한 것이라는 결론에 도달하게 된다. 그리고 경판 고소설 각 작품의 다양한 이본은 최초로 만든 경판본을 계속 축약해서 제작한 것임을 알 수 있다.

이제까지 논의를 요약해서 결론을 삼는다.

현재 남아 있는 경판계열 <홍길동전> 7종은 모두 선행본을 축약해

서 10종이다. 그런데 유탁일과 이창헌이 언급한 송동 <삼국지>의 소재는 분명치 않다.

서 만든 것이다. 번각 관계인 23장본 경판과 안성판을 하나로 보면, 내용을 비교할 이본은 6종이 되는데, 이들 사이의 축약양상은 다음과 같다. 현재 남아 있는 경판 <홍길동전> 가운데 가장 선행하는 것은 경판 30장본이다. 이 30장본을 95%로 축약한 것이 23장본이고, 23장본을 96%로 축약한 것이 21장본이다. 23장본과 21장본은 새 판을 만들어서 제작한 것으로 30장본과 내용상의 차이가 없다. 다만 분량을 줄이기 위해 사소한 단어나 문장을 삭제하거나 교체했다. 그러나 24장본, 19장본, 17장본 같이 기존의 판목을 상당수 그대로 쓰면서 후반의 몇 장만을 새로 만들어 넣은 이본은, 전체 이야기의 균형이 깨지거나 중요한 에피소드가 빠졌다. 19장본처럼 뒷부분 율도국 대목 전체를 뺀다거나, 17장본과 같이 망당산 요괴 퇴치 대목을 삭제하는 방식으로 분량을 줄인 것은, 이들 19장본이나 17장본을 제작한 방각본업자의 미숙한 솜씨 때문일 것이다. 이에 비하면, 24장본의 제작자는 매우 능숙한 솜씨로 선행본의 내용을 훼손시키지 않으면서 3분의 1로 축약했다.

현존 경판계열 <홍길동전> 중 가장 앞선 경판 30장본은 세책으로 유통되던 조종업본을 40% 정도로 축약한 것이다. 그러므로 경판계열 <홍길동전>은 세책 <홍길동전>이 원천이다. 이와 같이 세책을 축약해서 제작한 경판 방각본의 제작 양상을 다른 작품으로 확대시켜 적용해본다면, 이제까지 고소설의 제작과 유통에 관해서 알고 있던 것보다 훨씬 더 많은 정보를 얻을 수 있을 것이다. 그리고 이런 작업이 계속 이루어지면, 믿을만한 한글 고소설의 역사를 쓰는 것도 불가능한 일은 아니다.

4. 홍길동전 55장본 변이에 대하여

1. 들어가는 말

대부분의 고소설은 작자와 창작시기를 알 수 없다. 여기에 더해 작품마다 다양한 이본이 있기 때문에 고소설 연구자들에게는 작품연구를 위해 먼저 대상 작품의 이본 양상이 어떠한지 먼저 파악하는 일이 요구된다. 다양한 이본의 문제를 어떻게 처리할 것인지에 대해서는, 각 연구자 자신이 직접 이본 문제를 다룰 수도 있을 것이고, 또는 기존의 이본 연구 가운데 어떤 의견을 수용할 수도 있다. 그러나 어떤 경우라도 이본 문제에 대한 자신의 입장을 결정한 다음에 작품 해석이 이루어져야 올바른 작품론이 가능할 것이다.

<홍길동전> 연구에 있어서도 이본의 문제는 여타 고소설 연구에 있어서와 마찬가지로 중요한 문제로 대두된다. 각 연구자는 <홍길동전>의 여러 가지 이본 가운데 어느 본을 원본에 가장 가까운 본으로 볼 것인가에 대한 자신의 의견을 분명히 하고, 또 그런 의견에 대한 근거를 명확하게 제시한 연후에 작품 해석을 시도해야 할 것이다. 만약 개별 이본에 대한 연구를 한다고 하더라도, 어떤 본이 원본인가 또는 원본에 가장 가까운가에 대한 연구자 자신의 견해를 밝히는 일은 마찬가지로 필요한 일이다. <홍길동전>같이 문학사에서 중요한 자리를 차지하고 있는 작품에 대해서는 더더욱 원본 문제를 소홀히 해서는 안될 것이다. <홍

길동전>의 여러 이본을 살펴보면, 성격이 판연히 다른 몇 가지 계열이 있는데, 이 가운데 어느 계열, 나아가 어떤 본이 원본에 가장 가까운 본인가를 결정하는 일은 그리 쉬운 일이 아니다. 이제까지 <홍길동전>의 작자에 대한 많은 연구업적이 나왔는데, 대부분의 연구자들은 자신이 분석대상으로 삼은 본이 바로 작자가 지은 원본이라는 전제 아래 연구를 진행해 왔다. 그러나 이런 전제가 가능하려면 여기에 대한 명확한 근거를 제시해야 할 것이다.[1)]

<홍길동전>의 여러 가지 이본을 내용상으로 분류한다면, 대체로 세 가지로 나눌 수 있다. 물론 이러한 분류를 더 세분화한다던가 또는 더 단순화할 수도 있겠으나, 필자의 생각으로는 세 계열로 나누는 것이 합당하다고 보았다. 그러나 어떻게 분류를 하더라도 어느 한 계열에 포함시킬 수 없는 이본이 있는데, 이 글에서 다루려는 필사본 55장본이다.[2)] 필사본 55장본의 존재는 1990년대 중반부터 필자가 쓴 몇몇 논문으로

---

1) 이 문제에 대해서 필자는 여러 차례 의견을 밝힌 바 있다. 다시 한 번 간단히 얘기하면, <홍길동전>의 작자를 허균으로 보고 작가론을 논하기 위해서는, 다양한 이본 가운데 어떤 것이 허균이 지은 본인가를 결정해야 한다. 왜냐하면 <홍길동전>은 이본에 따라 성격이 다르기 때문이다. 한 가지 예를 들면, 경판계열은 불교에 대해 별로 거부감이 없으나 완판계열은 불교에 대해 명백한 적대감을 드러내고 있다. 이본에 따라 이러한 내용상의 차이가 있음에도 불구하고, 경판계열 이본을 바탕으로 작가론을 펴는 연구자도 있고, 완판계열 이본을 중심으로 허균의 사상을 검토하는 연구자도 있다. 개별 이본에 대한 연구로서는 별다른 문제가 없는 것처럼 보이는 이런 연구 현실은, <홍길동전> 연구 전체의 시각으로 본다면, 한 작가가 같은 제목으로 몇 가지의 다른 성격을 갖고 있는 작품을 창작했다는 이상한 전제를 가능하게 하는 것이다.

2) 필자는 <홍길동전>을 경판계열, 완판계열, 필사본계열의 세 계열로 나누었다. 경판계열을 대표하는 이본은 경판30장본이고, 완판계열은 완판36장본이며, 필사본계열을 대표하는 본은 김동욱89장본으로 파악했다. 55장본은 필사본계열로 분류했는데, 이렇게 분류한 것은, 55장본의 내용과 자구가 김동욱89장본과 같기 때문이 아니라, 경판계열과 완판계열에 속하지 않는 이본 모두를 필사본계열에 집어넣었기 때문이다. 이윤석, 『홍길동전 연구』(대구:계명대학교 출판부, 1997).

알려졌고, 또 필자의 『홍길동전 연구』에서는 간략하게 그 내용을 언급한 바가 있으며, 이 책의 부록으로 배포한 디스켓에는 55장본 텍스트 전문이 실려 있다. 현재까지 필자가 본 <홍길동전> 이본 33종 가운데 가장 독특한 내용의 이본은 바로 이 55장본인데, 이 55장본에 대해서 관심을 갖고 있는 연구자가 거의 없는 것 같다. 본고에서는 55장본의 내용을 자세히 소개하고, 55장본의 변이양상이 갖고 있는 의미가 무엇인가를 간단히 검토해보려고 한다.[3)]

2. 서지와 내용

55장본은 김동욱 교수의 소장본이었는데, 현재는 단국대학교 율곡기념도서관(천안)에 소장되어 있다. 이 본의 현재 장수는 56장이지만, 원래는 55장이었으므로 55장본으로 부르는 것이다. 첫머리 두 장은 원본의 첫 장이 떨어져 나간 것을 보충해 넣은 것이다. 한 면에 12~14행으로 행수가 불규칙하고, 한 행의 글자수도 22~28자 정도이다. 보충해 넣은 첫머리 두 장은 한 면이 7행이고, 한 행에 13~18자 정도이다. "갑오년 월 쵸구일 덩명호 필셔"라는 간기로 보아 1896년에 필사된 것으로 추정된다.

필자가 이제까지 확인한 <홍길동전>의 이본들은 55장본을 제외하고는 대체로 그 계통을 파악할 수 있다. 이본마다 독특한 내용이 있기는

3) 55장본은 전체적으로 잘못된 글자가 많고, 빠진 대목도 있다. 이렇게 된 것은 아마도 필사자가 필사하는 과정에서 잘못 필사했거나, 이미 선행 대본에서 잘못된 것을 필사했을 수도 있다. 필자는 55장본의 변이양상을 일반적으로 고소설의 이본에서 일어나는 변이 정도로 파악하지 않고, 개작이라고 보았다. 앞으로 이 글에서 55장본의 개작자라고 하는 것은, 55장본의 필사자가 아닌 55장본과 같은 내용의 이본을 최초로 만든 사람을 말하는 것이다.

하지만, 그 변이의 양상은 선행하는 대본을 대체로 충실히 옮기는 과정에서 일어난 변이이다. 그러나 이 55장본에서 일어난 변이의 양상은 전혀 다르다.

55장본의 줄거리는 다음과 같다.

> 조선 경성 동대문밖에 홍모라는 재상이 사는데, 일남일녀를 두었다. 아들의 이름은 홍영이고, 딸은 채란이다. 일찍이 함경감사 갔을 때 초향이라는 함경감영의 일등 기생을 데리고 와서 후원에 두었다. 어느 봄날 대감이 잠깐 조는 동안 청룡이 소매로 들어오더니 한 옥동이 대감 품에 안겨, 태극성인데 옥황상제께 득죄하여 인간으로 나가니 거두어달라고 한다. 대감이 내당에 들어가 부인을 친합하고자 하나 부인이 거절한다. 초향의 방으로 가려다가 춘섬이라는 종과 관계를 갖는다. 춘섬이 잉태하여 비범한 아이를 낳으니 이름을 길동이라고 한다.
>
> 길동이 십 세가 되자 글공부도 잘하지만 무예 닦는 것에 더욱 치중한다. 대감이 학업을 닦지 않고 검무를 익히는 것을 꾸짖자, 길동은 호부호형을 못하는 자신의 서자 신세를 한탄하고, 나라의 위급한 때를 대비해서 무예를 익힌다는 말을 한다.
>
> 초향이 길동의 풍채를 보고 시기하여 길동 모자를 죽이려고 하던 중, 관상 보는 여자를 알게 되어 그녀에게 계교를 내어달라고 한다. 관상녀가 대감에게 접근하니, 대감이 길동의 상을 보라고 한다. 길동이 관상녀를 책망하나 대감이 관상 볼 것을 권한다. 관상녀가 길동의 관상을 보고 반역의 상으로 멸문지환을 당할 것이라고 한다. 그러나 대감은, 대대로 나라에 충성하는 집안이니 관상녀의 말을 믿을 필요는 없다고 한다. 대감이 초향에게 관상녀 말을 하자, 초향은 길동을 죽이자고 하고, 장자도 죽이자고 하나, 부인은 차마 할 수 없는 일이라고 한다. 대감은 길동을 더욱 사랑한다.
>
> 초향이 관상녀에게 계교를 물으니, 관상녀가 자객을 쓰라면서 축자라는 자객을 천거한다. 축자가 길동을 해하려다 오히려 길동에게 죽는다. 길동이 황건역사를 명해 관상녀를 잡아와서 죽인다. 초향도 죽이려다 그만두고, 대감에게 가서 작별을 고한다. 대감이 길동에게 떠나려는 이유를 묻지만, 길동은 대답하지 않는다. 길동이 모친에게 사람을 죽였기 때문에 망명도주한다고 말하고 하직한다. 초향이 자객에게서 소식이 없으므로 사람을 보내 알아

보니, 두 주검이 있고 길동은 종적이 없다.

길동이 집을 떠나 한 곳에 이르니, 사람들이 산곡 어구에 모여 있다. 그 연유를 물으니, 산 위에 큰 백호가 있어서 사람 백여 명이 모여야 산을 넘는다고 한다. 길동이 혼자 넘어가는데, 두 사람이 뒤를 따른다. 산을 넘어가는데 문득 백호 두 마리가 나타나서 길동을 해치려고 하자, 길동이 백호 두 마리를 잡아 바위에 쳐서 죽인다. 두 사람이 숨었다가 나타나 자신들은 사람을 죽이고 도망하는 중이라고 하며 휘하에 써달라도 한다. 두 사람을 데리고 한 곳으로 가니 경치가 아주 좋은 곳에 이르렀는데, 큰 돌문이 있고, 돌 위에 '천하사 활빈당 대원문'이라 썼고, 또 "재주 과인하고 삼난 일을 능히 행할 장수면 들어오라."고 써 놓았다.

길동이 안으로 들어가니, 집이 수천 간이 있고, 잔치가 한창이었다. 길동이 상좌로 올라가 자신을 소개하고 자신의 능력을 자랑하니, 세 가지 일을 행할 수 있는 사람을 상장군으로 모시려고 한다고 말한다. 첫째는 천 근 무게의 돌을 드는 일이고, 둘째는 오백 근 철관을 쓰고 석문 삼백 단을 뛰어넘는 일이고, 셋째는 합천 해인사의 재물을 빼앗아 오는 일이다. 길동이 첫째와 둘째 일을 쉽게 하여 이들의 대장이 되어 백마를 잡아 언약을 어기지 않을 것을 천지에 맹서한다.

하루는 길동이 공부하는 정승 자제처럼 꾸미고 해인사에 가서 절로 공부하러 오겠다고 한다. 그리고는 다시 활빈당으로 돌아와 해인사 칠 계책을 꾸미고, 또 황건역사에게 합천 관아의 일등 명기를 잡아오라고 한다. 기생을 데리고 절에 가서 잔치를 벌여 모든 중들을 대취하게 하니, 술취한 중들이 기생을 희롱한다. 기생이 가무를 마치고 길동에게 중이 패물을 훔쳐갔다고 한다. 길동이 활빈당을 명하여 모든 중을 다 결박하고 절의 재물을 다 가져간다. 늙은 중 하나가 연회에 참여치 못하고 있다가 도적이 재물을 가져가는 것을 보고 관가에 고하여 관군이 도적을 쫓는데, 길동이 중으로 가장하여 관군을 다른 곳으로 보낸다. 그리고 초인을 만들어 관군을 농락한다.

활빈당에 돌아와 잔치하고 부하들에게 황금을 상급하고 기생에게도 은자 일천 냥을 준다. 기생이 길동 같은 영웅에게 몸을 의탁하고 싶다고 하자 길동이 마지못하여 희첩으로 삼는다. 황경감사가 합천군수의 보장을 보고 나라에 장문을 올리니, 임금이 만조 조신을 모으고 논의를 한다.

길동이 황경감영을 치고 창곡과 군기를 빼앗아 오기로 한다. 이튿날 황홍 설능에 불을 놓으니, 감사가 이 불을 구하러 간 사이에 성중의 창고를 열고 곡식을 내어간다. 백성이 자청하여 도적이 된다. 길동이 군병을 모아 황경, 전라 양도를 치고, 초인을 만들어 충청도로도 올려보내니, 삼남이 요란하여 한날 한시에 장문이 조정으로 올라간다.[4] 임금이 누가 길동을 잡겠느냐고 하자 어의대장 이흡이 자원한다.

이흡이 보도군사 삼백 명을 각지로 보내고 혼자 황경도로 간다. 한 객점에 들어가니 어떤 소년이 들어와 길동이 술법이 있으므로 술법 있는 사람이 잡아야 하는데 동력하여 잡을 사람이 없다고 한탄한다. 이흡이 군명을 받아 길동을 잡으려 한다는 말을 하자, 소년이 자기가 시키는대로 하라고 하며, 길동이 우리가 오는 것을 알면 도망할테니 부적을 머리에 넣어 길동이 보지 못하게 하자고 한다. 그런데 이 부적은 사람 머리를 어지럽히는 부적이었다. 3일만에 어떤 번화한 곳에 이르러, 소년이 이흡에게 어떤 집에 들어가 길동을 잡아오라고 한다. 이흡이 길동이라고 결박한 사람은 이흡의 아버지이다. 이흡의 아버지가 이흡을 꾸짖어도 이흡은 아버지를 길동으로 여기고 잡아서 서울로 데려간다. 경성 백성들이 길동을 잡아온다고 모두 구경하는데, 잡아오는 것은 길동이 아니고 이흡의 아버지였다. 이흡이 부적을 떼고 보니 자신이 잡아오는 것이 길동이 아니라 백발 부친이다. 이흡이 부친을 붙들고 통곡을 하자 부친 역시 울며 길동을 욕한다. 이흡이 다시 길동을 잡겠다고 하니 그 아버지가 만류한다.

이흡이 다시 온다는 말을 듣고 길동이 염라국을 배설하고 초인을 만들어 계교를 알려준다. 이흡이 청계산을 넘어오다가 기이한 중을 만나 누구냐고 묻자, 그 중이 자신은 인간승이 아니라 천승인데, 길동의 죄가 커서 상제께서 잡아오라고 해서 왔다고 한다. 그리고 이흡의 아비를 묶게 한 죄도 안다고 한다. 이때 하늘에서 3인이 내려와 노승에게 절하고 염라사자라고 한다. 노승이 왜 왔느냐고 묻자, 이흡의 아비를 묶은 길동의 죄를 다스리기 위해 이흡의 아비와 길동을 대질시켰는데, 이흡의 아비가 자신을 묶은 것은 이흡이라고 해서 이흡을 잡으러 왔다고 한다. 이흡이 통곡하며 한탄하니 노승이 염왕에게 잘 말해 주겠다며 편지를 써 준다. 사자가 이흡을 철사로 묶어 풍도성으로 들어가니 거기에 소년과 이흡의 부친이 있다. 염왕이 아비 묶은 것을 꾸짖자 이흡이 변명을 하지만, 길동과 이흡의 아비가 모두 이흡이 묶

4) 삼남이라고 한 것으로 보아 황경도는 경상도의 잘못인 것으로 보인다. 그러나 황홍은 다른 이본에는 함경도 함흥이라고 나온다.

었다고 말한다. 이흡이 슬피 울며 탄식하다가 노승의 편지를 염왕에게 보인다. 염왕이 법사의 서찰이 있으니 인간에 돌려보내 준다고 하자, 이흡이 아비도 같이 가게 해 달라고 하여 염왕이 허락한다. 인간세상에 돌아오니 부대가 있어서 열어보니 팔도로 보냈던 부하들이었다. 이흡이 어찌된 일이냐고 묻자 황건역사에게 잡혀 염라국에 갔다가 왔다고 한다. 이흡이 우리 부자도 염라국에 갔다왔다고 한다. 이때 백호를 타고 가는 사람이 있어 세상 나가는 길을 물으니 삼각산으로 올라가면 나갈 수 있다고 하여 집으로 돌아온다.

집에 돌아오니 부친이 또 한 사람 있어 두 노인이 서로 진위를 다투는데, 이흡의 모친이 첫날 밤 신방에서 있었던 일을 얘기하는 쪽이 진짜라고 하자 두 노인이 똑 같이 얘기한다. 이흡이 더욱 망극해 하는데, 문득 한 놈이 우리 재주를 보았으니 앞으로는 그러지 말라고 하며 손을 흔드니 하나가 초인이 된다. 이흡이 입궐하여 이 말을 세세히 아뢰자 임금이 길동 잡을 계교를 내라고 한다.

길동이 자칭 암행어사가 되어 팔도로 다니며 비리 관원을 봉고파직하고 장문을 임금에게 올린다. 임금이 길동의 내력을 알아보라고 하니, 재상 홍모의 아들임이 밝혀진다. 홍모를 금부에 나수하고, 길동의 형 홍영은 경상감사를 제수하여 길동을 잡아오라고 한다. 홍영이 경삼감사로 내려가 길동 찾는 방을 부치자, 길동이 찾아와 자신을 잡아가라고 한다. 홍영이 길동을 철사로 묶어 서울로 보내니, 사람들이 잡혀가는 길동을 구경한다. 대궐에 이르자 길동이 한 번 몸을 흔들어 철사를 산산이 끊어버리고 함거 속에서는 무수한 길동이 나온다. 그리고 각 도에서 길동 잡았다는 장계를 올리며 모두 길동을 함거에 실어보내는데, 각 함거에서 수없이 많은 길동이 나온다.

한 신하가 모든 길동이 참 길동이 아니니 누가 참 길동인지 그 아비에게 찾아내도록 하라고 한다. 임금이 홍모에게 참 길동을 찾아내라고 한다. 홍모가 길동의 왼편 다리에 점 일곱 개가 있으니 찾아보라고 한다. 그러자 모든 길동이 왼편 다리를 내어놓는데, 모두 점이 있다. 임금이 모든 길동에게 물러가서 마음대로 하라고 한다. 모든 길동이 대궐에서 다 나오고 나서, 참 길동이 다시 들어가 임금에게 울면서 말하기를, 그 동안 자신이 벌인 일은 자신의 능력을 보여주기 위함이었다고 하며, 병조판서를 삼 년만 제수하면 진충갈력하여 임금을 받들겠다고 한다. 이 말을 들은 임금이 바로 길동에게 병조판서를 제수한다. 길동이 사은숙배하고 집에 돌아와 대부인에게 인사하고, 모친 춘섬을 만난다. 아버지는 길동이 병조판서를 제수받은 것을 기뻐한다. 초향은 길동 보기를 두려워하는데, 길동이 가서 절을 하고 위로한다.

칠 년 후 길동이 병조판서를 그만 두겠다고 한다. 임금이 이유를 묻자, 길동은 조선은 땅이 좁아서 강남국으로 떠나겠다고 하며 백미 삼백 석을 달라고 한다. 임금이 마지못하여 승낙한다. 길동이 집에 와서 부친에게 떠나겠다고 하니, 황금 오천 냥을 주며 노비에 보태라고 한다. 길동이 활빈당에 한강으로 모이라는 서간을 전한다.

길동이 활빈당 삼백 명을 배에 싣고 안남국에 도착하여, 혼자 산위에 올라가 지형을 살펴보고 부친의 장사지낼 터를 보아둔다. 산아래 천하의 부자 백룡이 사는데, 백룡의 천하절색 딸이 홀연 간 곳이 없어졌다. 길동이 산에서 내려오다가 혼자 바위에 앉았는데, 울장이란 사람이 한 미인을 지고 오다가 굴복하며 말하기를, 간밤 천문을 보니 홍길동이 안남국 왕할 기상이 있어서 왕비 될 사람을 모셔왔다고 하며 미인을 내려놓는다. 여자가 잡혀오다가 살펴보니 천하영웅이 앞에 있어서 마음으로 탄복한다.

길동이 여자를 데리고 백룡의 집으로 가니, 백룡이 기뻐하며 길동을 사위로 맞이한다. 길동이 백룡의 집에서 육도삼략을 공부하다가, 어느 날 천기를 보고 부친이 돌아간 것을 알게 된다. 울장이 부친의 행상을 모셔오겠다고 하며 서기를 타고 조선으로 운구하러 간다.

홍승상이 칠십에 병이 들어 죽게 되자 아들에게 길동이 장차 귀하게 되어 문호를 빛낼 것이라고 말한다. 홍승상이 죽자 택일하여 장사를 지내려고 선산으로 운구하는데, 일진 광풍이 일어나며 구름 속에서 신병이 나와 상구를 빼앗아 가면서 홍영도 함께 데리고 간다.

울장이 상여를 모셔 장지에 가니, 길동이 행상을 맞이하며 홍영에게 자초지종을 자세히 말한다. 치산을 마친 후 백룡의 집으로 돌아와 홍영은 제수를 만난다. 길동이 홍영에게 대부인이 걱정할테니 빨리 돌아가라고 하고, 울장에게 모시고 가라고 한다. 울장이 서기로 삼각산에 내려놓고 삼 년 후에 다시 모시러 오겠다고 한다. 홍영이 대부인에게 전후 사연을 고하자, 대부인은 삼 년을 기다리자고 한다.

삼년초토를 백룡의 집에서 지내고 울장에게 군기와 군량을 준비시킨다. 울장이 말하기를, 모든 준비는 끝났는데 다만 천상의 벽력검, 용궁의 일월검, 북해의 용종마를 얻어야 강남국을 파할 수 있겠다고 한다. 울장이 길동에게는 천상 벽력검을 얻어오게 하고, 자신은 서해 용궁에 가겠다고 한다.

울장이 길동에게 금원산 태극선생의 글을 받아서 옥황궁에 가서 태극성에게 주면 얻을 수 있다고 하여, 길동이 하루만에 팔천 리를 달려 도착한다. 경개가 절승한데 낙화를 쓸고 있던 동자의 인도를 받아 선생을 만난다. 선생이 벽력검을 얻으러 왔느냐고 묻고는, 벽력검은 본디 옥황상제 항안전에 있는 것이니 어떻게 얻느냐고 한다. 길동이 재배하며 부탁하고 또 다시 부탁을 하자, 선생이 차를 내어 먹이고는 태상노군에게 편지를 써 주며 가서 보이라고 한다. 선생이 바람 풍, 구름 운 자를 쓰고 수건을 내어 길동을 그 위에 앉히고 부채로 부치니 구름이 되어 날아가 옥황궁으로 간다. 옥황궁에 도착하여 태상노군을 찾으니 한 선관이 누구냐고 묻는다. 길동이 태상노군에게 전할 편지를 가져왔다고 하자 그 선관이 자신이 태상노군이라며 자초지종을 묻는다. 길동이 대답하자 태상노군은 길동에게 너는 삼태성이니 어찌 벽력검을 못 가져가겠느냐고 한다. 태상노군이 항안전에 들어가 상제에게 전후 수말을 얘기하나 천궁기물이라 인간에 보낼 수 없다고 하자 태상노군이 다시 고하여 허락을 받는다. 길동이 벽력검을 받고 사례하니 태상노군이 안남국을 파하고는 벽력검을 즉시 태극선생에게 전하라고 한다. 수건을 타고 돌아오다가 고래를 탄 이적선을 본다. 길동이 벽력검을 태극선생에게 뵈이니 일월갑을 얻으면 강남을 파할 수 있다고 하며 빨리 나가라고 한다. 길동이 백룡의 집에 와서 전말을 얘기하자 울장이 서해 용궁에 가서 일월갑을 가져오겠다고 한다.

울장이 동정 칠백 리를 지나 서해 용궁에 가서 일월갑을 얻으러 왔다고 하자, 용왕이 대로하여 인간이 어찌 여기를 왔느냐고 하며 내치라고 한다. 울장이 화가 나서 용왕을 잡아 소상강 언덕으로 데리고 가서 때리고, 용왕을 타고 앉아 용왕의 비늘을 떼려고 하니 용왕이 말을 듣겠다고 한다. 울장이 용왕에게 본신을 나타내라고 하니 한 마리 뱀이 되는데, 울장이 이 뱀을 허리에 차고 돌아와 길동 앞에 놓으니 뱀이 노인이 된다. 길동이 위로하니 용왕이 삼태성이 어찌 인간에 하강하였느냐며 울장이 장군의 아장인 줄 알았으면 진작 주었을 것이라고 한다. 용왕이 울장을 데리고 용궁에 돌아가 일월갑을 주려는데 용왕의 부하들이 싸우려고 하자 용왕이 삼태성의 아장이라고 하니 이들이 사과한다. 울장이 일월갑을 가지고 돌아온다.

용골대가 갖고 있는 만리용종마를 얻으러 울장이 강남국으로 가서 바로 용골대의 집으로 간다. 용골대가 무슨 일이냐고 묻자, 울장이 위덕을 듣고 찾아 온 것이라고 하니 용골대가 기뻐하며 울장을 대접한다. 이때 뇌성벽력

같은 말소리가 나므로 울장이 거짓으로 놀라는 척 하자 용골대가 황금 오천 냥을 들여 용종마 얻은 내력을 얘기해 준다. 울장이 구경하기를 청하니 용골대가 응락한다. 울장이 구경하다가 한 번 타 보기를 청하여 말을 타고 한 번 채를 치니 벌써 백룡의 집에 도착했다. 길동이 대희하여 울장을 칭찬한다.

홍무년 추팔월에 하늘에 제사 지내고 출전하니 지나는 곳이 모두 항복하여 칠십여 성을 함락한다. 양주자사가 안남왕에게 보고하니 안남왕이 호명철로 하여금 막으라고 한다. 길동이 10일만에 양주지경에 이르러 호명철에게 격서를 보내니 호명철이 노하여 맹지철에게 나가 맞아 싸우라고 한다. 길동이 활빈당 송길에게 나가 싸우라고 하여 둘이 싸우다가 송길이 패하여 죽으니 울장이 나가 맹지철을 죽인다. 이것을 본 호명철이 나와 울장과 싸우는데, 호명철의 술법이 대단하여 울장이 당하지 못한다. 이튿날 길동이 몸소 나가 싸우니 호명철이 달아난다. 호명철이 금광을 뿌려 불길이 날아오는데 길동이 이를 막고 풍백을 불러 호명철을 사로잡으라고 한다. 울장이 계교를 베풀어 사로잡겠다고 하며 밤에 적진에 들어갔는데, 호명철은 부하들에게 계교를 알려주어 길동의 군대가 대패한다. 울장과 길동이 술법을 써서 공격한다. 울장과 길동의 술법을 당하지 못한 호명철은 달아났는데, 길동이 본진에 와 보니 활빈당 300명이 모두 죽었다. 울장과 길동이 다시 술법을 써서 공격한다. 길동이 풍백을 불러 호명철을 결박하라 하니 호명철이 입으로 금광을 뿜어 풍백의 접근을 막는다. 길동이 새 술법을 쓰니 호명철이 보패를 내어 던지는데, 이 보패는 원래 동정 용궁의 딸이 갖고 있던 구슬로 호명철이 훔쳐온 것이었다. 그러나 길동의 갑옷이 일월갑이라 불이 붙지 않자 호명철이 달아난다. 울장이 뒤를 쫓는데 호명철이 금광을 토해 울장이 위험해진다. 길동이 울장을 구하고 호명철과 싸우니 호명철이 달아난다. 길동이 본진에 돌아와 초인을 만들어 진세를 베풀고 육정육갑을 불러 안남국에 쳐들어가 적을 깨뜨린다. 호명철이 공중에 올라가 보니 안남국이 대패했으므로 금광을 뿌려 신병을 물리치나 모두 초인이다. 길동이 부적을 날리자 동서남북에 모두 길동이어서 호명철이 당하지 못하고 결국 길동의 칼에 죽고 안남병도 모두 죽는다.

길동이 안남국 도성밖에 진을 치자, 안남국왕은 호명철 패한 것을 듣고 놀라 방어를 의논한다. 우승상 조방이 호명철이 죽었으니 막기 어렵다고 하자 북해에서 온 여동패가 싸우겠다고 하여 안남왕이 군사 3만을 주니 성밖에 나와 결진한다. 울장이 적장과 싸우다가 패하여 도망하니 길동이 적장을 벽력검으로 죽이는데 이는 사람이 아니고 이심이였다. 울장이 이날 밤 성안에 들어가 성문을 열겠다고 하니 길동이 군사들에게 성안에 들어가 도적질하지 말 것을 당부한다. 길동이 안남왕의 항복을 받고 백성을 진무하니, 안남국 신하들이 길동을 새 임금으로 맞아드리기로 하여 길동이 즉위한다. 길동이 나라 이름을 강남대안국으로 고치고, 차례로 벼슬을 준다. 특히 울장은 안남후에 봉한다.

길동이 울장에게 조선에 가서 모친과 형을 모셔오라고 하니, 울장이 배를 만들어 조선으로 떠난다. 울장이 조선에 도착해 좌의정 벼슬을 하는 홍영을 만나 길동의 서간을 전한다. 대부인도 그 편지를 보고 길동을 칭찬한다. 홍영이 임금에게 강남국으로 떠나겠다고 말하고, 대부인, 초향, 춘섬 그리고 자기 부인을 데리고 울장을 따라 강남으로 간다. 울장은 백룡도 함께 강남국으로 데리고 간다.

길동은 형을 강남대전왕에 봉하고, 대부인, 초향, 춘섬을 각각 따로 모시고 태평한 세월을 지낸다. 길동이 칠십에 세상을 떠난 뒤에도 안남국은 태평만세를 누린다.

이상의 줄거리에서 알 수 있듯이, 55장본은 현재까지 알려진 「홍길동전」 이본 33종 가운데 가장 특이한 내용을 갖고 있는 이본이다. 55장본에서 포도대장 이흡을 농락하는 이야기나 안남국을 치는 대목의 내용은 다른 이본에서는 볼 수 없는 것인데, 이 두 이야기의 분량이 전체의 약 40%를 차지한다. 이렇게 기본 줄거리는 바꾸지 않으면서, 다른 이본에서 볼 수 없는 내용을 많이 집어넣었다. 그러나 55장본에는 이렇게 다른 이본에 없는 이야기가 더 들어 있는 것만은 아니다. 대표적으로 망당산 요괴퇴치를 들 수 있는데, 거의 대부분의 이본에 이 이야기가 들어 있지만, 55장본에는 이 대목이 없다. 망당산 요괴퇴치는 길동이 배필을 얻는 계기가 되는 에피소드임에도 불구하고 55장본에는 이 대목이 없으므로, 길동이 배필을 얻게 되는 과정이 어색해졌다. 이와 같이 55장본은 다른 이본에서 볼 수 없는 이야기를 집어넣거나, 또는 다른 이본에는 들어 있는 내용을 빼는 등, 선행 대본을 필사자가 의도적으로 고친 개작 수준의 이본이라고 할 수 있다.

3. 변이의 양상

55장본은 <홍길동전> 이본 가운데서 원본의 위치를 논할 정도의 위상을 갖고 있는 이본은 아니다. 다만 다른 이본에 나오는 내용이 빠졌다거나 또는 다른 이본에서는 볼 수 없는 여러 가지 에피소드가 들어 있고, 또 같은 내용이라도 다른 이본과 일치하는 자구가 거의 없는 특이한 본이다. 이렇게 여러 가지 에피소드가 들어가게 된 것은 필사과정에서 필사자가 의도적으로 집어넣은 것일텐데, 자구를 변개시켰다든가 새로운 에피소드를 넣은 양상이 거의 개작 수준이 되었다. 그러므로 55장본은 기본적인 이야기의 틀이 <홍길동전>일 뿐이지 세부 내용은 다른 <홍길동전>과는 전혀 다른 이본이다. 55장본의 성격을 파악하기 위해 <홍길동전>의 줄거리를 출생과 가출, 활빈당, 율도국[5]의 세 부분으로 나누어서 변이의 구체적인 양상을 보기로 한다.

1) 출생과 가출

길동이 가출하기 전까지의 중요 단락은, 탄생, 길동의 신분자각, 길동을 죽이려는 집안의 음모 등으로 나눌 수 있다. 55장본도 이러한 기본 단락은 모두 갖추고 있으나, 세부적인 내용은 다른 이본과 상당한 차이가 있다.

---

5) 55장본에서 길동이 치는 나라 이름은 율도국이 아니라 안남국이다. 그리고 이 안남국을 빼앗은 다음에 길동은 나라 이름을 강남대원국으로 바꾼다. 그러나 일반적으로 이 대목은 율도국으로 알려져 있으므로 여기서도 율도국으로 쓴다.

첫머리에서 홍승상이 황경감사 갔을 때 초향(다른 이본에는 초란)이라는 기생을 데려왔다고 했는데, 대부분 이본에는 길동을 죽이려는 음모가 시작될 때 초란이 처음으로 등장한다. 대체로 초란은 가출하기 전까지 악역을 맡는 것으로 그 역할이 한정되어 있는데 비해, 55장본에서 초향은 이야기가 끝날 때까지 몇 차례 등장한다. 길동의 가출 이후에 초향의 역할은 미미하지만, 안남국(다른 이본의 율도국)을 치고 왕이 된 다음 길동은 대부인과 친모 외에 초향까지도 율도국으로 불러 부귀영화를 함께 하는 것으로 되어 있어서, 초향이 마지막까지 등장한다.

홍승상이 낮잠을 자다가 좋은 꿈을 꾸는 것은 모든 이본에 다 나타나는 내용이지만, 꿈에 한 옥동이 대감의 품에 안기면서, "소자는 태극성이옵더니 옥황상제 전에 득죄하여 인간에 내치시매 갈 바를 아지 못하오니 대감은 소자를 어여삐 여겨 거두소서"라고 말하는 내용은 55장본에만 나오는 내용이다.

길동이 서자라는 자신의 신분을 비관하고 자탄하는 대목은, <홍길동전>에서 길동이 자신의 정체성을 깨닫는 대목이라는 의미에서 중요하다. 이 대목을 몇몇 이본에서 보면 다음과 같다.

> 대장부가 세상에 나매 공맹(孔孟)을 본받지 못하면, 차라리 병법을 외워 대장인(大將印)을 요하(腰下)에 비껴 차고 동정서벌(東征西伐)하여 국가에 대공을 세우고 이름을 만대(萬代)에 빛냄이 장부의 쾌사(快事)라. 나는 어찌하여 일신(一身)이 적막하고 부형이 있으되 호부호형을 못하니 심장이 터질지라. 어찌 통한치 않으리오.(경판30장본 제2장)

> 대장부 세상에 나매, 공맹(孔孟)의 도학(道學)을 배워 출장입상(出將入相)하여 대장인수(大將印綬)를 요하(腰下)에 차고 대장단(大將壇)에 높이 앉아 천병만마를 지휘 중에 넣어두고, 남으로 초(楚)를 치고, 북으로 중원(中原)을 정하며, 서으로 촉(蜀)을 쳐 사업을 이룬 후에 얼굴을 기린각(麒麟閣)에 빛내고, 이름을 후세에 유전(遺傳)함이 대장부의 떳떳한 일이라. 옛 사람

이 이르기를, '왕후장상(王侯將相)이 씨 없다' 하였으니, 나를 두고 이름인가, 세상 사람이 갈관박(褐寬博)이라도 부형을 부형이라 하되, 나는 홀로 그렇지 못하니 이 어인 인생으로 그러한고?(완판36장본 제2장)

대장부 세상에 처하여 공맹(孔孟)의 도덕이 못될진대, 차라리 출장입상(出將入相)하여 나거든 달만한 대장인(大將印)을 요하(腰下)에 비껴 차고 장대(將臺)에 높이 앉아 천병만마(千兵萬馬)를 지휘간(指揮間)에 넣어 두고, 좌작진퇴(坐作進退)하며 동정서벌(東征西伐)하여 국가에 대공(大功)을 세워 성명을 전하며, 들어서는 일인지하(一人之下)요 만인지상(萬人之上)이라. 이음양순사시(理陰陽順四時)하여 국가를 충성으로 모셔 기특한 이름을 후세에 유전(遺傳)하고 얼굴을 기린각(麒麟閣)에 그려 빛냄이 장부의 쾌(快)한 일이라. 고인(古人)이 운(云)하되, '왕후장상영유종호(王侯將相寧有種乎)' 하였으니 누를 이른 말인고? 세상 사람이 다 부형을 부르되 나는 아비를 아비라 못하고 형을 형이라 못하는고?(김동욱89장본 5~6장)

세 이본의 이 대목은, 자구는 서로 일치하지 않더라도 영향을 주고받은 흔적을 볼 수 있다. 그런데 55장본에는 자탄하는 대목이 없고, 홍승상이 무술을 익힌다고 꾸중을 하자 길동이 대답하는 대목에 이런 내용이 있다. 이 대목을 보면,

소자 검을 익히어 출장입상(出將入相)할 재주는 있사오나, 비컨대 울지 못하는 닭이요, 여의주 없는 용이 어찌 장부의 기습(氣習)을 어찌 바라리까? 옛날 황제 헌원(軒轅)씨는 창업(創業) 천자(天子)로되 치우(蚩尤)의 난을 당하고, 공부자(孔夫子)는 대성인(大聖人)이라도 진채(陳蔡)의 난(難)[6]을 당하였사오니 어찌 태평시절을 바라리까? 소자는 일신이 천비(賤婢)에 생겨나와 아비를 아비라 못하고 형을 형이라 부르지 못하오니, 날개 부러진 난봉(鸞鳳)이라. 학업은 쓸 데 없사오니 검을 익혔삽다가 임금이 급한 때를 당하오

6) 진채(陳蔡)의 난(難) : 공자(孔子)가 광(匡)이라는 지방을 지나는데, 그 지방 사람들이 공자를 일찍이 자신들에게 포악한 짓을 했던 양호(陽虎)로 알고 붙잡아 두었던 일이 있었음.

면 소자 흉중(胸中)에 품었던 한을 풀고자 하나이다.(55장본 2~3장)

라고 했다. 이것을 보면, 출장입상과 호부호형이라는 기본적인 내용의 공통점 이외에는, 앞의 세 이본에서 보이는 어느 정도 자구를 서로 공유하는 것이 55장본에는 거의 없음을 알 수 있다. 그러나 55장본에 나타나는 울지 못하는 닭이라든가 여의주 없는 용 같은 내용이나, 헌원씨 치우의 난을 만난 일이나 공자가 진채의 난(陳蔡之厄)을 만난 일은 고소설에 흔히 등장하는 상투적인 표현이다. 55장본을 제외한 다른 이본이 서로간에 영향을 주고받은 반면, 55장본은 다른 이본에는 없는 표현을 독자적으로 기술한 것으로 보인다. 이런 현상은 홍승상이 여자 점쟁이에게 길동의 관상을 보게 하는 대목에서도 마찬가지여서, 기본 줄거리만 같을 뿐이지 자구는 다른 이본과 대부분 다르다.

길동이 가출하게 되는 결정적 동기는 집안에서 자신을 죽이려는 음모가 구체적으로 진행되었기 때문이다. 길동을 죽이기 위해 자객을 동원하는 대목은 길동이 가출하기 전까지의 이야기 진행에서 갈등이 최고조에 달하는 대목이다. 길동이 자객을 꾸짖는 내용을 몇몇 이본에서 보면 다음과 같다.

일위소동(一位小童)이 나귀를 타고 오며 저 불기를 그치고 꾸짖어 왈, "네 무슨 일로 나를 죽이려 하는다? 무죄한 사람을 해하면 어찌 천액(天厄)이 없으리오."(경판30장본 제6장)

청의동자(靑衣童子) 백학을 타고 공중에 다니며 불러 왈, "너는 어떠한 사람이건대 이 깊은 밤에 비수를 들고 뉘를 해코자 하는다?"(완판36장본 제7장)

일위소년(一位少年)이 옥적을 불다가 그치고 크게 꾸짖어 왈, "이 무지한 흉악한 필부(匹夫)야, 내 말을 자세히 들으라. 성인이 이르시되, '나무를 깎아 사람을 만들어 죽여도 적악(積惡)이 있어 죄벌(罪罰)이 있다' 하거늘, 너는 어찌한 사람이관대 용맹을 믿고 재물을 탐(貪)하여 무죄한 사람을 죽이려 하고 완연(宛然)히 들어오니, 내 비록 삼척소아(三尺小兒)나 어찌 너 같은 놈에게 몸을 마치리오. 옛날 초패왕(楚霸王)의 용맹이로되 오강(烏江)을 못 건너고 외로운 돛대 밑에 혼백(魂魄)이 되었으며, 형경(荊卿)의 날랜 칼이 쓸데없어 역수(易水) 한파(寒波)에 저물었거든, 너 같은 필부야 어찌 내 방중을 벗어나리오. 네 금은(金銀)만 중(重)히 알고 사람을 경(輕)히 여기다가 화를 자취(自取)하여 죽기를 재촉하니, 가련타 저 인생아, 황천(皇天)이 두렵지 아니하냐."(김동욱89장본 20~21장)

그 선동이 옥저를 그치고 특재를 향하여 꾸짖어 왈, "무지한 필부는 나의 말을 들으라. 힘만 믿고 재물을 탐하여 무단한 사람을 해코자 하여 삼경에 비수를 갖고 관연이 들어오니, 내 비록 삼척 소동이나 어찌 너를 두려워하리오. 초패왕의 용력으로도 오강을 못 건너고, 형경의 날랜 기운도 역수에 읃었거늘, 네 오늘 나를 죽이러 왔다마는, 나를 죽이리오."(박순호86장본 18~19장)

경판30장본과 완판36장본은 꾸짖는 내용이 간단하게 서술되어 있는데 비해, 김동욱89장본과 박순호86장본은 좀더 장황하다. 김동욱89장본과 박순호86장본에 공통적으로 나오는 고사는 항우(項羽)와 형가(荊軻)의 이야기이다. 55장본에서 길동이 자객을 꾸짖는 내용을 보면,

청의동자(靑衣童子) 머리에 계화(桂花)를 꽂고 옥저[玉笛]를 슬피 부니, 그 노래에 갈왔으되, "야(夜) 정(正) 삼경의 깊은 밤에 옥저성 한 곡조 살벽이 비꼈도다. 초한(楚漢) 적 경국 아니어든 살벌지성(殺伐之聲)은 무슨 일고? 검(劍)을 끼고 무단이 들어오니 홍문연(鴻門宴)이 분명하다. 강태공(姜太公)의 높은 술(術)도 나의 팔진도(八陣圖)를 못 벗어나려든, 조그만 필부(匹夫) 금백(金帛)을 달게 여겨 팔진조화(八陣造化)에 들었으니 탈신(脫身)하기 어렵도다. 종천강(從天降)하며 종지출(從地出)하랴."(제6장)

고 하여, 초한(楚漢) 때 경국(傾國), 홍문연(鴻門宴) 고사, 강태공 등에 대한 이야기가 나온다. 초한 적 경국을 우미인(虞美人)이라고 보면 항우와 관련지어 생각할 수 있겠으나, 홍문연이나 강태공은 앞의 두 이본에는 나오지 않는다.

이와 같이 가출까지 이야기에는 다른 이본에서 볼 수 없는 내용은 없으나, 자구가 일치하는 대목도 별로 없다. 55장본의 개작자는, 기본 줄거리를 뼈대로 해서, 자신이 생각하기에 더 흥미 있는 방향으로 내용을 바꾸기도 하고, 더 넣기도 하고 빼기도 한 것이다.

2) 활빈당

가출 이후 조선을 떠나기 전까지의 기본 단락은, 길동이 활빈당 당수가 되는 일, 해인사 습격, 함경감영 습격, 포도대장 농락, 부형 농락, 임금 농락, 병조판서 제수, 백미 삼백 석 요구 등으로 나누어 볼 수 있을 것이다. 55장본에도 이런 단락은 모두 들어 있으나, 각 단락의 내용이 다른 이본에서는 볼 수 없는 것이 많다.

길동이 집을 떠나 어떤 산을 넘다가 호랑이를 죽이는 이야기는 다른 이본에서는 볼 수 없는 내용이다. 55장본에서는, 고개 밑에 모여 있던 사람들이 길동에게, "이 산상에 큰 백호가 있어 행인을 해하는 고로 넘지 못하고 사람 백여 명을 오아 가지고야 이 산을 넘어가라 하나니, 그대는 아직 머물러 있다가 사람이 많이 오기를 기다려 가자."고 말하자, 길동은, "길 바쁜 사람이 어찌 뭇 사람 오기를 기다려 가리오. 그대 등은 염려치 말고 나를 따라오라." 하고, 고개를 넘다가 백호를 만나 두 마리 백호를 모두 맨손으로 때려잡는다. 험한 고개를 넘기 위해서 적어도 몇 사람 이상이 모인 다음에야 함께 가는 이야기는 널리 퍼져 있는 민담이다. 이야기에 따라 행인을 위협하는 존재가 괴물일 경우도 있고, 사람일 경우도 있다. 55장본의 백호는 단순히 호랑이가 아니라 조화를 부리는 존재로 등장한다. 길동이 백호를 잡는 대목의 내용은 다음과 같다.

> 영상(嶺上)으로 넘어가더니, 문득 맹호 두 놈이 좌우에 앉았다가 입을 벌리고 모진 악기(惡氣)를 부려 사람의 정신을 혹란(惑亂)케 하니, 길동이 백호 두 놈을 보고 일시에 두 주먹으로 백호 두 놈을 한 번씩 치며 풍운을 일으켜 서로 싸우더니, 길동이 양 손으로 두 백호를 하나씩 잡아 암상(巖上)에 태쳐 죽이고 영상을 넘어가니(제10장)

길동이 고개를 넘으면서 백호를 잡는 이 이야기는 길동의 뛰어난 능력을 드러내기 위해 들어간 것임은 분명하지만, 이야기의 매끄러운 진행에 도움이 되는 것은 아니다. 길동이 산을 혼자 넘겠다고 하자, 많은 사람들이 길동을 미친 아이라고 생각하는데, 이 때 두 사람이 길동을 따라 나선다. 길동이 백호를 죽이고 두 사람에게 자신의 신상을 밝히자, 두 사람은, "우리 등은 합천관 사람이라. 양인이 결의형제하고 사옵더니 사람을 죽이옵고 몸을 도망하여 가옵나니, 나의 명은 소풍경이요, 저 이는 동승위로소이다. 이제는 장사를 마났사오니 휘하에 좇아가옴을 바라나이다."라고 한다. 그러나 이 두 사람은 이후에 다시 등장하지 않는다.

길동이 찾아간 도둑의 소굴에 "천하사 활빈당 대원문"이라고 돌 위에 써 놓고, "재주 과인하고 삼난 일을 능히 행할 장수면 들어오라"는 글이 붙어 있다든가, 또 석문을 밀고 들어가니 큰 깃발에 다시 "재주 높고 힘이 능히 구정을 들며 지용겸전한 사람이면 이 방목을 보고 들어오면 상장군을 삼으리라"라고 한 내용은 다른 이본에서는 볼 수 없는 것이다. 길동을 시험하는 과제가 대부분의 이본에는 돌 드는 일과 해인사 치는 일 두 가지인데, 55장본은 여기에 오백 근 철모자를 쓰고 석문 삼백 단을 뛰어넘는 시험 한 가지를 더해 세 가지이다.

길동이 해인사를 칠 때 쓰는 계교는, 밥에 일부러 모래를 넣고 이것을 씹어서 부정한 음식을 만들었다고 중들을 묶어놓는 것이다. 그러나 55장본에서는 기생을 이용해서 계교를 쓴다. 밥에 모래가 들었다고 모든 중을 묶어놓는 것에 비하면, 기생의 패물을 중이 훔쳤다는 혐의로 중들을 묶어놓는 55장본의 내용이 더 그럴 듯하다. 그러나 이 대목도 전체 이야기의 흐름과는 관련이 없이 불쑥 들어온 이야기라는 점에서는 앞의 백호를 잡는 것과 마찬가지인 것 같다. 해인사 약탈을 성공리에 마치고, 길동이 기생에게 은자 일천 냥을 주니 기생이 다음과 같이 말한다.

> 천비 등이 합천부 명기로서 풍류재자(風流才子)를 많이 보았으되 공자(公子) 같은 영웅은 보지 못하였나이다. 소비 등을 잡아오며 그 조화를 이루 측량치 못하리로소이다. 소첩 등이 본래 금은을 귀히 여기는 바가 아니옵고 공자 같은 영웅을 만나오면 백년(百年) 의탁하옵기를 바라나니, 첩 등을 더럽다 마시고 희첩(姬妾)을 정하여 주시면 이것이 평생의 소원이로소이다. 소첩의 이름은 봉란(鳳鸞) 벽월(璧月)이요, 방년이 십육 세로소이다. (제15장)

이 말을 듣고 길동이 기생의 청을 받아들여 희첩을 삼는데, 이후에 기생은 다시 등장하지 않는다.

앞의 줄거리에서 보았듯이, 55장본의 독특한 내용 가운데 하나가 바로 포도대장(55장본에는 어의대장) 이흡의 이야기이다. 이흡에 관한 이야기의 분량은 약 5,000자로 가출 전까지 분량 약 5,300자와 비슷한 정도인 것으로 보아 55장본에서 이 대목의 비중이 어떤 지 알 수 있다. 몇몇 이본에서 포도대장을 농락하는 대목의 분량을 보면, 경판30장본, 완판36장본, 박순호86장본은 약 1,500자 정도이고, 분량이 가장 많은 김동욱89장본은 2,500자 정도이다.[7)]

---

7) 대부분의 이본에서 포도대장을 농락하는 대목의 양은 약 7~8% 정도인데 비해, 55장본의 포도대장 관련 부분의 양은 전체의 약 15% 정도이다.

55장본의 이 대목이 독특하다는 것은, 포도대장을 농락하는 방법이 다른 이본에서 볼 수 없다는 것이지, 포도대장 농락이라는 기본 설정이 다른 것은 아니다. 55장본의 이 대목은 세 부분으로 다시 나눌 수 있는데, 첫째는 이흡의 머리에 '사람 눈을 어리게 하는' 부적을 붙여 이흡이 자기 아버지를 길동으로 알고 체포하게 하는 내용이고, 둘째는 길동이 가짜 염라국을 만들고 이흡과 그 부친을 데려다 농락하는 내용이고, 셋째는 길동이 이흡의 부친과 똑같이 생긴 초인을 만들어 이흡 부자를 농락하는 내용이다. 세 부분 가운데 둘째 부분은 다른 이본에도 모두 있는 것이지만, 나머지 두 가지는 55장본에만 있는 내용이다.

포도대장을 농락하는 대목이 다른 이본보다 긴 데 비해, 어사 노릇을 하며 탐관오리를 파직시킨 일이나 부형과 왕을 농락하고 병조판서를 제수받는 내용은 다른 이본에 비해 간략하다. 길동이 병조판서가 되는 과정도 별다른 갈등이 없다. 길동을 잡으러 형이 경상감사로 내려오고, 형이 방을 붙이자 삼일만에 와서 잡히고, 또 사흘만에 서울에 도착해서 국문을 받다가 임금에게 병조판서를 요구하니, 임금은 바로 병조판서를 제수한다는 내용으로 되어 있다.

대부분의 이본에서 길동이 병조판서를 제수 받은 다음에 실제로 병조판서 일을 보는 것은 아닌데, 55장본에서는 길동이 7년 동안 병조판서 일을 맡아본 것으로 되어 있다. 그리고 조선을 떠나는 이유에 대해서도 신분의 문제에 대해서는 아무런 언급이 없이, 다만 조선은 땅이 좁기 때문에 떠나겠다고 한다.

3) 율도국

율도국 대목의 기본 줄거리는, 망당산 요괴 퇴치 후 배필을 얻고, 부친의 상구를 조선에서 모셔와 장사를 치르고, 율도국을 정벌하여 왕이 되는 것이다. 55장본에는 망당산 요괴 퇴치 내용은 없으나, 배필을 얻고, 부친의 장사를 치르며, 안남국을 정벌하여 왕이 되는 내용이 모두 들어 있다. 그러나 55장본의 세부 내용은 다른 이본과는 전혀 다르다.

55장본에서 길동이 조선을 떠나 안남국에 도착하여 가장 먼저 한 일은 안남국의 지형을 살펴본 것이다. 길동이 지형을 살피는 내용이 들어 있는 이본으로는, 김동욱89장본과 경판계열의 이본을 들 수 있다. 55장본과 경판30장본에서 이 대목을 보기로 한다.

> 안남국 천축 상상봉(上上峰)에 올라가 국형(局形)을 살펴보니, 옥야천리(沃野千里)에 천부지토(天府之土) 지피상 대해에 산천이 나열하여 안남국을 이뤘으니, 팔순 일지맥(一支脈)이 동남으로 떨어져 천리(千里) 행룡(行龍)하여 백두산(白頭山)이 생겼으며, 또 한 일지맥이 일떠 와 조선국이 생겼고, 또 한 일지맥이 만리(萬里) 행룡(行龍)하여 북경(北京) 대명부(大明府) 되었으며, 또 한 가지는 중흥(中興)하여 안남국이 되었는지라. 길동이 산기(山氣)을 탐하여 천축산 상봉에 올라가니, 일대 기봉(奇峯)이 기운을 내어 일장지지(一場之地) 생겼으니, 좌우의 만첩청산이 사모(紗帽) 쓴 듯 벌여있고, 문필봉(文筆峰)이 좌우에 벌였으며 장군대(將軍臺)를 응하였으니, 구강왕 경포대로 동화 수구(水口)를 막았으니, 층암절벽이 병풍(屛風)을 둘렀으니, 한 가운데 일장지지(一場之地) 생겼으니 천하대지(天下大地)라. 길동이 일어서서 춤추어 왈, "이곳은 부친 백세후(百歲後) 신후지지(身後之地)라."(55장본 제30장)

> 길동이 제 곳에 돌아와 제적에게 분부하되, "내 다녀올 곳이 있으니 여등(汝等)은 아무데 출입 말고 내 돌아오기를 기다리라."하고, 즉시 몸을 솟아 남경(南京)으로 향하여 가다가 한 곳에 다다르니, 이는 소위 율도국이라. 사면을 살펴보니, 산천이 청수(淸秀)하고 인물이 번성하여 가히 안신(安身)할 곳이라 하고, 남경에 들어가 구경하며, 또 제도라 하는 성중에 들어가 두루 다니며 산천도 구경하고 인심도 살피며 다니더니, 오봉산에 이르러는 짐짓 제일강산이라. 주회(周回) 칠백 리요, 옥야(沃野) 가장 기름진지라. 내심(內心)에 헤오되, '내 이미 조선을 하직하였으니, 이곳에 와 아직 은거(隱居)

하였다가 대사를 도모하리라' 하고, 표연(飄然)히 본 곳에 돌아와 (경판30장본 17~18장)

두 본의 내용을 보면, 자구는 물론이려니와 내용도 다름을 알 수 있다. 완판계열에는 이런 내용이 없다.

길동이 망당산 요괴를 물리치고 요괴에게 잡혀갔던 여자들을 처첩으로 삼는 얘기는 대부분 이본에 다 나오는데, 55장본에는 이 얘기가 없다. 망당산 요괴 퇴치 대목은, 길동의 능력을 보임과 동시에 길동이 배필을 얻는 과정을 자연스럽게 서술했다는 점에서 독자들에게 통속적인 흥미를 주기 위한 적절한 설정이라고 하겠다. 그런데 55장본에서는 망당산 요괴 퇴치 내용은 없고, 길동이 백룡의 딸을 배필로 맞이하는 내용을 울장이라는 인물을 등장시켜서 만들어냈다. 울장은 백룡의 딸을 길동에게 내어놓으면서, "소장은 안남국 옥화산에 있삽더니 소장이 간밤에 천문을 보오니, 조선국 병조판서 홍원수 이곳에 왕림하여 안남국 왕할 기상 있삽기로 왕비할 처자를 모셔왔나이다."라고 말한다. 길동이 울장을 만나는 것은 이 대목이 처음인데, 이야기가 진행될수록 울장의 역할은 더욱 커진다. 길동은 울장을 조선에 보내 아버지 상구를 모셔오게 하고, 안남국을 치기 위해 필요한 세 가지 보배를 얻을 때도 울장의 절대적 도움을 받으며, 안남국을 칠 때도 울장이 가장 큰 공을 세운다.

천문을 보고 아버지가 세상을 떠난 것을 안 길동이 아버지의 상구를 모셔오기 위해 조선 본가에 가서 좋은 무덤자리를 찾는다며 형을 속이는 얘기는 대부분 이본에 모두 나오는 이야기이다. 55장본에는 길동이 울장을 조선에 보내 상구를 모셔오기 때문에 다른 이본에서 볼 수 있는 상구를 모셔오기 위한 계책 같은 것이 없다. 그리고 상구를 모셔오는 방법도 계책을 쓰는 것이 아니라 울장이 상구를 빼앗아 오는 것이다.

망당산의 요괴 퇴치와 마찬가지로 아버지의 상구를 모셔오기 위해 길동이 쓰는 계책도 길동의 재주를 드러내고 이야기를 흥미롭게 진행시키기 위한 장치들이다. <홍길동전> 전체를 세 부분으로 나누었을 때, 특히 율도국 대목에 이러한 흥미 위주의 여러 가지 재미있는 삽화가 많다. 이것은 율도국 대목이 갖고 있는 속성이 특히 더 흥미 위주이기 때문일 것이다. 그러나 55장본은 모든 이본에 다 들어 있는 내용 가운데 일 부분을 빼고, 율도국 대목의 흥미를 도술적 군담으로 집약시켰다. 자연히 율도국(55장본에서는 안남국)과 전쟁하는 대목의 분량은 매우 길어졌다.

몇몇 이본 가운데는 55장본처럼 율도국을 치는 대목이 매우 확장된 것이 있다. 대표적인 것이 동양문고본과 정우락본이고, 완판36장본이나 박순호86장본도 이 전쟁 대목의 분량이 다른 본에 비해 많다. 중요한 이본에서 율도국을 치는 대목의 분량과 전체에서 차지하는 비율을 보기로 한다.

이본	전체 분량	전쟁 대목	비율
경판30장본	19,700자	1,240자	6.3%
경판24장본	14,650자	440자	3.0%
완판36장본	26,400자	2,280자	8.6%
김동욱89장본	35,400자	1,700자	4.8%
김동욱18장본	15,600자	410자	2.6%
박순호86장본	29,000자	4,400자	15.2%
정명기77장본	31,000자	2,300자	7.4%
서강대30장본	16,000자	700자	4.3%
정우락본	28,200자	3,420자	12.1%
동양문고본	27,700자	8,000자	28.9%

55장본의 전체 분량은 약 34,200자 정도이고, 율도국과 전쟁하는 대

목의 분량은 9,700자 정도이므로 전체에서 차지하는 비율은 28.4% 정도이다. 전쟁 대목의 분량이나 전체에서 차지하는 비율이 55장본과 비슷한 이본은 동양문고본이다. 동양문고본은 세책본으로 55장본을 제외한 다른 어떤 이본보다도 율도국 대목의 분량이 많다. 그런데 동양문고본 율도국 대목의 상당 부분은 정우락본과 자구가 일치하고, 경판계열 이본의 율도국 내용은 동양문고본을 축약한 것이다. 이와 같이 동양문고본의 율도국 대목은 다른 이본에서도 볼 수 있는 내용인데 비해, 55장본의 안남국 치는 내용은 다른 이본에서는 전혀 볼 수 없는 내용이다.

율도국 대목에서만 보더라도, 55장본에서는 길동의 배필이 부자 백룡의 딸이고 아버지의 상구를 모셔오는 방법이 다를 뿐이지, 길동이 천문을 보고 아버지가 돌아간 것을 안다든가, 홍승상이 죽기 전에 길동을 홀대하지 말라는 말을 하는 내용은 다른 이본에도 모두 들어 있는 것이다. 이렇게 55장본의 변이양상은 기존의 줄거리는 그대로 차용하면서 변이를 일으키는 것인데 비해, 안남국을 치는 대목은 전체의 약 30%나 되는 많은 분량임에도 불구하고 다른 이본에서는 볼 수 없는 내용으로 되어 있다. 율도국과 전쟁하는 대목이 확장된 동양문고본이나 완판36장본에서도 전투 내용 가운데는 도술전의 양상이 들어 있기는 하지만, 주된 전투 내용은 도술전이 아니라 전략과 전술을 사용하는 일반 전쟁 상황이다.

길동이 왕이 된 후의 내용은 이본에 따라 다르지만, 조선에 사람을 보내 가족을 데려와 부귀영화를 누리고, 길동은 선도를 닦아 백일승천한다는 기본틀은 대체로 모든 이본에 서 유지된다. 그러나 55장본에서는 길동이 선도를 닦아 백일승천하는 것이 아니라, 일반적인 죽음을 맞이한다. 55장본의 마지막은 다음과 같다.

> 대왕대비 연만(年晩) 칠순(七旬)에 기세(棄世)하시니 궁중이 극진 애통하고 인하여 택일하여 천촉산 선묘(先墓)에 안장하시고 돌아와 국정을 다스릴

> 새, 사해태평(四海泰平)하고 국태민안(國泰民安)하니 안남국이 태평만세를 누리니, 이러므로 그 이름이 지금까지 유전(流傳)하니라.

55장본의 이러한 결말은, 첫머리에 옥황상제에게 득죄한 태극성이 인간에 내려와 홍승상의 집에 태어난다는 설정과도 잘 어울리지 않는 것으로 보인다.

4. 변이의 의미

앞에서 55장본이 다른 <홍길동전> 이본과 다른 내용이 구체적으로 어떤 것인가를 보았다. 이와 같은 변이의 양상이 갖고 있는 의미가 무엇인가 하는 것을, 앞의 변이의 양상과 마찬가지로 세 부분으로 나누어서, 이야기 진행의 순서대로 하나씩 살펴보기로 한다.

1) 출생과 가출

고소설 주인공의 탄생은, 천상의 존재가 천상에서 죄를 짓고 그 죄값을 치르기 위해 인간세상으로 내려오는 경우가 대부분이다. 그런데 <홍길동전>에서 길동이 탄생하는 과정에는 이런 설정이 없다. 길동의 탄생은 매우 사실적이고 또 구체적이다. 길동의 아버지 홍승상이 낮잠을 자다가 좋은 꿈을 꾸고는, 그 꿈이 아들을 얻을 수 있는 꿈이라고 생각하여 대낮에 부인과 동침을 요구하다 거절당한 후 마침 방에 들어온 여종 춘섬과 관계를 가져서 태어난 것이 길동이다. 주인공의 탄생이 이와 같이 사실적이라는 점이 <홍길동전>이 다른 고소설과 다른 점이다. 그런데 55장본에는 길동의 탄생을, 천상 존재의 하강으로 그리고 있다. 길동을 "태극성이옵더니 옥황상제 전에 득죄하여 인간에 내치시매 갈 바를 아지 못하"는 존재로 그린 것은, 고소설 주인공 탄생의 일반적 방식에는 맞는 것이지만, <홍길동전>이 갖고 있는 사실성을 훼손시킨 것이라고 할 수 있다. 물론 55장본에도 홍승상이 좋은 꿈을 꾸고 부인에게 동침을 요구하다 거절당하고, 그 꿈이 아까워서 여종인 춘섬과 관계를 갖는다는 내용은 그대로 들어 있다. 이렇게 사실적인 내용을 그대로 두면서도 길동을 천상에서 하강한 존재로 설정해 놓은 것은 55장본 개작자의 소설 의식을 잘 보여주는 것이다. 55장본 개작자는 동시대의 일반적인 방식에서 벗어난 길동의 탄생 방식에 동의할 수 없기 때문에, 천상 존재의 하강이라는 고소설 주인공 탄생의 고식적인 내용을 덧붙인 것으로 보인다. 길동을 '태극성'이 지상에 하강한 존재라고 했는데, 뒤에 안남국과 전쟁하는 대목에서는, "삼태성을 인간에 적강하였삽더니, 태극선생의 서찰이와 벽력검을 구하오니 어찌 하오리까."라고 하여 길동을 태극성이 아니라 삼태성이 하강한 것이라고 했다. 이것을 보면, 55장본의 개작자는 이야기 전체적인 구성까지 염두에 두고 개작한 것이 아니라 그때그때 즉흥적으로 생각나는 내용을 집어넣은 것으로 보인다.

길동이 가출하기까지의 55장본 내용을 다른 이본과 비교해 보면, 커다란 줄거리는 대체로 일치하지만 자구가 일치하는 대목은 별로 없다. 55장본을 제외한 다른 이본 사이에서는 같은 계열의 이본끼리는 물론이고 다른 계열의 이본 사이에서도 서로 일치하는 자구가 많은 데 비해, 55장본은 다른 이본과 자구가 일치하는 부분이 별로 없다. 55장본에서 가출까지의 분량은 전체의 약 15% 정도이다. 다른 이본에서 가출까지의 분량이 전체의 약 30%쯤 되는 것에 비한다면, 55장본의 이 대목은 비율 면에서 다른 이본의 반 정도이다. 이것만으로 55장본의 성격을 본다면, 55장본은 가출까지의 비중이 다른 이본에 비해 가볍다고 말할 수 있을 것이다.

<홍길동전>이 중요한 소설이라고 하는 이유 가운데 하나는, 이 작품이 조선 사회의 모순 가운데 하나였던 적서(嫡庶)의 문제를 다루었다는 점이다. 적서의 문제는 지배층 내부에나 해당되는 것이었지만, 서자를 홀대하는 풍습은 사회 전반에 걸쳐 만연되었던 풍조였다. 그러므로 길동이 서자로 태어났다는 사실만으로도 이 소설은 민감한 사회문제를 건드리고 있는 것이다. 적서의 문제는 대체로 길동의 발언을 통해서 드러나는데, 55장본에서는 길동의 발언에서 이 적서의 문제를 사회구조의 문제로 파악하는 내용이 나오지 않는다. 여러 이본에서 길동이, "왕후장상이 씨가 있는가(王侯將相寧有種乎)"라는 말을 하는데, 55장본에는 이런 발언이 없다. 가출까지의 대목에서도 적자와 서자의 문제, 가족 사이의 갈등 등의 사회구조 때문에 일어나는 집안의 문제는 오히려 축소시킨 것 같다.

2) 활빈당

가출 이후 조선을 떠날 때까지의 활빈당 대목에서 55장본에만 나타나는 이야기는, 길동이 산을 넘으면서 호랑이를 잡는 내용, 해인사 칠 때 기생을 쓰는 이야기, 이흡을 농락하는 대목 등이다.

이 세 가지 가운데 앞의 두 에피소드에는 각기 길동을 따라 나선 두 명의 행인과 기생이 등장한다. 그러나 이들 행인과 기생은 이 장면에서만 나오고 그 이후에는 다시 나타나지 않는다. 두 가지 에피소드는 다른 이본에서는 볼 수 없는 것인데, 만약 이 에피소드가 이야기 진행에 꼭 필요한 것이라면 여기에 등장한 인물에게 이후에 어떤 역할이 주어져야 한다. 그러나 이야기가 끝날 때까지 이들이 다시 등장하지 않는다는 것은, 두 에피소드에 등장하는 인물들이 이야기에 필수적인 것이 아님을 증명하는 것이다. 결국 두 에피소드는 이야기의 진행에 별 필요가 없는 내용을 개작자가 적당히 끼워놓은 것인데, 이것은 이야기를 좀더 재미있게 하기보다는 오히려 이야기 흐름에 방해가 되었다. 전체 소설의 구성을 흐트러뜨리는 이런 내용을 개작자가 집어넣은 이유를 밝힐 수 있다면, 고소설이 만들어지는 과정을 이해하는데 도움이 될 수 있을 것이다.

길동은 해인사로 대표되는 토호, 함경감영과 포도대장 이흡이 상징하는 지방과 중앙의 관료, 왕이라는 최고의 봉건 권력, 그리고 아버지와 형으로 대표되는 가부장적 권위 등을 거리낌없이 농락한다. 그리고 이 과정에서 자신의 능력을 마음껏 발휘한다. 대부분의 이본에서 이흡을 골탕 먹이는 내용의 기본 줄거리는, 길동이 이흡을 속여 활빈당 소굴로 끌어들인 다음 길동이 염라대왕 행세를 하며 이흡을 놀리고 쫓아내는 것이다. 55장본에도 이 두 가지 내용이 모두 들어 있으나, 이 기본 줄거리를 중심으로 이야기가 진행되는 것이 아니라 많이 알려진 민담을 차용하였다. 55장본에서는 이흡으로 대표되는 중앙정부 관료를 길동이 농락하는 대목에 그 아버지를 등장시켜 함께 놀리고 있는데, 이흡의 아버지를 농락하는 55장본의 내용은 길동의 능력을 돋보이게 하고 독자로 하여금 통쾌함을 느끼게 하는데 별로 도움이 되지 못하는 것 같다. 왜냐하면 이흡의 아버지가 계속 봉변을 당하는 55장본의 내용은 통쾌함보다는 오히려 이흡을 불쌍하게 생각하는 감정을 독자들이 가질 가능성이 있기 때문이다.

이흡을 농락하기 위해 그 아버지를 능욕하는 것은 이야기 진행에 방해가 되는 데도 불구하고 55장본의 개작자가 이 내용을 넣은 것은 자신이 알고 있는 이야기를 집어넣고 싶은 욕구가 반영된 것으로 보인다. 55장본 개작자는 <홍길동전> 원본이 갖고 있는 의미를 제대로 파악하지 못하고, 더 재미있는 이야기를 만들기 위해 다른 이본에서는 볼 수 없는 몇 가지 이야기를 집어넣었다고 볼 수 있다. 그런데 개작자가 집어넣은 이야기는 독창적인 것이 아니라 널리 알려진 것들이다. <홍길동전>에서 활빈당 대목이 갖고 있는 의의를 논의할 때, 길동이 자신의 개인적 문제를 사회문제로 확대시켰다는 점에 초점을 맞추고 있다. 그런데 55장본에서는 이러한 의의를 오히려 축소시켰다.

3) 율도국

<홍길동전>을 길동이 조선을 떠나기 전과 후로 나누어서 보면, 전반부는 사실적인 내용이고 조선을 떠난 이후의 후반부는 환상적인 내용이라고 할 수 있다. 전반부를 사실적이라고 하는 것은 조선이라는 구체적인 공간에서 일어나는 현실적 사건이기 때문이고, 후반부를 환상적이라고 하는 것은 율도국이라는 추상적 공간에서 일어나는 비현실적 사건이기 때문이다. 55장본을 제외한 다른 이본에 모두 나오는 망당산 요괴퇴치와 길동이 배필을 얻는 이야기는 추상적 공간에서 이루어지는 환상적인 사건이다. 도술을 쓴다던가, 이야기의 사실성이 희박하다는 면에서는, 전반부의 초인을 만들어서 임금과 부형을 농락한다던가 병조판서를 제수받는다는 내용과 후반부는 별다른 차이가 없다. 그러나 전반부는 조선이라는 구체적 공간에서 적서차별이라는 당대 사회의 갈등이 문제로 대두된 반면에, 후반부의 이야기 진행은 구체적 문제 때문에 갈등이 일어나는 것이 아니라 단지 다채로운 재미있는 이야기가 전개되는 것이다. 그러므로 후반부에는 전반부에서 보이는 치열한 갈등이 거의 나오지 않는다.

55장본에는 망당산 요괴퇴치 내용이 없기 때문에, 길동이 백룡의 딸을 배필로 얻는 과정이 매끄럽게 진행되지 않는다. 백룡의 딸이 갑자기 없어졌다는 것은 다른 이본과 마찬가지인데, 백소저를 요괴가 잡아간 것이 아니라 울장이 업어갔다는 설정은 자연스럽지 못하다. 55장본에서 울장은 매우 큰 역할을 하기 때문에 어느 대목에서 울장을 등장시킬 것인

가를 개작자는 무척 고심했을 것이다. 그러나 길동이 안남왕이 될 사람이므로 왕비감을 모셔왔다고 하면서 백룡의 딸을 업고 울장이 등장하는 것은 서투른 구성이라고 하지 않을 수 없다.

대부분의 <홍길동전> 이본에서 길동이 율도국을 빼앗기 위해 전쟁을 하는 대목은 간략하게 처리했다. 몇몇 이본에서 이 전쟁 대목이 상당히 길게 나오는데, 주된 내용은 장수끼리 싸운다던가, 전략 전술을 써서 전투하는 장면을 묘사했다던가, 또는 격문의 내용이 나오는 것 등이다. 그러나 55장본은 처음부터 도술전으로 일관하고 있다. 길동이 안남국을 치는 내용은 소위 군담소설이라고 분류되는 고소설에 나오는 전형적인 전쟁 내용이다. 고소설의 군담이 대체로 도술전의 양상을 띠는 것은 아마도 중국소설의 영향인 것 같은데, 이 도술전은 전쟁장면 자체가 흥미를 주는 것이지 전쟁의 과정이나 결과가 갖고 있는 의미는 별로 중요하게 여기지 않는 것 같다.

이와 같이 55장본의 전쟁 대목은 전형적인 흥미위주의 도술전으로 일관하고 있다. 다른 이본에서 전쟁 대목은 율도국 대목의 여러 가지 에피소드 가운데 하나일 뿐이고, 이런 여러 가지 에피소드들은 각기 나름대로 균형을 이루면서 독자에게 흥미를 주고 있다. 그런데 55장본은 길동이 조선을 떠난 이후의 행적을 안남국을 빼앗는 도술전에 초점을 맞췄다. 이것은 요괴퇴치와 혼인, 아버지의 상구를 모셔오기 위한 길동의 계략, 율도국을 빼앗는 과정에서 전쟁, 왕이 된 후 길동의 행적 등으로 나뉘어 있는 율도국 대목의 흥미를 도술전으로 단순화시킨 것이다.

길동의 탄생에서 이미 길동이 천상 존재의 하강임을 얘기했고, 또 벽력검을 얻기 위해 상제에게 갔을 때도 길동이 천상의 존재임이 드러나 있다. 그런데도 다른 이본에는 모두 나오는 길동이 선도를 닦다가 백일승천하는 대목도 없이 결말 부분을 아주 간단히 평범한 죽음으로 처리한 이유는, 안남국과의 전쟁에 흥미의 중점을 두었기 때문에 결말을 섬세하게 처리하지 못한 것으로 보인다.

5. 결 론

55장본은 이제까지 알려진 33종의 <홍길동전> 이본 가운데 가장 특이한 내용을 갖고 있는 이본이다. 필자는 <홍길동전> 이본을 세 계열로 나누고 있는데, 계열마다 각기 독특한 내용이 들어 있다. 그러나 이본의 내용을 면밀하게 검토하면, 그 독특한 내용이 어떤 과정을 거쳐 들어가게 되었는지 그 계보를 추적할 수 있다. 그런데 55장본은 변이의 양상이 너무 심해서 어떤 본을 대본으로 삼은 것인지 그 계보를 추적하기가 쉽지 않다.

55장본의 변이양상은 아주 다양해서, 지금까지 알려진 어떤 이본에서도 볼 수 없는 내용이 많고, 또 대부분의 이본에 나타나는 내용이 빠진 것도 많다. 그리고 다른 이본과 자구가 일치하는 부분도 많지 않다. 변이의 가장 큰 특징은, 다른 이본에서는 볼 수 없는 내용이 많다는 점인데, 이와 같은 내용이 전체 소설의 거의 반 정도의 분량을 차지하고 있다. 그리고 이 다른 이본에서 볼 수 없는 내용은, 선행하는 본을 변개시킨 것이 아니라 개작자가 알고 있는 에피소드를 집어넣은 것이다. 그러므로 55장본은 다른 이본에서는 볼 수 없는 내용을 특별히 많이 갖고 있는 이본이 아니라, 주제와 인물의 성격을 왜곡시킬 정도의 변이를 가져온 개작이라고 보아야 할 것이다. 현재 남아 있는 55장본은 개작의 원본은 아니다. 전체적으로 필사자가 내용을 잘 알지 못하고 필사한 부분이 많은 것으로 보아, 몇 차례의 필사를 거치는 과정에서 오자와 탈자 등이 많이 생겨나서 내용이 조잡해진 이본이다. 그러므로 55장본은 개작 원본에서 조금쯤 거리가 있을 수도 있다. 그러나 개작 원본의 양상이 현재 남아있는 55장본과 크게 다르지는 않을 것이다.

55장본 개작 양상의 가장 큰 특징은, <홍길동전>의 기본 구도를 철저히 흥미 위주로 끌고 갔다는 점이다. 19세기 독자에게 <홍길동전>에서 통속적인 흥미 이상의 어떤 이념을 찾아내라고 주문하는 것은 무리한 일일 것이다. 그러나 <홍길동전>을 읽는 독자들은, 적자와 서자의 문제가 단순히 한 집안의 문제가 아니라 사회 전체와 관련을 맺고 있는 문제라는 점을 알아차릴 수는 있다. 또 이본에 따라서는, 완판36장본처럼 구체적 사안에 대해 특별히 강한 비판을 하는 이본이 있는 것으로 보아, 독자가 <홍길동전>을 읽으면서 느낀 것은 단순한 흥미만이 아니라 무언가 비판의식도 있었으리라는 것은 짐작할 수는 있다. 그런데 55장본의 개작자는 <홍길동전>이 갖고 있는 이런 사회의식이나 비판의식을 약화시키고, 대신 흥미 위주로 이야기를 끌어갔다.

55장본의 개작 양상을 통해 개작자의 소설관과 소설가로서의 능력을 추정해보면, 개작자는 당대 소설에 대한 해박한 지식을 갖고 있고, 또 그 통속성을 즐기던 사람이었던 것 같다. 그러나 이야기를 구성하는 능력이 있거나, 높은 수준의 비판의식을 갖고 있던 인물은 아니라고 보인다. 개작자는 이야기에 관한 관심이 많아서 소설뿐만 아니라 시정간에 유행하는 많은 이야기를 알고 있었기 때문에 55장본에 여러 가지 이야기를 집어넣을 수 있었을 것이다. 55장본에 들어 있는 새로운 이야기는 유행하던 군담뿐만이 아니라 여러 가지 설화도 들어 있기 때문에 이렇게 추정해볼 수 있다. 그러나 잡다한 이야기를 많이 알고 있다는 것만으로 유능한 소설가가 될 수 있는 것은 아니기 때문에, 많은 이야기를 집어넣었다는 것만으로 55장본이 좋은 소설이 될 수 없다. 이들 여러 가지 에피소드가 적절히 배치되고, 이들을 일관된 주제로 엮어내어야 좋은 소설이 될 수 있는데, 개작자는 이런 능력까지 구비하지는 못한 인물이었음이 분명하다. 개작자가 끼워 넣은 이야기 때문에 작품의 짜임새가 흐트러진 것으로 보아 이야기를 잘 짜는 능력이 있는 것도 아닌 것 같다.

55장본 개작의 또 다른 특징은 <홍길동전>이 갖고 있는 비판의식이 다른 이본에 비해 축소되었다는 점이다. 개작자는 아마도 <홍길동전>의 의미를 정확하게 파악하지 못했던 것 같다. <홍길동전>이 고소설 가운데 중요한 작품으로 손꼽히는 여러 가지 이유 가운데 하나가 바로 이 소설이 갖고 있는 비판의식이다. <홍길동전>이 갖고 있는 이와 같은 비판의식이 19세기 독자들에게 어떤 식으로 읽혔었는지를 판단할 수 있는 자료는 없으나, 동시대의 다른 소설에 비해 사회의 문제를 직접적으로 다루고 있다는 점은 명백하다. 시공간적 배경을 조선으로 하고, 구체적으로 사회문제인 적서문제를 다루며, 부형을 농락하면서 가부장적 질서에 도전하고, 국왕의 권위를 희롱하다 마침내 주인공이 왕이 되는 이 소설의 내용은, 19세기에 유행한 많은 소설과는 여러 면에서 다르다. <홍길동전>의 이와 같은 성격이 개작자에게는 오히려 낯설게 보였을 가능성이 있다. 천편일률적인 비현실적 이야기에 익숙한 개작자에게 구체적이고 사실적인 이야기는 흥미를 주기 어려웠을 것이다. 통속적 흥미는 새로운 이야기보다 반복되는 익숙한 이야기에서 더 쉽게 찾을 수 있고, 구체적인 이야기보다는 추상적인 이야기에서 더 편안함을 느낄 수 있다. 그렇기 때문에 개작자는 <홍길동전>을 자신이 알고 있고 또 즐기고 있는 방식으로 개작하지 않고서는 견딜 수 없었던 것으로 여겨진다.

55장본은 <홍길동전> 연구뿐만 아니라 조선후기 고소설의 일반적 경향을 연구하는 데 여러 가지 단서를 제공해줄 수 있는 자료인 것 같다. 소설의 창작과정, 통속성, 독자문제 같은 것은 고소설을 이해하는데 중요한 것임에도 불구하고 아직까지 연구자들이 손을 대지 않고 있다. <홍길동전>의 연구에 있어서 중요한 것은 이 작품을 읽은 독자가 누구인가 하는 것이다. 그 동안 <홍길동전> 연구가 과도하게 작자 문제에 얽매여서 작품의 실상을 도외시하고 연구되어온 경향이 있으므로, 앞으로는 실제로 읽혔던 작품을 대상으로 연구하는 것이 좋을 것이다. 55장본의 변이에 대한 검토는 그런 연구의 한 부분으로서의 의미를 가질 수 있을 것이다.

5. 홍길동전 동양문고본 연구

1. 서 언

고소설 세책(貰冊)에 관해서는 우리 학계에서 별로 연구가 없었다. 이 방면의 전문적인 연구는 오타니 모리시게[大谷森繁] 교수가 초창기 연구를 시작했고, 또 지속적인 관심을 갖고 연구업적을 발표하고 있다.[1] 오타니 교수의 발표 가운데 눈길을 끄는 것은 일본 동경에 있는 동양문고(東洋文庫)에 소장된 세책에 관한 것이다. 필자는 오타니 교수에게서 동양문고에 소장되어 있는 고소설 세책에 관한 얘기를 들은 일이 있고, 또 한 차례 동양문고에 가서 이 세책 가운데 일부를 열람하기도 했다. 필자가 1985년에 『임경업전 연구』를 낼 때도 동양문고에 소장된 2권 2책의 <임경업전> 이본을 참고한 일이 있는데, 이 때는 동양문고본 세책의 전체적인 상황을 알지 못했기 때문에 <임경업전>을 간단히 세책이라고만 생각했지 특별히 다른 의미를 두지는 못했다.[2]

근래 몇 년 동안 필자는 <홍길동전>의 연구를 진행하면서 29편의 <홍길동전> 이본을 모았다.[3] 이 가운데는 동양문고본 <홍길동전>도

---

1) 大谷森繁, 『朝鮮後期 小說 讀者 硏究』(서울:고려대학교, 1985)
大谷森繁, 「朝鮮 後期의 貰冊 再論」, 『한국고소설사의 시각』(서울:국학자료원, 1997)

2) 정양완, 『일본 동양문고본 고소설 해제』(서울:국학자료원, 1994)
이 책은 제목 그대로 동양문고에 소장된 소설 해제이다. 정양완 교수는 자신이 동양문고에서 열람했던 고소설에 관해 그 동안 정리했던 노트를 출판한 것인데, 이 책에서는 세책에 대해서 따로 그 의의나 가치를 다루지는 않았다.

있는데, 이 세책 <홍길동전>의 내용을 검토하면서 매우 흥미 있는 사실을 알게 되었다. 동양문고본의 율도국 대목에는 완판계열이나 경판계열에서는 볼 수 없는 상당히 긴 전쟁 내용이 나온다. 그런데 이것과 거의 같은 내용이 정우락본에도 있다. 이와 같은 사실은 정우락본의 필사대본이 되었던 책은 동양문고본처럼 세책이었던 어떤 책이었을 가능성이 매우 크다는 것이다. 그리고 필자가 본 <홍길동전> 이본 가운데 동양문고본 뿐만 아니라 조종업본도 세책이다.[4] 이렇게 <홍길동전>의 몇몇 이본이 세책이었거나 아니면 세책을 대본으로 필사한 것임을 알게되면서, 세책 전반에 걸친 연구를 할 필요가 있다는 점을 생각하게 되었다.

본고에서 <홍길동전>을 다루는 것은 <홍길동전> 자체에 대한 연구라는 의미도 있지만, 그것보다는 세책본 <홍길동전>과 다른 이본 사이의 관계를 살펴봄으로써 세책본 소설이 어떤 특징을 갖고 있는가를 알아보기 위한 것이다. 그리고 이런 연구를 앞으로 확대시킴으로써 세책에 관한 연구를 활성화하여 조선 소설의 상업적 성격을 밝히는 데 도움이 되려고 하는 것이다. 소설이란 장르는 시장과 밀접한 관련이 있는데, 우리나라 고소설의 경우 자료의 부족으로 이 방면의 실증적 연구는 찾아보기 어려운 실정이다. 세책의 분석을 통해 소설 유통에 관한 작업에 도움을 줄 수 있다면, 이 작업도 의미 있는 일이 될 것이다.

---

3) 이윤석, 『홍길동전 연구』(대구:계명대학교 출판부, 1997)

4) 조종업본은 현재 2책만 남아 있는데, 2책의 마지막 대목은 길동을 잡기 위해 경상감사로 내려온 길동의 형이 길동에게 자수하라는 방을 써 붙이는 대목이다. 조종업본은 후반부가 없어서 후반부 율도국 대목에 동양문고본이나 정우락본에 있는 내용이 있었는지는 알 수 없다.

2. 동양문고본 세책

동양문고에 소장된 세책은 현재 31종이다. 이 책은 1927년 서울의 한남서림을 통해서 구입한 것이라고 한다. 이 책들은 현재 전부 배접이 된 상태로 보관되어 있어 그 상태가 매우 좋은데, 이것은 구입할 때 혹은 구입한 후에 배접한 것이지 이 세책들이 원래 배접되어 있던 것은 아니다. 오타니 교수가 소개한 목록과 권수를 보면 다음과 같다.[5)]

> 고려보감 10책, 곽해룡전 3책, 구운몽 7책, 금령전 3책, 금향정기 7책, 김진옥전 4책, 남정팔난기 14책, 당진연의 16책, 만언사 2책, 북송연의 13책, 삼국지 69책, 소대성전 2책, 수저옥란빙 8책, 숙녀지기 5책, 열국지 33책, 옥루몽 30책, 월왕전 5책, 유충열전 7책, 유화기연 7책, 이대봉전 4책, 임장군전 2책, 장경전 2책, 장자방전 2책, 적성의전 2책, 정비전 4책, 정을선전 3책, 창선감의록 10책, 춘향전 10책, 하진양문록 29책, 현수문전 8책, 홍길동전 3책

이 가운데 <만언사> 같은 것은 소설은 아니지만 세책이었던 책이므로 세책집에 대한 자료로서 의미가 있다.

동양문고본 세책은 대부분 1900년 무렵에 필사된 것으로, 한 권의 분량은 30장에서 35장 사이이고, 각 면당 11행이며, 한 행이 15자 내외로 정형화되어 있다.[6)] 필자가 그동안 본 몇몇 세책도 거의 이와 같은 체제인 것으로 보아 1900년을 전후한 때의 전형적인 세책의 형태는 대체로 이와 같았던 것으로 보인다.[7)]

---

5) 大谷森繁,「朝鮮 後期의 貰册 再論」부록으로 31종의 세책 각 권의 장수와 필사 간기를 정리한 것이 있다.

6) 한 면11행에 한 행의 글자수가 15자 내외면 한 면의 글자수가 120자 정도인데, 이것은 세책이 아닌 필사본이나 방각본에 비해 한 면의 분량이 상당히 적은 편이다.

이들 세책을 판각본이나 세책이 아닌 일반 필사본과 비교해보면, 대체로 한 책으로 되어 있는 것이 이들 세책에서는 몇 책으로 늘어난다는 특징이 있다. <곽해룡전>, <금령전>, <소대성전>, <유충렬전>, <이대봉전>, <임장군전>, <장경전>, <적성의전>, <정을선전>, <춘향전>, <홍길동전> 등은 일반적으로 한 권 한 책으로 되어 있는 것이 보통인데, 동양문고본 세책을 보면 2책에서 10책까지 다양하다. 이것은 세책이 영리를 목적으로 하는 것이니만큼 빌려주는 값을 더 받기 위해 책수를 늘인 것으로 추정된다. 이렇게 책수를 늘일 때 일어나는 여러 가지 현상 가운데 소설 연구자로서 관심을 갖는 것은, 세책집에서 돈을 더 받기 위해 분량을 늘일 때, 글자를 성글게 써서만 분량을 늘렸는가, 아니면 내용도 덧붙였는가 하는 점이다. 만약 세책집에서 기존의 유행하는 소설을 단순히 베껴서 빌려주는 것만이 아니라 기존 소설의 내용을 변개시켰다면, 이들 세책집 가운데 어떤 집은 세책의 수요를 만들어 내거나 아니면 독자들의 요구에 부응하기 위해서 소설을 창작할 수도 있지 않았을까 하는 가능성을 생각해보게 된다. 그러니까 세책집은 단순히 책을 빌려주는 역할만 한 것이 아니라, 책을 필사하고, 때로는 창작까지 했을 가능성이 있다.[8)]

세책집의 역할이 단순히 책을 빌려주는 것만이 아니라 고소설의 창작이나 기존 소설의 내용 변개가 이루어졌다면, 세책집은 유통 과정에만 관계가 있는 것이 아니므로 이제까지와는 다른 또 다른 관심을 가져야 할 것이다.

---

7) 필자가 본 것은 이화여자대학교 도서관에 소장되어 있는 <설인귀전>과 몇몇 개인 소장본들이다.

8) 大谷森繁, 위의 논문. 오타니 교수는 이와 같은 견해를 매우 조심스럽게 제시하고 있다.

3. 동양문고본과 다른 이본의 내용 비교

동양문고본 <홍길동전>의 성격을 알아보기 위해 다른 이본과 동양문고본의 내용을 비교하기로 한다. 비교의 대상이 되는 이본은 경판 30장본과 정우락본이다. 이 두 본을 동양문고본과 내용비교의 대상으로 삼은 이유는 다음과 같다.

필자는 <홍길동전>의 이본을 경판계열, 완판계열, 필사본계열의 세 계열로 나누고 있다. 이 가운데 완판계열은 완판 36장본과 같은 내용을 갖고 있는 이본인데, 이 완판계열은 세 계열 가운데 가장 후기에 만들어진 것으로 필자는 파악하고 있다. 그러므로 동양문고본의 특징을 살피기 위해서 완판을 비교 대상으로 삼을 필요는 없다고 판단하여 완판은 비교 대상에서 제외했다.

동양문고본의 율도국 대목은 매우 독특하지만, 필자는 동양문고본을 경판계열로 분류했다. 그 이유는 동양문고본의 율도국 대목 이전까지의 이야기 진행은 경판 30장본과 완전히 같고, 또 자구도 일치하는 부분이 많기 때문이다. 율도국 대목 이후의 내용은 서로 다르지만, 그 이전까지는 동양문고본과 경판 30장본의 자구가 대체로 일치하므로 경판계열 가운데 경판 30장본을 내용비교의 대상으로 선택했다. 다음으로 필사본계열 가운데에서 정우락본을 선택한 이유는, 동양문고본에만 있는 율도국 대목과 같은 내용이 정우락본에도 있기 때문이다. 필사본계열의 이본 가운데 율도국과의 전투 장면이 상당히 긴 본으로는 박순호 86장본이 있는데, 박순호 86장본의 전투 장면은 동양문고본의 전투 내용과는 다르다. 세책인 동양문고본의 독특한 전투 내용이 정우락본에 들어 있다는 것은 어떤 식으로든 두 본 사이에 영향관계가 있다는 것을 증명하는 것이다.

여기서는 먼저 경판 30장본과 정우락본의 율도국 대목 이전까지의 내용을 동양문고본과 각각 비교한 후, 율도국 대목은 세 본의 내용을 함께 비교하기로 한다.

3.1. 동양문고본과 경판 30장본의 내용 비교

율도국 대목 이전까지 두 본의 내용을 몇 군데 비교해보기로 한다. 먼저 첫머리를 보면 두 본의 자구가 거의 일치함을 알 수 있다.

> 화설(話說). 조선국 세종조 시절에 한 재상이 있으니 성은 홍이요 명(名)은 모(某)라. 대대 명문거족(名門巨族)으로 소년등과(少年登科)하여 벼슬이 이조판서에 이르매, 물망(物望)이 조야(朝野)에 으뜸이요, 충효겸비(忠孝兼備)하기로 이름이 일국에 진동하더라. 일찍 두 아들을 두었으니, 일자(一子)는 이름이 인형이니 정실(正室) 유씨 소생이요, 일자는 이름이 길동이니 시비(侍婢) 춘섬의 소생이라.(경판30장본)

> 화설(話說). 조선국 세종조 시절에 한 재상이 있으니, 성은 홍이요 명(名)은 모(某)라. 대대 명문거족으로 소년등과(少年登科)하여 벼슬이 이조판서에 이르매 물망(物望)이 조야(朝野)에 으뜸이요, 충효겸비(忠孝兼備)하기로 이름이 일국에 진동하더라. 일찍 두 아들을 두었으니, 장자는 인형이니 정실(正室)의 유씨 소생이요, 차자는 길동이니 시비(侍婢) 춘섬의 소생이라.(동양문고본)

두 본에서 다른 점은 경판 30장본에서 인형과 길동의 이름을 거명하는 대목뿐이다. 두 본의 첫 대목을 보면, 두 본 사이의 관계는 어느 한 본이 다른 한 본의 대본이 될 정도라고 할 수 있을 정도이다.

이야기가 진행됨에 따라 두 본 사이의 차이는 조금씩 커지지만, 두 본이 같은 계열이라는 것을 부정할 만큼의 큰 차이는 아니다. 병조판서를 제수한다는 말을 듣고 길동이 대궐에 들어가는 대목을 두 본에서 보기로 한다.

> 이때 길동이 이 말을 듣고 즉시 사모관대(紗帽冠帶)에 서띠 띠고 높은 초헌(軺軒)을 타고 대로상에 완연히 들어오며 이르되, "이제 홍판서가 사은하러 온다."하니, 병조 하속(下屬)이 맞아 호위하여 궐내에 들어갈새, 백관이 의논하되, "길동이 오늘 사은하고 나올 것이니 도부수(刀斧手)를 매복하였다가 나오거든 일시에 쳐 죽이라."하고 약속을 정하였더니, 길동이 궐내에 들어가 숙배(肅拜)하고 주왈, "소신(小臣)이 죄악이 지중(至重)하옵거늘, 도리어 천은을 입사와 평생 한을 푸옵고 돌아가오니, 영결(永訣) 전하 하오니 복망(伏望) 성상(聖上)은 만수무강하소서."하고, 말을 마치며 몸을 공중에 소소아 구름에 싸이어 가니, 그 가는 바를 알지 못할러라. 상이 보시고 도리어 차탄(嗟歎) 왈, "길동의 신기한 재주는 고금(古今)에 희한하도다. 제 지금 조선을 떠나노라 하였으니 다시는 작폐(作弊)할 길 없을 것이요, 비록 수상하나 일단 장부의 마음이라. 족히 염려 없으리라."하시고, 팔도에 사문(赦文)을 내리어 길동 잡는 공사(公事)를 거두시니라.(경판30장본 제17장)

> 이때 길동이 이 소식을 듣고 즉시 몸에 사모관대(紗帽冠帶)를 입고 높은 초헌(軺軒)을 타고 사은하러 들어간다 하니, 병조(兵曹) 소속이 나와 맞아 호위하여 들어갈새, 만조백관이 의논하되, "길동이 오늘날 사은숙배(謝恩肅拜)하고 나오거든 도부수(刀斧手)를 매복하였다가 쳐 죽이라."하고 약속을 정하였더니, 길동이 이에 궐내에 들어가 숙배하고 주왈, "신의 죄악이 심중하거늘 도리어 천은을 입사와 평생 한을 푸옵고 돌아가오니, 영결(永訣) 전하 하옵나니, 복망 성상은 만수무강하옵소서."하고 몸을 공중에 소소아 구름에 싸여 가거늘, 상이 탄왈, "길동의 재주는 이루 고금에 희한하도다. 제가 이제 조선을 떠났으니 다시는 작폐(作弊)할 길이 없으리라."하시고 팔도에 길동이 잡는 전령(傳令)을 도로 다 거두시니라.(동양문고본 2권 제14-15장)

첫머리는 두 본의 자구가 거의 일치할 정도였는데, 이 대목에 오면 같은 내용이지만 첫머리처럼 자구가 일치하는 정도는 아니다. 그리고 동양문고본의 내용이 경판 30장본보다 조금 적다. 대체로 경판 판각본은 필사본에 비해 분량이 적은 축약본으로 알려져 있는데, 동양문고본과 경판 30장본을 비교해보면 오히려 판각본의 분량이 더 많다. 길동이 조선왕에게 하직을 고하면서 쌀을 빌리는 대목을 보면, 이런 현상은 더욱 두드러진다.

> 각설. 홍공이 길동이 작란 없으므로 신병이 쾌차하고, 상(上)이 또한 근심 없이 지내더니, 차시 추구월(秋九月) 망간(望間)에 상이 월색을 띠어 후원에 배회하실새, 문득 일진청풍(一陣淸風)이 일어나며 공중으로서 옥저 소리 청아한 가운데 한 소년이 내려와 상께 복지(伏地)하거늘, 상이 경문왈(驚問曰), "선동(仙童)이 어찌 인간에 강굴(降屈)하며, 무슨 일을 이르고자 하느뇨?" 소년이 복지 주왈, "신이 전임 병조판서 홍길동이로소이다." 상이 경문왈, "네 어찌 심야에 온다?" 길동이 대왈, "신이 전하를 받들어 만세(萬世)를 뫼시려 하오나, 한갓 천비 소생이라. 문과(文科)를 하오나 옥당(玉堂)에 참여치 못할 것이요, 무과(武科)를 하오나 선천(宣薦)에 막히오리니, 이러므로 마음을 정치 못하와 팔방으로 오유(遨遊)하오며 무뢰지당(無賴之黨)으로 관부에 작폐하옵고 조정을 요란케 하옴은 신의 이름을 들추어 전하(殿下)가 알으시게 하옴이러니, 국은이 망극하와 신의 소원을 풀어주옵시니 충성으로 섬김이 옳사오나 그렇지 못하와 전하를 하직하옵고 조선을 영영 떠나 한없는 길을 가오니, 정조 일천 석을 서강(西江)으로 대어주옵시면 전하 덕택으로 수천 인명이 보전할까 하나이다." 상이 즉시 허락하시고 가라사대, "전일에 네 얼굴을 자세히 못 보았더니 금일 비록 월하(月下)나 얼굴을 들어 나를 보라."하시니, 길동이 비로소 얼굴은 드나 눈을 뜨지 아니하거늘, 상이 가라사대, "네 어찌 눈을 뜨지 아니하느뇨?" 길동이 대왈, "신이 눈을 뜨면 전하가 놀라실까 하나이다." 상이 차언(此言)을 들으시고 과연 범인이 아님을 짐작하시고 위로하시니, 길동이 은혜를 사례하고 도로 공중에 솟아 가거늘, 상이 그 신기함을 일컫고 날이 밝으매 선혜당상(宣惠堂上)에게 전지(傳旨)하사 정조 일천 석을 서강 강변으로 수운(輸運)하라 하시니, 혜당(惠堂)이 아무런 줄 모르고 거행하였더니, 문득 여러 사람들이 큰 배를 대이고 싣고 가며 왈, "전임 병조판서 홍길동이 천은을 많이 입사와 정조 천 석을 얻어 가

노라."하거늘, 이 연유로 상달(上達)하온대, 상이 소왈(笑曰), "길동은 신기한 사람이라. 제게 사급(賜給)한 것이라."하옵더라.(경판30장본 제18-19장)

차설(且說). 홍공이 길동의 작란이 없으므로 병세 점점 쾌차하니 홍문(洪門)에 큰 근심이 없고, 상이 또한 근심이 없이 지내시더니, 이때는 추구월(秋九月) 망간(望間)이라. 상이 월색을 띠어 후원을 배회하실새, 문득 일진청풍(一陣清風)이 일어나며 옥저 소리 청아한 가운데 일위소년(一位少年)이 공중으로 좇아 내려와 복지(伏地)하거늘, 상이 경문(驚問) 왈, "선동(仙童)이 어찌 인간에 강굴(降屈)하며 무슨 일을 이르고자 하나뇨?"하니, 소년이 주왈, "신은 전임 병조판서 홍길동이로소이다." 상이 가라사대, "네 어찌 심야에 왔느냐?" 길동이 대왈(對曰), "신이 마음을 정치 못하와 무뢰지당(無賴之黨)으로 더불어 관부에 작폐하고 조정을 요란하게 하옴은 신의 이름을 전하가 알으시게 하옴이러니, 국은이 망극하와 신의 소원을 풀어주옵시니 충성을 다하여 국은을 만분지일이라도 갚사옴이 신자(臣子)의 떳떳하온 일이옵건마는, 그렇지 못하옵고 도리어 전하를 하직하옵고 조선을 영영 떠나 한없는 길을 가오니, 정조 일천 석을 한강으로 수운(輸運)하여 주옵시면 이제 수천 인명이 보존하겠사오니, 성상의 넓으신 덕택을 바라옵나이다." 상이 즉시 허락하시니, 길동이 은혜를 사례하고 도로 공중으로 소소아 표연히 가거늘, 상이 그 신기함을 못내 연연(戀戀)히 일컬으시더라. 이미 날이 밝음에 즉시 선혜당상(宣惠堂上)에게 전지(傳旨)하사 정조 일천 석을 수운하여 서강(西江)변으로 내어 보내라 하시니, 아무런 줄을 모르고 정조 일천 석을 거행(擧行)하여 서강으로 수운하였더니, 문득 여러 사람들이 큰 배를 대이고 다 싣고 가니라.(동양문고본 2권 제15-16장)

두 본의 내용을 비교해보면, 경판 30장본에 있는 내용이 동양문고본에는 없는 대목이 있다. 길동이 쌀을 빌려달라는 요청을 허락한 조선왕이 길동에게 눈을 떠보라고 말하는 대목이 동양문고본에는 없다. 그런데 이 대목은 대부분의 이본에 모두 나오는 내용이다. 이렇게 동양문고본에는 대부분의 이본에 모두 나타나는 대목이 빠져 있기도 하다.

그러나 동양문고본이 전체적으로 경판 30장본이나 다른 본에 비해서 내용이 적은 것은 아니다. 어떤 대목은 다른 본보다 훨씬 많은 분량으로 되어 있는 곳도 있다. 예를 들면, 길동의 형이 길동에게 스스로 와서 잡히라는 내용의 방을 부치는 대목에서 이 방의 내용은 동양문고본이 경판30장본에 비해 길다.

> 사람이 세상에 나매 오륜(五倫)이 으뜸이요, 오륜이 있으매 인의예지(仁義禮智) 분명하거늘, 이를 알지 못하고 군부의 명을 거역하여 불충불효 되면 어찌 세상에 용납하리오. 우리 아우 길동은 이런 일을 알 것이니 스스로 형을 찾아와 사로잡히라. 우리 부친이 너로 말미암아 병입골수(病入骨髓)하시고 성상이 크게 근심하시니, 네 죄악이 관영(貫盈)한지라. 이러므로 나를 특별히 도백(道伯)을 제수하사 너를 잡아들이라 하시니, 만일 잡지 못하면 우리 홍문(洪門)의 누대(累代) 청덕(清德)이 일조(一朝)에 멸(滅)하리니 어찌 슬프지 않으리오. 바라나니 아우 길동은 이를 생각하여 일찍 자현(自現)하면 너의 죄도 덜릴 것이요, 일문(一門)을 보존하리니, 아지못게라, 너는 만 번 생각하여 자현하라.(경판30장본 제14장)

> 사람이 세상에 나매 본(本)이 오륜(五倫)이 으뜸이요, 오륜이 있으매 효제충신(孝悌忠信)과 인의예지(仁義禮智)가 분명하거늘, 이 조목을 아지 못하면 금수(禽獸)와 다름이 없사옴이라. 고(故)로 이제 군부(君父)의 명을 거역하고 불충불효(不忠不孝)가 되오면 어찌 세상에 있어 용납하리오? 슬프다, 우리 아우 길동은 민첩영매(敏捷英邁)하여 다른 사람과 달라 뛰어나게 짐작할 것이요, 이런 일은 응당 알 것이니, 네 이제로 몸소 형을 찾아와 사로잡히게 하라. 우리 부친이 너로 말미암아 병입골수(病入骨髓)하시고, 성상이 크게 근심하시니, 차사(此事)로 볼진대 네 죄악이 심중(深重)하고 관영(貫盈)한지라. 이러하므로 네 형 된 사람으로 하여금 특별히 영남도백(嶺南道伯)을 제수하시고, 즉시 너를 잡아 바치라 하여 계시니, 이를 장차 어찌하리오? 차사를 생각하며 모진 목숨이 아직까지 부지하였으나, 만약 너를 잡지 못할 양(樣)이면 우리 집안 누대(累代) 청덕(清德)이 일조에 멸망지환(滅亡之患)을 당할지라. 어찌 가련코 슬프지 아니하리오? 너의 형 되는 인생이 죽는 것은 오히려 아깝지 아니하거니와 노친(老親)의 모양 되는 일은 어찌

> 망극하고 원억(冤抑)지 아니하리오. 바라나니 아우 길동은 이 일을 재삼 생각하여 자현(自現) 곧 하면, 너의 죄는 또한 덜릴 것이요, 겸하여 일문(一門)을 보전하리니, 너는 천 번 생각하고 만 번 생각하여 자현하기를 바라노라. (동양문고본 2권 제7-8장)

율도국 대목 이전까지의 내용은 조금씩 다른 대목이 있지만 기본적으로 두 본은 하나의 대본에서 나온 것이라고 보아도 별 무리가 없다. 율도국 대목 이전까지는 두 본 사이의 분량이 큰 차이가 없다. 경판 30장본의 전체 분량은 약 19,700자 정도인데, 이 가운데 율도국 대목은 약 1,240자이다. 그리고 동양문고본의 전체 분량은 약 28,800자 정도인데, 이 가운데 율도국 대목은 약 8,800자이다. 율도국 대목을 제외한 나머지의 분량이 경판 30장본은 18,500자 정도이고, 동양문고본은 20,000자 정도이다. 전체적으로 큰 차이가 나는 것은 아니다.

3.2. 동양문고본과 정우락본의 내용 비교

정우락본은 필사본계열에 속하는 이본이다. 필사본계열은 완판 36장본이나 경판 30장본과는 다른 계열의 이본들을 총칭하는 것이다. 그러므로 필사본계열에는 서로 성격이 다른 이본들이 섞여 있다. 이 필사본계열의 이본 가운데는 경판계열과 친연성이 강한 이본들도 있고, 완판계열과 가까운 이본도 있다. 정우락본은 이 가운데 경판과 가까운 필사본계열의 이본이다.

정우락본의 이야기 진행은 기본적으로 경판계열과 같다. 그러나 세부적인 내용에서는 자구가 일치하지는 않는다. 길동의 아버지가 길동을 낳기 전에 꿈을 꾸는 대목은 어느 본에나 다 나타나는 대목인데, 이 대목이 계열마다 상당히 다르다. 경판계열과 완판계열은 물론 다르고, 필사본계열의 이본 사이에서도 완판계열이나 경판계열과의 친연성에 따라 각기 다르게 나타난다. 동양문고본과 정우락본의 이 대목을 비교해보면 다음과 같다.

> 선시(先時)에 공(公)이 길동을 낳을 때에 일몽(一夢)을 얻으니, 문득 뇌정벽력(雷霆霹靂)이 진동하며 청룡이 수염을 거사리고 공을 향하다가 달려들거늘, 놀라 깨달으니 일장춘몽(一場春夢)이라. 공이 심중(心中)에 대희(大喜)하여 생각하되, '내 이제 용몽(龍夢)을 얻었으니 반드시 귀한 자식을 낳으리라.' 하고 즉시 내당으로 들어가니, 부인 유씨 일어 맞거늘, 공이 흔연(欣然)히 그 옥수(玉手)를 이끌어 정히 친합(親合)고자 하거늘, 부인이 정색 왈, "상공(相公)이 체위(體位) 존중하시거늘 연소경박자(年少輕薄子)의 비루함을 행코자 하시니, 첩은 마땅히 봉행치 아니하리로소이다."(동양문고본 1권 제1-2장)

> 공이 길동을 나을 때에, 춘일을 당하여 몸이 자연 곤하매 후원 난간 의지하여 잠깐 조으더니, 문득 농혼이 유하여 한 곳에 다다르니, 산은 첩첩하고 물은 잔잔한데, 양류(楊柳)는 농춘(弄春)하며 황조(黃鳥)는 흥을 돋우며, 공이 춘색을 사랑하여 점점 나아가니, 길이 끊쳤는 곳에 층암은 하늘에 닿았고 맑은 물은 사면에 둘렀는데, 만 장 석탑에 채운이 영롱한지라. 공이 석상에 앉아 경치를 구경하더니, 문득 뇌성이 진동하며 물결이 흉용하고, 청웅이 이는 곳에 청룡이 수염을 거스리고 눈을 부릅뜨고 주홍 같은 입을 벌리고 공을 향하여 달려들거늘, 공이 질색하여 피하다가 놀라 깨니 남가일몽이라. 심중에 대희하여 즉시 내당에 들어가니 부인이 일어 맞거늘, 공이 흔연히 부인 옥수를 이끌어 친합(親合)코자 하니, 부인이 정색 왈, "상공의 체위 존중하시거늘 연소경박자의 비루한 행실을 본받고자 하시니 첩은 그윽이 취치 아니하나이다."(정우락본 상권 제1-2장)

두 본의 내용을 비교해 보면, 정우락본의 내용은 경판계열의 내용과는 다르다. 정우락본은 꿈의 내용을 자세히 서술했고, 동양문고본은 아주 간단히 처리했다. 필사본계열과 완판계열의 이 대목은 정우락본과 비슷한데 비해 경판계열의 이 대목은 동양문고본처럼 간략하다.

길동을 잡을 수 없음을 한탄하는 왕의 말을 듣고 포도대장이 나서는 대목을 하나 더 보기로 한다.

> 이때 우포장 이흡이 출반주(出班奏) 왈, "신이 비록 재주 없사오나 그 도적을 잡아오리니 전하는 근심 말으소서. 이제 좌우포장이 어찌 병출(幷出)하리이꼬?" 상이 옳게 여기사 급히 발군하라 하시니, 이흡이 발군할새 각각 흩어져 아무 날 문경(聞慶)으로 모도임을 약속하고, 이흡이 약간 포졸 수삼인을 데리고 변복(變服)하고 다니더니(동양문고본 1권 제 26-27장)

> 옥음(玉音)이   지 못하사 문득 일인이 출반주 왈, "이는 소적이라. 비록 술법 있어 팔도로 작란하오나 어찌 옥체 염려하실 바리오. 신이 비록 무재(無才)하오나 일지병을 빌리시면 홍길동을 생금하여 국가 근심을 덜까 하나이다." 모두 보니 이는 포도대장 이흡이라. 상이 크게 기꺼하사 정예한 군사를 수백을 주시며 왈, "공이 있는 경이 이미 청결하여 도적을 잡으랴."하시니, 이흡이 드디어 탑전에 하직하고 즉일 발행하여 각처로 흩어 보내며 왈, "문경으로 모이라."하고, 홀로 행하여 김포 오십 리에 나와 날이 어둡거늘(정우락본 상권 24장)

이 대목도 두 본의 자구가 상당히 다름을 알 수 있다. 동양문고본은 출반주하는 사람이 포장임을 바로 얘기하는데 비해, 정우락본은 출반주한 사람을 보니 포도대장이라고 했다. 경판 30장본의 이 대목 내용은 동양문고본과 같다.

> 이때 우포장 이흡이 주왈(奏曰), "신이 비록 재주 없사오나 그 도적을 잡아오리니 전하는 근심 말으소서. 이제 좌우 포장이 어찌 병출(幷出)하오리이까?" 상이 옳이 여기사 급히 발행함을 재촉하시니, 이흡이 하직하고 허다 관졸을 거느리고 발행할새, 각각 흩어져 아무 날 문경(聞慶)으로 모도임을 약속하고, 이흡이 약간 포졸(捕卒) 수삼인(數三人)을 데리고 변복하고 다니더니(경판30장본 제11장)

이것을 보면, 경판 30장본과 동양문고본의 사이와 동양문고본과 정우락본의 사이가 어떤 것인지 알 수 있다.

동양문고본과 정우락본은 이런 정도의 내용상 차이가 있으나 이야기 진행은 완전히 같다. 다만 세부적인 내용은 정우락본이 동양문고본에 비해 좀더 풍부하다. 동양문고본과 정우락본의 전체 분량은 28,800자와 28,200자로 거의 비슷한 편인데, 이 가운데 율도국 대목의 분량이 동양문고본은 8,800자이고, 정우락본은 3,400자 정도이므로 율도국 대목을 제외한 나머지의 분량은 정우락본이 많다.

3.3. 율도국 대목의 비교

동양문고본의 가장 큰 특징은 율도국 대목이 <홍길동전>의 어떤 이본보다도 확장되어 있다는 점이다. 동양문고본의 율도국 대목이 얼마나 다른 이본에 비해 확장되어 있나 하는 것은, 세 이본의 전체 양과 율도국 대목의 양을 표시한 다음의 도표에서 확인할 수 있다.

이본명	전체분량	율도국 대목
동양문고본	28,800자	8,800자
정우락본	28,200자	3,420자
경판 30장본	19,685자	1,240자

이 도표에서 알 수 있는 바와 마찬가지로 동양문고본의 율도국 대목은 다른 두 본에 비해서 월등히 양이 많다. 그런데 이 율도국 대목이 시작되기 직전의 내용을 보면, 세 본의 내용이나 분량이 큰 차이가 없다. 세 본의 이 대목은 다음과 같다.

각설. 길동이 부친 산소를 제 땅에 뫼시고 조석제전(朝夕祭奠)을 지성으로 지내더니, 제인이 탄복치 아닐 이 없더라. 광음(光陰)이 여류(如流)하여 삼상(三喪)을 다 지내고 또한 다시 무예를 연습하며 농업을 힘쓰니 수년지내(數年之內)에 병정양족(兵精粮足)하여 뉘 알 이 없더라.(동양문고본 2권 제30장)

각설. 길동이 부친 산소를 제땅에 뫼시고 조석제전(朝夕祭奠)을 지성으로 지내니 제인이 탄복 않을 이 없더라. 세월이 여류(如流)하여 삼상(三喪)을 마치고 다시 모든 영웅을 모아 무예를 연습하며 농업을 힘쓰니 불과 수년지내(數年之內)에 병정양족(兵精粮足)하여 뉘 알 이 없더라.(경판30장본 제24장)

세월이 여류하여 공의 초토(草土)를 마치매, 길동이 새로이 슬퍼하고 제인을 모아 농업을 힘쓰며 무예를 연습하여 병정양족(兵精粮足)한지라.(정우락본 하권 제10장)

이것을 보면 동양문고본과 경판 30장본은 자구가 거의 일치하고, 정우락본은 같은 내용이지만 두 본에 비해 짧다.

내용의 질이나 양적인 면에서 세 이본 사이에 커다란 차이가 나타나는 율도국 대목이 그 시작 부분에서는 세 이본 사이에 그렇게 커다란 차이가 나지 않는다. 이 부분을 경판 30장본과 정우락본에서 보면, 경판 30장본의 양이 정우락본보다 적기는 하지만 그 내용은 대체로 비슷하다. 그러나 동양문고본은 조금 다르게 시작한다. 경판 30장본과 정우락본은 율도국에 대한 설명을 조금씩 설명하면서 이야기를 전개하는 데 비해, 동양문고본은 율도국에 대한 아무런 설명이 없이 바로 율도왕에 대한 묘사로 들어간다. 세 이본의 율도국 대목 첫 부분을 보기로 한다.

차시 율도국이란 나라가 있으니, 지방이 수천리요, 사면이 막히어 짐짓 금성천리(金城千里)요 천부지국(天府之國)이라. 길동이 매양 이곳을 유의하여 왕위를 앗고자 하더니, 이제 삼년상을 지내고 기운이 활발하여 세상에 두릴 사람이 없는지라. 일일은 길동이 제인을 불러 의논 왈, "내 당초에 사방으로 다닐 제 율도국을 유의(留意)하고 이곳에 머물더니, 이제 마음이 자연 대발(大發)하니 운수가 열림을 알지라. 그대 등은 나를 위하여 일군을 조발(調發)하면 족히 율도국 치기는 두리지 않으리니, 어찌 대사를 도모치 못하리오."(경판30장본 제24장)

원래 이 제도 근처에 율도국이란 나라가 있으니, 지방이 수천 리요, 도백(道伯)이 십일 원이라. 또 대국으로 통신이 없고, 율도왕이 대대로 전위하여 인정을 숭상하매, 인심이 순후하고 사면이 막혀 짐짓 금성탕무지국이러라. 화설. 길동이 장차 큰 뜻을 품고 군사를 모아 무예를 익히니, 마군이 십만이요 보군이 이십만이라. 일일은 길동이 제장더러 가로대, "내 당초로부터 천하에 행하였나니 어찌 조그마한 제도를 오래 지키었으리오. 들으니 이 근처에 율도국이란 나라가 좋다하매 한번 구경코자 하나니, 제군으 뜻은 어떠하뇨?" 제인이 응성 왈, "이는 소장 등의 평생 원이라. 장부가 어찌 이곳에 다 늙으리오. 빨리 출사하여 때를 어기지 말으소서."(정우락본 하권 제10-11장)

차설. 이때 율도국 왕이 무도(無道)하여 정사를 닦지 아니하고 주색에 침닉(沈溺)하여 백성이 도탄(塗炭)에 들었는지라. 일일은 길동이 제인더러 일러 왈, "우리 이제 병정양족하매 무도한 율도를 침이 어떠하뇨?" 제인이 일시에 응성(應聲)하여 율도왕 치기를 자원하거늘(동양문고본 2권 제30장)

이와 같이 율도국 대목의 서두는 동양문고본이 다른 두 본에 비해 훨씬 더 간략하다. 동양문고본의 이 대목을 보면, 대부분의 이본에서 길동이 율도국을 치는 데 별다른 명분이 없는 것과 달리 동양문고본에는 율도왕을 치는 명분을 보여주고 있다. 경판 30장본이나 정우락본을 보면, 길동이 율도국을 쳐야하는 필연성이 없다. 그러나 동양문고본은 율도왕이 무도하기 때문에 친다는 도덕적 정당성을 제시하고 있다. 동양문고본에서는 율도왕 치는 명분을 내세웠기 때문에 율도왕의 잘못을 드러내는

내용이 뒤따르게 된다. 율도왕에 대한 묘사 한 대목을 더 보면,

> 차시(此時) 율도왕이 주색에 침닉하여 정사를 돌아보지 아니하고 후원에 잔치를 배설하여 일일연락(日日連樂)하니, 간신이 승간(乘間)하여 일어나고, 조정이 어지러워 백성이 서로 살해하니, 지식 있는 사람은 깊은 산중에 들어가 은거하여 난을 피하는지라.(동양문고본 2권 제31장)

라고 하여, 율도왕이 무도하다는 것을 좀더 구체적으로 묘사하고 있다.

동양문고본의 율도국 정벌 대목은 다른 이본에서는 전혀 볼 수 없는 내용이 많다. 율도왕을 무도한 임금으로 표현한 이본은 몇이 있지만, 동양문고본처럼 자세하게 묘사한 이본은 없다. 그리고 길동이 두 장수를 미리 보내 정탐하는 내용이라든가 또 두 소년의 이야기는 어떤 이본에서도 볼 수 없는 내용이다.[9] 동양문고본의 율도국 정벌 대목은 다른 이본에 비해 원체 길기 때문에 전투 대목에서도 다른 이본에서는 볼 수 없는 내용이 많다. 동양문고본의 율도국 정벌 대목 가운데, 허만달과 굴돌통이 먼저 율도국을 정찰하는 내용 이외에도 태홍현을 쳐서 김순을 사로잡는 내용, 여수성을 쳐서 여수성 장군 문주적을 패퇴시키는 내용, 철봉산성을 치면서 문주적을 죽이는 내용 등은 다른 이본에서는 볼 수 없는 내용이다. 그러나 철봉산성을 치는 대목부터는 다른 이본에도 있는 내용이다. 특히 정우락본과는 자구도 대체로 일치한다.

동양문고본과 정우락본의 철봉산성 치는 대목은 경판 30장본에도 있지만 경판 30장본의 이 대목은 다른 두 본에 비해 매우 분량이 적다.

---

9) 동양문고본에서는 길동이 율도국을 치기 전에 먼저 허만달과 굴돌통 두 장수를 율도국에 보내 정탐하도록 한다. 허만달과 굴돌통이 율도국을 정탐하는데, 어떤 관청의 관문 앞에서 두 소년이 엎드려 통곡하는 것을 본다. 소년들에게 그 이유를 물으니, 원님이 부친을 잡아갔는데 뇌물을 바치지 않아서 풀어주지 않기 때문이라고 한다. 허만달과 굴돌통은 소년에게 돈을 주고 그 돈으로 부친을 구하라고 한다. 이들 두 소년은 후에 길동 군대의 선봉이 된다.

동양문고본과 정우락본의 이 대목이 상당히 분량이 많은데도 거의 자구가 일치하는 것으로 보아 두 본의 이 대목은 서로 긴밀한 관계가 있음을 알 수 있다. 길동이 김현충과 싸우면서 신장을 쓰는 대목을 세 본에서 보기로 한다.

> 이윽고 오방신장(五方神將)[10)]이 대군을 거느려 일시에 에워싸니, 동은 청제(靑帝)장군이요, 남은 적제(赤帝)장군이요, 서는 백제(白帝)장군이요, 북은 흑제(黑帝)장군이요, 가운데 길동이 황금 투구에 대도(大刀)를 들고 짓쳐 들어가니(경판 30장본 제25장)

> 태수 놀라 돌아보니 일원대장이 황금투구 쓰고 황의(黃衣) 황건(黃巾)에 사륜거(四輪車)를 타고 황의군(黃衣軍)을 몰아 내닫거늘, 태수가 더욱 황겁(惶怯)하여 동(東)을 바라고 닫더니, 또 일원대장이 청의(靑衣) 청건(靑巾)에 청룡(靑龍)을 타고 청의군(靑衣軍) 거느려 동(東)을 막거늘, 태수가 능히 나아가지 못하고 남(南)으로 닫더니, 또 일원 대장이 홍포(紅袍) 홍건(紅巾)을 입고 주작(朱雀)을 타고 홍의군(紅衣軍) 거느려 길을 막거늘, 태수가 대적지 못하여 서(西)흐로 달아나니, 또 일원 대장이 백건(白巾) 백포(白袍)를 입고 백호(白虎)를 타고 백의군(白衣軍)을 거느려 서(西)를 막거늘, 태수가 정신을 정치 못하여 북(北)을 바라고 닫더니, 또 일원대장이 흑건(黑巾) 흑포(黑袍)를 입고 현무(玄武)를 타고 흑의군(黑衣軍) 거느려 길을 막으니, 태수가 아무리 할 줄을 몰라 망지소조(罔知所措) 할 즈음에 홀연 한 선관(仙官)이 공중에서 내려와 대호 왈,(동양문고본 3권 제20장)

> 태수가 놀라 살펴보니 일원 대장이 황금투구에 황포를 입고 황의군사를 거느려 내닫거늘, 태수 겨우 놀라 동을 버리고 달아나더니, 또 일원 대장이 청금투구를 쓰고 청포를 입고 청총마를 타고 청의군사를 거느려 가로막거늘, 동을 버리고 남을 향하여 가니, 또 일원 대장이 적금투구에 적포를 입고 주작을 타고 적의군사를 거느려 내닫거늘, 남을 버리고 서으로 가니, 또 일

10) 오방신장(五方神將): 다섯 방위를 지키는 다섯 신. 동쪽의 청제(靑帝), 서쪽의 백제(白帝), 남쪽의 적제(赤帝), 북쪽의 흑제(黑帝), 중앙의 황제(黃帝).

원 대장이 백금투구를 쓰고 백포를 입고 백호를 타며 백의군사를 거느려 가로막거늘, 서를 버리고 북으로 달아나니, 또 일원 대장이 흑금투구에 흑포를 입고 현무를 타고 흑의군사를 거느려 가로막아서니, 태수가 혼비백산하여 아무리 할 줄 몰라 방황할 즈음에 문득 한 선관이 공중으로서 내려와 꾸짖어 왈(정우락본 하권 14장)

세 본에 모두 같은 내용이 들어 있는데, 동양문고본과 정우락본은 자구가 거의 일치하지만 경판 30장본은 동양문고본의 내용이 거의 요약되어 있음을 알 수 있다.[11)]

율도국 대목은 세 본의 기본적인 줄거리는 같다고 볼 수도 있으나, 그 변이 양상은 너무나도 다르다. 경판 30장본은 다른 두 본에 비해 내용이 매우 간략하고, 정우락본은 동양문고본과 자구가 일치할 정도로 같은 대목이 있는가 하면, 어떤 내용은 다른 어떤 이본에서도 볼 수 없고 동양문고본에만 나오는 것도 있다.

동양문고본의 율도국 정벌 이후의 내용은 3권의 제28장부터 마지막까지의 6장에 모두 집어넣었으므로 경판 30장본에 비해 상당히 짧다. 길동이 율도왕이 된 후 조선에 사신을 보내어 조선왕에게 사례하는데, 이때 보낸 표문의 내용을 경판 30장본과 비교해 보기로 한다.

전임 병조판서 율도왕 홍길동은 돈수백배(頓首百拜)하옵고 일장(一張) 표문을 받들어 왕상 탑하(榻下)에 올리옵나니, 신은 본래 미천한 몸으로 왕작(王爵)을 누리오니 이는 전하의 홍복(洪福)을 힘입사옴이라. 왕사(往事)를 생각하오면 황송전율(惶悚戰慄)하온지라. 복원 성상은 신의 무상(無狀)한 죄를 사하시고 만세(萬世)로 안강(安康)하옵소서.(동양문고본 3권 제29-30장)

전임(前任) 병조판서 율도국왕 신 홍길동은 돈수백배(頓首百拜)하옵고,

11) 동양문고본의 내용이 경판 30장본의 부연인지 아니면 경판 30장본의 내용이 동양문고본의 축약인지는 명백하게 말하기 어렵다.

> 일봉(一封) 표문을 조선국 성상 탑하(榻下)에 올리옵나니, 신이 본디 천비 소생으로 못된 마음이 편협하와 성상의 천심을 산란(散亂)케 하오니 이만 불충(不忠)이 없삽고, 또 신의 아비 천한 자식으로 말미암아 신병이 되오니 이만 불효 없삽거늘, 전하(殿下)가 이런 죄를 사(赦)하시고 병조판서를 시키시며 정조 천 석을 사급(賜給)하옵시니, 이 망극하온 천은을 갚을 길 없사오며, 신이 사방으로 유리(流離)하다가 자연히 군사를 모으니 정병이 수천이라. 율도국에 들어가 한 번 북 쳐 나라를 얻고 외람(猥濫)히 왕위에 거(居)하오니 평생 한이 없사온지라. 이러므로 매양 성상의 대덕을 앙모(仰慕)하와 정조 천 석을 환상(還上)하오니, 복망 성상은 신의 외람한 죄를 사(赦)하시고 만수무강(萬壽無疆)하옵소서.(경판30장본 제27장)

두 본의 내용을 보면 경판 30장본보다 동양문고본 표문의 분량이 훨씬 짧다. 동양문고본의 율도국 전쟁 대목은 다른 본에 비해 매우 긴데 비해 전쟁이 끝난 다음 대목은 대체로 동양문고본이 짧다.

정우락본도 마찬가지로 동양문고본과 비교해보면 대체로 동양문고본에 비해 짧다. 마지막 대목에 길동의 자식에 대한 묘사가 나오는데, 이 대목을 세 이본에서 보면 다음과 같다.

> 왕이 일찍 삼자(三子) 이녀(二女)를 두었으니, 장자(長子)의 명은 현이라, 이는 백씨 소생이요, 차자(次子)의 명은 창이라, 이는 조씨 소생이요, 삼자(三子)의 명은 열이라, 궁인의 소생이요, 이녀도 궁인의 소생이니, 부풍모습(父風母習)하여 개개 기골이 장대하고 문장 필법은 구에 일세(一世) 기남자(奇男子)라. 왕이 아름다이 여겨 장자로 세자를 봉하고, 기차(其次)는 다 각각 봉군(封君)하며, 이녀는 차차 부마(駙馬)를 간택(揀擇)하니, 그 거룩함이 일국에 진동하며 그 위의(威儀) 비길 데 없더라.(경판30장본 제28-29장)

> 왕이 일찍 삼자를 두었으니, 장자(長子)의 명은 현이니 왕비 백씨의 소생이요, 차자(次子)의 명은 창이니 정씨의 소생이요, 삼자(三子)의 명은 석이니 조씨의 소생이라. 장자 현으로 세자를 봉하였더라.(동양문고본 3권 제31-32장)

> 왕이 일찍 삼자를 두었으니 장자의 명은 헌이니 왕비 백씨 소생이요, 차자 명은 창이니 육렬부인 정씨 소생이요, 삼자의 명은 석이니 충렬부인 조씨 소생이라. 셋이다 문학이 출중하고 재모가 과인함이 일호차착이 없는지라. 왕이 장자 현으로 세자를 봉하였더니(정우락본 하권 제23장)

이렇게 전쟁 대목 이후가 짧아지게 된 이유는, 아마도 동양문고본이 세책이기 때문인 것으로 보인다. 동양문고본 세책의 경우 한 책의 분량이 일정하기 때문에 그 일정한 양에 맞추기 위해서는 어쩔 수 없이 내용을 줄일 수밖에 없었을 것으로 보인다.[12] 정우락본의 경우는 선행하는 필사대본이 세책본이었기 때문에 이와 같이 경판 30장본에 비해 내용이 줄어들었을 것이다.

4. 동양문고본의 성격

필자는 <홍길동전>의 이본을 연구하면서 이들 이본을 내용에 따라 경판계열, 완판계열, 필사본계열의 세 계열로 나누었는데, 동양문고본은 경판계열로 분류했다. 동양문고본을 경판계열로 분류한 이유는 동양문고본의 이야기 진행과 자구가 경판 판각본과 같기 때문이다. 동양문고본의 내용을 경판계열의 대표적인 이본인 경판 30장본의 내용과 비교해보면, 율도국 대목 이전까지는 상당히 많은 대목에서 자구까지 거의 일치한다. 그러나 율도국 대목부터는 분량면에서 동양문고본이 경판 30장본에 비해 거의 7배 정도가 된다. 율도국 대목부터는 이렇게 두 본의 분량이 비교할 수 없이 커다란 차이가 있기 때문에 동양문고본을 경판계열로

12) 동양문고에 소장되어 있는 세책들을 판각본이나 필사본들과 내용 비교를 해보면 이런 현상을 좀더 확실하게 알 수 있을 것이다.

분류하는 것에 문제가 있다고 생각할 수도 있으나, 율도국 대목의 기본적인 줄거리도 같기 때문에 동양문고본을 경판계열에 포함시킨 것이다.

율도국 대목 이전까지에서 동양문고본과 경판 30장본의 차이는 별로 큰 것이 없다. 두 본은 상당 부분에서 자구가 일치하는 등 매우 가까운 사이라는 것을 알 수 있었는데, 율도국 대목부터는 너무나도 커다란 차이가 난다. 그런데 동양문고본의 이 율도국 대목은 다른 이본에서는 볼 수 없고, 다만 정우락본에서만 나타난다. 그러나 정우락본은 경판계열의 이본이 아닌 필사본계열의 이본이다. 정우락본의 율도국 대목 이전까지의 내용은 대체로 필사본계열의 이본과 삽화나 자구가 일치하는 경우가 많다. 그렇지만 정우락본의 율도국 대목은 경판 30장본이나 동양문고본과 같은 계통이다.

동양문고본의 특징은 율도국 대목이 확장되어 있다는 점이다. 율도국 대목은 전체의 약 3분의 1 정도인데, 이 내용은 길동이 율도국을 정벌하는 전쟁 내용이다. <홍길동전>에서 가장 논란이 많은 부분이 율도국 대목이다. 이 대목이 <홍길동전> 구조의 통일성을 해치고 있다든가, 또는 군더더기라든가 하는 얘기가 많이 있었다. 동양문고본은 그런 율도국 대목의 내용이 다른 어떤 이본에서도 볼 수 없는 가장 긴 이본이다. 동양문고본 <홍길동전>의 율도국 대목을 해명할 수 있는 열쇠는 바로 이 동양문고본이 세책이라는 점에 있다.

길동이 홍승상의 서자로 태어나서 집안에서 겪는 여러 가지 일은 매우 흥미 있는 내용이다. 그리고 가출한 후 활빈당 활동을 하면서 왕과 아버지를 농락하는 대목과 조선을 떠난 다음 망탕산에서 요괴를 퇴치하고 아버지 장사를 조선에서 모셔오는 대목 또한 재미있다. 그런데 율도국 내용은 율도국 이전까지의 내용과 비교해 볼 때 큰 재미가 있는 대목은 아니다. 완판 계열이라든가 박순호 86장본에서는 율도국을 정벌할 때 약간의 군담이 나오기는 하나, 이런 정도의 군담은 독자의 흥미를 끌기에는 부족한 것이다. 동양문고본의 율도국 대목이 전체의 3분의 1 정도의 분량을 차지할 정도로 확대된 이유는 독자들에게 어떻게 흥미를 줄 수 있는가에 초점을 맞췄기 때문일 것이다.

동양문고본 <홍길동전>은 이와 같이 흥미의 극대화라는 관점에서 접근해야 그 본질을 파악할 수 있으리라고 본다. 일반적으로 많이 알려져 있는 경판계열의 내용을 전반부에는 그대로 따오고, 후반부의 율도국 대목은 더욱 흥미 있는 대목으로 만들어 낸 것이 바로 동양문고본 <홍길동전>이다. 동양문고본의 율도국 대목이 이 책을 필사한 사람이 창작을 했건 아니면 다른 본에 이미 있는 내용을 빌려 왔건, 어쨌든 간에 이 동양문고본은 새로운 하나의 이본을 창조한 것이다. 이것이 동양문고본 <홍길동전>의 가장 중요한 성격이다.

5. 결 론

이 글은 <홍길동전> 동양문고본에 관한 글이지만, 앞에서 말한 대로 <홍길동전> 연구의 한 부분은 아니다. 그것보다는 동양문고에 소장되어 있는 31종의 세책의 연구를 통해서 조선 말기의 세책에 대한 이해를 돕기 위한 연구의 시작이라는 점에 더 의미를 둔 것이다.

세책이란 순전히 영리를 목적으로 하는 것이므로 여기에는 철저한 시장의 논리만 있을 뿐이다. 동양문고에 소장된 31책의 세책 소설 가운데 한 책으로 된 것은 하나도 없다. 동양문고의 세책은 모두 2책 이상으로 되어 있지만, 세책이 아닌 경우 이들 소설은 대부분 한 책으로 된 것이다. 이와 같이 모든 소설이 2책 이상으로 되어 있는 것은 책을 빌려주고 받는 돈 때문일 것으로 추정되는데, 동양문고본 이외의 조종업본이나 정우락본과 같이 2책 이상으로 된 것도 모두 세책이거나 세책과 관련이 있는 것은 매우 흥미로운 일이다. 필자가 조사한 <홍길동전> 이본 29종 가운데 2책 이상으로 되어 있는 것은 이들 세 가지 뿐이다.

18세기 채제공이나 이덕무 같은 사람이 세책의 폐단을 얘기하고 있는 것으로 보아 세책이 상당히 많이 퍼져 있었던 것 같은데, 여기에 대해서 고소설 연구자들의 연구가 아직까지는 본격적으로 이루어지지 않고 있다. 세책에 관한 연구는, 조선 후기의 기록 가운데서 세책에 관한 기록을 찾는 것도 중요하고, 또 남아 있는 세책을 정리하고 이들이 갖고 있는 특징을 조사하고 그 의미를 알아내는 것 또한 중요한 일이다.

고소설의 유통이 시장경제와 어떤 관련을 갖고 있는가, 고소설이 흥미를 원하는 독자의 요구에 어떻게 부응하였는가, 고소설은 어떻게 만들어졌는가 등등의 문제를 해결하는데 세책의 연구는 커다란 도움이 되리라고 생각한다.

*1998년 이 논문을 발표할 무렵에는 동양문고에 소장된 세책의 배접지에 대해서 잘 모르고 있었다. 세책은 많은 사람이 빌려가는 책이므로 세책집에서 두꺼운 종이로 배접을 해서 튼튼하게 만들었다. 세책의 이런 특징은 2000년대에 들어와서 밝혀졌다. 이 논문의 2장에서 세책의 배접을 한남서림이나 동양문고에서 한 것으로 기술한 것은 잘못이다.

6. 홍길동전 필사본 89장본에 대하여

1. 서 론

<홍길동전>의 연구 대본은 이제까지 판각본이 주류를 이뤄왔다. 특히 경판 24장본과 완판 36장본이 작품분석의 주된 자료로 이용되었다. 그런데 판각본은 주지하는 바와 마찬가지로 상업적인 이윤을 추구하는 것이 목표이므로, 아주 기초적인 상업경제의 원리인 최소의 투자로 최대의 이윤을 얻기 위해, 판각본 소설 제작자들은 될 수 있으면 제작비를 줄이려고 했다. 이러한 흔적을 현존하는 여러 종류의 판각본 소설에서 볼 수 있다. 제작비를 줄이기 위한 가장 손쉬운 방법은 판 수를 줄이는 것이다. 판 수를 줄이는 방법은 한 판에 많은 분량을 넣거나 줄거리에 큰 변화를 주지 않는 한도 내에서 분량을 줄이는 것이다. 그래서 판각본 소설의 특징 가운데 하나가 바로 내용을 축약했다는 점이다.[1] 이 내용의 축약은 경판본에서 특히 두드러지게 나타난다. 이와 같은 내용의 축약은 판각본을 필사본과 비교했을 때 명확하게 드러난다. 즉, 줄거리에 큰 차이가 없더라도 판각본에 비해 필사본의 내용이 훨씬 풍부하고 섬세한 경우가 많다. <홍길동전>도 예외가 아니어서 판각본과 필사본의 내용을

1) 조선후기에 유행을 했던 장편소설 가운데 판각본으로 출판된 작품이 없다는 사실과 현존하는 판각본소설 가운데 분량이 100장이 넘는 것이 거의 없다는 사실은 판각본소설의 출판업자들이 될 수 있으면 분량이 적은 책을 출판하려고 했다는 사실을 시사하는 증거이다.

비교해 보면, 판각본과 같은 내용의 필사본도 있지만 판각본에 비해 훨씬 내용이 풍부하고 묘사가 섬세한 필사본이 있다.

<홍길동전>은 소설사에서 뿐만 아니라 한국문학사에서 차지하는 위치가 상당하다. <홍길동전>은 허균이 지은 최초의 한글소설이고, 그 내용은 봉건질서를 타파하려는 사회성이 강한 소설이라는 이제까지의 평가 때문에 학계에서 많은 업적이 쌓여 있어 연구사만을 정리한 논문도 몇 편이 있다. 그럼에도 불구하고 이 많은 연구들이 모두 판각본만을 대상으로 해서 이루어졌지 필사본을 연구의 대상으로 삼지 않았다. 여기에는 이들 필사본이 학계에 소개된 지 얼마 되지 않았다는 점이 가장 큰 이유일 것이나, 고소설 학계에서 이본에 대한 관심이 적기 때문임도 부인할 수 없는 사실이다.

필자는 <홍길동전> 필사본 연구의 필요성을 얘기한 적이 있고, 가능하면 각 필사본의 개별적인 연구가 이루어졌으면 좋겠다는 생각을 했다.[2] 이제까지 알려진 <홍길동전> 필사본은 다음의 5종이다.

① 한문 30장본 (서강대학교 도서관 소장)
② 한글 89장본 (김동욱 교수 소장)
③ 한글 86장본 (박순호 교수 소장)
④ 한글 52장본 (박순호 교수 소장)
⑤ 한글 21장본 (이가원 교수 소장)

이 가운데 52장본과 21장본은 각각 완판 36장본, 경판 30장본과 내용과 자구가 거의 일치하므로 별도의 논의를 요하지 않는다. 그러나 나머지 한문 30장본과 한글 89장본 그리고 한글 86장본은 분량도 많고 세부적인 면에서는 상당히 다르다. 그러므로 <홍길동전>의 좀더 나은 이해

2) 이윤석, "<홍길동전> 이본의 성격에 관한 고찰"『國文學硏究』제12집(경북: 효성여자대학교 국어국문학과, 1989)

를 위해서 또 가능하다면 <홍길동전>의 원형이 무엇인가를 밝히기 위해서 이들 필사본의 연구가 필요하다.[3)]

이 글은 필자의 이런 생각을 구체화하는 작업 가운데 하나로 이들 필사본 가운데 우선 89장본의 연구를 시도하는 것이다. 먼저 89장본의 서지적인 소개와 아울러 줄거리를 요약하여 제시하고 판각본과의 내용비교를 통해 89장본의 성격을 보기로 한다.

2. 작품 소개

1) 서지

이 89장본은 김동욱교수 소장본으로 아직 출판되지는 않았다. 전체가 89장이고 각 면은 10행인데 11행인 면도 몇 면이 있다. 매행 평균 20자 정도이다.

표제는 한문으로 '洪吉童傳'이라고 되어 있고, 본문은 한글과 한자를 섞어서 썼다. 여러 명의 필체가 섞여 있으며, 어떤 면은 한자를 전혀 쓰지 않은 곳도 있고, 어떤 면은 한자를 많이 쓰기도 했다. 한자 가운데 음은 맞지만 글자가 틀린 곳이 많고, 순 우리말을 한자로 쓰기도 했으며, 이두도 가끔 보인다.

이 89장본은 국한문 혼용으로 되어 있지만, 이것은 필사자가 임의로 한자를 섞어서 쓴 것이지 필사한 대본에 있는 한자를 그대로 옮겼다고 볼 수 없다. 왜냐하면 상당히 많은 곳에 틀린 한자가 나오는데 그 모두를 필사자가 앞의 대본을 그대로 베낀 것이라고 볼 수 없기 때문이다. 특히

3) 한문 30장본과 한글 86장본의 개별적인 연구도 앞으로 할 예정이다.

어려운 한자가 나오면 그 가운데 한 두 자만 한자로 쓴 경우가 많은 것으로 보아 89장본의 한자는 필사자가 임의로 쓴 것이 거의 틀림없다.

몇 가지 예를 보면 다음과 같다.

틀린 한자 : ᄭᅵ달르니 檻柯一夢이라(제2장)
書案을 倚之하야 周易을 보아(제15장)
섞어 쓴 예 : 魂비魄산ᄒᆞ여 급피 니러나(제29장)
낭청 大경ᄒᆞ여 그 事연을(제64장)
우리말을 한자로 쓴 예: 風景이 巨彔ᄒᆞ다 하니(제25장)

그리고 몇 군데 앞뒤의 문맥이 연결되지 않는 곳이 있는데 이것은 필사하는 과정에서 빠진 부분이 있기 때문이거나, 필사한 대본에도 빠졌기 때문인 것으로 추정된다.

이상을 종합해 보면 이 89장본은 선행하는 어떤 한글본을 대본으로 필사한 것이다.

2) 줄거리

조선 선종대왕(宣宗大王) 시절에 장안에 홍모(洪某)라는 재상이 있었다. 이 재상에게는 인현(仁賢)이란 아들이 있는데 벼슬은 이조좌랑이다.

홍재상이 어느 날 낮에 용이 몸에 감기는 꿈을 꾸고는 길몽으로 여겨 부인과 관계를 갖으려는데 부인이 거절한다. 마침 종인 춘섬(春蟾)이 차를 올리니 춘섬과 관계를 맺고 첩을 삼았다. 춘섬이 아들을 낳았는데 이름을 길동이라 했다. 길동이 자라면서 비범한 면을 보이나 첩의 자식이므로 호부호형(呼父呼兄)을 못한다. 길동이 "王侯將相寧有種乎"라고 하며 슬퍼한다. 길동이 어머니와 아버지에게 자신의 처지를 하소연하며 출세할 수 있느냐고 묻다가 핀잔만 듣는다. 길동은 차라리 불의에 몸을 던지겠다고 한다.

이때 홍재상의 또 다른 첩인 초랑(楚娘)이 길동과 그 어미를 시기하여 무녀(巫女), 관상녀(觀相女)와 결탁하여 이들을 없앨 계략을 꾸민다. 초랑이 관상녀에게 집안의 자세한 내력을 이야기해 주고 나서 관상녀가 홍재상과 부인에게 접근하여 집안 식구의 관상을 보겠다고 한 후, 길동의 상을 보고 집안에 큰 화를 입힐 상이라고 한다. 홍재상은 길동을 죽여 없애고 싶으나 차마 죽이지는 못하는데 이것이 걱정이 되어 홍재상은 병이 든다. 이 틈에 초랑이 부인과 큰아들에게 길동을 죽여야 재상의 병이 나을 수 있다고 꾀니 부인과 큰아들이 길동을 죽이는데 동의한다. 그동안 길동은 후원 별당에 갇혀 있으면서 병법과 둔갑술을 배운다. 초랑은 특재(特才)라는 자객을 매수해서 부인과 재상의 명령이라면서 길동을 죽이라고 한다. 특재가 별당으로 가서 길동을 죽이려다가 오히려 길동의 둔갑술에 걸려든다. 특재는 초랑, 무녀, 관상녀의 부탁이었다는 말을 하고 살려주기를 간청하나 길동이 죽인다. 그리고 무녀와 관상녀도 잡아다 죽이지만 초랑은 살려준다. 그리고는 재상과 어머니에게 가서 자초지종은 말하지 않고 다만 집을 떠나겠다고 한다. 재상은 오늘부터 호부호형을 허락하니 떠나지 말라고 하고, 어머니도 만류하나 길동은 집을 떠난다. 특재가 실패한 것을 초랑이 알고 부인과 큰아들에게 고하니 부인이 다시 이 일을 재상에게 알렸다. 재상이 큰아들을 크게 꾸짖고 초랑은 내쳤다.

길동을 집을 나와 배회하다 한 곳에 이르러 보니 표자(瓢子) 하나가 시냇물에 떠내려 오므로 시내를 따라 한 마을에 이르렀다. 여기는 태소백산(泰小白山) 도적의 소굴인데 마침 도적의 대장을 뽑는 중이었다. 대장의 자격은 천근이 되는 돌을 드는 일과 합천(合天) 하인사(下人寺)를 치는 일이다. 길동은 이 돌을 들어 대장이 되어 군사를 훈련시키고 하인사를 치기로 한다. 길동은 서울 양반집 자제 차림으로 하인사에 가서 이 절에 묵겠다고 하니 절의 중들이 매우 좋아한다. 길동은 쌀 20석을 먼저 보내 잔치 준비를 시킨다. 잔칫날 음식을 먹다 길동이 일부러 모래를 씹어 음식을 부정하게 했다는 핑계로 모든 중을 결박한 다음 절의 재물을 탈취한다. 관군이 도적을 잡으러 오자 길동은 중의 복색으로 관군을 속여 무사히 돌아온다.

길동은 돌아와서 자신들을 활빈당(活貧堂)이라 부르고 앞으로는 불의한 재물을 뺏아 가난한 사람을 돕는다고 선언한다. 합천군수는 하인사 도적맞은 일을 보고하니 임금이 이 도적을 잡으라는 명을 내린다.

몇 달이 지나 창고가 비자 길동은 함경감영을 습격하여 곡식과 무기를 뺏을 계획을 세운다. 함경감영을 습격할 때 먼저 성문 밖에 불을 지르고 능에 불이 났다고 외치니 성안 사람들이 모두 불 끄러 간 사이에 모두 도적질해 온다. 그리고는 애매한 사람들이 잡혀 고초를 당하는 것을 막기 위해 곡식과 무기를 도적질한 자는 활빈당 행수 홍길동이라는 방을 붙인다. 함경감사는 도적의 종적을 못 찾고 이 일을 조정에 보고하니 임금이 도적을 잡는 자는 만호후를 봉하겠다고 한다.

길동인 초인(草人) 여덟을 만들어 각각 500명씩 군사를 주어 각 도로 보내 각 읍에서 서울로 보내는 재물을 뺏고 또 불의한 사람의 곡식과 재물을 빼앗았다. 왕이 이 도적이 심상치 않음을 알고 걱정하자 포장(捕將) 이흡(李恰)이 길동을 잡겠다고 나선다. 이흡이 길동을 잡으러 가다가 한 소년을 만나니 이 소년이 길동을 같이 잡자고 하여 이흡은 이 소년을 따라 나선다. 그런데 이 소년이 바로 길동이다. 이흡은 오히려 길동에게 잡혀 곤욕을 치르고 풀려났는데 정신을 차려보니 북악산(北惡山)이다.

나라에서 길동을 잡지 못하는 동안 길동은 초헌과 쌍교를 타고 왕래하고 심지어 어사 노릇까지 한다. 임금이 근심하니 한 신하가 길동이 홍재상의 서자임을 알린다. 이에 조정에서 홍재상과 길동의 형인 인현을 잡아 놓고 죄를 주려다가 인현에게 경상감사를 제수하여 길동을 잡아오라고 한다. 인현이 도임하여 자수하라는 방을 써 붙이자 길동이 스스로 나타나 서울로 잡혀간다. 그런데 8도에서 모두 길동을 잡았다는 보고가 오고 실제로 여덟 길동이 잡혀와 서로 자신이 진짜 길동이라고 싸운다. 왕이 홍재상에게 진짜 길동을 찾아내라고 한다. 홍재상은 길동의 오른쪽 다리에 붉은 점이 있으니 알아보라 하고 길동을 꾸짖다가 기절한다. 여덟 길동이 환약을 내어 홍재상의 입에 넣으니 살아난다. 길동이 왕에게 자신의 신세를 말하고 불의한 재물과 탐관오리가 준민고택한 것만을 빼앗았음을 강조한다. 그리고는 3년 후면 조선을 떠날 테니 너무 염려말라고 말하고 모두 쓰러졌는데 다 초인(草人)이었다. 왕이 노하여 길동을 잡는 자는 원하는 벼슬을 주겠다고 한다.

이날 길동이 병조판서를 요구하는 방이 사대문에 붙었다. 나라에서 이 일로 의논을 했는데 결국 병조판서를 줄 수 없다고 했다. 그러나 길동은 잡히지 않으니 다시 경상감사인 인현에게 길동을 잡아들이라고 한다. 길동이 다시 인현에게 와서 자신을 서울로 압송하라고 한다. 왕이 도감포수를 매복시켜 놓고 길동이 잡혀올 때 움직이면 쏘라고 한다. 그러나 길동은 묶은 철사를 끊고 달아난다. 왕이 결국 병조판서를 제수한다. 백관이 도부수를 매복시켰다가 길동이 사은하고 나오는 것을 죽이기로 한다. 그러나 길동은 왕에게 사은하고 공중으로 솟아 사라진다. 왕이 길동의 재주를 칭찬하고 잡으라는 명령을 거둔다.

길동이 구름을 타고 남경(南京)으로 가서 율도국에 이른다. 이곳을 둘러보고는 살만한 곳이라고 생각하여 조선에 돌아와 도적들을 데리고 가기로 한다. 길동은 왕을 찾아가서 자신은 천비 소생이라 벼슬길이 막히었으므로 임금을 모시려 해도 모실 수가 없어 조선을 떠나려는데 쌀 3,000석을 빌려달라고 한다. 임금이 응낙하고 얼굴을 보자고 하니 길동이 고개만 들고 눈을 뜨지 않는다. 길동이 다음날 쌀을 얻어 조선을 떠나 남경 제도 섬에 도착하여 농업을 힘쓰고 남경과 장사도 하며 병기와 화약을 장만하여 군법을 연습한다.

하루는 길동이 활촉에 바를 약을 구하러 망당산으로 바다를 건너간다. 이때 낙천(洛川)현에 사는 백룡(白龍)의 딸이 어느 날 없어져 백룡은 딸을 찾아주는 사람을 사위로 삼겠다 한다. 길동이 약을 캐다 날이 저물어 배회하다가 울동이란 괴물이 여자를 잡아가는 것을 보고 활을 쏘았다. 다음날 핏자국을 보고 울동의 소굴까지 가서 자신은 약초를 캐러온 조선 의원이라고 했다. 울동이 좋아하며 대왕이 부인을 얻어오다가 살에 맞았으니 구해달라고 한다. 길동이 장생불사약이 있다고 속여 약 한 봉을 주어 먹이니 대장이 죽는다. 모든 울동이 속은 줄 알고 길동을 죽이려고 달려드나 길동이 모두 죽인다. 그리고 그 곁에 있는 세 여자를 죽이려고 하니까 세 여자가 요괴가 아니니 살려달라고 한다. 세 여자는 백룡의 딸과 정(鄭), 조(趙)씨의 딸이었다. 길동이 백룡의 딸을 처로 맞이하자, 정, 조 두 여자는 첩이 되기를 간청하므로 첩으로 삼아 제도로 돌아온다.

하루는 길동이 천문을 보다가 눈물을 흘리니 백소저가 그 연유를 묻는다. 길동이 자신의 내력을 말하고, 천문을 보니 아버지가 곧 돌아가실 것 같다고 한다. 길동이 일봉산(一峰山)에 묘를 만들라고 지시하고 중의 복색으로 조선으로 간다. 한편 홍재상은 가족에게 길동이 돌아오면 적서의 분간을 하지 말고 잘 지내라고 당부하고 나이 80에 세상을 떠난다. 발상 후에 길동이 도착하여 형으로부터 아버지의 유언을 듣고 어머니를 만난다. 길동은 가족에게 자신은 중이 되어 지리를 배워 아버지 유택을 정했다고 말하니 형이 가보자고 한다. 정한 곳을 가보니 석각지지(石角之地)라 형이 안 되겠다고 한다. 길동이 탄식하며 땅을 파보니 백학이 날아갔다. 형이 후회하여 길동이 정한 곳이라면 아무리 먼 곳이라고 그곳으로 정하겠다고 한다. 다음날 길동이 형, 어머니와 함께 상구를 모시고 조선을 떠나 제도에 와서 장사지내는데 산역하는 것이 임금의 능과 같았다. 얼마 후 형이 조선으로 돌아가겠다고 하니 선물을 많이 주어 보낸다.

3년 상을 치르고 나서 농업을 힘쓰고 무력을 기르니 군대를 일으킬 수 있게 되었다. 원래 제도(諸島) 근처에 율도국(律島國)이라고 있는데 지방이 수천 리이고 도백(道伯)이 12명이며 대국(大國)을 섬기지 않고 나라가 부유하며 백성이 태평하였다. 길동이 하루는 율도국 칠 것을 제안하니 모든 사람들이 좋다고 하여 드디어 40만 군사를 조발하여 율도국을 친다. 한편 율도왕은 갑자기 공격을 받아 수개월 만에 70여 성을 빼앗겼다. 길동은 율도왕에게 격서를 보내 빨리 항복할 것을 권한다. 화가 난 율도왕이 길동과 싸우다 패하여 자살하니 율도국은 항복한다. 길동이 율도왕과 그 아들을 왕례로 장사지내고는 논공행상을 한다. 그리고 나라 이름을 안남국(安南國)이라 하고 궁궐을 수리하고 나라를 잘 다스리니 백성들이 격양가를 부른다.

하루는 길동이 조회를 마치고 신하들에게 자신의 내력을 말하고 쌀을 빌려준 은혜도 갚고 선영에 소분하려고 사신을 조선에 보낸다. 조선왕이 안남국 왕의 서신을 보고 안남국왕이 바로 길동임을 알고 기뻐한다. 사신이 길동 대신 산소에 소분하고 인현과 대부인을 모시고 안남국으로 온다. 길동이 100리 밖에 나와 맞이한다. 대부인이 제도로 가서 홍승상의 무덤에 제사드린다. 그날밤 대부인이 승상과 즐기는 꿈을 꾸고는 이내 병석에 들어 78세에 세상을 떠나니 승상 곁에 안장한다. 3년이 지나 인현은 조선으로 돌아간다.

춘랑이 70세에 죽는다. 길동이 60세 되니 왕위에 오른지 30년이었다. 길동은 세 아들을 두었는데 왕비 소생의 장사 선(善)은 태자로, 정부인 소생의 차자 창(昌)은 제도군(諸島君)으로, 조부인 소생의 삼자 형(亨)을 제도백(諸島伯)으로 봉했다. 길동이 왕위를 태자에게 전하고 신선의 자취를 찾으려고 왕비와 함께 도성 30리 밖에 있는 명신산(明神山)에 가서 초당을 짓고 일월정기를 마시며 음식을 전폐했다. 하루는 뇌성벽력이 진동하며 길동과 왕비가 사라졌다. 세 아들과 두 첩이 왕과 왕비를 허장하고 모두들 애통해 했다.

3. 판각본과의 내용비교

1) 내용비교할 판각본의 선정

판각본과의 내용비교에 앞서 현재 남아있는 판각본의 현황을 보고, 이들 판각본 가운데 어떤 본을 선택해서 89장본과 내용비교를 할 것인가를 결정하기로 한다.

현재 <홍길동전> 판각본은 다음의 7본이 알려져 있다.[4)]

① 19장본 (안성 박성칠서점)
② 21장본 (宋洞新刊)
③ 23장본 (漁青橋新刊)
④ 23장본 (안성 동문리 신판)
⑤ 24장본 (翰南書林)
⑥ 30장본 (冶洞新刊)
⑦ 36장본 (완판)

필자는 이들 7본의 이본을 검토한 결과 판각본은 그 내용상 완판 36장본을 한 계열로 하고 그 나머지를 한 계열로 하는 두 계열로 나눌 수 있음을 알게 되었다. 완판을 제외한 나머지 6본은 서로 간에 내용이 상

4) 이 7본은 모두 김동욱 편『古小說板刻本全集』제 3권과 제 5권에 수록되어 있다.

당이 다른 부분도 있지만 이들은 모두 하나의 대본으로부터 파생된 것이므로 하나의 계열로 묶는 데 아무 문제가 없다. 그리고 6본 가운데 30장본이 이들 6본의 원형에 가장 가까운 본임을 알게 되었다.[5)] 그러므로 판각본과의 내용비교에 있어서는 경판 30장본과 완판 36장본을 비교의 대본으로 삼는다.

2) 내용비교

앞의 줄거리 소개에서 보았듯이 89장본의 줄거리는 이제까지 알려진 <홍길동전>의 다른 이본의 줄거리와 별로 다르지 않다. 그러나 각 본의 분량이 경판 30장본은 약 19,000자, 완판 36장본은 약 26,000자, 89장본은 약 36,000자 정도이므로 세부적인 묘사에 있어서는 다를 수밖에 없다.

여기서는 89장본의 내용을 경판과 완판의 세부적인 내용과 비교하기로 한다. 편의상 <홍길동전>의 줄거리를 ① 출생과 가출, ② 활빈당 활동, ③ 이상국가 건설의 세 부분으로 나누어 이야기의 전개 순서대로 세 본의 내용을 비교하기로 한다.

① 출생과 가출

각본의 첫머리를 보면,

> 아조(我朝) 선종대왕(宣宗大王) 즉위 시에 장안(長安)에 한 재상이 있으니, 성(姓)은 홍(洪)이요, 명(名)은 모(某)라.(89장본)

---

5) 이윤석, 전게논문
宋晟旭, 「<洪吉童傳> 異本新考」, 冠岳語文硏究 제13집(서울: 서울대학교 국어국문학과, 1988. 12)에서는 <홍길동전> 판각본의 이본계열을 4갈래로 나누고 그 가운데 30장본을 가장 선행본으로 보았다.

화설(話說). 조선국 세종조 시절에 한 재상이 있으니 성은 홍이요 명은 모(某)라.(경판본)

조선국 세종대왕 즉위 십오 년에 홍희문 밖에 한 재상이 있으되, 성은 홍(洪)이요 명은 문이니(완판본)

라고 하여 89장본은 선종대왕 때가 시대적 배경이다.[6)]

길동이 자신의 신세를 탄식하는 대목은 <홍길동전>의 전체적인 성격을 파악하는데 매우 중요한 단서가 되는 대목이다. 각 이본의 이 대목을 보면 다음과 같다.

일일은 추구월(秋九月) 망일(望日)이라. 벽공(碧空)은 조요(照曜)하고 금풍(金風)은 소슬(蕭瑟)한데, 즐거운 사람은 흥(興)을 돕고 근심 있는 사람은 비회(悲懷)를 자아내는지라. 길동이 서당에서 독서하다가 서안(書案)을 밀치고 탄식 왈, "대장부 세상에 처하여 공맹(孔孟)의 도덕이 못될진대, 차라리 출장입상(出將入相)하여 나거든 달만한 대장인(大將印)을 요하(腰下)에 비껴 차고 장대(將臺)에 높이 앉아 천병만마(千兵萬馬)를 지휘간(指揮間)에 넣어 두고, 좌작진퇴(坐作進退)하며 동정서벌(東征西伐)하여 국가에 대공(大功)을 세워 성명을 전하며, 들어서는 일인지하(一人之下)요 만인지상(萬人之上)이라. 이음양순사시(理陰陽順四時)하여 국가를 충성으로 모셔 기특한 이름을 후세에 유전(遺傳)하고 얼굴을 기린각(麒麟閣)에 그려 빛냄이 장부의 쾌(快)한 일이라. 고인(古人)이 운(云)하되, '왕후장상영유종호(王侯將相寧有種乎)' 하였으니 누를 이른 말인고? 세상 사람이 다 부형을 부르되 나는 아비를 아비라 못하고 형을 형이라 못하는고?"(89장본 제4~5장)

추구월(秋九月) 망간(望間)을 당하매, 명월(明月)은 조요(照耀)하고 청풍(淸風)은 소슬하여 사람의 심회를 돕는지라. 길동이 서당에서 글을 읽다가 문득 서안(書案)을 밀치고 탄왈(嘆曰), "대장부(大丈夫)가 세상에 나매 공맹(孔孟)을 본받지 못하면, 차라리 병법을 외워 대장인(大將印)을 요하(腰下)에

6) 89장본 이외의 모든 이본의 시대적 배경은 세종조로 되어 있다.

비껴 차고 동정서벌(東征西伐)하여 국가에 대공을 세우고 이름을 만대(萬代)에 빛냄이 장부의 쾌사(快事)라. 나는 어찌하여 일신(一身)이 적막하고 부형이 있으되 호부호형을 못하니 심장이 터질지라. 어찌 통한(痛恨)치 않으리오."(경판 30장본 제2장)

추칠월(秋七月) 망일(望日)에 명월을 대하여 정하(庭下)에 배회하더니, 추풍은 삽삽(颯颯)하고 기러기 우는 소리는 사람의 외로운 심사를 돕는지라. 홀로 탄식하여 왈, "대장부 세상에 나매, 공맹(孔孟)의 도학(道學)을 배워 출장입상(出將入相)하여 대장인수(大將印綬)를 요하(腰下)에 차고 대장단(大將壇)에 높이 앉아 천병만마를 지휘 중에 넣어두고, 남으로 초(楚)를 치고, 북으로 중원(中原)을 정하며, 서으로 촉(蜀)을 쳐 사업을 이룬 후에 얼굴을 기린각(麒麟閣)에 빛내고, 이름을 후세에 유전(遺傳)함이 대장부의 떳떳한 일이라. 옛 사람이 이르기를, '왕후장상(王侯將相)이 씨 없다' 하였으니, 나를 두고 이름인가, 세상 사람이 갈관박(褐寬博)이라도 부형을 부형이라 하되, 나는 홀로 그렇지 못하니 이 어인 인생으로 그러한고?"(완판 36장본 제2장)

이것을 보면 89장본에는 경판과 완판에 따로따로 있는 내용이 같이 들어 있음을 알 수 있다. 즉, 89장본과 경판에는 '추구월망일'이라고 했으나 완판에는 '추칠월망일'이라고 했고, 89장본과 완판에 있는 "왕후장상 씨 없다"라는 말은 경판에는 없다.

89장본에는 길동이 두 번에 걸쳐 홍승상에게 하소연을 하나 다른 본에는 한 번만 얘기하는 것으로 되어 있다. 89장본은 집안에서의 천대가 심하다고 어머니인 춘섬에게 길동이 말하는 가운데 "옛 적 장중의 길생은 賤婢 소生으로 그 어미를 離別하고 熊蜂山에 들어가 道를 닦아 後世에 아름다운 이름을 傳하였나니" (제7장)라고 했고, 경판본에는 "옛날 장충의 아들 길산은 천생이로되 십삼 세에 그 어미를 이별하고 운봉산에 들어가 도를 닦아 아름다온 이름을 후세에 유전하였으니" (제3장)라고 했는데 완판에는 이 대목이 없다.

관상녀가 길동의 관상을 보고 나서 홍승상에게 왕후장상이 어찌 씨가 있겠느냐고 말하는데 경판본에는 이런 말이 없다. 그리고 길동을 죽이기로 마음을 먹은 후 부인과 큰 아들이 길동 죽이는 일을 합리화하기 위해 몇가지 이유를 댈 때, 경판과 완판에는, 첫째 나라를 위함이고, 둘째 홍승상을 위함이고, 셋째 홍씨 문중을 위한다고 한다. 그러나 89장본에는 첫째와 둘째 이유만을 말한다.

특재가 길동을 죽이려다가 오히려 죽는 대목은 89장본이 경판본과 완판본에 비해 훨씬 길다. 그리고 89장본에는 길동이 특재와 무녀 그리고 관상녀 등 셋을 죽이나, 경판본과 완판본에는 특재와 관상녀만을 죽인다. 89장본에는 죽은 무녀와 관상녀의 부모가 이들을 찾는 대목이 있다.

② 활빈당 활동

길동이 집을 떠나 돌아다니다 거처를 정하는 대목을 보면

> 갈 바를 알지 못하여 주저하더니, 홀연 난데없는 표자(瓢子) 물 위로 떠내려 오더라. 마음에 혜오되, '이 심산궁곡(深山窮谷)에 어찌 인가(人家) 있으리오. 반드시 절이 있도다' 하고, 시내를 좇아 수리(數里)를 들어가니, 또한 시내 그치고 폭포 사이로 은은히 석문(石門)이 닫혔거늘, 길동이 석문을 밀치고 들어가니, 천지광활(天地廣闊)하고 일망무제(一望無際)에 산천이 험조(險阻)하여 하늘이 정하신 동구(洞口)러라. 수백 호 인가 즐비하고(89장본 제29장)

> 인가(人家)를 찾아 점점 들어가니 큰 바위 밑에 석문(石門)이 닫혔거늘, 가만히 그 문을 열고 들어가니 평원광야(平原廣野)에 수백 호 인가가 즐비(櫛比)하고(경판 30장본 제7장)

> 바야흐로 주저하더니, 한 곳을 바라보니 괴이한 표자(瓢子) 시냇물을 좇아 떠오거늘, 인가 있는 줄 짐작하고 시냇물을 좇아 수리(數里)를 들어가니, 산천이 열리인 곳에 수백 인가 즐비하거늘(완판 36장본 제10장)

위의 예문을 보면, 완판본의 표자가 떠내려온 것을 보고 시내를 좇아 가서 인가에 이르는 대목은 경판본에는 없고, 경판본의 석문을 통해 인가를 찾아가는 대목은 완판본에는 없다. 그런데 89장본에는 표자가 떠내려 온 것을 보고 찾아 올라가서 석문을 열고 들어가니 인가가 나타난다고 했다.

경판본에는 도적의 대장이 되기 위해 제시하는 조건이 큰 돌을 드는 것뿐이지만 완판본과 89장본에는 해인사(89장본에는 下人寺) 치는 시험이 더 있다. 그리고 경판본은 89장본과 마찬가지로 해인사를 치고 나서 바로 스스로를 활빈당이라고 부른다. 그런 다음 함경감영을 습격하여 군기와 곡식을 뺏은 후에 함경감영을 습격한 자는 홍길동이란 방을 붙인다. 그러나 완판본에는 함경감영을 습격한 다음 활빈당이란 동호를 정하고 방을 붙인다. 이 방을 붙이는 이유에 대해서 경판본에는 아무 설명이 없으나 89장본과 완판본에는 애매한 사람이 다칠까 염려하여 방을 붙인다고 했다.

길동이 요술로 초인을 만드는 대목을 보면,

> 이날 밤에 길동이 초인(草人) 여덟을 만들어 각각 진언(眞言)을 염(念)하여 혼백(魂魄)[7]을 붙이니, 여덟 초인이 일시에 팔을 뽐내며 크게 소리하고 아홉 길동이 되어 한곳에 모여 수작(酬酌)을 난만(爛漫)히 하니, 어느 것이 참 길동인 줄을 알지 못할러라. 모든 도적이 손뼉 치며 웃어 왈, "장군의 신기묘술(神奇妙術)은 귀신도 측량치 못하리로소이다." 여덟 길동을 한 도(道)에 하나씩 보내고, 한 길동에게 도적 오백 명씩 거느려 가게 하니 모든 도적이 각각 행장(行裝)을 차려 길을 떠나더라. 아홉 길동이 내(內) 여덟 길동은 한 도에 하나씩 보내고, 하나는 활빈당에 누었으니, 어느 길동이가 참 길동인지 저희도 모르더라.(89장본 제39~40장)

7) "여덟을 만들어 각각 진언(眞言)을 염(念)하여 혼백(魂魄)"은 원문에는 빠졌으나, 조종업본을 참고하여 보충하였음.

> "그대 등은 나의 재주를 보라." 하고, 즉시 초인(草人) 일곱을 만들어 진언(眞言)을 염(念)하고 혼백(魂魄)을 붙이니, 일곱 길동이 일시에 팔을 뽐내며 크게 소리하고 한 곳에 모여 난만(爛漫)히 수작(酬酌)하니, 어느 것이 정 길동인지 알지 못하는지라. 팔도에 하나씩 흩어지되, 각각 사람 수백여 명씩 거느리고 다니니, 그 중에도 정 길동이 어느 곳에 있는 줄 알지 못할러라. (경판 30장본 제10장)

> 초인(草人) 일곱을 만들어 각각 군사 오십 명씩 영거(領去)하여 팔도(八道)에 분발(分發)할새, 다 각기 혼백을 붙여 조화무궁(造化無窮)하니 군사 서로 의심하여 어느 도(道)로 가는 것이 참 길동인 줄을 모르더라.(완판 36장본 제14~15장)

라고 하여 89장본은 초인 여덟을 만들었고, 경판본과 완판본은 일곱을 만들었다고 했다 이후에 여덟 길동이 8도에서 모두 스스로 잡혀와 국문을 당할 때 임금에게 신세 한탄과 변명을 하고 쓰러진다. 그런데 89장본과 경판본에는 쓰러진 초인이 여덟이라고 했고, 완판본에는 참 길동은 간 곳이 없고 초인은 일곱이라고 했다. 89장본과 경판본에는 길동이 임금에게 하소연할 때 조선을 떠날 것이라고 말하는데 완판본에는 이 대목이 없다. 그러나 완판본에는 89장본이나 경판본에서는 볼 수 없는 불교를 비방하는 대목이 있다.

길동이 병조판서를 요구하여 제수받을 때까지의 내용이 경판본과 89장본은 큰 차이가 없으나 완판본은 상당히 다르다. 경판본에는 길동이 경상감사인 형에게 연고없는 포졸을 뽑아 자신을 압송하라는 대목과 조정에서 도감포수를 매복시켜 길동을 죽이려는 대목이 없다. 완판본에는 이 두 대목이 모두 있다. 그리고 길동이 병조판서 요구하는 시기가 89장본이나 경판본과 달리 두번째 서울로 압송되었다가 도망한 뒤이다. 그러나 완판본이 다른 본과 전혀 다른 부분은, 길동이 병조판서 요구 이후 조정에서 자신을 모함하는 자, 혹세무민하는 중, 불의한 일을 많이 하는 재상가의 자식, 장안의 호당지도를 잡아다 혼을 내는 대목이다. 이 대목은 다른 본에는 없다.

③ 이상국가 건설

길동이 왕에게 정조 3,000석(경판본은 1,000석)을 요구하기 전에 남경 율도국을 다녀오는 대목이 완판에는 없다.

왕에게 정조를 빌어 조선을 떠나는 대목을 보면,

> 각설. 길동 삼천 도적당(盜賊黨)이며, 저희 가솔(家率)과 가산(家產) 일용지물(日用之物)이며, 또 정조 삼천 석을 다 실리고 조선을 하직하고 망망대해를 향하여 순풍에 돛을 달고 남경 근처 제도 섬 중에 무사히 들어가, 일변 가사(家舍)를 지으며 농업을 힘쓰며, 남경 상고(商賈)질도 하고, 군기와 화약을 무수히 장만하며 군법을 연습하더라.(89장본 제64~65장)

> 각설. 길동이 정조 일천 석을 얻고 삼천 적당을 거느려 조선을 하직하고 대해에 떠 남경 땅 제도섬으로 들어가 수십만 집을 지으며 농업을 힘쓰고, 혹 재주를 배워 무고(武庫)를 지으며 군법을 연습하니(경판 30장본 제10장)

> 이날 길동 삼천 적군을 거느려 망망대해로 떠가더니, 성도라 하는 도중(島中)에 이르러 창고를 지으며 궁실을 지어 안돈(安頓)하고, 군사로 하여금 농업을 힘쓰고, 각국에 왕래하여 물화(物貨)를 통하며, 무예를 숭상하여 병법을 가르치니, 삼년지내에 군기(軍器) 군량(軍糧)이 뫼 같고, 군사 강하여 당적(當敵)할 이 없을러라.(완판 36장본 제26장)

라고 하여 89장본과 경판본에는 미리 답사했던 제도로 가고 완판본에는 성도로 갔다고 했다.[8)]

---

8) 미리 답사했던 섬의 이름이 경판 30장본에는 제도라고 했고, 89장본에는 그냥 한 섬이라고 했다. 그리고 완판 36장본에는 성도로 갔다고 했으나 뒤에 길동이 망당

길동이 망당산에서 요괴를 죽인 후 구해준 여자가 89장본에는 백룡, 정, 조 등 3인의 딸이고, 경판본에는 백룡, 조철 2인의 딸이고, 완판본에는 백룡, 정, 통 등 3인의 딸이다.

길동이 천문을 살펴 아버지의 죽음이 임박한 것을 알고 조선으로 떠날 때 89장본과 경판본에는 중의 복색으로 가는데 완판에는 그런 내용이 없다. 그러나 길동이 아버지의 산소를 제도에 쓰기 위해 형을 속이는 대목이 89장본과 완판본에는 있으나 경판본에는 없다.

각 본의 율도국을 묘사한 대목을 보면 다음과 같다.

> 원래 제도 섬 근처에 한 나라가 있으되 이름은 율도국(律島國)이라. 지방(地方)이 수만 리요, 도백(道伯)은 십이 원(員)이라. 본디 밖에 있어 대국(大國)을 섬기지 아니하고 대대로 전위(傳位)하여 인정(仁政)을 행하니, 나라가 요부(饒富)하고 백성이 평안하였더라.(89장본 제77~78장)

> 차시 율도국이란 나라가 있으니, 지방이 수천리요, 사면이 막히어 짐짓 금성천리(金城千里)요 천부지국(天府之國)이라.(경판 30장본 제24장)

> 근처에 한 나라가 있으니 이름은 율도국이라. 중국을 섬기지 아니하고 수십 대를 전자전손(傳子傳孫)하여 덕화(德化) 유행(流行)하니, 나라가 태평하고 백성이 넉넉하거늘(완판 36장본 제32장)

율도국을 치는 대목의 줄거리는 세 본이 대체로 같다. 그러나 장군의 이름, 전술, 길동이 율도왕에게 보낸 격서의 내용 등은 세 본이 각기 다르다. 길동이 왕위에 오른 다음 국호를 89장본에는 안남국이라고 했다. 그리고 경판본에는 특별히 나라이름을 정했다는 대목은 없으나, 조선왕에게 길동이 표문을 보낼 때 율도왕의 표문이라고 한 것으로 보아 율도

산의 요괴를 물리치고 올 때는 제도로 돌아온다고 했다.

국이라고 정한 것 같다. 그러나 완판본에는 나라 이름에 대한 언급이 없다.

길동이 왕위에 오른 이후의 이야기는 89장본과 경판본이 거의 같다. 다만 경판본에는 길동이 신선의 도를 닦다 사라지기 전에 육환장을 지닌 노인이 인도하는 것으로 되어 있고, 길동의 자식들의 뒷얘기가 간략하게 나와 있다. 그러나 완판본에는 길동이 왕위를 태자에게 전하고 신선의 도를 닦다가 사라지는 대목만 있고 그밖의 이야기는 없다. 완판본에는 조선에서 대부인이 죽었다는 것과 길현이 출세한 후에 길동을 못 잊어한다는 뒷얘기가 들어있다.

4. 89장본의 성격

앞에서 89장본의 내용을 경판 30장본, 완판 36장본과 비교한 결과 89장본의 줄거리는 경판이나 완판과 크게 다르지 않은데 그 중에서도 경판 30장본과는 거의 일치한다는 것을 알았다. 그러나 89장본의 분량이 경판 30장본의 약 2배가 되므로 같은 줄거리라고 하더라도 세부적인 묘사가 훨씬 섬세하고 풍부하거나 아니면 줄거리가 변하지 않는 정도에서 작은 에피소드가 더 들어 있다. 길동이 자기를 잡으러 온 포도대장을 자신의 소굴로 끌어들여 골탕을 먹이려는 대목을 두 본에서 보면,

> 그 소년이 이르되, "이곳이 길동의 굴혈(窟穴)이라. 내 먼저 들어가 적세(賊勢)를 탐지하고 올 것이니 그대는 여기서 기다리라." 하니, 포장이 대왈(對曰), "내 이미 그대로 더불어 사생(死生) 허락하여 이곳에 왔거늘, 나를 어찌 이곳에 혼자 두어 시랑(豺狼)의 해(害)를 보게 하느뇨." 그 소년이 웃어 왈, "대장부 어찌 시랑을 두려워하리오. 그대 진실로 겁할진대, 내가 여기 기다릴 것이니 그대 먼저 들어가 탐(探)하고 오라." 한대, 포장이 왈, "그대

> 말이 하 설설하니 빨리 들어가 적세를 살펴 오라. 이 도적을 잡으면 대공을 이룰 것이니 명심하라." 소년이 미소부답(微笑不答)하고 표연(飄然)히 산곡(山谷)으로 들어가거늘, 포장이 홀로 서서 기다리더니, 문득 일락함지(日落咸池)하고 월출동령(月出東嶺)하니 모진 시랑은 사면에 왕래하거늘, 포장 마음에 황겁(惶怯)하여 진퇴유곡(進退維谷)이라. 하릴없어 큰 나무를 안고 소년 오기를 기다리더니, 홀연 산곡간(山谷間)에서 들레는 소리 요란하더니 수십 군졸이 내려오거늘,(89장본 제44장)

> 그 소년이 문득 돌아서며 왈, "이곳이 길동의 굴혈이라. 내 먼저 들어가 탐지할 것이니, 그대는 여기서 기다리라." 포장이 마음에 의심되나 빨리 잡아옴을 당부하고 앉았더니, 이윽고 홀연 산곡(山谷)으로 좇아 수십 군졸이 요란히 소리 지르며 내려오는지라.(경판 30장본 제12장)

라고 하여 89장본에는 경판 30장본에는 없는 포장이 겁을 내는 대목이 있다. 그러나 이 포장이 겁을 내는 대목은 줄거리에 영향을 미칠 정도는 아니다. 89장본의 줄거리는 물론 세부적인 내용이 경판 30장본과 완전히 일치하면서도 분량이 거의 두 배가 되는 것은 줄거리에 영향을 주지 않는 정도에서 이런 식으로 좀더 풍부한 내용이 들어있기 때문이다. 그리고 앞의 예문에서 볼 수 있듯이 89장본과 경판 30장본 사이에는 글자가 일치하는 것이 많다. 이와 같이 이야기의 전개가 일치하고 또 자구까지도 일치하는 곳이 많다는 것은 두 본 사이에 어떤 관계가 있다는 것을 얘기한다고 보겠다. 두 본 사이에 영향관계가 있다고 할 때 두 가지 경우를 생각할 수 있는데 하나는 경판 30장본이 89장본에서 줄거리에 영향의 미치지 않는 정도에서 적당히 글자를 빼내고 문맥이 통하게 만들어 분량을 줄인 경우이고, 다른 하나는 89장본이 경판 30장본을 바탕으로 이야기를 덧붙이거나 묘사를 섬세하게 하여 분량을 늘인 경우이다.

89장본과 완판본의 내용을 비교해 보면, 두 본의 기본적인 줄거리는 같지만 세부적으로는 상당히 다르다. 89장본과 경판 30장본 사이에는 같은 대목에 서로 일치하는 글자가 상당히 많은 데 비해 89장본과 완판 36장본은 일치하는 글자가 별로 없다. 길동이 포도대장을 자신의 소굴로 끌어들이는 대목을 보면, 89장본이나 경판 30장본과는 다르다. 다른 두 본은 길동이 포도대장의 용력을 시험하고 나서 칭찬의 말을 한 후 포도대장을 데리고 한 곳에 이르러 기다리라고 하는데 완판 36장본의 이 대목은,

> 그 소년이 몸을 돌아앉으며 왈, "장사로다. 이만하면 홍길동 잡기를 염려치 아니하리로다. 그 도적이 지금 이 산중에 있으니, 내 먼저 들어가 탐지하고 올 것이니 그대는 이곳에 있어 나의 돌아오기를 기다리라." 하거늘, 이업이 허락하고 그 곳에 앉아 기다리더니, 이윽하여 형용이 기괴한 군사 수십인이 다 황건(黃巾)을 쓰고 오며(제16장)

라고 하여 칭찬의 말과 기다리라는 말을 한꺼번에 한다. 이 대목을 89장본과 경판 30장본과 비교해 보면 미세한 줄거리도 다를 뿐 아니라 글자도 일치하는 것이 적어 89장본과 완판 36장본의 관계는 89장본과 경판 30장본의 관계와는 다름을 알 수 있다.

완판 36장본은 89장보다 훨씬 분량이 적지만 89장본에서는 볼 수 없는 대목이 있다. 예를 들면, 길동이 임금에게 국문을 받을 때 해인사와 함경감영을 습격한 일을 변명하는 대목이나, 병조판서를 제수받기 전후의 대목은 89장본에는 없다. 또 길동이 왕위에 오른 이후의 이야기는 89장본과는 다르다. 그러나 완판 36장본에는 경판 30장본에는 없지만 89장에는 있는 대목도 많다. 몇 가지 예를 보면, 길동이 자신의 신세를 탄식하며 "古人이 云하되 王侯將相寧有種乎하였으니 뉘를 이른 말인고"(89장본 제5장)라고 하는 말이 완판 36장본에는 "옛 사람이 이르기를 왕후장상이 씨 없다 하였으니 나를 두고 이름인가"(제2장)라고 되어 있고, 또 길동이 초랑을 죽이려다 "생각하되 令人負我언정 無我負人이

라"(89장본 제24장)하는 대목이 완판 36장본에도 "홀연 생각 왈 영인부 아언정 무아부인이라"(제8장)라고 되어 있다. 이렇게 글자가 일치하는 대목 이외에도 길동이 적굴을 찾아갈 때 표자가 떠내려 오는 것을 보고 찾아간다든가, 홍승상의 묘를 제도에 쓰기 위해 형을 속이는 대목 등은 경판 30장본에는 없다. 이것을 보면 89장본과 완판 36장본의 관계는, 89장본과 경판 30장본 사이와 같은 형태의 축약이나 부연의 관계는 아니더라도, 서로 간에 관계가 있는 것이 틀림없다.

그러면 이들 세 본의 서로간의 관계는 어떤 것일까?

앞에서 세 본을 서로 비교한 것을 보면, 89장본과 경판 30장본의 관계는 핵심이 되는 부분의 글자는 바꾸지 않고 어느 한 본이 다른 한 분을 줄이거나 덧붙인 것이고, 89장본과 완판 36장본의 관계는 자구에 관계없이 전체 줄거리가 변하지 않는 정도에서 어느 한 본이 다른 한 본에 영향을 준 것으로 보인다. 그리고 경판 30장본과 완판 36장본은 서로 간에 어떤 영향을 주고받지 않은 것 같다.

그렇다면 어떤 본을 바탕으로 해서 줄이거나 늘인 것일까?

필자는 필사본 89장본이 경판 30장본이나 완판 36장본에 선행하는 바탕이 되는 본이라고 생각한다. 이러한 추리를 가능케 하는 이유는 다음과 같다.

경판 30장본과 완판 36장본을 비교해 보면 두 본에는 서로 다른 본에는 없는 내용이 많이 들어있다. 그런데 이렇게 따로따로 들어있는 내용이 89장본에는 거의 모두가 들어있다. 그리고 앞의 내용비교를 통해 89장본은 완판 36장본이나 경판 30장본과 어떤 관계가 있음을 알았다. 그렇다면 필사본 89장본이 경판 30장본과 완판 36장본의 두 본의 내용을 합쳐서 만든 것이 아닌 한, 경판 30장본은 89장본을 축약한 것이고 완판 36장본은 89장본의 영향 아래 이루어진 것이라고 보아야 한다. 그런데 앞의 내용비교에서 보았듯이 89장본과 경판 30장본 사이의 관계와 89장본과 완판 36장본 사이의 관계는 그 관련의 성격이 각기 다르다. 그러므로 89장본이 두 본을 합쳐서 만들어진 것이라고 볼 수는 없다. 그리고 제작원가를 줄이기 위해 분량을 줄이는 것이 판각본의 특징인 것을 생각해보면 경판 30장본과 완판 36장본은 89장본을 축약했을 가능성이 매우 크다.

그러므로 경판 30장본은 89장본의 기본 골격이 되는 글자는 바꾸지 않으면서 89장본을 축약한 본이고, 완판 36장본은 89장본의 줄거리를 토대로 분량은 줄이고 여기에 몇가지 다른 내용을 덧붙인 것이다. 이렇게 보면 89장본은 이제까지 <홍길동전> 연구의 주된 대본으로 사용되었던 경판본이나 완판본에 선행하는 본이라는 것을 알 수 있다.

5. 결 론

이 글은 <홍길동전> 연구에서 소홀히 취급되었던 <홍길동전> 필사본에 관한 연구로서 필사본 가운데 89장본의 내용을 경판 30장본, 완판 36장본과의 비교를 통해 그 특징을 살펴본 것이다.

이제까지의 논의를 간단히 요약하면 다음과 같다.

필사본 89장본은 선행하는 한글본을 필사한 것이다. 그리고 경판 30장본은 필사본 89장본을 축약한 본으로, 축약한 형태는, 기본 골격이 되는 글자는 그대로 두고 분량을 줄인 것이고, 완판 36장본은 필사본 89장본의 줄거리를 바탕으로 분량을 줄이고 여기에 몇 가지 이야기를 덧붙인 것이다.

이상의 논의를 통해 필사본 89장본이 현재 남아있는 판각본보다 선행하는 본이라는 것을 알 수 있으나 이 89장본이 <홍길동전>의 원형이라고 말하기는 아직 어렵다. 앞으로 한문본과 필사본 86장본에 대한 개별적인 연구를 더 해서 <홍길동전> 전체 이본 사이의 관계를 알아보고 난 후에 원형의 문제는 논의할 수 있을 것이다. 그리고 이제까지 명확하게 밝혀내지 못하고 있던 경판본과 완판본 사이의 관계를 이 연구를 통해 어느 정도 해결할 수 있게 된 것 같다. 물론 다른 필사본을 더 검토해 보아야 명확해지겠지만 이 글에서 드러난 것만으로도 완판본과 경판본은 선행하는 어떤 본으로부터 영향을 받아 각기 개별적으로 이루어진 것이지 서로 간에 영향을 주고받은 것은 아닌 것이 확실한 것 같다.

필사본에 대한 개별적인 연구와 판각본에 대한 좀더 면밀한 검토를 통해 <홍길동전> 이본 사이의 관계를 명확히 정리한 후에 원본의 문제가 논의될 수 있으며, 이러한 서지적 작업을 어느 정도 이룬 후에 <홍길동전>에 대한 좀더 나은 이해를 기대할 수 있을 것이다.

자 료 편

1. 홍길동전(89장본)

아조(我朝) 선종대왕(宣宗大王)[1] 즉위 시에 장안(長安)에 한 재상이 있으니, 성(姓)은 홍(洪)이요, 명(名)은 모(某)라. 세대(世代)로 작록(爵祿)이 그치지 아니하여 부귀권세 일국에 으뜸일러라. 일찍 급제하여 벼슬이 재상에 처하매 위인 청렴강직하여 명망이 조정에 가득하매 전하(殿下) 특별히 애휼(愛恤)하시더라. 또한 일자(一子)를 두었으되 이름은 인현(仁賢)이니, 일찍 급제하여 벼슬이 이조좌랑(吏曹佐郎)에 처하매 전하 특별히 애휼하시더라.

공(公)이 춘화(春和) 시를 당하여 홀연 몸이 곤하여 비몽사몽간(非夢似夢間)에 인하여 한 곳에 다다르니, 청산은 첩첩하고 녹수는 잔잔한데 푸른 버들은 초록장(草綠帳)을 드리웠고, 자백등풍[2]에 벗 부르는 황조(黃鳥)는 춘흥(春興)을 자아내니 경개(景槪) 가려(佳麗)하더라. 공이 경개를 탐하여 점점 들어가니, 길이 끊기고 층암절벽이 하늘에 닿았는데, 흐르는 폭포는 백룡이 뛰놀 듯, 만장(萬丈) 석담(石潭)에 채운(彩雲)은 어려 있거늘, 공이 대발호홍(大發豪興)[3]하여 석상(石上)에 비겨 정(正)히 풍경을 구경하더니, 문득 뇌성벽력(雷聲霹靂)이 천지진동하여 수세(水勢) 용용(湧湧)하여 청풍이 일어나며, 청룡이 수염을 거스리고 눈을

1) 선종대왕(宣宗大王): 조선에 선종이라는 임금의 묘호(廟號)는 없으므로 임의로 붙인 것으로 보임.

2) 자백등풍: 미상.

3) 대발호홍(大發豪興): 크게 홍이 나서.

2 부릅뜨고 주홍 같은 입을 벌리고 공을 향하여 달려들어 시살(弑殺)코자 하거늘, 공이 대경(大驚)하여 몸을 피코자 하더니 용이 벌써 몸에 감겼거늘, 깨달으니 남가일몽(南柯一夢)이라.

심중에 대희하여 즉시 내당에 들어가니 부인 일어 맞거늘, 피차 좌(座)를 정한 후에 공이 희색을 띄우고 부인의 옥수(玉手)를 잡아 정(正)히 친합(親合)[4]코자 하거늘, 부인이 염용(斂容) 정색(正色) 왈(曰),

"상공(相公)의 체위(體位) 지중하실 뿐더러 또한 연소호기(年少豪氣) 아니어든, 황(況) 백주(白晝)에 시비(侍婢) 등이 규방(閨房)을 규시(窺視)함을 생각지 아니하고 연소경박자(年少輕薄者)의 비루한 행실을 본받고자 하시니, 그윽이 상공을 위하여 취치 아니하느니라."

하고, 언파(言罷)에 옥수를 뿌리치고 문을 열고 나가거늘, 공이 가장 무렴(無廉)하여[5] 몽사(夢事)를 설파(說破)코자 한즉 천기(天機)를 누설함이 불가한지라. 분울(忿鬱)함을[6] 참지 못하여 성낸 기색을 띄고 외당(外堂)에 나와 부인의 지감(知鑑) 없음을 탄식하더니, 마침 시비 춘섬(春蟾)이 차를 받들어 올리거늘, 차를 받아 놓은 후에 마침 고요함을 인하여 춘섬의 손을 이끌고 협실(夾室)에 들어가 정히 친합하니, 이때 춘섬의 나이 이구(二九) 동비(童婢)라. 비록 천비(賤婢)의 사역(使役)을 하나
3 천성이 온순하고 처신과 행실이 규중(閨中) 처자(處子)나 다름이 없더라. 인물이 하등은 아닐러라. 공이 불의에 위의(威儀)를 베풀어 은근한 정을 베푸니 춘섬이 감히 항거치 못하여 드디어 몸을 허(許)한 후에, 이날부터 문외에 나지 아니하고 다른 장부를 취할 뜻이 없으니, 공이 기특히 여겨 인하여 첩을 삼으니, 춘낭(春娘)이 그 달부터 잉태하니, 공의 큰 첩 초낭(楚娘)은 근본 마음이 불량한 사람으로 지기(知機)하여 투심(妬

4) 친합(親合): 부부가 잠자리를 같이 함.

5) 무렴(無廉)하다: 염치가 없음을 느껴 마음이 부끄럽고 거북함.

6) 분울(憤鬱)하다: 분한 마음이 일어나 답답하다.

心)이 만복(滿腹)하나[7] 감히 발구현색(發口顯色)[8]은 못하고 항상 공을 원망하여 춘낭을 혐의(嫌意)하더라.

각설(却說).[9] 이러구러[10] 십삭(十朔)이 차매, 일일은 풍우(風雨) 대작(大作)하며 집안에 향내 진동하더니 춘낭이 일개 옥동(玉童)을 탄생하거늘, 그 아이를 보니, 백운(白雪) 같은 얼굴과 추월(秋月) 같은 풍채 짐짓 일대영웅(一代英雄)이라. 공이 크게 기꺼 호(號)를 길동(吉童)이라 하다.

그 아이 점점 자라나매 기골(氣骨) 웅장하여 하나를 들으면 십사(十事)를 알고, 십사문즉백사통(十事聞卽百事通)[11]하여 물을 일이 없고, 한번 보고 들으면 잊지 아니하니 공이 탄왈(歎曰),

"천도(天道) 무심하도다. 이런 영웅이 어찌 부인 몸에서 나지 아니하고 천비 몸에서 났는고."

하며 자탄(自歎)을 마지아니하더라.

길동의 나이 오 세라. 일일은 공이 길동의 손을 잡고 탄왈, 4

"부인은 내 말을 듣지 아니하고 고집한 탓이로다."

하니, 부인이 웃으며 연고를 묻거늘, 공이 눈썹을 찡기고 장탄(長歎) 왈,

"전일에 내 말을 들었더면 이 아이 부인 복중(腹中)에 났으리라."

하고 그때 몽사(夢事)를 이르니, 부인이 이 말을 듣고 그제야 애달라하나 도시(都是) 천수(天數)라 하더라.

세월이 여류(如流)하매 길동의 나이 팔 세에 이르니 풍채 더욱 준수하고 제종(諸宗)이 다 귀중히 여기더라. 초낭은 시기하여 주야복통(晝夜腹痛)하더라. 공이 극히 애중하나 본디 천비소생(賤婢所生)이라 하여 부친

---

7) 만복(滿腹)하다: 배에 가득하다.

8) 발구현색(發口顯色): 말을 하고, 얼굴에 나타냄.

9) 각설(却說): 화제를 돌려 새로 말을 꺼낼 때, '이때까지의 말은 그만두고'라는 의미로 쓰는 말.

10) 이러구러: 이럭저럭해서.

11) 십사문즉백사통(十事聞卽百事通): 열 가지 일을 들으면 백 가지 일에 능함.

을 야야(爺爺)[12]라 하면 문득 달초(撻楚)[13]하고, 형을 형이라 하면 눈을 부릅뜨고 금지하니, 길동의 마음이 비울(悲鬱)하여 천생 됨을 주야 한탄하더라. 이러하므로 임의로 부형을 부르지 못하고 가내 천대함을 한탄하더라.

일일은 추구월(秋九月) 망일(望日)이라. 벽공(碧空)은 조요(照曜)하고 금풍(金風)[14]은 소슬(蕭瑟)한데, 즐거운 사람은 흥을 돕고 근심 있는 사람은 비회를 자아내는지라. 길동이 서당에서 독서하다가 서안(書案)을 밀치고 탄식 왈,

"대장부 세상에 처하여 공맹(孔孟)의 도덕이 못될진대, 차라리 출장입
상(出將入相)하여 나거든 달만한 대장인(大將印)[15]을 요하(腰下)에 비
5 껴 차고 장대(將臺)에 높이 앉아 천병만마(千兵萬馬)를 지휘간(指揮間)
에 넣어 두고, 좌작진퇴(坐作進退)하며 동정서벌(東征西伐)하여 국가에
대공을 세워 성명을 전하며, 들어서는 일인지하(一人之下)요 만인지상
(萬人之上)[16]이라. 이음양순사시(理陰陽順四時)[17]하여 국가를 충성으
로 모셔 기특한 이름을 후세에 유전하고 얼굴을 기린각(麒麟閣)[18]에 그
려 빛냄이 장부의 쾌한 일이라. 고인(古人)이 운(云)하되, '왕후장상영유
종호(王侯將相寧有種乎)'[19] 하였으니 누를 이른 말인고? 세상 사람이

---

12) 야야(爺爺): 옛날에 아버지를 높여서 부르던 말.

13) 달초(撻楚): 잘못한 벌로 회초리로 종아리를 때리는 것.

14) 금풍(金風): 가을바람. 오행(五行)에 따르면 가을은 금(金)에 해당한다.

15) 달만한 대장인(大將印): 보름달처럼 크고 둥근 장수의 발병부. 발병부는 군대를 동원하는 표지로 쓰던 동글납작한 나무패.

16) 일인지하(一人之下) 만인지상(萬人之上): "임금의 바로 아래요, 모든 사람의 위"라는 의미로 재상(宰相)을 말함.

17) 이음양순사시(理陰陽順四時): 음양을 다스리고 사시를 순조롭게 하는 것. 재상이 해야 할 일.

18) 기린각(麒麟閣): 중국 한(漢)나라 때, 나라에 큰 공로를 세운 신하의 초상을 걸어놓았던 집.

19) 왕후장상영유종호(王侯將相寧有種乎): 왕(王), 제후(諸侯), 장군(將軍), 재상(宰相)이

다 부형을 부르되 나는 아비를 아비라 못하고 형을 형이라 못하는고?"

말을 마치며 슬픔을 머금고 눈물을 금치 못하여 자연 몸을 일으켜 계정(階廷)에 배회하며 달그림자를 구경하여 검무(劍舞)를 추더니, 이때 공(公)이 추월(秋月)의 명랑함을 사랑하여 사창(紗窓)을 밀치고 월색을 완경(翫景)하시더니, 길동이 사창 밀치는 소리를 듣고 칼을 던지고 나아가 배알(拜謁)하니, 공이 문왈(問曰),

"밤이 깊었는데 무슨 흥이 있어 월하에 배회하는다?"

길동이 주왈(奏曰),

"소인이 마침 월색(月色)을 자애(自愛)함이로소이다."

공이 위연(喟然) 탄왈(嘆曰),

"네 무슨 홍이 있었으리오?"

하신대, 길동이 갱주(更奏) 왈,

"하늘이 만물을 내시매 오직 사람이 귀하다 하오니, 세상에 생겨나서
사람 됨이 제일 행(幸)이옵고, 사람 되오매 남자 되옴이 행이옵고, 남자 6
되오매 몸이 또한 도성(都城)에 낳음이 행이라 하오니, 소인이 대감 정
기를 타고나[20] 삼행지리(三幸之理)로 당당한 남자 되옵고 상애(常愛)하
심이 극(極)하오니 무슨 여한(餘恨)이 있으오리까마는, 다만 평생 설워하
는 바는 하늘을 우러러 보지 못함이나이다."

하고, 두 줄 눈물이 홍협(紅頰)에 젖으니, 공이 들으매 비록 측은하나 미만(未滿) 십 세 소아가 평생 고락을 짐작하고 장래를 예탁(預度)[21]하니, 만일 그 뜻을 위로하면 더욱 방탕할까 하여 이에 크게 꾸짖어 왈,

"재상가(宰相家) 천비소생이 비단 너 하나 뿐 아니라. 어찌 조그마한 아이가 방자함이 이렇듯 하냐. 차후에 만일 다시 이런 말을 하면 큰 죄

어찌 씨가 있겠는가.

20) 타고나: 원문에는 빠졌음.

21) 예탁(豫度): 예측.

를 면치 못하리라."

하시니, 길동이 다만 눈물만 흘리고 난간에 엎드렸더니, 식경(食頃) 후에 공이 명하여 물러가라 하시더라. 길동이 침소(寢所)에 돌아가 슬퍼함을 마지아니하더라.

수월(數月) 후에 길동이 서헌(西軒)에 나아가 공께 아뢰되,

"소인(小人) 감히 묻잡나니, 비록 천생이오나 글을 잘 하와 급제하오면 정승을 못하오며, 활을 잘 쏘아 급제하오면 대장을 못하오리까?"

공이 크게 꾸짖어 왈,

7 "내 전에도 방자한 말을 하지 말라 하였거늘, 어찌 또 이런 말을 하는다?"

하고 꾸짖어 물리치니, 길동이 그 어미에게 돌아가 가로대,

"남아 세상에 처하매 입신양명(立身揚名)하여 이현부모(以顯父母)하며,[22] 조선(祖先) 향화(香火)를 빛낼지라. 소자(小子) 팔자 기구(崎嶇)하여 친척 향당(鄕黨)이 다 천대하오매, 흉중(胸中)의 깊은 한을 천지는 아옵실지라. 대장부 어찌 근본을 지키어 남의 휘하 되어 천대를 받으리오. 당당히 입신양명하여 조선국 병조판서 병부(兵符)를 받자와 상장(上將)이 되지 못할진대, 차라리 몸을 불의에 던져 유취만년(遺臭萬年)[23] 할지라. 바라건대 모친은 구구지정(區區之情)[24]을 유념치 말으시고 소자 찾을 때를 기다리옵소서."

하니, 춘낭이 대왈(對曰),

"재상가 천생이 너 뿐 아니라. 무슨 일로 마음이 이다지 울발(鬱勃)하여[25] 어미 심정을 상하는다? 아직 어미를 생각하여 천대를 감수하라."

---

22) 입신양명(立身揚名)하여 이현부모(以顯父母)하며: 출세하여 이름을 떨치고, 부모의 이름을 드러냄.

23) 유취만년(遺臭萬年): 살았을 때에 저지른 잘못으로 죽은 뒤에도 더러운 이름을 후세에 오래도록 남겨놓는 것.

24) 구구지정(區區之情): 자잘한 정.

길동이 다시 고왈(告曰),

"일가(一家) 노복(奴僕)이 다 업수이여겨[26] 언필즉(言必卽) '아무의
천얼(賤孼)이라' 하오니, 생각하온즉 한이 골수(骨髓)에 사무쳤는지라.
옛적 장충의 아들 길산[27]은 천비(賤婢) 소생으로 그 어미를 이별하고 웅
봉산(熊峰山)에 들어가 도를 닦아 후세에 아름다운 이름을 전하였느니,
이런 사람을 효칙(效飭)코자 하오니, 복원(伏願)[28] 모친은 자식이라 생
각 마옵고 세월을 보내시면 후일에 서로 찾아 모자지정(母子之情)을 만 8
분지일(萬分之一)이나 갚사오리다. 요새 곡산모(谷山母)의 행색을 보오
매 상공의 총(寵)을 얻어[29] 매양 모친을 해(害)할 뜻을 두오니 불구(不
久)에 대환(大患)이 날까 하나이다."

춘낭이 이르되,

"네 말이 비록 유리(有理)하나 곡산모는 인후한 사람이라. 어찌 그다지 악하리오."

길동이 대왈,

"인심을 가히 측량치 못할 것이니, 모친은 내두(來頭)를 보아 잘 선처하옵소서."

춘낭이 길동의 허다(許多) 설화를 들으매 비회를 이기지 못하여 모자 서로 위로하더라.

본래 공의 큰 첩 이름은 초낭이니 곡산(谷山) 기생이라. 공이 가장 애중히 생각하니 부귀영총(富貴榮寵)이 가중(家中) 제일이라. 이러하므로 마음이 방자하고 뜻이 불량하여 가중에 혹 불합(不合)한 일이 있으면 공께 참소(讒訴)하여 생경지폐(生梗之弊)[30] 매매히[31] 일어나는지라. 그러

---

25) 울발(鬱勃)하다: 생각이 마음에 가득함.

26) 업수이여기다: 업신여기다.

27) 장충의 아들 길산: 장길산을 말하는 것으로 보임. 원문에는 '아들'이 빠졌음.

28) 복원(伏願): 엎드려 바라건대.

29) 얻어: 대부분의 이본에는 "잃을까 두려워하여"라고 되어 있음.

하므로 가중 권세 다 돌아가더라. 또 마음에, 남이 만일 천(賤)히 되면 좋아하고, 귀(貴)히 되면 구수(仇讐)같이 여겨 마음이 아파 견디지 못하더라. 공이 용몽(龍夢)을 얻어 길동을 나으매, 인물이 비범함을 공이 극히 사랑하시는지라. 초낭이 행여 저의 은총을 춘낭에게 아일까[32] 시기하여 춘낭을 미워하니, 공이 종종 웃어 가로대,

"너도 길동 같은 영자(英子)를 낳아 내게 영화를 뵈라."

하신대, 초낭이 매일 생남(生男)하기를 바라되 종시 혈육이 없으니, 더욱
9 길동을 미워하여 날마다 살해할 마음을 두더라.

이러구러 길동이 점점 자라나매 그 재주의 민첩함이 어른에 지나고, 풍도(風度)와 인물이 옛날 이두(李杜)[33]에 지나니, 그러하므로 사람이 칭찬 아니할 이 없더라. 초낭이 더욱 시기하여 금은(金銀)을 많이 흩어 요악(妖惡)하고 간특(姦慝)한 무녀(巫女) 등과 관상녀(觀相女) 체결(締結)하여 길동 해할 계교를 상의할새, 초낭이 가로대,

"길동을 없애어 내 마음을 편케 하면 그 은혜를 중(重)히 갚으리라."

한대, 무녀 물욕(物慾)을 탐하여 흉한 계교를 생각하여 초낭에게 이르되,

"상공은 충효군자(忠孝君子)라 나라를 위하여 집을 돌아보지 아니하시니, 이제 숭례문(崇禮門) 밖에 관상(觀相) 일등(一等) 잘하는 사람이 있어 사람의 상(相)을 한 번 보면 전후 길흉을 판단하오니, 가히 이 사람을 청하여 소원과 계교를 이르고, 상공께 천거하여 전후사를 본 듯이 고하오면, 상공이 필연 혹하여 길동을 죽일 것이니, 그때를 타 여차여차(如此如此)하소서."

초낭 대희(大喜)하여 이르되,

"이 계교 가장 신통지묘(神通至妙)[34]하니 그 사람을 청하여 상의하

---

30) 생경지폐(生梗之弊): 두 사람 사이의 불화 때문에 일어난 폐단.

31) 매매히: 번번이.

32) 아이다: 빼앗기다.

33) 이두(李杜): 글을 잘 짓는 이태백(李太白)과 인물이 좋은 두목(杜牧).

리라."

하고 즉시 은자(銀子) 오십 냥을 주며 청하여 오라 하니, 무녀 받아 가지고 바로 상녀(相女)의 집에 가 홍상공의 시첩(侍妾) 초낭의 소욕지사(所欲之事)[35]를 설파(說破)하고 은자를 내어 주니, 이 사람은 본디 욕심이 많은지라. 은자를 보고 문득 생각하되, '처음에 이러할 제, 이 앞 성사하면 더욱 후할지라' 하고, 사람의 생사를 돌아보지 아니하고 즉시 무녀를 따라 홍부(洪府)[36]에 이르니, 초낭이 주효(酒肴)를 내어 대접하고 저의 소원을 일일이 말하니, 상녀 흔연(欣然)히 밀계(密計)를 듣고 돌아가니라.

이튿날 공이 부인으로 더불어 길동을 칭찬하여 왈,

"이 아이 헌헌(軒軒)한[37] 대장부라. 장래 큰 그릇이 되련마는, 다만 천생이라 그를 한하노라."

부인이 정히 대답코자 하더니, 문득 한 여자 들어와 절하더라. 공이 문왈,

"그대는 어떠한 여자관대 무슨 일로 왔는다?"

하시며 살펴보니, 체신(體身)이 기묘한지라. 그 여자 고(告)하여 왈,

"소녀는 숭례문 외 사옵더니, 팔자 기구하여 팔 세에 부모를 여의고 일신(一身)이 무의(無依)하여 천지로 집을 삼고 사방에 주유(周遊)하옵더니, 마침 한 신인(神人)을 만나 상(相)보는 술법을 배워 사람의 길흉을 아옵더니, 상공 문하에 이르러 재주를 시험코자 왔나이다."

한대, 부인이 그 술법을 보고자 하여 좌(座)를 주시고[38] 관대(寬待)한 후에, 공이 소왈(笑曰),

---

34) 신통지묘(神通至妙): 신통하고 지극히 묘(妙)함.

35) 소욕지사(所欲之事): 원하는 일.

36) 홍부(洪府): 홍정승의 집.

37) 헌헌(軒軒)하다: 풍채가 당당하고 빼어나다.

38) 좌(座)를 주다: 앉을 자리를 만들어 주다.

"여관(女冠)이 상을 잘 본다 하니, 우리 가중(家中) 사람의 얼굴을 보아 차례로 평론하라."

하니, 그 여자가 심중에 저의 계교가 이뤄짐을 대희하여 공으로부터 가
11 중[39] 상하(上下) 상(相)을 한 번 살펴보고 평론[40]하되, 전후사(前後事)를 본듯이 고하니, 하나도 틀린 바 없는지라. 공과 부인이 칭찬함을 마지 아니하며, 과연 묘한 술법이라 하며 길동을 나오라 하여 뵈어 왈,

"우리 늦게야 이 아이를 얻으매 사랑함이 그지없으니, 여자는 자세히 보아 장래사(將來事)를 이르라."

하니, 상녀 이윽히 보다가, 다 본 후에 절하고 가로대,

"공자를 보오니 천고영웅(千古英雄)이요, 일대호걸(一代豪傑)이로되, 다만 애달픈 바는 지체 조금 부족하오니, 아지 못게라,[41] 부인께옵서 탄생(誕生)하옵신가?"

공이 점두(點頭)[42] 왈,

"과연 천비 소생이나 그 위인이 순박 기묘함을 내 지극히 사랑함이라."

그 상녀 다시 보다가 문득 거짓 놀라는 체 하고 기색이 다르거늘, 공이 가장 괴히 여겨 문왈(問曰),

"무슨 일인고? 상법(相法)대로 자세히 말하라."

상녀 주저하는 체 하다가 이어 가로대,

"소인이 장안(長安) 억만가(億萬家)에 존비(尊卑) 없이 다니어 귀공자를 만나 보았으되, 이런 기상(奇相)[43]은 보지 못하였사오니, 만일 실상을 고하오면 상공께 죄책을 들을까 하나이다."

---

39) 원문에는 "사람의 얼굴을 보아 차례로 평론하라 하니, 그 여자가 심중에 저의 계교가 이뤄짐을 대희하여 공으로부터 가중"이 빠졌는데, 조종업본으로 보충했음.

40) 평론: 원문은 폄론(貶論)이나 평론(評論)을 잘못 알고 쓴 것으로 보임.

41) 아지 못게라: 알지 못하겠습니다.

42) 점두(點頭): 승낙하거나 옳다는 뜻으로 머리를 약간 끄덕임.

43) 기상(奇相): 관상에서, 기이한 얼굴의 생김새.

부인 왈,

“그대 상법이 기묘하니 어찌 그릇 봄이 있으리오. 의심치 말고 바른 12
대로 설파(說破)하라.”

그 상녀 좌중(座中)이 번거함을 혐의하는 체 하고 종시 고치 아니하거늘, 공이 몸을 일으켜 협실(夾室)로 들어가 그 상녀를 청하여 왈,

“무슨 일인고? 자세히 이르라.”

하시니, 그 상녀 대왈(對曰),

“아까 공자의 상(相)을 잠깐 보오니 만고영웅이나 미간(眉間)에 강산정기(江山精氣)를 암장(暗藏)하였사오니, 이는 진실로 기이한 상이오매 감히 바로 고치 못하였사오나, 대저(大抵) 조선은 소국이라 왕자(王者)의 기상(氣像)이 쓸데없삽고, 만일 장성하여 방탕무기(放蕩無忌)[44]하오면 장지멸문지환(將至滅門之患)이 당(當)하리니[45] 상공은 그윽이 방비하옵소서.”

공이 대경(大驚)하여 묵묵반향(默默半餉)[46]에 다시 문왈,

“만일 그러하면 불길한 상이로다. 그러하나 제가 본디 천비소생이라. 흥망(興亡)이 있으나 사류(士流)에 참예(參預)치 못할 것이고, 또한 임의로 출입치 못하게 하여 집에 늙히면 어찌 그다지 작변(作變)하리오.”

그 상녀 대왈,

“고인(古人)이 운(云)하되, ‘왕후장상(王侯將相)이 영유종호(寧有種乎)아’ 하였사오니, 이 일은 인력으로 못할 바이라.”

하거늘, 공이 탄식하고 은자 오십 냥을 주어 왈,

“이는 나의 교훈하기에 있으니 너는 이런 말을 번거히 누설치 말라.
만일 유통(流通)하는 일이 있으면 사죄를 면치 못하리라.” 13

44) 방탕무기(放蕩無忌): 방탕하여 거리낌이 없음.

45) 장지멸문지환(將至滅門之患)이 당(當)하리니: 장차 멸문지환을 만나리니.

46) 묵묵반향(默默半餉): 한참 동안 가만히 있음.

하신대, 상녀 사례하고 돌아가니라.

이날부터 공이 길동을 더욱 엄찰(嚴察)하여 글 가르침을 권장하고 매사를 살펴 문밖에 나지 못하게 하며 갈수록 엄숙하니, 길동이 후원 별당(別堂)에 갇히어 지기를 펴지 못하고, 설운 눈물은 솟아나 쌍류(雙流)하고, 울회(鬱懷)는 태산을 찌르는 듯, 그 중에 마음을 돌이켜 병서(兵書)를 숙독(熟讀)하고 육도삼략(六韜三略)과 천문지리(天文地理)와 장신둔갑지술(藏身遁甲之術)[47]을 심중(心中)에 암장(暗藏)하여 못할 일이 없으니, 공이 길동의 공부함을 탐지하여 알고 크게 근심하여 왈,

"이놈이 본디 귀한 상이요, 또한 재주 범류(凡類) 아니라. 만일 범람(氾濫)한 의사를 낼진대 후환 될지라. 우리 집 선세(先世)로부터 갈충보국(竭忠報國)하는 충효(忠孝)를 일조(一朝)에 이놈으로 하여금 멸문지환(滅門之患)을 당하리니 어찌 애달지 아니하리오. 저를 마땅히 죽여 후환을 없이함만 같지 못하다."

하고, 일가종족(一家宗族)을 모아 설파(說破)하여 가만히 죽여 후환을 없게 하리라 하다가, 차마 천륜이 중하매 행치 못하니라.

이때 초낭이 무녀와 상녀를 체결(締結)하여 천륜지정(天倫之情)을 돌
14 이켜 길동을 의심하게 하고 죽일 모책(謀策)을 날마다 사모(詐謀)하더니,[48] 무녀 이르되,

"특재(特才)라 하는 자객이 있어 재주 비상하다 하오니 그 사람을 청하여 의논하옵소서."

한대, 초낭이 대희(大喜)하여 무녀로 하여금 특재를 청하여 은자를 많이 주고, 길동의 상(相) 본 말과 상공이 의심하여 죽이고자 하되 차마 인륜에 못하여 죽이지 못한 말을 일일이 설화(說話)하고, '다시 지위(知委)[49]

---

47) 장신둔갑지술(藏身遁甲之術): 몸을 감추거나 다른 모습으로 변하는 술법.

48) 사모(詐謀)하더니: 모략을 꾸미더니.

49) 지위(知委): 명령을 내려서 알림.

할 것이니 이 일을 행하라' 하고 돌려보내니라. 초낭이 공께 참소(讒訴)하여 왈,

"첩이 듣사오니 관상하는 계집이 길동의 상을 보고 왕의 기상이라 하오니 필경에 멸문지환을 당할까 하나이다."

공이 대경하여 문왈,

"이 말이 가장 중대하니 이런 말을 뉘라 내어 대환(大患)을 재촉하려 하느뇨?"

초낭이 염용(斂容) 대왈,

"시속(時俗)에 운(云)하되, '낮말은 새가 듣고 밤말은 쥐가 듣는다' 하오니, 만일 이 말이 조정에 미치오면 일문(一門)이 보전치 못하오리니, 일찍 죽여 후환을 덜음만 같지 못하나이다."

공이 왈,

"네 말이 가(可)한듯 하되 이는 나의 처분에 있는 일이니 여등(汝等)[50]은 부디 누설치 말라."

하니, 초낭이 황공하여 다시 참소치 못하고 물러나더라.

공이 이날부터 더욱 집안을 엄숙히 하며 길동을 후원 그윽한 별당에 가두고 출입을 못하게 엄수(嚴守)하니, 길동이 더욱 한입골수(恨入骨髓)[51]하여 밤에 능히 잠을 이루지 못하고, 서안(書案)을 의지하여 주역(周易)을 보아 팔문둔갑지술(八門遁甲之術)[52]을 달통(達通)하여 호풍환우지법(呼風喚雨之法)[53]을 못할 것이 없더라.

공이 비록 길동의 풍채와 재주를 사랑하나, 상녀의 말 들은 후로 자연 마음이 유시(有時)로[54] 비감하여 생각하되, '내 불초(不肖)한 자식으로

50) 여등(汝等): 너희들.

51) 한입골수(恨入骨髓): 원한이 뼈에 사무침.

52) 팔문둔갑지술(八門遁甲之術): 점치는 사람이 귀신을 부리는 술법.

53) 호풍환우지법(呼風喚雨之法): 비와 바람을 부르는 법.

54) 유시(有時)로: 때때로.

말미암아 죽을 땅에 빠져 욕(辱)이 선영(先塋)에 미치고 화(禍) 삼족(三族)에 미칠 것이니, 차라리 저를 죽여 후환을 없애고자 한즉 부자(父子) 정의(情義)에 차마 못할 바나, 이 일을 장차 어찌 하리오?' 심사 자연 변하여 식불감(食不甘) 침불안(寢不安)[55]하여 형용이 날로 초췌(憔悴)하더라. 이로 인하여 자연 병이 되었는지라. 부인과 장자 좌랑이 크게 근심하여 가만히 의논하되, 길동으로 말미암아 부친이 병환이 나 계시니 길동을 죽여 야야(爺爺)의 마음을 위로함이 좋되 계교 없음을 한하더니, 이때에 초낭이 공께 참소하다가, 돌아가 흉계를 얻어 가지고 부인과 좌랑께 고왈,

"상공의 병환이 길동으로 하여 날로 중한지라. 길동을 두자 한즉 후환
16 되나 인정에 죽이든 못하리라 하여 유예미결(猶豫未決)[56]하시니, 첩의 소견은 길동을 먼저 죽이고 기틀을 보아 서서히 상공께 연유를 고하면 그만 예사(例事)요, 증이파의(甑已破矣)[57]라. 마음에 설혹 애연(哀然)하시나 큰 염려는 덜으시고 병환이 자연 회춘(回春)하시리니 부인과 좌랑은 양처(諒處)[58]하옵소서."

부인 왈,

"그 말이 비록 유리(有理)하나[59] 죽일 계교 없어 주저하노라."

초낭이 암희(暗喜) 왈,

"첩이 듣사오니 동리에 특재라 하는 자객이 있어 용맹이 과인(過人)하다 하오니, 천금을 주고 밤으로 길동의 자는 방에 보내어 처치하오면 양책(良策)일까 하나이다."

부인과 좌랑이 눈물을 흘려 왈,

---

55) 식불감(食不甘) 침불안(寢不安): 먹는 것이 맛이 없고, 편안하게 잠을 자지 못함.

56) 유예미결(猶豫未決): 망설이며 결정하지 못함.

57) 증이파의(甑已破矣): 시루는 이미 깨어졌다. 후회해도 소용없음.

58) 양처(諒處): 헤아려 처리함.

59) 유리(有理)하다: 이치에 맞는 점이 있다.

"인정에 차마 못할 바라. 그러하나 하나는 나라를 위함이오. 둘째는 부모를 위함이라. 차마 어찌하리오."

하고 계교를 행(行)하라 하니, 초낭이 대희하여 침방(寢房)에 돌아와 사람으로 하여금 특재를 불러 주효(酒肴)를 정결히 차려 먹이고 전후사(前後事)를 이리이리 하라 일러 왈,

"이는 부인과 상공 명령이오니, 오늘 밤 삼사경(三四更)에 후원에 들어가 길동을 죽이고 공을 이루면 천금(千金)을 상사(賞賜)하리라."

하고 은자(銀子) 백 냥을 선급(先給)하니, 특재 대희(大喜) 왈,

"이는 비난지사(非難之事)[60]라. 무슨 근심이 있으리오."

하고, 돌아와 밤을 기다리더라.

초낭이 특재를 후원에 보내고 즉시 내당에 들어가 연유를 자세히 고 17
한대, 부인이 듣고 탄식 왈,

"내 저를 혐의(嫌意)하여 죽이라 함이 아니라 사세 부득이 행함이나, 어찌 자손에게 향화(香火)를 받으리오."

하시며 하염없이 낙루(落淚)하시니, 좌랑이 또한 탄식하며 위로 왈,

"모친은 과히 염려 마옵소서. 일이 이에 미쳤사오니 후회막급(後悔莫及)이라. 제 시신(屍身)이나 극진히 거두어 금의(錦衣)로 염습(殮襲)하고, 제 어미나 후히 대접하면 부친이 알으실지라도 이왕지사(已往之事)라. 병환이 자연 회춘하시리니 모친은 부친을 위하여 과히 슬퍼 마옵소서."

부인이 밤이 맟도록[61] 심회(心懷) 번뇌하여 능히 잠을 이루지 못하더라.

이날 길동이 밤이 깊으매 초당(草堂)에 외로이 처하여 촛불 밝히고 주역(周易)을 잠심(潛心)하더니, 때 정히 삼경에 이르렀는지라. 야심(夜深)함을 깨달아 바야흐로 서안을 밀치고 잠을 자려 하더니, 문득 창 밖에

---

60) 비난지사(非難之事): 어려운 일이 아님.

61) 도록: 마치도록. 끝나도록.

까마귀 남으로 와 방 앞에 세 번 울고 북으로 날아가거늘, 길동이 소리를 듣고 혼자 이르되, '이 짐승은 본디 밤을 꺼리는지라. 야심(夜深)한데 남으로부터 북으로 가며 우는 소리 가장 괴이하다' 하고, 글자를 짚어 단시(短蓍)[62]한즉, 「까마귀 소리에 자객이 온다」 하였으니, '어떠한 사
18 람이 무고(無辜)히 나를 해하려 하는고' 하고, 소매 안으로 한 점괘(占卦)를 얻으니 극히 흉한지라. 심중에 생각하되, '아무렇거나 방적(防賊)을 준비하리라' 하고, 방중에 팔문둔갑지법(八門遁甲之法)을 베풀어 남방(南方)은 이허중(離虛中)을 응(應)하여 북방(北方)에 붙이고, 북방은 감중련(坎中連)을 응하여 남방에 붙이고, 동방은 진하련(辰下連)을 응하여[63] 서방(西方)에 붙이고, 서방은 태상절(兌上絶) 응하여 동방에 붙이고, 건방(乾方)의 건괘(乾卦)는 손방(巽方)에 붙이고, 손방(巽方)의 손괘(巽卦)는 건방(乾方)에 붙이고, 간방(艮方)의 간괘(艮卦)는 곤방(坤方)에 붙이고, 곤방(坤方)의 곤괘(坤卦)는 간방(艮方)에 붙이고, 동서남북(東西南北) 방위를 바꾸고 육정육갑(六丁六甲)을 가운데 두고 때를 기다려 응(應)하게 하니, 이는 장신둔갑지술(藏身遁甲之術)일러라.

이날 특재 삼경을 기다려 손에 비수(匕首)를 들고 검술(劍術)로 몸을 날려 공중에 소소아[64] 홍부(洪府) 후원 담을 넘어 길동 처소에 나아가 여어보니,[65] 사창(紗窓)이 은연(隱然)히 희미하고 인적이 고요하거늘, 잠들기를 기다려 주저하더니, 문득 남으로서 까마귀 날아와 방 앞에서 세 번 울고 북으로 날아가거늘, 특재 경아(驚訝) 왈,

"길동은 필연 범상한 사람이 아니로다. 저 짐승이 무슨 알음이 있어 저리 와 알게 하는고? 길동이 만일 지음(知音)[66]이 있을진대 대사(大事)

62) 단시(短蓍): 간단히 점을 치는 것.

63) 원문에 "남방에 붙이고 동방은 진하련(辰下連)을 응하여"는 빠졌음.

64) 소소아: 솟구쳐.

65) 여어보니: 엿보니.

66) 지음(知音): 새나 짐승의 소리를 알아들음.

그릇되리로다." 19
하고 잠들기를 기다리되 종시 불을 물리치지 아니하거늘, 특재 방문을 열고 보니 일대(一代) 옥동(玉童)이 촉하(燭下)에 단좌(端坐)하였거늘, 특재 해코자 하여 비수를 끼고 방중에 들어가니, 길동이 몸을 요동치 아니하고 팔괘(八卦)를 응(應)하여 진언(眞言)을 외우니, 음풍(陰風)이 소소(蕭蕭)하며 특재 정신이 산란하거늘, 괴히 여겨 탄왈(歎曰),

"내 일찍 이런 대사를 당하여 겁함이 없더니, 오늘날 자연 심괴경동(心怪驚動)[67]하니 괴이하도다."

하고, 마음에 정히 돌아가고자 하다가 혜오되,[68] '내 재주를 배워 평생에 한 번도 실수함이 없더니, 오늘날 어찌 조그마한 아이를 겁하여 돌아가리오' 하고, 손에 비수를 들고 완완(緩緩)히 나아가 해코자 하더니, 문득 길동이 간데없고, 홀연 음풍(陰風)이 일어나며 뇌성벽력(雷聲霹靂)이 천지진동하고, 방중이 변하여 망망한 들이 되어 돌이 무수하고, 살기충천(殺氣衝天)한데 첩첩청산(疊疊青山)이요, 수(水)는 잔잔계수(潺潺溪水)[69]로다. 창송(蒼松)은 낙낙(落落)하여 풍경이 또한 가려(佳麗)하거늘, 특재 정신을 수습하여 생각하되, '내가 아까 길동을 해하려고 방중에 들어왔거늘 어찌 이런 산곡(山谷)이 되었는고?' 하며, 몸을 돌이켜 나가고
자 하나, 아무 데로 향할 줄을 몰라 전지도지(顚之倒之)하여 동서남북을 20
모르고 분주(奔走)하다가,[70] 겨우 한 시내에 몸을 의지하여 탄왈(嘆曰),

"내 남을 멸시하다가 이런 환(患)을 취함이니 뉘를 원(怨)하리오. 필연 길동의 조화로다."

하고 비수를 감추고 시내를 좇아 한 곳을 다다르니, 길이 끊기고 층암절벽(層岩絶壁)이 반공(半空)에 솟았으니 이는 진퇴유곡(進退維谷)이라.

---

67) 심괴경동(心怪驚動): 마음이 이상하게 놀라 움직임.

68) 혜오되: 생각하되.

69) 잔잔계수(潺潺溪水): 잔잔히 흐르는 계곡의 물.

70) 분주(奔走)하다가: 원문은 '奔向'임.

특재 암상(巖上)에 앉았더니, 홀연 풍편(風便)에 처량한 옥적(玉笛) 소리 들리거늘, 괴히 여겨 살펴보니 일위소년(一位少年)이 옥적을 불다가 그치고 크게 꾸짖어 왈,

"이 무지한 흉악한 필부(匹夫)야, 내 말을 자세히 들으라. 성인이 이르시되, '나무를 깎아 사람을 만들어 죽여도 적악(積惡)이 있어 죄벌(罪罰)이 있다' 하거늘,[71] 너는 어찌한 사람이관대 용맹을 믿고 재물을 탐(貪)하여 무죄한 사람을 죽이려 하고 완연(宛然)히 들어오니, 내 비록 삼척소아(三尺小兒)나 어찌 너 같은 놈에게 몸을 마치리오. 옛날 초패왕(楚霸王)[72]의 용맹이로되 오강(烏江)을 못 건너고 외로운 돛대 밑에 혼백(魂魄)이 되었으며, 형경(荊卿)[73]의 날랜 칼이 쓸데없어 역수(易水) 한파(寒波)에 저물었거든, 너 같은 필부야 어찌 내 방중을 벗어나리오. 네 금
21 은만 중(重)히 알고 사람을 경(輕)히 여기다가 화를 자취(自取)하여 죽기를 재촉하니, 가련타 저 인생아, 황천(皇天)이 두렵지 아니하냐."

특재 황망(惶忙)히 눈을 들어 자세히 보니, 이는 곧 길동이라. 생각하되, '내 저로 인하여 오늘날 평생 힘을 다 허비하는지라. 대장부 차라리 죽을지언정 어찌 저 조그마한 아이에게 굴(屈)하리오?' 하고, 정신을 가다듬어 크게 꾸짖어 왈,

"내 일찍 재주를 십년을 공부하여 세상에 적수(敵手)가 없을 뿐더러, 또한 네 부형의 명(命)을 받아 이곳에 이르러 너를 해하려 하거늘, 너 도리어 나를 조롱하고 비양하니[74] 금시(今時)에 죽는다 해도 나를 원망

---

71) 『맹자』에, "중니(仲尼)께서 말씀하시기를 '처음 나무 인형을 만든 자는 아마 후손이 없을 것이다.' 하였으니, 이는 사람의 모양을 만들어 장례 때 매장했기 때문이다.(仲尼曰 始作俑者 其無後乎 爲其象人而用之也)" 라는 대목이 있다.

72) 초패왕(楚霸王): 항우(項羽).

73) 형경(荊卿): 형가(荊軻). 중국 전국 시대의 협객. 연(燕)나라의 태자 단(丹)의 부탁을 받고 진시황을 암살하려 하였으나 실패하였음.

74) 비양하니: 비아냥거리니.

치 말고 네 부형의 명을 순수(順受)하라."

하고, 언파(言罷)에 칼을 들어 춤추며 달려들거늘, 길동이 대로(大怒)하여 즉시 죽이고자 하나 손에 촌검(寸劍)[75]이 없는지라. 급히 몸을 날려 공중에 소소아 풍백(風伯)[76]에 싸이어 진언(眞言) 외니 사석(沙石)이 날리는지라. 특재 눈코를 뜨지 못하는지라. 겨우 정신을 수습하여 살펴보니 길동이 간데없거늘, 마음에 그 재주를 탄복하고 정히 도망코자 하더니 갈 곳이 없는지라. 길동 문득 크게 외쳐 왈,

"내 너로 더불어 전에 원수 아니어든 무슨 뜻으로 나를 해하려 하느
냐? 내 처음에도 순리로 돌아가라 일렀거늘, 종시(終是) 재물을 탐(貪)하 22
여 죽기를 재촉하느냐?"

하니, 특재 그제야 그 재주 신기함을 보고 항복하며 나아가 애걸 왈,

"이는 다 소인의 죄 아니오라 상공댁 소낭낭(小娘娘) 초낭의 소위(所爲)로소이다. 무녀와 관상녀를 체결(締結)하여 야야께 참소하고, 소인으로 하여금 '공자(公子)를 죽이어 후환을 없이하면 천금(千金)으로 상사(賞賜)하시마' 하기로 이에 왔사오나, 명천(明天)이 도우사 이렇듯 현로(現露)[77]하였사오니, 바라건대 공자는 용사(容赦)하옵소서."

길동이 들으매 분기(憤氣) 참지 못하여 특재의 칼을 앗아 가지고 고성대질(高聲大叱) 왈,

"네 불의지사(不義之事)를 행하여 사람 죽이기를 숭상(崇尙)하니 어찌 하늘이 무심하리오. 이런 무리를 그저 두면 여러 인명을 살해하리니, 너를 죽여 여러 인명을 구하리다."

하고 칼을 들어 특재를 치니, 한 줄 무지개 일어나며 특재 머리 방중에 내려지거늘, 길동이 분기를 이기지 못하여 풍백을 불러 무녀와 상녀를

---

75) 촌검(寸劍): 짧은 칼.

76) 풍백(風伯): 바람을 맡은 신.

77) 현로(現露): 탄로(綻露). 비밀 따위가 드러남.

잡아내어 풍운(風雲)에 몰아다가 특재 죽은 방에 들이치니, 무녀와 상녀 잠결에 정신 수습치 못하여 생각하되, '풍도지옥(酆都地獄)[78]에 온가?' 하였더니, 길동이 꾸짖어 왈,

23 "너희는 나를 알쏘냐? 나는 곧 홍길동이라. 너희 나로 더불어 서로 원오(怨惡)함이 없거늘, 무슨 연고로 요인(妖人)을 충동(衝動)하여 요망한 말로써 상공께 고하여 부자대륜(父子大倫)을 끊어 화목치 못하니, 어찌 너의 죄를 용사(容赦)하리오."

하되, 무녀와 상녀 처음에 비몽사몽(非夢似夢)하더니, 문득 풍운(風雲)에 싸이어 유유탕탕(悠悠蕩蕩)이 따라가매 혼백이 비월(飛越)하여 아무데로 가는 줄 모르더니, 길동의 차언(此言)을 들으매 그제야 풍도지옥이 아니요, 인간인줄 알고 애걸 왈,

"이는 다 상공 댁 애첩(愛妾) 초낭지소위(楚娘之所爲)[79]요 첩의 죄 아니오니, 복원(伏願) 공자는 잔명(殘命)을 구하여 용사하옵소서."

길동이 분연(忿然) 왈,

"초낭은 상공의 총애하는 사람이요, 나의 어미라. 너희 등이 감히 요언(妖言)을 자아내어 충동하리오. 이런 요물(妖物)이 대신댁(大臣宅)을 농락하고 인물을 해하려 하니 하늘이 어찌 무심하리오. 나로 하여금 너희 같은 인물을 없이하여 후환을 없게 하라 하여 계시니 나를 원(怨)치 마라."

하고 칼을 들어 베니, 가련(可憐)타! 은자를 탐하여 불의를 행하다가 일신을 마치고 천추에 부끄럼을 면치 못하리니 어찌 가석(可惜)치 아니하리오.

무녀와 상녀를 다 죽이고 오히려 분기를 참지 못하여 바로 내당(內堂)
24 에 들어가 초낭을 죽이고자 하다가, 생각하되, '영인부아(寧人負我)언정

---

78) 풍도지옥(酆都地獄): 풍도(酆都)는 풍도옥(酆都獄)으로, 지옥을 말함.

79) 초낭지소위(楚娘之所爲): 초낭이 한 바.

무아부인(無我負人)이라[80] 하니, 저는 나를 저버릴지언정 내 어찌 저와 같으리오. 이미 세 사람을 죽이고, 또한 부친의 총애요 내 어미 반열(班列)이라. 차마 어찌하리오.' 하고, 칼을 던지고 뜰에 나와 하늘을 우러러 보니, 은하수는 서로 기울어지고 희미한 달빛은 몽롱한데, '세상을 하직하고 산림에 몸을 붙여 세월을 보내리라' 하고, 표연(飄然)히 상공 침소에 나아가 하직하고자 하더니, 그 때에 상공이 창외에 인적 있음을 괴이히 여겨 창을 밀치고 보니, 과연 길동이라. 길동이 나아가 왈,

"길동이로소이다."

하고 계하(階下)에 엎디어 고왈,

"소인이 상공(相公) 혈기(血氣)를 타 인륜(人倫)에 참여하였사오니 생아지은(生我之恩)은 호천망극(昊天罔極)이라.[81] 몸이 맞도록 부생지모육은(父生之母育恩)[82]을 만분지일(萬分之一)이나 갚을까 하였삽더니, 가내(家內)에 불의지인(不義之人)이 있사와 상공을 의혹케 하옵고, 또 소인을 해하려 하옵다가 일이 설로(泄露)[83]하오매 소인의 명이 보존하였사오나, 집에 있삽다가는 필경에 명을 보존치 못하올지라. 사세(事勢) 마지못하여 목숨을 도망하고자 하오매, 상공을 다시 모실 길이 없는지
라. 금일에 하직을 고하오니 복원(伏願) 승상(丞相)은 기체(氣體)[84] 만세 25
무강(萬世無疆)하옵소서."

공이 대경(大驚) 왈,

"어인 말이냐. 무슨 변(變)이 있어 어린 아이 집을 버리고 깊은 밤에

---

80) 영인부아(寧人負我)언정 무아부인(無我負人)이라: 차라리 다른 사람이 나를 저버릴지언정, 나는 다른 사람을 저버리지 않으리라.

81) 생아지은(生我之恩)은 호천망극(昊天罔極)이라: 나를 낳아준 은혜는 넓고 큰 하늘처럼 다함이 없네.

82) 부생지모육은(父生之母育恩): 부생모육지은(父生母育之恩). 아버지가 낳으시고 어머니가 기르신 은혜.

83) 설로(泄露): 일이 새어나가 알려짐.

84) 기체(氣體): 기체후(氣滯候). 체후(體候). 웃어른의 몸과 마음의 형편을 일컫는 말.

지향 없이 어디로 가고자 하는다?"

길동이 복지(伏地) 주왈(奏曰),

"날이 밝으면 자연 알으시리다. 불효자 길동을 유념(留念)치 말으시고 가사를 선처하옵소서."

공이 길동의 말을 듣고 안 마음에 혜오되, 이 아이는 범인이 아니라 만류하여도 듣지 아니할 줄 알으시고 길동더러 왈,

"너 이제 집을 떠나면 어디로 향하려 하는다?"

길동이 여쭈오되,

"소인의 신세(身世)[85]는 천지부운(天地浮雲) 같삽고 사해팔방(四海八方)에 정한 바 없사오니 복원 상공은 체후(體候) 진중(珍重)하옵소서."

공이 침음양구(沈吟良久)[86]에 왈,

"너는 나의 기출(己出)이라. 비록 집을 떠나도 범람(氾濫)한 뜻을 두지 말라. 문호(門戶)에 환(患)을 끼쳐 선영(先塋)에 욕(辱)을 면하게[87] 하라. 만일 그렇지 아니하면 우리 집 충효(忠孝)가 어찌 애달지 아니하랴. 부디 내 백수말년(白首末年)[88]에 험한 형상을 보지 않게 하라."

길동이 배사(拜辭) 왈,

"명(命)을 받자오려니와 심중에 철천지한(徹天之恨)이 골수(骨髓)에 미쳤사오니, 십여 세 되도록 천생(賤生)이 되어 부형(父兄)을 위주(爲主) 같이[89] 지내옵고 한 번도 부형을 부형이라 못하오니 어찌 애달지 아니하리오."

한대, 공이 허희(歔欷)[90] 탄왈,

---

85) 신세(身世): 불행한 일과 관련된 일신상의 처지나 형편.

86) 침음양구(沈吟良久): 한참동안 말없이 생각에 잠김.

87) 욕(辱)을 면하게: 욕(辱)이 미치지 않게 라는 의미로 썼음.

88) 백수말년(白首末年): 머리가 하얀 늙은이 인생의 마지막 무렵.

89) 위주(爲主)같이: 주인(主人)처럼.

90) 허희(歔欷): 한숨을 짓는 것.

"네 원(願)이 그러하면 오늘로부터 네 원대로 하라 할 것이니 집을 떠 26
나지 말고 한(恨)을 풀게 하라."

길동이 재배(再拜) 왈,

"야야(爺爺)는 천한 자식을 생각지 말으시고, 어미를 긍측(矜惻)[91]히 여겨 소자의 원(怨)이 없게 하옵소서."

공이 흔연히 허락하시고 경계 왈,

"네가 이왕에 나가기를 고집하니 네 마음대로 하려니와, 부디 조심하여라."

하시니, 길동이 대왈,

"소자의 평생소원을 풀어주시고, '어미를 긍측히 생각하시마' 하시니, 소자가 이제 죽어도 여한 없삽고 달리 아뢸 말씀 없사오니, 복원 야야는 기체 만세무양(萬世無恙)[92]하옵소서."

하고, 언파(言罷)에 두 줄 눈물이 옷깃을 적시더라. 문을 닫고 나가거늘, 공이 측은히 여겨 무슨 연고 있는가 마음에 의심하더라.

길동이 어미 방에 들어가 이별을 고하여 왈,

"소자 망명도주(亡命逃走)하와 관산천리(關山千里)[93]에 갈 길이 아득한지라. 바라건대 모친은 불효자를 생각지 말으시고 기체를 보전하와 소자 돌아오기를 기다리옵소서."

그 어미 길동의 손을 잡고 통곡 왈,

"나는 네가 장성하여 귀히 됨을 바래어 주야 축원하며, 가중에도 힘될까 바라고, 초낭의 기군망상(欺君罔上)[94]한 꼴을 보고 무정세월을 보내더니, 오늘날 네 무슨 일로 고단한 나를 버리고 떠나려 하는다? 네 한

91) 긍측(矜惻): 불쌍하고 가엾게 여김.

92) 기체(氣體) 만세무양(萬世無恙): 몸과 마음이 오랫동안 아무 탈이 없음.

93) 관산천리(關山千里): 험하고 먼 길.

94) 기군망상(欺君罔上): 임금을 속인다는 뜻이나, 여기서는 초낭이 자신의 지아비이며 상전인 홍재상을 속임을 말함.

번 떠나면 기약이 없을지라. 기약이 망연하니 어미 정곡(情曲)[95]을 생각하여 쉬이 돌아오라."

27 길동이 두 번 절하고 하직할새 목이 메어 능히 말을 못하더라. 이러구러 금계(金雞)는 새벽을 재촉하고[96] 동방이 장차 밝아오니, 모자의 정이 어떻다 못하나, 하릴없어 눈물을 뿌려 이별하니라.

길동이 한번 문에 나매 운산(雲山)은 첩첩(疊疊)하고 해수(海水)는 양양(洋洋)한데, 주인 없는 객이 되어 정처 없이 돌아가며 여광여취(如狂如醉) 생각하니 천지는 광대하나 일신이 난처(難處)로다. 아무리 심회를 억제차 하여도 자연 울화가 나, 필경 사생이 어찌 될 줄을 모르더라.

차시(此時)에 초낭이 길동의 침방(寢房)에 자객을 보내고 소식 없음을 의심하여, 심복 한 시비로 하여금 '탐지하여 오라', 그 시비 이윽고 돌아와 고왈(告曰),

"공자는 간데없고 세 주검이 목은 없고 등신(等身)[97]만 방중에 거꾸러졌더이다."

하거늘, 초낭이 이 말을 듣고 대경하여 내당에 들어가 부인께 고한대, 부인도 또한 대경하여 장자를 급히 불러 그 연고를 이르고, 길동을 찾으니 종적이 망연(茫然)한지라. 경아(驚訝)함을 마지아니하여 공께 나아가 고왈, '길동이 밤에 사람을 죽이고 망명도주하였다' 설화(說話)하니, 공이 듣고 대경 왈,

"길동이 밤에 하직을 고하고 가장 슬퍼하거늘, 괴히 여겼더니, 과연 이런 일이 있도다."

장자 좌랑이 감히 은휘(隱諱)치 못하여 실상을 고하여 왈,

"길동으로 하여금 야야 심려(心慮)하옵셔 병환이 되옵기로 이러이러

---

95) 정곡(情曲): 간절한 정.

96) 금계(金雞)는 새벽을 재촉하고: 아침에 수탉이 우는 것을 말함. 금계(金雞)는 전설 속의 금으로 만든 닭.

97) 등신(等身): 여기서는 몸이라는 의미로 썼음.

한 계교를 생각하옵고 초낭더러 의논하온즉, 초낭이 가만히 자객을 보내 28
어 길동을 죽여 후환을 없이하온 후에 야야께 고하여 병환이 회춘하실까
하였삽더니, 도리어 길동이 중(重)한 일을 짓고 나갔나이다."

하니, 공이 듣고 대질(大叱) 왈,

"저런 소견으로 어찌 조정에 참예(參預)하리오."

분연(忿然) 질타(叱咤) 왈,

"내당에 들어가 당초에 초낭을 죽여 한을 풀리라."

하고,

"즉시 초낭을 잡아내어 죽이라."

하다가, 고쳐 생각하되, '만일 누설하여 타인이 알면 길동 어미가 살인죄를 면치 못하리니, 가만히 추방하여 자취 없이함만 같지 못하다' 하고, 초낭을 꾸짖어 왈,

"너를 죽여 분함을 풀 것이로되 생각하는 일이 있어 죽이지 아니하고 그저 내치거니와, 만일 이 말을 누설하면 천리 밖에 있어도 잡아다가 죽일 것이니 삼가 조심하라."

하시며, 심복 한 노복으로 하여금 초낭을 압령(押領)하여 고토(故土)에 버리고 오라 하시고, 시신을 치우고 가중(家中)을 신칙(申飭)하여 이런 말이 밖에 나가지 아니케 하라 하더라.

이때 무녀(巫女)와 숭례문 밖에 사는 상녀(相女)의 부모와 자식 등이
일야지간(一夜之間)에 자다가 어미와 자식을 잃고 두루 찾으되 종적이
없으니, 동리 사람이 이르되, '그날 밤에 풍우대작(風雨大作)하여 풍우 29
에 싸이어 승천(昇天)하였다' 하더라.

길동이 부모 있으나 의탁할 곳이 없는지라. 어이 슬프지 아니하리오. 일신이 곤박(困迫)하여 사해(四海)로 집을 삼고 부운(浮雲) 같이 객(客)이 되어 정처 없이 한 곳에 다다르니, 산은 높고 물은 맑아 경개(景槪) 절승한지라. 길동이 경(景)을 탐(貪)하여 산곡석경(山谷石逕)[98]으로 찾

아 들어가니, 청계벽암(清溪碧岩)에 산수(山水)는 잔잔(潺潺)하고, 층암절벽(層岩絶壁)에 창송(蒼松)은 낙락(落落)하고, 기화요초(琪花瑤草)와 산금주수(山禽走獸)[99]는 객을 보고 반겨 길을 인도하는 듯하더라. 길동이 풍경을 사랑하여 차츰차츰 들어가니, 길이 그치고 층암절벽은 반공(半空)에 솟아 있고, 흐르나니 골물[100]이요, 도리어 처량함을 견디지 못한 중에 갈 바를 알지 못하여 주저하더니, 홀연 난데없는 표자(瓢子) 물위로 떠내려 오더라. 마음에 혜오되, '이 심산궁곡(深山窮谷)에 어찌 인가(人家) 있으리오. 반드시 절이 있도다' 하고, 시내를 좇아 수리(數里)를 들어가니, 또한 시내 그치고 폭포 사이로 은은히 석문(石門)이 닫혔거늘, 길동이 석문을 밀치고 들어가니, 천지광활(天地廣闊)하고 일망무제(一望無際)에 산천이 험조(險阻)하여[101] 하늘이 정하신 동구(洞口)러
30 라. 수백 호 인가 즐비하고 그 가운데 큰 집이 있거늘, 그 집을 향하여 들어가니 여러 사람이 모두 바야흐로 큰 잔치를 배설(排設)하여 배반(盃盤)이 낭자(狼藉)하고 공론(公論)이 중중(重重)하더라.

원래 이 동구는 태소백산(泰小白山) 도적의 취혈(聚穴)일러라. 길동이 석말(席末)에 이르러 가만히 들으니 저희 서로 장수를 다투거늘, 생각하되, '내 망명도주하여 의지할 곳이 없더니, 하늘이 도우사 오늘날 이곳에 이르렀으니 가히 영웅지기(英雄之氣)를 펴지 못하리오.' 하고, 언연(偃然)히[102] 좌중에 나아가 허리를 굽혀 절하고 이르되,

"나는 경성(京城) 홍승상댁(洪丞相宅) 천첩 소생 길동이라. 가중 천대를 받지 아니하려 하고 스스로 집을 버리고 사해 팔방으로 집을 삼고 다니더니, 하늘이 지시하사 이에 왔으니, 원컨대 모든 호걸은 나의 연소

---

98) 산곡석경(山谷石逕): 산골짜기 돌이 많은 좁은 길.
99) 산금주수(山禽走獸): 날짐승과 길짐승.
100) 골물: 골짜기에 흐르는 물.
101) 험조(險阻)하다: 지세(地勢)가 가파르고 험하여 막히어 있다.
102) 언연(偃然)히: 거만한 듯하면서 점잖게.

함을 혐의치 말고 재주를 시험하여 사생고락(死生苦樂)을 한가지로 함이 어떠하뇨?"

모든 사람이 서로 보며 말이 없더니, 한 사람이 이르되,

"그대 기상을 보니 영웅준걸(英雄俊傑)이라. 그러나 여기 두 가지 일이 있으니, 그 하나는 이 앞에 소부석이란 돌이 있으니[103] 그 무게 천근(千斤)이라. 그 석(石)을 들면 그 용력을 알 것이오, 그 둘째는 합천 해인사를 쳐 그 재물을 취하고자 하는 바라. 그 절 중이 수천 명이라. 재물이 많으나 능히 칠 모책(謀策)이 없는지라. 그대 이 두 가지 일을 행할진대
금일로부터 우리 장수를 삼아 한가지로 고락을 하리라." 31

하니, 길동이 대희(大喜)하여 왈,

"남아 세상에 처하여, 위로 천문(天文)을 살피고 아래로 음양(陰陽)과 손오(孫吳)의 병법(兵法)[104]을 살피고 둔갑지술(遁甲之術)을 통하여, 나면 삼군(三軍)의 장수되고 들면 이음양순사시(理陰陽順四時)하는 재상이 되어, 얼굴을 기린각(麒麟閣)에 올리고 이름을 천추(千秋)에 유전(流傳)함이 대장부의 할 바라. 나는 신운(身運)이 불행하고 명도(命途)[105] 기구하여 능히 사람에 참예(參預)치 못하여 평생 한하는 바라. 어찌 이 두 가지 일을 근심하리오."

하니, 중인(衆人)이 기꺼[106] 이르되,

"그대 그러하면 시험하리라."

하고, 길동을 데리고 소부석 있는 데 나아가거늘, 길동이 소매를 걷고 그 돌을 들고 일어나 수십 보를 행하다가 공중에 던지고 언연(偃然)히 오거늘, 모두 보고 대경(大驚) 왈,

---

103) 원문에는 "그 하나는 이 앞에 소부석이란 돌이 있으니"가 빠졌음.

104) 손오(孫吳)의 병법(兵法): 손오병법(孫吳兵法). 손무(孫武)와 오기(吳起)가 지은 병법서.

105) 명도(命途): 운명과 재수.

106) 기꺼: 기뻐.

"과연 장사로다. 우리 수천 명 중에 일찍 이 돌을 들 자가 없더니, 오늘 석(石)을 들어 던지니 하늘이 우리를 도우사 이 장수를 지시하시니 어찌 즐겁지 아니하리오."

인하여 길동을 상좌에 앉히고 술을 부어 올리고 현알(現謁)[107]하여, 제군(諸軍) 열명(列名)한 안책(案冊)과 부고문서(府庫文書)를 봉(封)하여 올리거늘, 길동이 받아 살펴 본 후에 군사를 명(命)하여 백마(白馬)를 잡
32 아오라 하여 제인(諸人)을 데리고 피를 마셔 맹세하여 왈,

"자금(自今) 이후로 힘을 합력하여 수화중(水火中)이라도 피치 말고 사생을 한 가지 하여 종신불망(終身不忘)하리니, 만일 배반하고 불응하는 자(者)면 군법으로 시행하리라."

하니, 제인이 일시에 응낙 왈,

"소졸(小卒) 등이 어찌 장군의 명을 배역(背逆)하리오."

하거늘, 길동이 대희하여 즐기다가 연파(宴罷)하니라.

이후로는 길동이 중인으로 더불어 치빙궁마(馳騁弓馬)와 검술을 익히니, 일월지내(一月之內)에 군용(軍容)이 정제하고 무예 엄숙하더라.

일일은 길동이 중인을 분부하되,

"내 장차 합천 해인사를 치고자 하나니, 만일 영(令)을 어기는 자면 군법으로 시행하리라."

한대, 중인이 일시에 고두사례(叩頭謝禮)하거늘, 길동이 일필(一匹) 건려(健驢)에 종자(從子) 수십 명을 데리고 재상가(宰相家) 서방님 행차(行次)같이 하고 제인(諸人)을 불러 이르되,

"내 절에 가 다녀올 것이니 그대 등은 수일(數日) 기다리라."

하고 표연히 나가니, 완연한 재상가 자제러라. 중인이 칭찬함을 마지아니하더라.

길동이 노새를 재촉하여 절 동구에 들어가며 종자로 하여금 통(通)하

---

107) 현알(見謁): 알현(謁見). 지체 높은 사람에게 뵈이는 일.

되, '경성 홍승상댁 서방님이 글공부하러 오신다' 하니, 그 절 중이 즐겨 이르되,

"우리 절이 본디 대찰(大刹)이라. 재상댁 자질(子姪)이 그쳤더니, 이제
홍정승댁 서방님 글공부하러 오신다 하니, 그 힘이 적지 아니하리라." 33
하고, 수천 명 중이 일시에 나와 동구 밖에서 맞아 들어가 합장배례(合掌拜禮)하며,

"원로(遠路)에 평안히 행차하심을 치사(致謝)하나이다."

길동이 정색 왈,

"내 일찍 들으니 너희 절이 유명한 대찰이요, 경개절승(景槪絶勝)하여 보암직하다 하기로 완경(翫景)코자 하며, 수월 머물러 공부하다가 금춘(今春) 경시(京試)[108]에 올라가고자하고 내려왔으니, 사중(寺中)에 잡인을 각별 엄금하여 조용한 처소를 수리하여 머물게 하라."

모든 중들이 고두수명(叩頭受命)[109]하고 일변(一邊) 방을 수리하거늘, 길동이 몸을 일으켜 법당을 두루 본 후에 노승을 불러 분부 왈,

"내 인읍(隣邑) 아중(衙中)에 가 수일 유(留)하고 올 것이니 부디 잡인을 금하고 방을 수리하여 지키라. 또 내일에 백미 이십 석을 보낼 것이니 금월 십오일에 밥과 술을 많이 하라. 내 너희로 더불어 한 가지로 즐긴 후에 그 날부터 공부하리라."

하니, 제승(諸僧)이 합장배례하고 칭찬하더라.

길동이 즉시 길을 떠나 동구(洞口)에 돌아오니 제적(諸賊)이 맞아 기꺼하거늘, 길동이 이튿날 백미 이십 석을 실어 절로 보내어 왈,

"홍정승댁에서 본관(本官)에 관자(關子)[110]하여 보낸다."

하니, 모든 중들이 기꺼하여 백미를 고중(庫中)에 장치(藏置)하고 기약한

---

108) 경시(京試): 3년마다 서울에서 치르던 과거의 첫 시험.

109) 고두수명(叩頭受命): 머리를 조아리고 명령을 받음.

110) 관자(關子): 관문(關文). 동등한 관부 상호 간 또는 상급 관부에서 하급 관부로 보내던 공문서.

34 날을 기다려 주효(酒肴)를 갖추어 등대(等待)하더라.

그 날에 길동이 모든 도적을 데리고 분부하여 왈,

"내 금일에 절에 가 여차여차하여 모든 중을 결박하거든, 너희 등은 그 때를 당하여 약속을 어기지 말고 일을 행하라."

하니, 제적이 응낙하고 돌아와 영을 기다리더라.

이때 길동이 수십 종자(從者)를 데리고 해인사에 올라가니, 제승이 모두 대후(待候)하였다가 들어가니, 길동이 노승더러 왈,

"향일(向日)[111]에 백미를 보내어 주반(酒飯)을 갖추라 하였더니 어찌 하였느뇨?"

제승이 고왈(告曰),

"이미 준비하였사오니 처분을 내리소서."

길동 왈,

"내 전에 들으니 이 절 뒤의 풍경이 거룩하다 하니, 너희와 더불어 종일 즐기고자하니, 이 절 중이 하나도 낙루(落漏) 말고 일제히 모이라."

하니, 제승이 어찌 이런 흉계를 알리오. 사중(寺中)이 감히 거역지 못하여 상하노소 없이 다 그 절 뒤 벽계(碧溪)에 모여 좌처(坐處)를 정하고 차차로 열좌(列座)하니 길동이 왈,

"내 먼저 술을 부어 마시고."

차례로 권하여 즐기며 희소차면하니,[112] 모든 중이 황공하여 사례하고 이삼 배(杯)씩 마신 후에, 길동이 가만히 소매에서 모래를 내어 입에 넣으며 하저(下箸)하더니, 모래 깨무는 소리에 제승이 놀래어 경황(驚惶) 사죄하거늘, 길동이 발연(勃然) 대로(大怒)[113] 왈,

35 "내 너희와 더불어 승속지례(僧俗之禮)를 버리고 한가지로 즐기고자

---

111) 향일(向日): 지난번.

112) 희소차면하니: 미상. 원문은 '히쇼차면ᄒᆞ니'임.

113) 발연(勃然) 대로(大怒): 갑자기 크게 화를 냄.

하거늘, 너희 등이 나를 쉬이 알고 음식의 부정함이 이렇듯 하니 어찌 통탄치 아니하리오."

언파(言罷)에 하인을 명하여 제승을 일시에 다 결박하라 하며 추상(秋霜)같이 호령하되,

"내 본관에 들어가 이 연유를 고하고 각별(各別) 중치(重治)하리라." 하니, 하인이 일시에 달려들어 칡을 떠[114] 차례로 질끈질끈 결박하니, 제승 종시(終是) 이런 흉계를 모르는지라. 비록 용력이 있은들 어찌 감히 항거하리오. 혼불부신(魂不附身)[115]하여 황망(慌忙) 애걸할 따름일러라.

이적에[116] 모든 도적이 동구에 매복하였다가, 제승 결박함을 듣고 일시에 달려들어 재물을 수탐[117]하여 완연히 제 집 재물같이 수운(輸運)하니, 제승이 그제야 기미(幾微)를 알고 아무리 벗어나고자 하나, 사지를 결박하였으니 어찌 능히 요동하리오. 다만 눈으로 보며 입으로 악만 지를 따름일러라.

절에 목군하는 놈[118]이 협방(夾房)에서 기명(器皿)을 수운(輸運)하다가, 대적(大賊)이 우마(牛馬)를 가지고 돌입(突入)하여 창고를 열고 재물을 수탐하여 가는 양(樣)을 보고 담을 넘어 도망하여 합천 읍내 들어가, 적당 수백 명이 와 절 재물을 수탐하여 가는 사연을 고하니, 합천군수
이 말을 듣고 대경하여, 즉시 삼반하인(三班下人)[119]과 읍중(邑中) 노소 36
인민을 조발(調發)하여 급히 도적을 잡으라 하니, 해인사로 몰려가니라.

이때 도적이 제 임의로 수많은 재물을 수탐하여 우마에 실리고 산곡

---

114) 칡을 떠: 칡덩굴을 잘라서.

115) 혼불부신(魂不附身): 혼이 몸에서 떨어져 나감. 몹시 놀라 어찌할 바를 모름.

116) 이적에: 이때에.

117) 수탐: 수탐(搜探)은 무엇을 몰래 조사하여 알아낸다는 의미이나, 여기서는 찾아낸다는 뜻으로 썼음.

118) 목군하는 놈: 불목하니. 절에서 밥을 짓고 물을 긷는 일을 맡아서 하는 사람.

119) 삼반하인(三班下人): 지방 관아에 딸린 아전 사령 등의 총칭.

소로로 가려하거늘, 길동이 이르되,

"조금도 의심치 말고 남편 대로로 가라."

한대, 제적(諸賊)이 질색 대왈,

"관군이 미구(未久)에 당두하면 잡힐까 하나이다."

길동이 크게 웃고 이르되,

"너희는 황구소아(黃口小兒)[120]라. 어찌 나의 깊은 소견을 알리오. 너희는 조금도 두려워 말고 동구(洞口)를 지나 남편 대로로 가라. 내 이제 오는 관군을 북편으로 가게 하리라."

제적이 이 말을 듣고 남편 대로로 몰려가거늘, 길동이 도로 법당에 들어가 중의 장삼을 입고 송낙을 쓰고 높은 뫼에 올라 보니, 관군이 몰려오는데 티끌이 자욱하여 고각함성(鼓角喊聲)[121]이 천지진동하여 풍우같이 몰려오거늘, 길동이 바라보고 크게 소리하여 왈,

"저 관군은 남으로 오지 말고 도적이 북으로 갔으니 북편 소로로 쫓아가 잡게 하라."

하고, 장삼 소매를 들어 북편 소로를 가리키거늘, 관군이 오다가 그 소리를 듣고 바라보니 한 중이 장삼 소매를 들어 북편을 가리키거늘, 관군이 그리로 쫓아가니라.

길동이 그제야 산에 내려와 제적을 인도하여 가게 하고, 길동은 가만
히 술법을 행하여 먼저 동구에 돌아와 남은 도적으로 하여금 오는 도적
37 을 다 나서 맞아오라 하니, 이윽고 수천 우마를 몰아 들어와 길동을 행
하여 고두사례(叩頭謝禮) 왈,

"장군의 신기한 술법과 거룩한 재주는 귀신도 측량치 못하리로소이다."

길동이 웃어 왈,

"대장부 세상에 처하여 그만 재주 없으면 어찌 여러 중인 중 장사라

120) 황구소아(黃口小兒): 어린아이.

121) 고각함성(鼓角喊聲): 북치고 나발 불며 고함치는 소리.

칭하리오.”

하고, 주효(酒肴)를 들여와 제적을 먹게 하니, 제적이 크게 기꺼, 이틀날 잔치를 배설하고 즐긴 후에 수탐하여 온 재물 조수(照數)[122]하여 본즉 수만금일러라. 제적을 상사(賞賜)하고 동구 별호를 활빈당[123]이라 칭하고 하령(下令)하여 왈,

“조선 팔도로 다니며 만일 불의한 재물을 탈취하고, 지빈무의(至貧無依)한 자(者)거든 재물을 주어 구제하되 성명을 통치 말고, 열읍(列邑) 수령(守令) 중에 준민고택(浚民膏澤)[124]하여 오는 재물을 탈취하라.”

이때에 합천 관군이 도적을 좇아 북편 소로로 수십 리를 가며 찾으되, 자취 없는지라. 하릴없어 돌아와 관가에 그 연유를 고한데, 군수 놀래어 즉시 영문(營門)[125]에 보(報)하되,

> 난데없는 도적 수천 명이 백주에 해인사를 쳐 재물을 탈취한다 하옵거늘, 관군을 조발하여 잡으라 하되 종적을 알지 못하와 연유를 보(報)하노니 발포(發捕)[126]하와 잡게 하옵소서.

감사(監司) 보장(報狀)을 보고 대경하여 즉시 연유를 장계(狀啓)하니, 상(上)이 보시고 크게 근심하사 팔도에 행관(行關)[127]하시되,

“이 도적을 잡으면 무론귀천(毋論貴賤)하고[128] 천금상(千金賞)에 만호후(萬戶侯)를 주리라.”

하시니, 팔도에서 행관을 보고 물 끓듯 하여 잡으려고 하더라.

---

122) 조수(照數): 숫자를 맞춰봄.

123) 활빈당: 89장본의 필사자는 ‘活賓黨’이라고 한자를 붙였음.

124) 준민고택(浚民膏澤): 백성들의 재물을 착취함.

125) 영문(營門): 감영(監營). 각 도에 관찰사가 일을 보던 곳.

126) 발포(發捕): 죄인을 잡으려고 포교(捕校)를 보내던 일.

127) 행관(行關): 동등한 관아 사이에 공문을 보내던 일.

128) 무론귀천(毋論貴賤)하고: 귀하고 천한 것을 가리지 않고.

각설. 길동이 제적으로 더불어 의논하되,

38 "우리도 또한 나라의 식록지민(食祿之民)이라. 때를 당하였으면 반드시 갈충보국(竭忠報國)할 것이로되, 때를 만나지 못하여 산곡에 웅거(雄據)하여 백성의 재물만 탈취하여 백성을 해(害)되게 하고, 또 국가에 진봉(進封)하는 재물과 상납(上納)하는 전곡(錢穀)을 탈취하면 이는 불의를 행하는 역적이라. 이제 활빈당에 다시 큰 법을 세워 제군(諸軍) 중에 만일 불의지사(不義之事)를 행하면 군법으로 시행할 것이니 조심하여 죄를 범(犯)치 말라."

하니, 제적 일시에 영(令)을 시행하니라.

이러구러 수월이 되매 길동이 제적을 불러 왈,

"우리 이제 창고 비었으니, 내 함경감영(咸鏡監營)에 들어가 사창(社倉) 곡식과 온갖 병기를 수탐하여 오고자 하니, 그대 등은 가만히 가 각각 흩어져 성중(城中)에 숨었다가, 남문 밖에 불이 난 후에 감사(監司)와 관속(官屬)이며 백성이 성 밖에 나가거든, 성중이 빈 때를 타 창고의 곡식과 병기를 수탐하여 가져오되 백성의 재물은 하나도 범치 말라."

하니, 모든 도적이 일시에 청령(聽令)하고 물러나오니라.

길동이 또 육십 인을 변복(變服)하여 데리고 길을 떠나, 기약한 밤 삼경에 남문 밖에 이르러 군사를 지휘하여 시초(柴草)를 수운(輸運)하여 쌓고 불을 지르니 문득 화광(火光)이 충천(衝天)하였거늘, 백성 화광을 보고 아무리 할 줄을 몰라[129] 황황(遑遑) 분주하거늘, 길동이 포정사(布政司)[130]에 올라 크게 외쳐 왈,

"경릉[131]에 불이 일어나 참봉(參奉)과 능지기[132] 다 몰사하였사오니

---

129) 아무리 할 줄을 몰라: 어떻게 할 줄을 몰라.

130) 포정사(布政司): 감사(監司)가 일을 보던 관청.

131) 경릉: 함경도 감영이 있던 함흥 근처에 이성계의 4대조를 추존한 왕릉이 있으나, 경릉이라는 이름은 없는 것으로 보아 작자가 임의로 붙인 이름임.

132) 능지기: 능(陵)을 지키는 사람.

바삐 불을 구하옵소서."

감사 잠결에 이 소리를 듣고 혼비백산(魂飛魄散)하여 급히 일어나 바 39
라보니 화광이 하늘에 닿았거늘, 대경(大驚)하여 일변(一邊) 영초(營哨)[133]를 부르며 하인과 성중 남녀노소 없이 다 거느리고 능소(陵所)로 가니, 창고 지킨 군사 또한 없는지라. 길동이 제적을 지휘하여 창고를 열고 곡식을 탈취하여 우마(牛馬)에 싣고 북문으로 내달아 축지법(縮地法)을 행하여 밤새도록 달려 활빈당 동구(洞口)에 다다르니 동방이 이미 밝아오더라.

길동이 제적더러 이르되,

"우리 행(行)치 못할 일을 하였으니 필연 장계(狀啓)할 것이요, 장계하면 우리를 잡으라 하리니, 만일 잡지 못하면 그 중에 애매한[134] 사람이 잡혀 죄를 당할 것이니 어찌 남의 적악(積惡)이 아니 되리오. 이제 방을 써 함경문[135]에 붙이고 '창곡과 군기 도적한 자는 활빈당 행수(行首)의 홍길동이라' 하라."

모든 도적이 이 말을 듣고 대경 왈,

"장군은 환(患)을 자취(自取)함이오니 어찌 이런 말씀 하나이까?"

길동이 웃고 왈,

"여등(汝等)은 겁내지 말라. 자연 피할 모책(謀策)이 있으니 잔말 말고 내 지휘대로 거행하라."

하니, 제적이 의심함을 마지아니하나 감히 영을 어기지 못하여 방(榜)을 가지고 밤든 후에 문에 붙이고 돌아오니라.

이날 밤에 길동이 초인(草人) 여덟을 만들어 각각 진언(眞言)을 염(念)하여 혼백(魂魄)을 붙이니,[136] 여덟 초인이 일시에 팔을 뽐내며 크게 소리

---

133) 영초(營哨): 감영의 초관(哨官)을 말하는 것으로 보임. 초관은 종9품 무관.

134) 애매하다: 억울하다.

135) 함경문: 함경감영(咸鏡監營)의 문이라는 의미로 썼음.

136) 원문의 이 대목은, "門에 붙이고 이날 밤에 吉童이 草人을 붙이니"라고 했으나,

하고 아홉 길동이 되어 한곳에 모여 수작(酬酌)을 난만(爛漫)히 하니, 어
40 느 것이 참 길동인 줄을 알지 못할러라. 모든 도적이 손뼉 치며 웃어 왈,

"장군의 신기묘술(神奇妙術)은 귀신도 측량치 못하리로소이다."

여덟 길동을 한 도(道)에 하나씩 보내고, 한 길동에게 도적 오백 명씩 거느려 가게 하니 모든 도적이 각각 행장(行裝)을 차려 길을 떠나더라. 아홉 길동이 내(內) 여덟 길동은 한 도에 하나씩 보내고, 하나는 활빈당에 누었으니, 어느 길동이가 참 길동인지 저희도 모르더라.

차시(此時)에 감사 불을 구하고 돌아오니 창고 지키던 군사 급히 고하되,

"성중이 다 비었을 때에 도적이 창고 곡속(穀粟)과 군기(軍器) 다 도적하여 갔나이다."

하거늘, 감사 대경하여 급히 군사를 조발(調發)하여 사방으로 도적을 근포(跟捕)[137]하되 그 종적이 망연하더라. 문득 북문 군사 보(報)하되,

"간밤에 여차여차한 방을 붙였나이다."

감사 방을 보고 왈,

"함경도 내(內)에 홍길동이라 하는 도적을 잡아오라."

하고, 나라에 장문(狀聞)하니, 상이 행관(行關)을 하시되,

"만일 홍길동을 잡지 못하면 포상하리라."[138]

하시고, 또 사문(四門)에 방을 붙이되,

"길동을 잡는 자(者)면 천금상(千金賞)에 만호후(萬戶侯)를 봉(封)하리라."

하였더라.

이것은 잘못된 것이다. 조종업본의 이 대목, "북문에 붙이고 돌아오니라. 이날 밤에 길동이 초인 일곱을 만들어 각각 진언을 염하여 혼백을 붙이니"를 참고하여 수정했음.

137) 근포(跟捕): 죄인을 찾아 쫓아가서 잡음.

138) 원문은 "만일 洪吉童을 즙지 못ᄒᆞ면 捕上ᄒᆞ리나"인데, 이 대목은 "만일 홍길동을 잡으면 포상(褒賞)하리라"의 잘못으로 보임.

각설. 길동이 초인을 한 도에 하나씩 보내고, 저는 활빈당에 있어 각
읍(邑)에 봉송(封送)하는 재물을 일일이 탈취하고, 불의지사(不義之事) 41
하는 자가 있으면 사석(沙石)을 날려 눈코를 뜨지 못하게 하고 고문(庫門)을 열고 곡식과 재물을 탈취하니, 소문이 자연 분등(奔騰)하여 백성이 잠을 자지 못하더라. 이러하므로 팔도에서 장문(狀聞)하였으되,

> 홍길동이라 하는 도적이 풍백(風伯)을 불러 운무(雲霧) 중에 싸이어 다니며, 각 읍 수령(守令)의 재물을 탈취하니 그 형세 태산 같은지라. 잡을 길이 없사오니, 복원(伏願) 성상(聖上)은 살피사 이 도적을 잡게 하옵소서.

상(上)이 남필(覽畢)에 크게 근심하시고 팔도의 장문을 상고(相考)한즉, 길동의 행적이 다 한 날 한 시라. 더욱 대경하사 자연 탄식하시며 가라사대,

"도적의 용력과 술법은 옛날 초패왕(楚霸王)과 제갈공명(諸葛孔明)이라도 밎지 못하리로다. 아무리 신기한 놈인들 한 놈이 어찌 팔도에 하루 한 때에 이렇듯 작란(作亂)하리오. 이는 심상치 아니한 도적이라. 뉘 능히 이 도적을 잡아 국가의 근심을 덜고 백성의 폐단을 없게 하리오."
하신대, 한 신하 출반주(出班奏) 왈,

"이는 조그마한 도적이라. 비록 약간 술법이 있어 팔도에 다니며 작란하오나 어찌 옥체(玉體)에 근심하시리오. 신(臣)이 비록 용렬(庸劣)하오
나 일지병(一枝兵)을 빌리시면 홍길동을 생금(生擒)하옵고, 모든 도적을 42
다 잡아 국가의 환(患)을 덜으리다."
하거늘, 모두 보니 이는 포장(捕將)[139] 이흡(李恰)이라. 상이 크게 기꺼하사 날랜 군사 수백 명을 주시며 위로 왈,

"과인(寡人)이 일찍 경(卿)의 지략을 아느니, 족히 염려 없거니와 삼

139) 포장(捕將): 포도대장(捕盜大將).

가 조심하여 잡아오라."

하시니, 이흡이 나와 각각 분로(分路)하여 가되, '경상도 문경(聞慶)으로 모이라' 약속을 정하고 홀로 오십 리를 행(行)하더니, 날이 저물거늘 주점에 들어가 앉았더니, 문득 한 청포소년(靑袍少年)이 나귀를 타고 동자(童子)를 데리고 그 주점에 들어와 앉거늘, 포장이 일어나 예(禮)하고, 좌(座)를 정한 후에 소년이 문득 한숨지으며 탄식하거늘, 포장이 문왈(問曰),

"무슨 근심 있관대 저렇듯 표표(表表)한 소년이 근심을 하느뇨?"

소년이 답왈(答曰),

"보천지하(普天之下)에 막비왕토(莫非王土)요, 솔토지민(率土之民)이 막비왕신(莫非王臣)이라.[140] 내 비록 향곡(鄕曲)에 있는 유생(儒生)이나 나라를 위함이로소이다."

포장 왈,

"그대 나라를 위하여 근심하는 일을 잠깐 듣고자 하노라."

소년이 왈,

"홍길동이라 하는 도적이 팔도에 다니며 작란하매, 각 읍 수령이 잠을 자지 못하고, 나라[141]가 근심하사 팔도에 행관하여 잡는 자 있으면 중히 쓰리라 하시되, 힘이 약한 고로 합력하여 잡을 사람이 없어 근심하노라."

포장 왈,

43 "그대 기골과 풍채 늠름하여 말사위[142] 충직하니, 내 비록 재주 없으나 그대를 따라 일비지력(一臂之力)[143]을 도울 것이니, 우리 양인이 동

---

140) 보천지하(普天之下)에 막비왕토(莫非王土)요, 솔토지민(率土之民)이 막비왕신(莫非王臣)이라: 하늘 아래 임금의 땅이 아닌 것이 없고, 모든 영토의 백성이 왕의 신하 아님이 없다.

141) 나라: 여기서는 임금을 말함.

142) 말사위: 말투나 말하는 태도. '사위'는 춤출 때 팔의 움직임을 말함.

143) 일비지력(一臂之力): 한 팔의 힘이라는 뜻으로, 남을 돕는 조그만 힘을 말함.

심합력(同心合力)하여 그 도적을 잡아 국가의 근심을 덞이 어떠하오."

그 소년이 대왈,

"그 도적의 용맹이 과인(過人)하여 겸인지력(兼人之力)[144]이 있다 하오니, 그대 나로 더불어 일심동력(一心同力)하면 잡으려니와 만일 불연즉(不然則) 환(患)을 볼까 하나이다."

포장 왈,

"대장부 사즉사(死則死)언정[145] 한번 언약한 후에 어찌 실언(失信)하리오."

그 소년이 가로대,

"벌써 잡고자하여 용맹 있는 사람을 구하오매 얻지 못하여 홀로 근심하더니, 이제 그대를 만나니 어찌 길동 잡기를 근심하리오. 용력을 시험코자 하나니 나를 따르라."

하고 나가거늘, 포장이 그 소년을 따라 한 곳에 이르니, 그 소년이 높이 암상(巖上)에 앉으며 이르되,

"그대 힘을 다하여 나를 차 여기 내리치면 그 용력을 가히 알리라."

하고 상상(上上) 끝에 올라앉거늘, 포장이 가만히 생각하되, '제 비록 역발산(力拔山) 기개세(氣盖世)[146]하는 용력이 있은들 내 한번 차면 제 어찌 아니 거꾸러지리오' 하고, 평생 힘을 다하여 두 발로 차니, 그 소년이 몸을 돌아앉으며 왈,

"그대 짐짓[147] 장사로다. 내 여러 사람을 시험하되 일찍 하나도 나를
요동케 하는 자 없더니, 오늘날 그대에게 차여 내 오장이 울리고 몸이 44
운동하니 실로 장사로다. 우리 양인이 어찌 길동 잡기를 근심하리오. 그

144) 겸인지력(兼人之力): 혼자서 능히 몇 사람을 당해 낼 만한 힘.

145) 사즉사(死則死)언정: 죽으면 죽을지언정.

146) 역발산(力拔山) 기개세(氣盖世): 힘은 산을 뽑을 수 있을 정도로 세고, 기세는 세상을 덮을 만큼 왕성함.

147) 짐짓: 과연.

대 날 따라오면 길동을 잡을 것이니 내 뒤를 따르라."

하고 첩첩산곡(疊疊山谷)으로 들어가니, 포장이 따라가며 사면을 살펴보니, 산천은 험악하고 초목은 무성하여 동서남북을 분별치 못하고 한 곳에 이르니, 그 소년이 이르되,

"이곳이 길동의 굴혈(窟穴)이라. 내 먼저 들어가 적세(賊勢)를 탐지하고 올 것이니 그대는 여기서 기다리라."

하니, 포장이 대왈(對曰),

"내 이미 그대로 더불어 사생(死生) 허락하여 이곳에 왔거늘, 나를 어찌 이곳에 혼자 두어 시랑(豺狼)의 해(害)를 보게 하느뇨."

그 소년이 웃어 왈,

"대장부 어찌 시랑을 두려워하리오. 그대 진실로 겁할진대, 내가 여기 기다릴 것이니 그대 먼저 들어가 탐(探)하고 오라."

한대, 포장이 왈,

"그대 말이 하 설설하니[148] 빨리 들어가 적세를 살펴 오라. 이 도적을 잡으면 대공을 이룰 것이니 명심하라."

소년이 미소부답(微笑不答)하고 표연(飄然)히 산곡(山谷)으로 들어가거늘, 포장이 홀로 서서 기다리더니, 문득 일락함지(日落咸池)하고 월출동령(月出東嶺)하니[149] 모진 시랑은 사면에 왕래하거늘, 포장 마음에 황겁(惶怯)하여 진퇴유곡(進退維谷)이라. 하릴없어 큰 나무를 안고 소년
오기를 기다리더니, 홀연 산곡간(山谷間)에서 들레는[150] 소리 요란하더
45 니 수십 군졸이 내려오거늘, 포장이 대경하여 살펴보니 군사 모양이 흉
악하거늘, 몸을 피코자 하더니 군사 좌우로 에워싸고 이르되,

"네가 포장 이흡인다? 우리 등이 장군의 영(令)을 받아 너를 잡으려

148) 설설하다: 성격이나 행동이 탁 트이고 시원시원하다.

149) 일락함지(日落咸池)하고 월출동령(月出東嶺)하니: 해는 함지로 지고, 달은 동쪽 언덕에 떠오르니. '함지'는 해가 진다는 큰 못.

150) 들레다: 야단스럽게 떠들다.

하고 두루 편답(遍踏)하더니, 오늘날 이곳에 와 만날 줄 어찌 뜻하였으리오.”

언파(言罷)에 철사로 몸을 얽어 풍우(風雨)같이 몰아 족불이지(足不履地)[151]하여 잡아가니, 다만 귀에서 바람 소리만 들리더라. 포장이 불의지변(不意之變)을 만나 혼불부신(魂不附身)하여 수십 리를 들어가니 한 곳에 석문(石門)이 열렸거늘, 점점 들어가니 천지광활(天地廣濶)하여 날빛[152]이 조요(照耀)하니 별유천지비인간(別有天地非人間)이더라. 심중에 생각하되, '불의에 험악한 데 잡혀 왔으니 어찌 다시 세상에 돌아가리오' 정신을 진정하여 눈을 들어 살펴보니, 궁궐이 의의(猗猗)하여[153] 광채 영롱하고 무수한 군졸이 황포건(黃布巾)[154]을 쓰고 위엄이 엄숙하거늘, 마음에 산란하여[155] 육신(肉身)이 왔는가, 죽어 혼백(魂魄)이 왔는지 몰라 의심하더니, 문득 앞에서 무슨 소리 나며 무수한 군졸이 내달아 잡아다가 대하(臺下)에 꿇리거늘, 아무런 줄 몰라[156] 엎드려 영(令)을 기다리더니, 전상(殿上)에서 한 대왕이 금포옥대(錦袍玉帶)[157]를 단정히 하고 두렷이 탑상(榻上)에 앉아 크게 꾸짖어 왈,

“네 조그마한 필부(匹夫)로서 외람(猥濫)한 뜻을 두고 홍장군을 잡으 46
려 하매 팔도 산신(山神)이 진노(震怒)하여 십전조(十殿朝)[158]에서 '너를
잡아 문죄(問罪)하고 지옥에 가두라. 광언망설(狂言妄說)로 네 임금 속인
죄를 다스려 후인(後人)을 경계하라.' 하여 계시니, 지옥으로 가라.”

---

151) 족불이지(足不履地): 발이 땅에 닿지 않음. 빨리 가는 모양을 말함.

152) 날빛: 햇빛.

153) 의의(猗猗)하다: 아름답고 성(盛)하다.

154) 황포건(黃布巾): 황색 베로 만든 두건.

155) 산란하여: '살아'의 잘못으로 보임.

156) 아무런 줄 몰라: 어찌할 줄 몰라.

157) 금포옥대(錦袍玉帶): 비단으로 만든 도포에 옥(玉)으로 만든 띠.

158) 십전조(十殿朝): 명부(冥府). 시왕전(十王殿)을 말하는 것으로 보임. 시왕(十王)은 저승에서 죽은 사람을 심판한다는 열 대왕(大王)을 말함.

하고, 좌우에 분부하여,

"저 죄인을 지옥에 엄수(嚴囚)하라."

하니, 수십 군졸이 청령(聽令)하고 달려들어 결박하거늘, 포장이 애걸 왈,

"소인이 인간 잔명(殘命)[159]으로 무죄히 잡혀와 죄를 당하오니 복걸(伏乞) 명부(冥府)는 하감(下瞰)하옵소서."

하고 언파(言罷)에 크게 울거늘, 좌우 입을 가리어 웃고 꾸짖어 이르되,

"이 못된 사람아, 세상에 어찌 지부(地府), 십전(十殿), 명부(冥府) 있으리오. 얼굴을 들어 나를 보라. 나는 다른 사람이 아니요, 곧 활빈당 장수 홍길동이라. 그대 무식천견(無識淺見)으로 외람(猥濫)한 의사를 먹고 나를 잡으려 하매, 내 그대 용력을 알고자 하여 어제 청포서생(青袍書生)으로 그대를 인도하여 들어옴이라."

하고, 언파(言罷)에 맨 것을 끄르고 올려 앉힌 후에 술을 권하여 왈,

"그대 같은 유(類)야 십만(十萬)이라도 나를 능히 잡지 못하리라. 내 그대를 죽여 세상을 다시 보지 못하게 할 것이로되, 그대 같은 필부를
47 해하고 어디 가 용납하리오. 또한 왕명을 받았기로 살려 보내니, 그대 돌아가 나를 보았노라 하면 죄책(罪責)이 있을 것이니 이런 말을 내지 말고 재생지은(再生之恩)[160]을 생각하라. 다시 나를 그르다하는 이 있거든 경계하여 그대같이 속는 자 없게 하라."

또 세 사람을 잡아들여 계하(階下)에 꿇리고 꾸짖어 왈,

"너희 등은 신청(信聽)하라. 무식천견으로 감히 이흡을 좇아[161] 나를 잡고자 하니, 내 너희를 죽여 오활한[162] 사람을 경계할 것이로되, 내 이미 너희 장수를 살려 보내며 너희 등을 어찌 해하리오. 살려 보내는 것이니 다시 범람한 뜻을 둘진대 앉아서도 너희를 잡아다가 죽일 것이니,

---

159) 잔명(殘命): 남은 목숨이라는 의미이나, 여기서는 하찮은 사람이라는 뜻으로 썼음.

160) 재생지은(再生之恩): 죽게 된 목숨을 다시 살려 준 은혜.

161) 좇아: 원문은 '取ᄒᆞ여'인데, 잘못된 것으로 보임.

162) 오활한: 원문은 '위달ᄒᆞᆫ'이나 의미가 통하지 않음.

부디 조심하여 잊지 말라."
하고, 좌우를 호령하여 맨 것을 끄르고 술을 주어 먹인 후에 포장을 위로하여 가로대,
"그대를 위하여 한 잔 술로 정을 고하노라."
하니, 포장이 그제야 고쳐 앉으며 놀란 정신을 수습하여 자세히 보니 과연 청포소년이라. 그제야 속은 줄 알고 머리를 숙이고 한 말도 대답지 못하고 다만 술만 사양치 못하여 취토록 먹으니, 길동이 담소하며 즐기거늘,[163] 포장이 그 신기함을 탄복하더라.

이윽고 문득 취한 술이 깨어 갈(渴)함을 참지 못하여 일어나고자 하나 48
사지를 요동치 못하는지라. 괴히 여겨 살펴보니 가죽부대 셋이 한 일(一)자로 나무에 달렸거늘, 차례로 끌러보니 처음에 경성에서 떠날 제 데리고 오던 하인이라.
"이것이 꿈인가 생신가? 죽어 황천에 들어왔는가, 살아 세상에 나왔는가? 어제 문경으로 모이자 약속하였더니 어찌 이곳에 왔는고?"
두루 다니며 살펴보니, 다른 곳이 아니라 장안 북악산(北岳山)[164]이거늘, 하릴없어 생각하니 춘몽(春夢)이 의연(依然)하더라. 포장이 이르되,
"나는 청포소년을 따라왔다가 이에 왔거니와 너희는 어찌 잡혀 왔는다?"
세 사람이 고왈(告曰),
"소인 등이 주점에서 자옵더니 일성뇌정(一聲雷霆)에 풍우에 싸이어 호호탕탕(浩浩蕩蕩)히 몰아가오매 아무데로 가는 줄 모르옵고 갔삽더니, 어찌 이곳에 온 일을 생각하오리까?"
포장이 이르되,

---

163) 담소하며 즐기거늘: 원문은 '단속ᄒᆞ여 살니거늘'이나 잘못임.
164) 북악산(北岳山): 백악산(白岳山). 서울 경복궁 북쪽의 산으로 한양 도성의 북쪽 경계가 된다.

"이 일이 허무맹랑(虛無孟浪)하니 남에게 전류(傳流)하면 도리어 환(患)을 취하리니 너희 등은 삼가 누설치 말라. 그러하나 길동의 신기한 재주와 묘한 변화는 귀신도 측량치 못하리로다. 어찌 인력으로 잡으리
49 오. 우리 등이 이제 들어가면 죄책(罪責)이 될 것이니 아직 수월(數月)을 기다려 들어가자."

하고 내려오더라.

각설. 나라에서 팔도에 행관(行關)하여 길동을 잡으라 하되 길동의 변화 무궁하여 잡지 못하고, 길동이 또한 장안의 대로상(大路上)에 언연(偃然)히 초헌(軺軒)을 타고 임의로 왕래하되 능히 알아 잡을 자가 없고, 혹 각 읍에 노문(路文) 놓고 쌍교(雙轎) 별연(別輦)[165] 타고 왕래하되 알 자가 없더라. 팔도에 다니며 순행(巡行)하여 각 읍 수령 중에 탐관(貪官)하는 자가 있으면 거짓 어사 되어 선참후계(先斬後啓)[166]하니, 그 장계(狀啓)에 하였으되,

> 소신(小臣) 홍길동은 돈수백배(頓首百拜)[167]하옵고 아뢰옵나니, 팔도에 순행하여 수령 중에 혹 탐관이 있어 불치(不治)한 자와 준민고택(浚民膏澤)하여 어질지 못하오면 신이 선참후계하나이다.

하였거늘, 상이 남필(覽畢)에 대경하사 가라사대,

"이놈이 각 읍에 다니며 이렇듯 작란하되 잡지 못하니 장차 어찌하리오."

하시더라.

또 팔도 감사 장문(狀聞)이 연속부절(連續不絶)하니 상이 크게 근심하사 왈,

---

165) 쌍교(雙轎) 별연(別輦): 둘 다 높은 벼슬아치가 타는 가마.
166) 선참후계(先斬後啓): 죄를 지은 사람을 먼저 목을 베고 나중에 임금에게 알리는 것.
167) 돈수백배(頓首百拜): 머리가 땅에 닿도록 수없이 계속 절을 함.

"이놈이 어디서 난 놈인고?"

좌우 알지 못하고, 마침 한 신하 출반주 왈,

"홍길동은 듣사오니 전(前) 우상(右相) 홍모의 서자요, 이조참의(吏曹
參議) 홍인현의 서제(庶弟)로서 사람을 죽이고 나갔다 하옵더니, 그 도 50
적이 홍길동이라 하오니, 홍모를 패초(牌招)하와 하문(下問)하옵소서."
하되, 상이 들으시고 가라사대,

"어찌 이런 말이 있으면 즉시 고(告)치 아니하는다?"

하고, 즉시 금부도사(禁府都事)로 하여금 홍모와 인현을 잡아오라 하시되, 도사(都事) 어명(御命)을 받아 나졸을 거느려 홍상서 집에 돌입(突入)하여 어명을 전하매, 가중(家中)이 물 끓듯 하고 승상과 인현이 어명을 뫼와[168] 나졸을 따라 금부(禁府)로 가니라.

도사 들어가 탑전(榻前)에 주달(奏達)하되, 상이 들으시고 인정전(仁政殿) 전좌(殿座)하시고, 홍모를 나입(拿入)하사 꾸짖어 왈,

"도적 홍길동은 네 자식이라 하니, 네 신위대신(身爲大臣)[169]으로 나라를 섬길진대 이 소문을 들었을 것이니, 영전(令前)에 잡아 바쳐 국가에 근심을 덜게 함이 옳거늘, 너희 부자 등은 모르는 체 하니 어찌 신자(臣子)의 도(道) 있다 하리오."

위선(爲先) 삭탈관직(削奪官職)하시고 전옥(典獄)에 가두시며, 또 인현을 나입하여 하교(下敎) 왈,

"길동은 너의 서제라 하니 빨리 잡아들여 네 일문(一門)의 환(患)을 면케 하라."

하신대, 인현이 머리를 조아려 주왈,

"신의 천한 동생이 불충불효(不忠不孝)하와 사람을 죽이고 망명도생(亡命圖生)을 하오매 사생을 모른 지 벌써 수년이라. 늙은 아비 이로 말

168) 뫼와: 모셔. 받들어.

169) 신위대신(身爲大臣): 몸이 대신이 되어서.

51 미암아 신병(身病)이 나 명(命)이 조석(朝夕)에 있삽나니, 이제 길동이 나라에 베일 죄를 지었사오니 신의 부자는 만사무석시호내(萬死無惜是乎乃),[170] 복걸(伏乞) 성상은 깊이 살피사, 자식의 그릇한 죄 아비에게 있다 하오니 병든 아비를 용사(容赦)하여 주옵시면 신이 죽기로써 길동을 잡아 바치리라."

하고 무수히 복걸하니, 상이 그 효의(孝義)와 말씀을 감동하사, 홍모를 놓아 다시 우상(右相)으로 복직하이시고 참의(參議)로 경상감사(慶尙監司)를 제수(除授)하사 일 년 말미를 주시며 길동을 잡아드리라 하시니, 인현이 사은숙배(謝恩肅拜)하고 인하여 하직하고 집에 돌아와 부모 전에 배별(拜別)하고, 집을 떠난 십여 일만에 감영(監營)에 도임하고 드디어 각 읍에 행관(行關)하니, 그 글에 하였으되,

> 사람이 세상에 나매 오륜(五倫)이 으뜸이요, 오륜의 중함은 임금과 아비
> 라. 군부지명(君父之命)을 거역하면 이는 불충불효(不忠不孝)니 어찌 세상
> 에 용납하리오. 부친은 백수만년(白首晩年)에 너로 하여금 나라에 죄인이
> 되고 눈물을 거둘 날이 없었더니, 성상이 진노(震怒)하사 야야를 수금(囚禁)
> 하시고 나로 하여금 경상도 도백(道伯)을 제수하시어 너를 잡아 올리라 하
> 였으니, 만일 잡지 못하면 군명(君命) 거역한 죄를 당하여 홍씨(洪氏)네 누
> 대성덕(累代盛德)을 너로 인하여 일조(一朝)에 멸문지환(滅門之患)을 면치
> 52 못할 것이니, 어찌 슬프지 아니하리오. 바라건대 길동은 부형의 평생을 생
> 각하여 일찍 자현(自現)하여 일문의 화를 면케 하고, 홍씨 백대(百代)에 욕
> 명(辱名)을 끼치지 말라.

하였더라. 각 읍에서 관자(關子)를 등서(謄書)하여 방곡(坊曲)에 붙이니라.

이적에 길동이 팔도 길동에게 지위(知委)하여 군졸을 활빈당으로 보

---

170) 만사무석시호내(萬死無惜是乎乃): 만사무석이오나. 만 번 죽어도 아까울 것이 없으나. '是乎乃'는 이두(吏讀)로 '이오나'라는 의미임.

내고, 팔도 감영에서 경성 원근을 헤아려 감영에 각기 자현하라 하였더라. 이때 경상감사 각 읍에 관자하고 심사 자연 산란하여 공사를 전폐하고 울민(鬱悶)하여 지내더니, 문득 남문이 요란하며 군사 보(報)하되,

"문외(門外)에 어떤 소년이 나귀를 타고 하인 수십 명을 거느려 와 사도께 뵈옴을 청하나이다."

하거늘, 감사 괴히 여겨 동협문(東夾門)을 열어 들라 하며,

"아지 못게라. 어떠한 사람인고?"

하더니, 그 소년이 나귀를 달려 언연(偃然)히 들어와 당상(堂上)에 올라 배알(拜謁)하거늘, 감사 처음에 어떠한 사람인 줄 모르더니 추후에 자세히 본 즉 이 곧 길동이라. 대경하여 즉시 좌우를 물리치고 손을 잡고 유체(流涕) 왈,

"너 한번 문에 나매 종적을 알지 못하여 부친이 너로 하여금 침식불평(寢食不平)하시더니, 필경에 환우(患憂) 되어 침고(沈固)하시거늘, 갈수록 불효를 끼쳐 이렇듯 맑은 세상에 도적의 장수 되어 방탕한 마음을 53
품어 각 읍에 작폐(作弊)하기로 성상이 진노(震怒)하사 너를 잡아 올리라 하시고, 나로 이 도(道) 관찰사를 제수하시어 만일 잡지 못하면 역률(逆律)을 면치 못하리라 하시니, 이 일을 장차 어찌하리오. 옛말에 하였으되, '천작지얼(天作之孼)은 유가위(猶可違)어니와 자작지얼(自作之孼)은 불가활(不可活)이라'[171] 하니, 너는 열 번 생각하여 경사(京師)에 나아가 천명을 순수하라. 그렇지 아니하면 우리 멸문지환을 면치 못하리라."

하고, 언파(言罷)에 눈물이 양협(兩頰)에 비 오듯 흐르니, 길동이 머리를 숙이고 말을 나직이 하여 왈,

---

171) 천작지얼(天作之孼)은 유가위(猶可違)이어니와 자작지얼(自作之孼)은 불가활(不可活)이라: 하늘이 만든 재앙은 오히려 피할 수 있으나, 자신이 지은 잘못으로 생긴 재앙에서는 살아날 길이 없다.

"천생(賤生)이 오읍기는 부형의 위태하심을 듣고 왔사오니 어찌 다른 말씀이 있사오리까마는, 당초에 천제(賤弟)로 하여금 부친께 호부(呼父)하게 하옵고 형장께 호형(呼兄)하게 하였사오면 어찌 이 지경에 이르렀겠으리오. 이왕지사(已往之事)는 지금 일러 무엇하리오. 명일에 소제를 결박하고 나라에 장문(狀聞)하여 보내옵소서."

말을 아니 하고, 입을 봉(封)하고 그 후로는 묻는 말도 대답지 아니하더라.

감사 이튿날 장계(狀啓)를 올리고 길동을 항쇄족쇄(項鎖足鎖)[172]하여 함거(檻車)에 싣고 날랜 장졸 수십 명을 안동(眼同)[173]하여 보내니, 역로
54 (歷路) 각 읍의 백성들이 다 홍길동의 재주를 들었는지라. 잡아온단 말을 듣고 거리거리 모두 구경하더라.

각설. 이때 팔도감사 다 길동 잡아 올리는 장계를 하였거늘, 조정과 장안이 막지기단(莫知其端)[174]하여 어느 것이 정(正) 길동인지 몰라 소동이 높이 나더라. 문득 팔도 장교들이 길동을 항쇄족쇄하여 장안에 이르니, 여덟 길동의 형용이 같아서 조금도 다름이 없더라. 여덟 길동을 엄수(嚴囚)하고 나라에 주달(奏達)하온데, 상이 대경하사 즉시 정원(政院)[175]에 전좌(殿座)하시고 만조(滿朝)를 거느려 친국(親鞫)[176]하실새, 금부나졸(禁府羅卒)이 팔(八) 길동을 잡아 올리니, 저희 서로 다투어 이르되,

"네가 정 길동이요, 나는 아니로다."

하고 서로 다투다가, 필경에 팔 길동이 한데 어우러져 싸우니 어느 것이

---

172) 항쇄족쇄(項鎖足鎖): 죄인의 목에 씌우던 칼과 그 발에 채우던 차꼬를 아울러 이르는 말.

173) 안동(眼同): 데리고 함께 감.

174) 막지기단(莫知其端): 그 까닭을 알지 못함.

175) 정원(政院): 승정원(承政院)을 말하는 것으로 보임.

176) 친국(親鞫): 임금이 직접 심문하는 것.

참 길동인지 몰라 다만 의심할 따름일러라.

상이 하교(下教) 왈,

"홍상(洪相) 모(某)는 응당 알리라."

하시고, 명초(命招)하사 가라사대,

"자식 알기는 아비라. 들으니 경(卿)이 한 길동만 있다 하더니 금일로 보건대 여덟 길동이 되었으니, 어느 것이 경의 자식인가 지일(指一)하여 아뢰라."

엄문(嚴問)하시니, 홍상이 황공 복지 왈,

"신(臣)의 팔자 무상(無狀)하와 이렇듯 성상(聖上)께 불충(不忠)이 되오니 죄사무석(罪死無惜)[177]이오나, 신자(臣子)의 도리에 어찌하리오. 신의 자식 길동은 좌편 다리에 붉은 점이 있사오니 복원(伏願) 전하(殿 55
下)는 팔 길동을 벗기옵고, 붉은 점을 상고(詳考)하옵소서."

주달(奏達)하기를 마치매, 몸을 돌이켜 팔 길동을 꾸짖어 왈,

"네 아무리 불충불효(不忠不孝)한 놈인들 위로 전하 임(臨)하시고 아래로 아비 있어, 너로 하여금 이렇듯 세상이 분운(紛紜)케 하니 너 죽어 귀신이라도 용납지 못할지라."

하고, 말을 마치매 입으로 피를 토하고 엎어져 기절하니, 좌우 대경하고 상(上)이 또한 놀라사 대신(待臣)을 명하여 구하라 하시되, 생도(生道) 없는지라. 팔 길동이 이 경색(景色)을 보고 눈물을 흘리며 즉시 낭중(囊中)[178]으로서 대추 같은 환약(丸藥) 이개(二個)를 내어 갈아 입에 드리오니, 반향(半晌)[179]에 인사(人事)를 차려 일어앉으니, 길동이 주왈(奏曰),

"신(臣)의 아비 국은으로 부귀영화를 누리오니 신이 어찌 감히 범람한 불의지사(不義之事)를 행하오리까? 신이 전생 죄 중(重)하와 천비(賤婢)

---

177) 죄사무석(罪死無惜): 죄가 무거워서 죽어도 아까울 것이 없음.

178) 낭중(囊中): 주머니 속.

179) 반향: 반상(半晌). 반나절.

의 배를 빌어 세상에 나와 아비를 아비라 못하옵고 형을 형이라 못하오
니, 한이 골수에 맺혔삽기로, 세상을 버리고 산림(山林)에 들어감을 주야
(晝夜) 원하옵더니, 하늘이 밉게 여기사 몸이 더러운 데 던져져 도적의
장수 되었사오나, 일찍 국가의 전곡(錢穀)과 백성의 재물은 추호도 범치
56 아니하옵고, 각 읍 수령의 정사(政事) 불민(不敏)하여 백성을 침학(侵虐)
하옵고 준민고택(浚民膏澤)하여 올려 보내는 재물을 노략(擄略)하였사
오며, 임금은 아비 일체(一體)라 하오니, 그 나라 백성이 되어 그 나라
곡식을 먹사오니, 자식이 아비 것 먹기와 같사오니, 이제 삼 년만 되오면
조선을 떠나 갈 곳이 있사오니, 복원 성상은 근심치 마옵소서. '길동을
잡으라' 하신 관자(關子)를 거두소서."

말을 마치며 팔 길동이 일시에 땅에 거꾸러져 죽거늘, 좌우 대경하여 죽은 것을 살펴보니 여덟이 다 길동이 아니요, 초인(草人)이라. 상이 진노하사 용상(龍床)을 치시며 가라사대,

"뉘 능히 길동을 잡아드릴 자가 있으면 제 원대로 벼슬 주리라."
하시되, 능히 잡을 자가 없어 다 묵묵하더라.

이날 오후에 사대문에 방을 붙였으되,

"홍길동은 평생 한을 풀 길이 없사오니, 복원 성상은 천한 길동으로 하여금 병조판서(兵曹判書) 유지(諭旨)를 내리옵시면 신이 스스로 나아가 잡히리다."
하였더라.

상이 그 방문(榜文)을 보시고 백관(百官)으로 더불어 상의하신대, 제신(諸臣)이 묵묵하다가 주왈,

"방문은 그러하오나 제가 국가에 큰 공이 없삽고, 또한 큰 공이 있다
57 하와도 천비소생(賤婢所生)이라 병조판서는 못하오니, 이제 죄악이 있
어 잡아 죽이라 하옵거늘, 어찌 제 뜻을 이루어 국체(國體)를 손상하오
리까? 만일 길동을 잡는 자가 있사오면 적국 파(破)한 공과 일체(一體)로

쓰옴이 마땅할까 하나이다.”

상이 옳이 여기사 하교를 내리오시되, 능히 잡는 자 없더라. 상이 진노하사 경상감사에게 교지(敎旨)를 내리오시되,

“경으로 하여금 경의 천제(賤弟) 길동을 잡아오라 하였거늘, 초인을 만들어 보내어 국가를 소동케 하니 경의 죄 또한 태심(太甚)한지라. 차후는 거짓 길동은 잡지 말고 정 길동을 잡아 올려 삼족(三族)의 대화(大禍)를 면케 하라.”

하였더라.

감사가 전지(傳旨)를 받자와 보고 송구하여 장차 미복(微服)으로 순행(巡行)하여 잡으려 하더니, 이날 밤에 선화당(宣化堂) 대들보 위로서 한 소년이[180] 내려와 절하거늘, 감사 대경하여 귀신인가 하였더니, 살펴보니 이는 곧 길동이라. 감사 이윽히 보다가 꾸짖어 왈,

“이 불측(不測)한 아이야, 위로 임금의 명을 어기오고, 아래로 부형의 교훈을 듣지 아니하고, 군신, 부자, 형제에 구원(仇怨)이 되고자 하는다? 너로 인하여 일국이 소동하여 백수(白首) 부모의 근심이 되게 하고, 장차 멸문지환(滅門之患)이 되게 하느냐?”

길동이 웃어 왈,

“형장은 조금도 염려치 마소서. 소제를 결박하여 경사로 잡아 보내되, 58
부모 처자 없고 혈혈무의(孑孑無依)[181]한 자로 장차(將差)[182]를 정하여 압령(押領)하여 보내시면 소제 자연 처치할 도리 있사오니이다.”

하니, 감사 또 초인인가 의혹하여 붉은 점을 상고하고 사지를 결박하여 함거(檻車)에 싣고, 제 말대로 혈혈무의한 장교를 택정(擇定)하여 경사로 보내어 차문(箚文)[183]하니라. 길동이 조금도 안색을 변치 아니하고

---

180) 원문에는 ‘한 소년이’가 빠졌음.

181) 혈혈무의(孑孑無依): 의지할 곳 없이 외로움.

182) 장차(將差): 고을 원이나 감사(監司)가 심부름 보내던 사람.

183) 차문(箚文): 차자(箚子). 신하가 임금에게 올리던 간단한 서식의 상소문.

술만 먹고 취하였더라.

장교 정원에 이르니 승상이 길동 잡아 올림을 주달(奏達)한대, 상이 전교(傳敎)하사,

"도감포수(都監砲手)[184]를 좌우에 매복하였다가 길동이 만일 굴신(屈伸)하거든 총으로 놓으라."[185]

하시다.

길동이 이미 남대문에 이르렀는지라. 좌우 도감포수 총에 약(藥)을 쟁여[186] 들고 길동을 옹위(擁衛)하여 열 겹이나 둘러싸고 들어오더니, 길동이 문득 한 소리를 크게 하여 왈,

"내 몸이 이곳까지 평안히 오고, 성상이 또한 나 잡혀오는 줄 알아 계실지라. 영거(領去) 장교 등은 죽어도 나를 원망치 말라."

하고, 몸을 한번 요동하니 철사 썩은 줄같이 끊어지고 함거 일시에 깨어
59 지니, 길동이 몸을 소소아 삼십여 장(丈)을 올라가니, 좌우 도감포수 미
처 손을 놀리지 못하여 하늘만 우러러 볼 따름일러라. 이러한 뜻으로 탑전(榻前)에 주달하니, 상이 진노하사,

"위선(爲先) 압령 장교를 원찬(遠竄)하라."

하시고, 이에 제신을 명하여 길동 잡기를 의논할새, 백관(百官)이 주왈,

"길동의 원(願)이 '병조판서 유지를 내리오시면 조선을 떠나마' 하오니, 이제 제 원대로 병조판서를 하이시고 유지를 내리와 부르시면 마땅할까 하나이다."

상이 그 의논대로 좇아 의윤(依允)하시고 즉시 유지를 내리와 동대문에 붙이니라.

이때 병조(兵曹) 하인들이 홍판서[187]를 찾으려 하고 사방에 흩어져

---

184) 도감포수(都監砲手): 훈련도감의 포수.

185) 총으로 놓으라: 총을 쏘라.

186) 약(藥)을 쟁여: 화약(火藥)을 재어. 화약을 넣어.

187) 홍판서: 홍길동을 말함.

찾으되 종적 없더니, 동대문으로서 일위(一位) 소년이 청포옥대(靑袍玉帶)로 초헌(軺軒)에 높이 앉아서 완완히 나오며 병조 하인을 불러 이르되,

"국은(國恩)이 망극(罔極)하여 나로 하여금 병조판서 유지를 내리와 부르시니 들어온다."

하거늘, 병조 하인들이 일시에 맞아 호위하여 크게 벽제(辟除)하고 완완
히 행하여 궐하(闕下)에 나가 사은숙배(謝恩肅拜)할새, 백관들이 의논하
여 궐문(闕門) 밖에 도부수(刀斧手)[188]를 매복하였다가, '길동이 사은하
고 나올 때에 창으로 찔러 죽이라' 하고, 약속을 정하니라. 60

길동이 궐문에 다다라 초헌에서 내려 옥계(玉階)에 들어가 숙배(肅拜)하고 복지 주왈,

"불충불효지신(不忠不孝之臣) 홍길동은 국가에 큰 죄[189]를 지어 전하의 근심이 되게 하였사오니 죄는 만사무석(萬死無惜)이로소이나, 도리어 천은(天恩)을 입사와 평생 포원(抱怨)을 풀어 주시니 국은이 망극하온지라. 몸이 맞도록 천은을 만분지일이나 갚사올까 바라오나, 천명(天命)을 받자와 몸이 갈 곳이 있삽기로 금일 전하 전에 하직하옵고 조선을 떠나오니, 복원 성상은 만세무강(萬世無疆)하옵소서."

말을 마치며 몸을 공중에 소소아 구름을 타고 표연(飄然)히 가니, 경각(頃刻)에 구름을 헤쳐 가는 바를 모를러라. 상이 보시고 칭찬 왈,

"길동의 신기한 재주는 만고에 미칠 이 없도다. 어찌 이런 놈을 잡으리오."

또 가라사대,

"죽일 사람이 아니라 의기남자라."

하시고, 즉시 팔도에 행관(行關)을 하였으되, 길동 잡으란 영(令)을 거두

---

188) 도부수(刀斧手): 큰 칼과 큰 도끼를 쓰는 군사.

189) 큰 죄: 원문은 '患罪'이나, 잘못임.

시고 가라사대,

"제 재주로 충성을 다하여 나라를 도왔으면 족히 종사(宗社)에 보배 되리로다."

하시고, 칭찬을 마지아니하시더라. 제신(諸臣)이 성상의 탄복하심을 한탄하더라. 길동이 용안(龍顔)을 하직하고 나간 후로 팔도에 길동이 작란한단 말이 일절 없더라.

61 각설. 길동이 용탑(龍榻)[190]을 하직하고 저의 동구(洞口)에 돌아와 제적(諸賊)에게 분부하되,

"내 잠깐 다녀올 데 있으니 너희는 밖에 출입 말고 나 돌아오기를 기다리라."

하고, 즉일에 구름을 타고 남경(南京)으로 향하더라. 한 곳에 이르니 이는 율도국이라. 그 나라 성내(城內)에 들어가며 사면을 살펴보니, 산천은 절승하고 인물이 풍성하여 가히 취(取)함직 하거늘, 마음에 두고 돌아오는 길에 한 섬에 들어가 산천을 구경하니 일봉산(一峰山)이 천하 명산이라. 산중에 치표(置標)[191]하고 주위를 살펴보니 사면이 육칠백 리나 되는지라. 수토(水土) 극히 좋아 일신(一身)을 안접(安接)함직 하거늘, 길동이 다시 헤오되, '내 다시 조선에는 머물지 못하리니 이곳에 웅거함이 옳다' 하고, 표연히 돌아오니라.

이때 제적이 장수 오기를 기다리더니 문득 수월(數月)만에 돌아오거늘, 맞아 원로에 평안히 다녀오심을 치하하거늘, 길동이 제적에게 분부하되,

"너희 등이 물력(物力)을 가지고 양구 양천[192]에 들어가 수십 선척(船隻)을 지어 모월모일(某月某日)에 경성(京城) 서강(西江)에 대령하라. 내

---

190) 용탑(龍榻): 임금이 앉는 자리.

191) 치표(置標): 묏자리를 미리 잡아 표적을 묻어서 무덤처럼 만들어 두는 일.

192) 양구 양천: 정확하게 어디를 가리키는 것이지는 알 수 없음.

나라에 들어가 정조(正租)[193]를 구득(求得)할 것이니 기약을 어기오지 말라.”

하여 보내니라. 임시(臨時)[194]하여 남은 물화를 다 거두어 제적으로 하여금,

“다 각기 처자를 데리고 모일에 서강으로 대령하라.”

하고 문득 간데없더라. 62

각설. 이때 나라에서 길동이 하직하고 나간 후에 소식을 모르더니, 명년(明年) 추구월(秋九月) 망일(望日)에 청풍(靑風)은 소슬(蕭瑟)하고 월색(月色)은 명랑하니, 상이 월색을 탐(貪)하여 환자(宦子) 수십을 데리고 후원에 배회하시더니, 홀연 일위 소년이 부운간(浮雲間)으로서 내려와 옥계(玉階) 하(下)에 복지(伏地) 배알(拜謁)하거늘, 상이 대경하사 하교(下敎) 왈,

“선관(仙官)은 어찌 인간에 강림하여 무슨 말을 이르고자 하시나이까?”

그 소년이 복지 주왈,

“신은 전임 병조판서 홍길동이로소이다.”

상이 대경하사 가라사대,

“어찌 이 심야에 왔는다?”

하시니, 일어나 절하고 아뢰되,

“전하를 받들어 만세(萬世)를 모실까 항상 원(願)이로되, 한갓 천비소생(賤婢所生)이라. 신이 재주를 닦아 육도삼략(六韜三略)을 능통하여 활 쏘아 무급제(武及第)[195]를 한다 하와도 병통(兵統)[196]에 참예(參預)치 못할 것이요, 경서백가어(經書百家語)를 달통(達通)하여 문급제(文及第)[197]를 하와도 옥당(玉堂)[198]에 처(處)할 길이 없는지라. 이러하므로

---

193) 정조(正租): 벼.

194) 임시(臨時): 정해진 시간이 됨.

195) 무급제(武及第): 과거 시험의 무과(武科)에 합격함.

196) 병통(兵統): 병마절도사(兵馬節度使). 종2품 무관 벼슬.

신이 세사(世事)를 던지고 사해에 두류(逗遛)하옵다가 무뢰지배(無賴之
輩)로 더불어 작당(作黨)하여 왕부(王府)에 작폐(作弊)하옵고 조상에 죄
인이 되올까 하옵더니,[199] 국은이 망극하와 신의 죄를 사(赦)하옵고 원
(冤)을 풀어 주시니, 몸이 맟도록 충절을 다하여 옛날 용봉(龍逢) 비간
63 (比干)의 충절[200]을 효칙(效飭)하와 국은을 만분지일이나 갚고자 하오
나, 신이 본디 천생이라 조정이 받지 아니할 것이요, 또한 이름이 도적에
처하였사오니 어찌 세상에 용납하오리까? 이러하므로 전하 전에 하직하
옵고 조선을 떠나오니 어찌 비감치 아니하리오. 복원 성상은 자비지심
(慈悲之心)을 드리우사 정조 삼천 석을 빌리옵소서[201] 서강으로 수운
(輸運)하여 주옵시면, 수천인(數千人)을 전하의 은덕으로 명(命)을 보존
할까 하나이다."

상이 양구(良久)에 하교하시되,

"네 말대로 정조 삼천 석을 주려니와 어찌 수운하려 하는다?"

길동이 복지 주왈,

"이는 소신의 수단에 있사오니 전하는 조금도 하념(下念)치 마옵소서."

상이 가라사대,

"과인(寡人)이 전일에 경의 얼굴을 보지 못하였으니 얼굴을 들라."

길동이 얼굴을 드나[202] 눈을 뜨지 아니하니, 상이 문왈,

---

197) 문급제(文及第): 과거 시험의 문과(文科)에 합격함.

198) 옥당(玉堂): 홍문관(弘文館). 홍문관의 관리는 직급이 낮아도 중요한 벼슬자리였음.

199) 조상(祖上)에 죄인이 되올까 하옵더니: 경판 30장본에는 "무뢰지당으로 관부에 작폐하옵고 조정을 요란케 하옴은, 신의 이름을 들추어 전하 알으시게 하옴이러니"라고 되어 있다.

200) 용봉(龍逢) 비간(比干)의 충절: 충신의 충성스러운 절개. 용봉은 하(夏)나라의 충신이고, 비간은 은(殷)나라 주왕(紂王)의 숙부로 충신임.

201) 빌리옵소서: 빌려주시어서.

202) 원문에는, "길동이 얼굴을 드나"가 빠졌음.

"어찌 눈을 뜨지 아니하느뇨?"

길동이 여쭈오되,

"눈을 뜨오면 전하 놀랄까하와 뜨지 못하나이다."

상이 또한 강권(强勸)치 못하시고 물러가라 하시니, 길동이 복지 주왈,

"전하 정조 삼천 석을 허락하옵시니 성은이 망극하온지라. 바라옵건대 성상은 만세무강하옵소서."

말을 마치며 몸을 공중에 소소아 일진광풍(一陣狂風)을 타고 옥적(玉
笛)을 불며 백운간(白雲間)으로 향하여 가거늘, 상이 길동의 일을 신기
히 여겨 이튿날 선혜낭청(宣惠郎廳)[203]에게 전지(傳旨)를 내리와, '정조 64
삼천 석을 수운하여 서강에 쌓으라.' 하시니, 선혜낭청이 즉시 예인(隷
人)을 모으고 정조 삼천 석을 실어내어 서강에 뫼같이 쌓았더니, 문득
수십 선척(船隻)이 와 그 정조를 싣고 남녀아동 병(幷)하여 육칠천 명이
나 일시에 배에 실으니, 서강 사람과 선혜청(宣惠廳) 역인(役人) 등이 그
연고를 알지 못하고 물은대, 선인(船人)이 대왈,

"나라에서 능현군에게 사급(賜給)하시는 것이라."

하고, 사람과 곡속(穀粟)을 배에다 싣고, 길동이 장안(長安)을 향하여 사배(四拜)하고 가로대,

"전임 병조판서 홍길동이 성은을 입사와 정조 삼천 석을 얻어 수천 명을 구하오니 성은이 망극하여이다."

하고 표연히 가거늘, 선혜낭청 대경하여 그 사연을 탑전에 주달(奏達)하온데, 상이 웃어 가라사대,

"과인이 길동을 사급한 것이니 경 등은 놀라지 말라."

하시니, 백관이 어떠한 연고인 줄을 모르더라.

---

203) 선혜낭청(宣惠郎廳): 선혜청(宣惠廳)의 낭관(郎官). 선혜청은 대동미(大同米) 등의 출납(出納)을 관장하던 관청. 낭관은 5~6품의 문관을 말함.

각설. 길동 삼천 도적당(盜賊黨)이며, 저희 가솔(家率)과 가산(家產) 일용지물(日用之物)이며, 또 정조 삼천 석을 다 실리고 조선을 하직하고 망망대해를 향하여 순풍에 돛을 달고 남경 근처 제도 섬 중에 무사히 들어가, 일변 가사(家舍)를 지으며 농업을 힘쓰며, 남경 상고(商賈)질[204]
65 도 하고, 군기와 화약을 무수히 장만하며 군법을 연습하더라.

일일은 길동이 제적을 불러 왈,

"내 망당산에 들어가 살촉에 바를 약을 구하여 올 것이니, 너희 등은 섬 중을 잘 지켜 나 돌아오기를 기다리라."

하니, 제인(諸人)이 쉬이 돌아오심을 당부하더라. 길동이 제인을 이별하고 바다를 건너 육지에 나 망당산에 향하여 수일 만에 이르렀는지라.

이적에 낙천현(洛川縣)에 한 부자 있으되, 성은 백(白)이오 명(名)은 용(龍)이라. 일찍 한 딸을 두었으되 인물이 만고절색(萬古絶色)이라. 폐월수화지태(閉月羞花之態)[205] 있고 겸하여 시서백가어(詩書百家語)[206]를 능통하니, 그 부모 지극히 사랑하며 두목지(杜牧之)[207] 인물풍채(人物風采)와 이적선(李謫仙)[208] 같은 문장(文章) 서랑(壻郞)을 얻어 봉황의 쌍유(雙遊)함을 보고자 하나, 아름다운 재사(才士)를 만나지 못하여 백룡 부부 주야 탄식하더니, 그러구러 소저의 연광이 십팔 세라. 일일은 풍우대작(風雨大作)하여 천지를 분별치 못하더니, 이윽고 천지명랑(天地明朗)하며 소저 간데없는지라. 백룡 부처 망극하여 사면으로 찾아도

204) 상고(商賈)질: 장사. 상고(商賈)는 장사하는 사람을 말함.

205) 폐월수화지태(閉月羞花之態): 달도 숨고, 꽃도 부끄러워할 정도라는 뜻으로 여인의 외모가 아름다움을 말함.

206) 시서백가어(詩書百家語): 시경(詩經), 서경(書經)과 제자백가(諸子百家)의 책을 아울러 이르는 말.

207) 두목지(杜牧之): 당(唐)나라 시인 두목(杜牧). 목지(牧之)는 자(字). 그는 풍류남아로 이름이 높았음.

208) 이적선(李謫仙): 당나라 시인 이백(李白)을 말함. 적선(謫仙)은 하늘에서 땅으로 쫓겨난 신선이라는 의미.

종적이 없는지라. 부처 식음을 전폐하고 거리로 다니며 왈,

"아무 사람이라도 내 여식을 찾아주면 내 딸로 배필을 삼고 수만재(數萬財)를 주리라."

하며, 슬피 울고 다니더라.

이적에 길동이 망당산에서 약을 캐며 두루 구경하더니, 문득 일락서
산(日落西山)하고 숙조투림(宿鳥投林)[209]하는데 갈 길이 희미하여 산정 66
배회(山頂徘徊)하더니, 문득 사람이 들레며 화광(火光)이 비치거늘, 길동이 다행히 여겨 나아가 가보니, 사람은 아니요, 괴물 수백 명이 처자(處子) 하나를 잡아가지고 가며 즐기거늘, 자세히 보니 형용은 사람 같으나, 과연 울동이란 짐승이 여러 해를 산중에 있어 변화무궁(變化無窮)한지라. 길동이 생각하되, '내 주유천하(周遊天下)하여 아니 간 곳이 없으되 저러한 짐승을 보지 못하였더니, 이곳에 와 괴이한 것도 볼 뿐 아니라 또한 인간 처자를 잡아가니, 내 이제 저것을 잡아 처자의 위태함을 구하리라' 하고, 몸을 감추고 활로 쏘니, 그것이 크게 소리하고 수백 소졸(小卒)을 데리고 달아나거늘, 길동이 따라가 잡고자 하다가 밤이 깊고 그 뒤를 알지 못하여 그 처자 구하지 못함을 분히 여기고 슬퍼하다가, 수풀을 의지하여 밤을 지내고 내려와 가보니 그 놈이 피 흘린 자취 있거늘, 그 자취를 좇아 수 리를 들어가니 석실(石室)이 있어 가장 웅장하더라.

길동이 석문(石門)에 나아가니 문 지킨 울동이 보고 문왈,

"그대는 어떠한 사람인데 이 깊은 산중에 들어왔는고?"

길동이 보니 과연 밤에 보던 무리라. 심중에 대희하여 생각하되, '아
무렇거나 나중을 보리라' 하고, 이에 가로대, 67

"나는 조선 사람이더니 의술을 위업(爲業)하여 약을 캐려고 이곳에 들어왔더니, 갈 바를 몰라 민망하던 차에 그대를 만나니, 청컨대 수고를

209) 숙조투림(宿鳥投林): 새가 잠을 자러 숲으로 들어감.

아끼지 말고 길을 가르치소서."

하되, 그것이 이 말을 듣고 대왈(對曰),

"그대 일찍 의술 한다 하니 상처도 능히 고치느냐?"

대왈,

"옛날 화타(華陀) 편작(扁鵲)[210]의 술법이 내 복중(腹中)에 들었으니 어찌 상처를 근심하리오."

하되, 그것이 기꺼 왈,

"하늘이 우리 대왕을 위하여 그대를 보냄이로다."

길동이 짐짓 모르는 체 하고 물어 왈,

"이 어찌된 말이뇨? 그 연고를 듣고자 하노라."

그것이 이르되,

"어제 우리 대왕이 새로 부인을 얻어 오는 길에 난데없는 화살이 들어와 맞아 밤에 합궁(合宮)도 못하고 지금 병환이 만분위중(萬分危重)[211]한지라. 그대 좋은 선약(仙藥)을 가르쳐 높은 재주를 빛내게 하라."

하고 급히 안으로 들어가더니, 이윽고 그것이 나와 청(請)하거늘, 길동이 따라 정전(正殿)에 이르니 탑상(榻上)[212]에 기화요초(奇花瑤草) 만발하고 일개(一個) 으뜸 울동이 누워 신음하는 소리 있거늘, 살펴보니 또 석실(石室)에 한 여자 있어 들보에 목을 매고 죽으려 하되, 그 뒤에 두 여자 있어 못 죽게 붙들고 실랑이하는 형용을 보니, 간밤에 보던 처자라.
68 길동이 탑하(榻下)에 나아가 보고 속여 이르되,

"병이 그다지 중(重)치 아니하니, 내 낭중(囊中)에 선단(仙丹)[213]이, 화(和)하는 약(藥)이, 있어 먹으면 독기(毒氣)도 없고 새살이 나오나니,

---

210) 화타(華陀) 편작(扁鵲): 두 사람 모두 중국의 뛰어난 의사.

211) 만분위중(萬分危重): 병세가 대단히 무겁고 위태로움.

212) 탑상(榻上): 임금이 앉는 자리 위.

213) 선단(仙丹): 신선이 만든다는 장생불사(長生不死)의 환약(丸藥).

대왕은 한번 먹으시면 창처(瘡處)도 없이하고 또한 장생불사(長生不死)하리라."

울동이 이 말을 듣고 크게 기꺼 왈,

"복(僕)이 스스로 삼가지 못하여 환(患)을 자취(自取)하매 병이 죽을 곳에 미쳤으니 어찌 분(忿)치 아니하리오. 천우신조(天祐神助)하와 선생을 만났으니, 복의 병이 장차 회춘(回春)하리로다. 바라건대 선생은 좋은 약으로써 급히 살리소서."

길동이 즉시 낭중으로 선약(仙藥) 한 봉(封)을 내어 타 먹이니, 울동이 이윽하여 배를 두드리며 소리를 크게 질러 왈,

"내 너로 더불어 전일(前日) 원수 아니거든 무슨 일로 나를 해코자 하여 죽을 약을 먹인다?"

모든 울동이를 불러 왈,

"천만의외(千萬意外)에 저 흉인(凶人)을 만나 나를 죽게 하니, 너희는 저놈을 죽여 내 원수를 갚게 하라."

하고 인하여 죽으니, 모든 울동이 통곡하며 일시에 칼을 들고 내달아 길동을 향하여 꾸짖어 왈,

"우리 왕공(王公)을 해하여 죽게 한 흉적(凶敵)은 칼을 받으라."

하고 달려들려 하거늘, 길동이 대소(大笑)하고 가로대,

"내 어찌 네 왕공을 죽였으리오. 이 다 천수(天數)라."

하니, 모든 울동이 대로(大怒)하여 달려들거늘, 길동이 비록 대적코자 하나 손에 촌검(寸劍)이 없는지라. 어찌 능히 막으리오. 형세 가장 급하여 몸을 공중에 날려 달아나니, 모든 울동이 본디 수천 년 도 닦은 요귀(妖
鬼)라. 또한 풍운을 부리는 고로, 길동이 달아남을 보고 모든 울동이 일 69
시에 소리하고 바람을 좇아 타고 오거늘, 길동이 하릴없어 진언(眞言)을 외우니, 문득 공중에서 무수한 신병(神兵)이 내달아 모든 울동을 결박하여 계하(階下)에 꿇리거늘, 길동이 그 놈의 칼을 앗아 무수한 울동을

베고, 바로 들어가 그 여자를 죽이려 하니 그 여자 등이 슬피 울며 고하여 왈,

"첩 등은 요귀가 아니요, 요귀에게 잡혀와 죽지 못하옵고 지금 살아 있사오니, 바라건대 장군은 첩 등의 잔명(殘命)을 구원하옵소서."

하거늘, 길동이 문득 생각하고 그 여자를 청하여 거주와 성명을 물으니, 하나는 정(鄭)씨요, 하나는 조(趙)씨요, 한 처자는 낙천현 백룡의 딸이라. 길동이 들으매 다 양가(良家) 여자더라.

즉시 데리고 낙천현에 이르러 백룡을 찾아보고 사연을 이른대, 백룡 부부 그 여아를 보고 대희하여 대연(大宴)을 배설(排設)하고 모든 친척과 인리(隣里) 중인(衆人)을 다 청하여 즐기고, 인하여 길동으로 사위를 삼으니 그 혼구(婚具)의 성비(盛備)함이 측량없더라. 이튿날 정·조 양인이 홍생(洪生)을 청하여 치사(致謝) 왈,

"우리가 다 죽을 사람이더니 천행으로 장군을 만나 힘입어 세상에 다
70 시 나왔사오니 어찌 다른 데 가리오. 원컨대 장군은 첩 등을 버리지 아
니하시면 슬하에 있어 은혜를 만분지일이나 갚사오리다."

하거늘, 길동이 마지못하여 두 여자로 첩을 삼으니라.

이때 길동이 이미[214] 봉황 재미를 모르다가 일조(一朝)에 숙녀가인(淑女佳人)을 취하였으니 그 권권(眷眷)[215]한 정이 비할 데 없더라. 길동이 인하여 처족(妻族)을 다 거느리고 제도로 돌아오니, 모든 군사 강변에 나와 맞아 원로에 평안히 다녀옴을 치하하더라. 일행을 호위하고 들어가 큰 잔치를 배설하고 즐기더라.

세월이 여류하여 길동이 제도에 들어온 지 이미 삼 년이라. 길동이 월색을 탐하여 배회하다가 성신(星辰)을 살펴보고 문득 느껴 눈물을 흘리거늘, 백소저 문왈,

---

214) 이미: '아직'의 잘못인 것으로 보임.

215) 권권(眷眷): 연모하는 모양.

"첩이 낭군을 모신 후로 슬퍼하시는 기색을 못 보았삽더니, 금일에 어찌 저다지 슬퍼하시나이까?"

길동이 탄왈,

"나는 천지간에 용납지 못할 불효라. 내 본디 이곳 사람이 아니라, 조선국 홍정승댁 천첩 소생이라. 가내(家內)의 천대를 면치 못하여, 조정에 참예(參預)치 못하매 대장부 지기를 펼 길이 없어 부모를 하직하고 이곳에 몸을 웅거(雄據)하였사오니, 주야 부모 기체(氣體)를 성신으로 살피더니, 아까 성신을 살펴본즉 부공(父公)이 황(況)[216] 병(病)하사 불구(不久)에 세상을 이별하실지라. 내 몸이 만리에 있어 미처 득달치 못하여 부친 생전에 다시 뵈옵지 못할 것이니 이로 인하여 슬퍼하노라."

소저 그제야 그 근본을 알고 또한 비감하나, 재삼 위로 왈,

"도망키 어려운 것은 사람의 팔자오니 슬퍼 마옵소서."

이튿날 길동이 군사를 거느려 일봉산(一峰山) 소점처(所點處)[217]에 시역(始役)을 시키고 분부하되,

"천광(穿壙)은 석 자요,[218] 역사(役事)는 이리이리 하라."

하고, 제군(諸軍)을 불러 왈,

"모월 모일에 큰 배를 타고 조선국 서강으로 대령하라."

하고, 백씨와 정·조 양인을 이별하고 작은 배를 타고 발행(發行)할새, 가위로 머리를 깎고 중의 모양으로 조선으로 행하니라.

각설. 이때에 홍정승이 나이 팔십이라. 졸연(猝然)[219] 득병하여 백약이 무효하고 점점 침중(沈重)[220]하니, 이때는 추구월(秋九月) 망간(望間)이라. 공(公)이 부인과 좌랑을 불러 이르되,

---

216) 황(況): 이에. 우연히.

217) 소점처(所點處): 미리 점찍어 놓은 자리.

218) 천광(穿壙)은 석 자요: 시체를 묻을 구덩이의 폭은 세 자요.

219) 졸연(猝然): 졸연히. 갑작스럽게.

220) 침중(沈重): 병세가 심각하여 위중하다.

"내 나이 팔십이라. 이제 죽어도 한이 없거니와, 다만 길동이 천비소
생이나 재주와 의기가 범인과 다를 뿐 아니라 또한 나의 기출(己出)이라.
한번 문에 나매 사생을 모르고, 내 이제 병이 죽게 되었으되 저를 보지
72 못하고 돌아갈새, 이 어찌 또 가원(可怨)이 없으리오. 내 죽은 후에 길동
어미를 각별 후대하여 일생을 편케 하며, 만일 길동이 들어오거든 적서
분의(嫡庶分義)[221] 분간치 말고 동복(同腹)같이 우애하며 부명(父命)을
저버리지 말며."

또 길동 어미를 불러 손을 잡고 낙루(落淚) 왈,

"다만 서러워하는 바는 길동을 다시 보지 못하고 죽음이라. 길동은 본디 녹록한 인물이 아닌 바니, 다시 너를 저버리지 아니하리라. 그러나 내 황천에 돌아가도 눈을 감지 못하리로다."

말을 마치며 인하여 별세하시니, 부인과 춘낭이 애통 기절하며 내외 발상(發喪) 통곡하니, 곡성이 진동하더라. 이윽고 인사(人事)를 차려[222] 초종(初終)[223]을 극진히 갖추어 성복(成服)을 지내고 인하여 가빈(家殯)하니라.

이 적에 비복(婢僕)[224]이 들어와 고하되,

"어떤 중이 와 상공 영위(靈位)에 조문코자 하나이다."

하거늘, 상인(喪人)[225]이 가장 괴히 여겨 들어오라 하여 보니, 그 중이 언연(偃然)히 들어와 상공 영위 전(前)에 통곡하거늘, 내외 비복 등이 서로 이르되,

---

221) 적서분의(嫡庶分義): 적자와 서자 각각의 분수에 맞는 정당한 도리.

222) 인사(人事)를 차려: 정신을 차려.

223) 초종(初終): 초상이 난 뒤부터 졸곡까지의 장례에 관한 온갖 일이나 예식. 성복은 상복을 입는 것이고, 가빈은 집안에 빈소를 차리는 것을 말함.

224) 비복(婢僕): 여자종과 남자종.

225) 상인(喪人): 부모가 세상을 떠나 상중(喪中)에 있는 사람. 여기서는 길동의 형을 말함.

"상공께옵서 전에 친한 중이 없건마는 어느 중이관대 저다지 애통하는고?"

의심함을 마지아니하더라.

반향 후에 길동이 울음을 그치고 느껴[226] 가로대,

"형장은 소제를 모르시나이까?"

하거늘, 그제야 고개를 들고 자세히 보니 곧 아우 길동이라. 일희일비(一 73
喜一悲)하여 통곡 왈,

"이 무지한 아우야, 그 사이 어디를 가던다? 너로 말미암아 부친님이 임종 시에 유언이 여차여차하시고 눈을 감지 못하노라 하시더라."

하고, 내당으로 들어가자 하여 손을 이끌고 들어가니, 부인이 보시고 왈,

"너는 어떤 중을 데리고 내당에 들어오는다?"

하시니, 상인이 가만히 고왈,

"이는 외인이 아니오라 동생 길동이로소이다."

한대, 부인이 들으시고 일희일비(一喜一悲) 왈,

"네 한번 문에 나매 소식이 없어, 상공 병세 점점 침중(沈重)하여 필경에 임종 시에 누누(累累) 유언 말씀이, 너를 다시 보지 못하고 세상을 이별하니 황천에 돌아가도 눈을 감지 못하고 기세(棄世)하노라 하시니, 어찌 슬프지 아니하리오."

길동이 통곡 왈,

"불효자 길동이 세상에 있어 유(留)할 마음이 없어, 산중에 들어가 삭발위승(削髮爲僧)하여 지리(地理)[227]를 공부하와 부모 만세후(萬歲後)[228]의 유택지지(幽宅之地)를 정하여 부모의 태산 같사온 은덕을 갚삽고 불효를 만분지일이나 면할까 하나이다."

---

226) 느끼다: 설움이 복받쳐 흑흑 숨 막히는 듯한 소리를 내는 것.

227) 지리(地理): 풍수지리.

228) 만세후(萬世後): 세상을 떠난 뒤.

부인이 시비로 하여금 길동 어미를 부르니, 춘낭이 길동 왔단 말을 듣고 여광여취(如狂如醉)하여 기절하니, 비복 등이 구하여 반향에 인사를 차려 나와 길동을 붙들고 모자 통곡하니, 새로이 초상난 집 같더니, 길동이 울음을 그치고 위로 왈,

74 "모친은 과히 슬퍼 마옵소서."

하고, 인하여 형장께 고왈,

"동생이 왔다 하오면 문호(門戶)에 혹 해로움이 일어날까 하나이다."

상인이 듣고,

"그 말이 옳다."

하고, 그대로 하니라.

길동이 이르되,

"소제 일찍 명산(名山)을 정하였사오니 형장은 소제 말을 신청(信聽)하시니까?"

상인이 대왈,

"그곳을 가 보고 정하리라."

하고, 이튿날 수삼(數三) 가인(家人)을 데리고 층암절벽에 앉으며 이르되,

"이곳에 정함이 어떠하니까?"

상인이 살펴보니 다 석각지지(石角之地)[229]라. 길동의 지식 없음을 한탄하여 왈,

"내 아무리 식견이 없으나 어찌 이러한 데 친산(親山)을 모시리오."

하거늘, 길동이 거짓 탄식 왈,

"형장이 이곳을 알지 못하오니 어찌 애달지 아니하리오. 소제의 재주를 보소서."

하고, 즉시 철추(鐵椎)를 들어 바위를 깨치니 토색(土色)이 영롱하고, 수

---

229) 석각지지(石角之地): 바위가 삐죽삐죽 나와 있는 험한 곳.

척을 판즉 붉은 안개 가득하여 두우성(斗牛星)에 비추오며[230] 백학 한 쌍이 날아가거늘, 상인이 그제야 길동의 손을 잡고,

"기특타 현제(賢弟)여, 이제는 하릴없으니 다시 또 어디 있느뇨?"

길동이 거짓 탄식 왈,

"조선에는 다시 이곳 같은 데 없삽고, 이에서 십 배나 나은 데가 있사오나 길이 멀어 그것으로 한이로되, 형장 소견이 어떠하시니까?"

상인 왈,

"불원천리(不遠千里)[231]하고 따라가리라."

하되, 길동 왈,

"과연 수백 리를 가면 왕후장상(王侯將相)이 대대 떠나지 아니할 75
곳이 있사오니, 바라건대 형장은 상구(喪具)를 모시고 그곳으로 가사이다."

상인이 허락하고 집에 돌아와 그 사연을 부인께 고하니, 부인이 듣고 또한 기특히 여기더라.

이튿날 상구를 모시고 발행할새, 길동이 부인께 고왈(告曰),

"천하온 자식이 어미를 떠난 지 장근(將近) 십여 년이라. 또 이별하옵기는 모자 정리에 절박하오니, 바라옵건대 어미를 데리고 가와 부친 영위(靈位)에 조석(朝夕) 향식(饗食)을 받드옵고 장례나 한가지로 지내오면 사리에 마땅할까 하나이다."

부인이 허락하시거늘, 길동이 즉일에 부인께 하직하고 상구를 모시고 모친과 상인이 한가지로 집을 떠나 서강으로 이르니, 길동의 제장(諸將)이 배를 대후(待候)하였거늘, 상구와 일행이 배에 오르고 데려가던 노비와 제군(諸軍)은 도로 보내고, 망망대해에 배를 띄워 순풍에 돛을 달고 풍우같이 달려가니 그 지향(指向)을 알지 못하더라.

---

230) 두우성(斗牛星)에 비추다: 기운이 솟구쳐 하늘에 뻗치는 것.

231) 불원천리(不遠千里): 천리나 되는 먼 길을 멀다고 생각하지 않음.

수십 일 만에 한 곳에 다다르니, 수십 선척(船隻)이 내달아 길동을 맞아 치하[232] 무수하며 찬(饌)을 내와 대접하고, 상구 모신 배를 옹위(擁衛)하여 한 섬 중에 이르니 무수한 군사 나와 상구를 모시고, 길동이 중 모양을 벗어버리고 제복(祭服)을 갖추고 산상(山上)에 올라가니 짐짓 천하명승지(天下名勝地)라. 또한 산역(山役) 범절이 국릉(國陵)이나 일체
76 거늘, 상인이 대경하며 칭찬하더라. 길동이 군사를 호령하여 역사(役事)를 재촉하여 때가 하마[233] 하관(下官)할새, 상인으로 더불어 통곡하고 제물을 올리니, 그 성비(盛備)함이 측량없더라.

역필(役畢) 후에 모친과 형장을 모시고 반혼(返魂)[234]하여 본부(本府)로 돌아오니, 백씨와 정·조 양인이 중당(中堂)에 포진(鋪陳)하고 존고(尊姑)와 시숙(媤叔)을 맞아 문상(問喪) 예필(禮畢) 후에 존령(尊靈) 상구를 평안히 모시고 음식을 드리니, 춘낭이 그 자부(子婦) 삼인을 보고 일희일비하여 마음을 정치 못하더라. 이윽고 모모(某某) 빈객(賓客)이 문이 메여 모여 조문하니 그 거룩함을 측량치 못할러라.

상인(喪人)이 본국에 돌아갈 뜻이 나매 길동더러 왈,

"이곳에다 친산(親山)을 모셨으니 어찌 떠나고자 하리오마는, 또한 대부인께서 보내고 기다리심이 간절하시리니 어찌 민망치 아니하리오."

길동이 치행(治行)할새, 상인 왈,

"관산(關山)은 첩첩(疊疊)하고 해수(海水)는 양양(洋洋)한데, 다시 만나기 망연하니 어찌 심사 슬프지 아니하리오."

눈물이 비오듯하니, 길동이 위로 왈,

"형장은 과히 슬퍼마옵소서. 야야(爺爺) 산소는 명당이라, 대대 왕후

---

232) 원문에 '치하'는 빠졌음.

233) 하마: 벌써.

234) 반혼(返魂): 장례를 마치고 신주(神主)를 집으로 모셔 오는 일. 반우(返虞). 여기서는 집으로 돌아간 것이 아니므로, 장례를 마치고 묘역에서 내려왔다는 의미로 썼음.

상공(王侯相公)이 떠나지 아니할 것이요, 또한 남의 참소(讒訴)의 환(患)
도 없을 것이오니, 복원(伏願) 형장은 슬퍼 마옵시고 본국에 돌아가와
대부인을 위로하옵셔 만세무강하옵소서. 소제는 사시(四時) 향화(香火)
를 극진히 받들어 또 일후에 모자 형제 다시 만날 날이 있으리다." 77

상인이 떠남을 못내 슬퍼하더라. 상인이 제인(諸人)을 이별하고, 요여(腰輿)[235]를 모시고 길동을 데리고 부친 산소에 올라가 애통하고, 내려와 일척(一隻) 소선(小船)에 요여를 모시고 상인이 또한 탄식 왈,

"기러기[236] 남북에 갈리었으니 어찌 슬프지 아니하리오."

길동이 배에서 배별(拜別) 왈,

"형장은 수만 리를 평안히 득달하사 대부인을 모셔 내내 무강(無疆)하시다가 아무 때라도 소제 청함을 기다리옵소서."

한데, 상인이 왈,

"현제(賢弟)는 형으로 하여금 야야 산소를 다시 보게 하라."

하고 눈물을 흘려 서로 이별하니, 그 체수(涕水)[237] 만안(滿顔)함이 비할 데 없더라. 금은과 채단(彩緞)을 많이 실어 보내고 치선(置船)하니라.

행선(行船)하여 여러 날 만에 본국에 득달하여 부인께 뵈옵고, 전후사를 고하고 편지하여 선인(船人)을 놓아 보내니라. 부인이 듣고 더욱 칭찬하더라.

각설. 길동이 제도에서 향화(香火)를 극진히 하고, 백씨 등이 존고(尊姑)를 정성으로 섬기니, 이른바 화간의 성인이라.[238] 사방에 무일사(無一事)라.

세월이 여류하여 공의 삼년초토(三年草土)[239]를 지내매, 길동이 길복

---

235) 요여(腰輿): 장사 지낸 뒤에 혼백(魂帛)과 신주(神主)를 모시고 오는 작은 가마.

236) 기러기: 기러기의 행렬을 안항(雁行)이라고 하는데, 형제를 가리키는 말로 쓰임.

237) 체수(涕水): 눈물.

238) 화간의 성인이라: 미상.

239) 삼년초토(三年草土): 삼년상(三年喪). 삼년 동안 거적자리와 흙 베개로 지낸다는

(吉服)을 갖추어 제인을 거느려 농업을 힘쓰고 무공(武功)을 힘쓰니, 군량이 구산(丘山) 같고 병기 무성하매 족히 기병(起兵)하기에 염려 없더라.

78 원래 제도 섬 근처에 한 나라가 있으되 이름은 율도국(律島國)이라. 지방(地方)이 수만 리요, 도백(道伯)은 십이 원(員)이라. 본디 밖에 있어 대국(大國)을 섬기지 아니하고 대대로 전위(傳位)하여 인정(仁政)을 행하니, 나라가 요부(饒富)하고 백성이 평안하였더라.

차설(且說). 길동이 대의(大意)를 두고 일일(日日) 연습하니, 무예 정숙(整肅)하여 마군(馬軍) 십만이요 보군(步軍)이 십만일러라. 일일은 길동이 제장(諸將)을 모아 이르되,

"우리 이제 천하에 횡행(橫行)하여도 대적할 이 없을지라. 어찌 조그만 제도에 있어 천시(天時)를 바라리오. 내 들으니 율도국이 요부하고 국세(國勢) 대국이나 다름이 없다하니, 제군(諸軍)의 뜻이 어떠하뇨?"

제장이 응성(應聲) 왈,

"소장(小將)의 평생소원이로소이다. 대장부 어찌 이곳에서 구구녹록(區區碌碌)히[240] 늙으리오. 빨리 출사(出師) 성공케 하옵소서."

길동이 모든 의논이 귀일(歸一)함을 보고 즉시 군사를 이룰새, 부장(副將) 무통(无通)으로 선봉을 삼고, 마군으로 전군을 삼고, 보군으로 후군을 삼아, 길동이 중군이 되어, 길일(吉日) 양신(良辰)에 왈(曰)[241] 십만 웅병(雄兵)을 조발(調發)하여, 갑자(甲子) 추구월(秋九月) 망일(望日)에 일기(日氣) 화열(和烈)하여 국화 만발한데, 검극(劍戟)은 삼렬(森列)하고[242] 기치(旗幟)는 엄숙하여 옛날 초(楚)나라 주아부(周亞夫)[243]의 풍

의미.

240) 구구녹록(區區碌碌)히: 보잘 것 없이 평범하게.

241) 왈(曰): 말하기를.

242) 검극(劍戟)은 삼렬(森列)하고: 칼과 창은 촘촘히 늘어서고.

243) 초(楚)나라 주아부(周亞夫): 주아부는 한(漢)나라 장수. 초패왕(楚霸王) 항우(項羽)

채 갇더라. 길동이 행군하여 강변에 이르러, 군사와 군량을 배에 싣고
순풍에 돛을 달아 흘리저어 호호탕탕(浩浩湯湯)히 행선(行船)하여 대군 79
을 몰아 물밀듯 쳐들어가니, 소향(所向)에 무적(無敵)일러라.

각설. 율도국이 본디 난(亂)을 겪지 못하였다가 불의에 난을 당하매 대적할 길이 없어, 수월(數月)만에 칠십여 성을 항복받고 율도국 왕에게 격서(檄書)를 전하니라. 이적에 율도왕 수문장이 격문(檄文)을 받아 올리거늘, 율왕(律王)이 뜯어보니 하였으되,

> 조선국 활빈당 장수 홍길동은 글월을 닦아 율왕에게 하느니, 대저(大抵) 나라는 한 사람의 그릇이 아니라. 이러하므로 성탕(成湯)이 걸(桀)을 치시고, 무왕(武王)이 주(紂)를 치시니, 자고(自古)로 정벌이 천리(天理)에 떳떳한 일인 고로, 내 의병을 일으켜 강을 건너매 소향에 무적이라. 한 북소리에 칠십여 성을 항복받아 위엄을 뵈나니, 율왕은 재주를 생각하여 빨리 나와 자웅(雌雄)을 결단하라. 만일 두렵거든 급히 성문을 열고 나와 항복하여 목숨을 보존하여 제도군(諸島君)을 봉(封)하면, 조선(祖先) 향화(香火)를 끊기지 아니하고 자손까지 부귀를 누리려니와, 그렇지 아니하면 천명을 거역하고 내 명을 항거하여 싸우다가 패하고 나라가 망한즉 옥석구분(玉石俱焚)[244]하여 분간치 못할 것이니, 왕은 재삼 생각하여 하라.

하였더라.

왕이 분기를 참지 못하여 문무제신(文武諸臣)을 모아 의논하여 왈,
"무명(無名) 소적(小賊)이 감히 이렇듯 방자하니 뉘 능히 도적을 잡아 80
내어 근심을 덜리오?"

한대, 제신(諸臣)이 주왈(奏曰),

"대왕이 일시지분(一時之忿)을 발(發)하여 경국지병(傾國之兵)을 발

는 범증(范增)을 높여서 아부(亞父)라고 했음. 둘을 혼동하여 잘못 썼음.

244) 옥석구분(玉石俱焚): 옥과 돌이 함께 불에 탄다는 뜻으로, 선악의 구별 없이 함께 멸망함을 비유하는 말.

하여 도리어 패하오면 후세에 부끄럼을 면치 못하오려니와, 성을 굳이 닫고 나지 아니하시면 제 스스로 물러갈까 하나이다."

왕이 대로(大怒)왈,

"적병이 성하(城下)에 미쳤거늘 어찌 방적(防敵)지 아니하고 제 스스로 물러가기를 기다리리오."

하고, 군사를 조발하여 왕이 친히 대적하더라.

각설. 한 군사 급보(急報) 왈,

"적병이 벌써 제성(諸城)을 하(下)하고[245] 경성을 향하여 세 길로 갈라 오나이다."

하거늘, 왕이 대경하야 급히 병(兵)을 모아 양관(襄關)에 이르니 적병이 벌써 사장(沙場)에 둔병(屯兵)하였는지라. 왕이 적진을 향하여 진을 치고 적세를 살펴보니, 그 형세 가장 엄숙하나, 이치로 웃어 왈,

"내 어찌 저런 무리를 근심하리오."

하고, 이튿날 진문(陣門)을 열고 왕이 내달아 싸움을 재촉하니, 길동이 몸에 용린갑(龍鱗甲)을 입고 머리에 순금 투구를 쓰고, 장창(長槍)을 들고 청총마(靑驄馬)를 타고 채쳐 나서며 크게 꾸짖어 왈,

"율왕(律王)은 조선국 홍길동을 아는다, 모르는다? 내 천명을 받자와 의(義)로써 이르거든, 네 종시 천명을 순수(順守)치 아니하고 일향(一向)
81 항거하니, 빨리 목을 늘이어 내 칼을 받으라."

율왕이 이 말을 듣고 대로하여 서로 맞서 싸워 사십여 합(合)에 불결승부(不決勝負)러니, 무통이 또 군사를 거느려 에워싸고 치니, 금고(金鼓) 소리 천지진동하는지라. 율왕이 황공(惶恐)히 말을 돌리어 본진으로 달아나더니, 일진광풍(一陣狂風)이 일어나며 사면에 흑운(黑雲)이 덮여 천지 아득하여 향방을 알지 못할러라.

"율왕은 닫지 말고 바삐 항복하라."

---

245) 하(下)하고: 떨어뜨리고. 함락하고.

하는 소리 벽력(霹靂)이 내리는 듯하더라. 율왕이 대경하여 앙천(仰天) 탄왈,

"내 남을 멸시하다가 환(患)을 자취(自取)하니 누구를 원(怨)하리오."

언파(言罷)에 칼을 들어 자결하니, 그제야 율도국이 일시에 항복하거
늘, 길동이 제군을 거느려 본진으로 돌아와 율왕 부자의 시신(屍身)[246]
을 거두어 왕례(王禮)로써 장사하고, 이튿날 삼군을 거느려 율도성에 들
어가 백성을 진무(鎭撫)하고 군사를 호궤(犒饋)하며 제장(諸將)을 각각
벼슬 돋울새, 무통으로 순무안찰사(巡撫按察使)를 하여 율국(律國)에 순
행(巡行)하여 백성을 진무하고, 십이월 갑자일에 길동이 즉위하여 국호
를 안남국(安南國)이라 하고, 백성을 벼슬을 정한 후에 부친 승상으로
추존(追尊)하여 현덕왕(顯德王)이라 하고, 대부인으로 현덕왕후(顯德王
后)라 하고, 모친으로 왕대비(王大妃)라 하고, 정씨로 충렬좌부인(忠烈
左夫人)을 봉(封)하고, 조씨로 충렬우부인(忠烈右夫人)을 봉하고, 백룡
으로 부원군(府院君)을 봉하고, 부친 산소는 설릉(薛陵)이라 하여 참봉 82
(參奉)을 정하여 수호하게 하고, 사방에 대사(大赦)를 놓고, 궁궐을 소쇄
(掃灑)[247]한 후에 위의(威儀)를 차려 제도에 보내어 가권(家眷)을 모셔
올새, 그 위의 찬란하더라. 왕대비와 왕비며, 좌우부인이 왕을 대하여 근
고(勤苦)하심을 치하하여 못내 즐기더라.

왕이 즉위하신 후에 인정(仁政)을 닦으니 백성이 함포고복(含哺鼓腹)하고, 격양가(擊壤歌) 왈, '요지일월(堯之日月)이요, 순지건곤(舜之乾坤)이라'[248] 하더라.

일일은 왕이 조회를 마치매 전교(傳敎)하사 가라사대,

---

246) 율왕 부자(父子)의 시신(屍身): 아들이 죽었다는 내용은 앞에 없음. 경판 30장본에는 율도왕의 세자와 왕비가 다 자결한 것으로 되어 있음.

247) 소쇄(掃灑): 비로 쓸고 물을 뿌림. 청소.

248) 요지일월(堯之日月)이요, 순지건곤(舜之乾坤)이라: 요순시절(堯舜時節). 요(堯)임금과 순(舜)임금이 다스리던 시절이란 말로, 태평한 시대를 의미함.

"과인(寡人)이 본디 조선국 사람이라. 설릉(薛陵) 부친왕(父親王)은 조선 일품(一品) 재상이요, 과인은 또한 병조판서를 지내고, 정조(正租) 삼천 석을 주시매 이 은혜로 제도에 들어와 스스로 공을 이뤄 이곳 왕이 되었으니, 어찌 그 은혜를 잊으리오. 형장이 세대(世代) 충신이라. 이제 표(表)를 올려 사은(謝恩)하고, 선영(先塋) 산소에 소분(掃墳)하고자 하니 경(卿) 등 소견이 어떠하뇨?"

제신(諸臣)이 주왈(奏曰),

"하교 마땅하여이다."

하니, 왕이 대희하여 왈,

"제신 중에 뉘 이 소임을 당하리오?"

하거늘, 제신이 주왈,

"한림학사(翰林學士) 장회(張會)로 사신을 정하소서."

하거늘, 상(上)이 장회로 인하여 사신을 삼고 가라사대,

"경(卿)이 조선에 나아가 표(表)를 올린 후에 선영 산소에 헌작(獻酌)하고, 현덕왕비와 형장을 모셔올진대, 당당히 공(功)을 중(重)히 쓰리라."

83 하시니, 장회 복지 주왈,

"신이 몸이 맞도록 모셔오리니 복걸(伏乞) 성상(聖上)은 근심치 말으소서."

하고, 하직하고 물러나오니라.

조선에 바칠 금은보화를 단단히 장수(藏守)하고, 본국(本國)의 표문(表文)과 대모친(大母親) 현덕왕비에게 올리는 글월과 형공(兄公)에게 가는 서간을 가지고 발행하여, 수일 만에 강변에 이르러 배를 타고 조선을 향하니라. 배를 서강(西江)에 대이고 표(表)를 올리니라.

각설. 세월이 오래되 길동의 소식이 없더니, 일일은 도승지(都丞旨) 안남국왕(按南國王)의 표문을 올리거늘, 상(上)이 놀라사 급히 떼어 보니 하였으되,

> 전임 병조판서 안남국왕 신(臣) 홍길동은 돈수백배(頓首百拜)하옵고 일장 표문을 전하 전(前)에 올리나니, 신이 본디 미천한 몸으로 이렇듯 왕명을 받자왔으니 이는 다 전하의 넓으신 덕이로소이다. 전사(前事)를 생각하오면 황공하온지라. 복걸 성상은 신의 봉진(封進) 은자(銀子)를 은사[249] 물기(勿棄)하옵소서. 만세무강하옵소서. 천만세(千萬歲)를 바라옵나이다.

하였더라.

상(上)이 남필(覽畢)에 대경(大驚) 칭찬하시고 기꺼하심을 마지아니하시니, 장회 복지(伏地) 사배(四拜) 왈,

"소신(小臣) 국왕이 선영 산소에 헌작(獻酌)코자 하오니 복걸 전하는 하비(下批)[250]하옵소서."

한대, 왕이 허(許)하시고 즉시 이판(吏判)[251] 홍인현으로 안남국 위유사(慰諭使)를 하이시고 왈,

"이제 사신과 함께 경(卿)의 선영 산소에 소분(掃墳)하라." 84

하시니, 인현이 사은하고 집에 돌아오니, 사신이 와 뵈옵고 서간을 올리사, 서간 보기를 다한 후에 부인과 이판이 칭찬하시고, 이튿날 소분하실새 사신이 왕의 몸을 받아[252] 독축(讀祝) 헌작(獻酌)하고 돌아와 승명(承命)한대, 상(上)이 더욱 칭찬하시니, 인현이 사은하직(謝恩下直)하고 집에 돌아와 모부인을 모셔 경성을 떠나, 배를 타고 순풍을 만나 수월만에 안남 지경에 이르러 배에 내려, 사신이 현덕왕후와 판서공(判書公) 오심을 장계(狀啓)하니, 왕이 대희하사 사신을 맞아 보내고, 장회의 직첩(職牒)[253]을 돋우니라. 사신이 전참(前站)에 선문(先文) 놓고 행(行)할새,

---

249) 은사: 원문은 '恩赦'나 뜻이 통하지 않는다. 이 대목은, "받들어 올리는 은자를 거절하지 말아주십시오"라는 내용이다.

250) 하비(下批): 임금이 신하들이 올린 서류를 보고 그 끝에 자기의 의견을 써서 결재하는 것.

251) 이판(吏判): 이조판서(吏曹判書).

252) 왕의 몸을 받아: 왕이 할 일을 대신 함.

소경열읍(所經列邑)[254]이 거둥 행차[255]같이 접대하더라.

이적에 또 왕의 사신이 마주 나와 왕의 문안 현지(現旨)[256]를 올리고 장회 직첩을 전하니, 장회 국은(國恩)을 축사(祝謝)하고[257] 여러 날 만에 도성(都城)에 이르니, 왕이 백 리 밖에 나와 맞아 들어가니, 왕대비와 좌우 부인이 마주 나와 예필좌정(禮畢座定)하니, 대부인이 제인(諸人)을 우애하사 반기시며 왕을 못내 사랑하시더라. 왕이 조선 위유(慰諭) 교지(敎旨)를 떼어 보니, 하였으되,

> 과인이 덕이 없어 경 같은 영웅을 두지 못함이라. 어찌 경의 충성이
> 없으리오. 또한 이렇듯 귀히 되어 과인을 잊지 아니하고, 옛 의(義)를 생
> 85 각하여 만리창해(萬里滄海)에 전사위문(傳使慰問)[258]하니 그 충성을 감유
> 하노라.[259]

하였더라. 왕이 보기를 다하매 당상(堂上)에 내려 북향사배(北向四拜)하고 사은하더라.

현덕왕비 왈,

"승상 산소를 어디 모셨느뇨?"

한번 보기를 원하신대, 왕이 즉시 택일(擇日) 발행할새, 좌상(左相) 돌통(乭通)으로 하여금 대비와 판서를 모셔 제도 설릉으로 향할새, 거행위의를 차려 가니 그 찬란함이 비할 데 없더라. 소경열읍(所經列邑)의

---

253) 직첩(職牒): 직첩은 벼슬아치의 임명장을 뜻하는 말이므로 여기서는 적절치 않다. 벼슬이라는 의미로 썼음.

254) 소경열읍(所經列邑): 지나가는 여러 고을.

255) 거둥 행차: 임금의 행차.

256) 현지(現旨): 미상.

257) 축사(祝謝)하고: 감사하고.

258) 전사위문(傳使慰問): 사신을 보내어 위문함.

259) 감유하노라: 미상.

도로 신칙(申飭)과 접대지절(接待之節)이 성비(盛備)한즉 이루 측량치 못하더라.

십여 일 만에 제도에 이르니, 제도 유수(留守)와 참봉(參奉)이 지경(地境)에 나와 영접하여 들어가 설릉에 올라가니, 부인과 판서 능하(陵下)에 나아가 실성통곡(失聲痛哭)하고 제문 지어 제(祭)한 후에 사면을 살펴보니 과연 명승지지라. 길동의 신기함을 한탄하더라. 또 대전(臺前)에 애통 하직하고, 유수(留守) 성중(城中)에 내려와 유(留)하더라.

부인이 그날 밤 몽중(夢中)에 승상이 조만히[260] 반겨하사 서로 위로함이 생시(生時)에서 더한 듯하되, 사후(死後)인 줄은 깨닫지 못하고 달야(達夜)토록 몽번(夢煩)하더니, 인하여 신후(身候) 불평(不平)하여 일향(一向) 혼통(昏痛)하거늘, 판서 놀라 극진히 구완하되 백약이 무효하여 인하여 별세하시니 시년(時年)이 칠십팔 세라. 판서 몸이 타국에 와 지탁지통(地坼之痛)[261]을 만나니 어찌 슬프지 아니하리오. 통곡기색(痛哭氣塞)[262]하거늘, 좌우 구하여 겨우 인사(人事)를 차려 왕에게 전부(傳訃)[263]하여 보내니라.

이적에 왕이 망기(望氣)하고 탄왈(嘆曰), 86

"현덕왕비 승하(昇遐)하시도다."

하고, 발상(發喪) 통곡하여 사관(使官)을 정하여 치상범절(治喪凡節)을 차려 설릉 좌편의 치표처(置標處)에 안장(安葬)하라 하시고 보내니라.

이적에 사신이 설릉으로 오다가 전부사(傳訃使)를 중로에서 만나니 피차 기이히 여기더라. 사관이 제도에 이르러 조문하고 치상(治喪)을 극진히 하여 삼 삭(朔) 만에 설릉에 안장하고 판서를 모셔 경성(京城)[264]으

---

260) 조만히: 꽤. 상당히.

261) 지탁지통(地坼之痛): 땅이 갈라지는 아픔. 어머니가 돌아가신 슬픔을 말함.

262) 통곡기색(痛哭氣塞): 크게 울다가 숨이 막힐 것 같이 됨.

263) 전부(傳訃): 부음을 전함.

264) 경성(京城): 율도국의 서울을 말함.

로 오니라. 여러 날 만에 경성에 이르니, 왕이 마주나와 통곡하고 위로하며, 관내(闕內)에 들어가 여러 부인더러 조곡(弔哭)하고 슬퍼하더라.

세월이 여류하여 삼년초토(三年草土)[265]를 지내매, 판서 사군사가지심(思君思家之心)[266]이 간절하여 본국에 돌아가기를 청하니, 왕이 즉시 대연(大宴)을 배설하고 날마다 즐기다가 발행할 날이 당하매 서로 붙들고 통곡 왈,

"형제 이생[267]에 영결(永訣)하니 어찌 슬프지 아니하리오."

떠나는 정을 못내 슬퍼하더라.

궁중에 하직하고 제도에 노문(路文) 놓고 발행하니, 왕이 백 리 밖에 나와 전별(餞別)할새, 그 슬퍼함을 측량치 못하더라. 판서 왕을 이별하고 제도에 돌아와 설릉에 애통 하직하고, 유수와 참봉을 이별하고 고국을 향하여, 대해를 건너 경성에 들어가 탑전(榻前)에 복명(復命)하고, 집에
87 돌아와 처자로 더불어 전후사를 말하며 길동을 칭찬하더라.

이때 왕이 형공(兄公)을 이별하고 도성에 돌아오니라. 세월이 여류하여 춘낭왕비(春娘王妃)의 춘추 칠십이라. 정사(丁巳) 구월 망일(望日)에 별세하시니 왕과 모든 부인이 발상(發喪) 통곡하고, 삼월 삭(朔)[268] 만에 설릉 우편에 안장하고 종제(終制)를 지내매 애통을 마지아니하더라.

나라가 인정(仁政)을 행하매 시화연풍(時和年豊)하니 국태민안(國泰民安)하고 가급인족(家給人足)하니 국가에 일이 없는지라. 왕이 세월을 풍악(風樂)으로 보내더라. 일찍 삼자(三子)를 두었으되, 장자의 명(名)은 선(善)이니 왕비 소생이오, 차자의 명은 창(昌)이니 정부인 소생이라. 삼자의 명은 형(亨)이니 조부인 소생이라. 장자 선으로 세자를 봉하고, 차자 창으로 제도군(諸島君)을 봉하고, 삼자 형으로 제도백(諸島伯)을 봉

---

265) 삼년초토(三年草土): 삼년상. 삼년 동안 거적자리를 깔고 흙 베개를 벤다는 의미.
266) 사군사가지심(思君思家之心): 임금을 생각하고, 집안을 생각하는 마음.
267) 이생: 이승. 지금 살고 있는 세상.
268) 삼월 삭(朔): 삼삭(三朔)을 말하는 것으로 보임. 세 달.

하고, 설릉의 봉사(奉祀)를 제도군이 모시게 하고, 각각 그 모친을 모셔 보내니라.

이적에 왕의 나이 육십이요, 등극한 지 삼십여 년이라. 일일은 마음이 슬퍼 정치 못할지라. 신선의 자취를 좇고자 하여, 문득 제신(諸臣)을 모아 위(位)를 세자 선에게 전하고, 옛날 공신을 불러 금은을 상사하고 풍악을 갖추어 즐기다가, 술이 반취하매 왕이 가라사대,

"세상을 생각하니 묘창해지일속(渺滄海之一粟)[269]이요, 백년(百年)이
순식(瞬息)이라. 부귀영천(富貴榮賤)이 자연히 따르는 것이, 반상홍랑지 88
상(盤上紅浪之上)[270]의 안기생(安期生) 적송자(赤松子)는 나의 벗인가
하노라."

언파(言罷)에 추연(惆然) 강개(慷慨)하여 비회(悲懷)를 금치 못하니, 만조제신(滿朝諸臣)이 막불유체(莫不流涕)하더라. 잔치를 파(罷)하고 신왕(新王)이 즉위하니라.

원래 도성(都城) 삼십 리 허(許)에 한 명산이 있으되 이름은 명신산(明神山)이라. 천봉만학(千峰萬壑)에 경개절승(景概絶勝)하여 별유천지비인간(別有天地非人間)이라. 맑은 날이면 신선이 오색구름을 타고 왕래하여 자취 그치지 아니하더라. 왕이 그곳에 수간(數間) 초당(草堂)을 정쇄(精灑)히 짓고 왕후로 더불어 그곳에 머물러 날마다 선도(仙道)를 닦으며 도인(道人)의 법을 행하여, 조석(朝夕)으로 일월(日月) 정기(精氣)를 마시고 음식을 전폐(全廢)를 하나, 정신이 점점 씩씩하여 백발이 도로 검고 낙치(落齒)가 도로 나는지라.

일일(一日)은 명신산에 오운(五雲)이 일어나며 뇌성과 벽력이 천지진동하거늘, 왕이 마음이 대단 황겁(惶怯)하여 백관(百官)을 거느려 명신산

---

269) 묘창해지일속(渺滄海之一粟): 넓고 푸른 바다에 한 알의 좁쌀이라는 뜻으로, 우주 속에서 하나의 작은 인간을 이르는 말.

270) 반상홍랑지상(盤上紅浪之上): 바둑을 두는 것을 말함. 바둑을 신선놀음이라고도 함. 안기생과 적송자는 신선이 되었다는 중국의 신화적 인물.

에 올라가니 구름이 걷히고 천지 명랑하거늘, 왕이 올라가 그 초당(草堂)
에 들어가니 방중(房中) 물색(物色)은 의구(依舊)하나 부왕(父王)과 모비
(母妃) 간 데 없는지라. 왕여좌우제신(王與左右諸臣)이[271] 막불경황(莫
不驚惶)하되 하릴없어 환궁(還宮)하여 사면을 찾되 종적이 없거늘, 왕이
망극하여 통곡하여 제도로 전사(傳使)하여 차의(此意)를 전포(傳布)하시
니, 제도군과 제도백이 모친으로 더불어 망극애통(罔極哀痛)하고 경성
89 에 와 발상하고 그 초당 곁에 헛장[272]하고 능명(陵名)을 현릉(顯陵)이라
하고 종사(宗祀)를 받들더라.

제도군과 제도백이 장후(葬後)에 돌아가니 궁중 사람이 다 영접하여 애통을 마지않더라.

---

271) 왕여좌우제신(王與左右諸臣)이: 왕과 좌우의 여러 신하가.

272) 헛장: 허장(虛葬). 시체 없이 장사를 지내는 것.

2. 홍길동전(55장본)

각설. 조선국 경성 동대문 밖에 일위 재상이 있으되, 성은 홍이요, 명은 모라. 일찍 벼슬이 우의정에 거(居)하여 충성을 다하며 나라를 섬기더니, 중년(中年)에 다만 일남일녀를 두었으되, 장자 명은 홍영이요, 여자의 명은 채란이더라.

대감이 일찍 함경감사를 갔을 제 기생 초향이라 하는 계집을 수청을 들였으되, 용모 거동이 아름다우며 가무도 능통하여 함경감영의 일등 명기라. 대감이 사랑하여 데려다 후원 협실(夾室)에 두어 저로 더불어 즐기더니, 일일은 대감이 춘일(春日)이 화창함을 이기지 못하여 난간에 나가 배회하시더니, 홀연 춘일이 곤하신지라. 중당(中堂)에 들러 서안(書案)을 의지하여 잠깐 조을새, 비몽간(非夢間) 난데없는 채운(彩雲)이 일어나며 뇌성벽력이 천지진동하고 화광(火光)이 충천(衝天)하며 오색 채운이 일어나며 구름 속으로 청룡(靑龍)이 고붙을 뒤치며[1] 여의주(如意珠)를 다투다가 떨어져 대감 소매로 들어오거늘, 대감이 놀래어 그 용을 물리려 할 즈음에 용은 간 데 없고 홀연 일개 옥동(玉童)이 대감 품에 안겨 왈,

"소자는 태극성(太極星)이옵더니, 옥황상제 전에 득죄하여 인간에 내치시매 갈 바를 알지 못하오니 대감은 소자를 어여삐 여겨 거두소서." 하고, 인하여 간 데 없는지라. 홀연 깨달아 몽사(夢事)을 생각하니 필연

1) 고붙을 뒤치다: 고붙치다. 꺾인 자리가 나게 접힌 것을 말함. 여기서는 용의 구불구불한 모양을 말함.

귀자(貴子)를 보리라 하고 내당(內堂)에 들어가 부인을 보고 친합(親
合)[2]고자 한대, 부인이 변색(變色) 대왈(對曰),[3] 몸에 신병이 있어 친합
치 못하므로 방차(防遮)[4]하거늘, 대감이 마지못하여 후원 초당 초향의
방에 들어가려다, 이때에 춘섬은 일찍 득인(得人)치 못하였는지라. 협실
2 (夾室) 동문(東門)에 섰거늘, 대감이 생각하여 왈, '춘섬은 선대(先代) 적
종이 아니요, 자기 시종(侍從)이라. 고혈단신(孤孑單身)이라. 불쌍하니
내 친합하여 제 몸을 씻으리라.' 하고, 인하여 춘섬을 데리고 제 방으로
들어가 친합하고 나오더니, 춘섬이 그 달부터 잉태하여 십삭(十朔)을
당하매, 난데없는 오색 채운이 집을 두르며 서기 방안에 가득하더니,
춘섬이 혼미 중 일개 옥동(玉童)을 탄생하니, 얼굴이 비범하고 양미간
(兩眉間)에 강산(江山) 정기(精氣)를 가졌으며, 소리가 웅장하여 천하
영웅이라.

춘섬이 사랑하기를 장중보옥(掌中寶玉)같이 사랑하여 기르더니, 세월이 여류(如流)하여 칠 세를 당하매 언어문답(言語問答)이 유수(流水) 같고 행지거동(行止擧動)이 벽해(碧海) 청룡(靑龍)이라. 대감이 전(前) 몽사(夢事)를 생각하여 이름을 길동이라 하다.

광음(光陰)이 신속하여 길동의 나이 십 세를 당하매, 서책을 가지고 서당에 다니며 글공부 하니 문일지십(聞一知十)하여 문답이 ○○○○ 같은지라. 점점 자라매 글은 뜻을 두지 아니하고 밤이면 후원 협실에 있어 육도삼략(六韜三略)과 손오병서(孫吳兵書)을 외우며, 주역(周易)과 음양둔갑지술(陰陽遁甲之術)을 통달하여 변신풍운법(變身風雲法)을 익히고, 풍정월백(風靜月白)한 때면 검무(劍舞)를 익히며 월광(月光)을 타고 공중에서 노니더니, 이때 대감이 입궐하였다가 내당에 들어와 조복

2) 친합(親合): 부부가 잠자리를 같이 함.

3) '왈(曰)'은 직접화법일 때 쓰지만, 55장본에서는 간접화법일 때도 쓴 경우가 있다.

4) 방차(防遮): 막아서 가림.

(朝服)을 벗고 밤을 당하여, 문득 후원에서 한 줄 번개 일며 우도[5] 혼암(昏暗)한지라. 대감이 대경하여 몸을 일으켜 후원으로 들어가니, 길동이 검(劍)을 잡고 월광을 타고 공중에서 노니는 형상이 전일 몽중에 청룡이 고붙을 뒤치는 듯한지라. 대감이 대경하여 꾸짖어 왈,

"네 학업을 공부치 아니하고 성대한 태평시절에 검무를 익히는다?" 하거늘, 길동이 대감 오심을 보고 대경하여 검을 버리고 엎드려 주왈(奏曰),

"소자 검을 익히어 출장입상(出將入相)할 재주는 있사오나, 비컨대
울지 못하는 닭이요, 여의주 없는 용이 어찌 장부의 기습(氣習)을 어찌
바라리까? 옛날 황제 헌원(軒轅)씨는 창업(創業) 천자(天子)로되 치우(蚩 3
尤)의 난을 당하고, 공부자(孔夫子)는 대성인(大聖人)이라도 진채(陳蔡)
의 난(難)[6]을 당하였사오니 어찌 태평시절을 바라리까? 소자는 일신이
천비(賤婢)에 생겨나와 아비를 아비라 못하고 형을 형이라 부르지 못하
오니, 날개 부러진 난봉(鸞鳳)이라. 학업은 쓸 데 없사오니 검을 익혔삽
다가 임금이 급한 때를 당하오면 소자 흉중(胸中)에 품었던 한을 풀고자
하나이다."

대감이 길동의 말을 듣고 대경하여 그 녹록치 않음을 짐작하여 왈,

"너 다시 검을 익히면 사죄(死罪)를 면치 못하리라."

하고 나가거늘, 길동이 제 방에 들어가 자탄(自嘆) 왈,

"내 세상에 나 남의 천대를 받으니 금수(禽獸)만 못하도다."

하고 자탄하기를 마지아니하더라.

이때에 초향이 길동의 풍채를 보고 더욱 시기하여 춘섬을 이미 밉게 여겨 모자를 죽이고자 하여 장차 모함코자 하더니, 일일은 장안(長安)에

---

5) 우도: 미상.

6) 진채(陳蔡)의 난(難): 공자(孔子)가 광(匡)이라는 지방을 지나는데, 그 지방 사람들이 공자를 일찍이 자신들에게 포악한 짓을 했던 양호(陽虎)로 알고 붙잡아 두었던 일이 있었음.

사는 관상여자(觀相女子) 들어오거늘, 초향이 그윽이 제 방으로 청하여 의논 왈,

"우리 대감이 비자(婢子) 춘섬을 보아 자식을 낳으니 내 신세 춘섬만 못한지라. 이러므로 그 모자를 죽이고자 하나니 그대는 한 계교를 생각하여 내 뜻을 이루면 천금(千金)을 상사(賞賜)하리라."

하니, 관상여자 이 말을 듣고 대희(大喜)하여 왈,

"먼저 한 계교를 시켜 길동을 죽이고 버금에 춘섬을 죽이리라."

한대, 초향이 왈,

"무슨 계교로 길동을 죽이리오?"

관상녀 대왈,

"내 이제 내당에 들어가 대감을 뵈옵고 계교로써 길동을 죽이리라."

하고, 인하여 내당에 들어가니 마침 대감이 계신지라. 계하(階下)에서 재배문안(再拜問安)하고 층계에 오르니, 대감이 그 계집의 찰상(察相) 술법 이미 아는지라.

"네 어디로 오느뇨?"

관상녀 대왈(對曰),

"옥화문 밖으로 오나이다."

대감이 문왈(問曰),

"내 집에 천비 몸에 자식 하나를 두었더니 그 놈의 골격이 너무 비범하니 네 찰상을 하여 전정(前程)[7] 길흉 판단하라."

하고 길동을 불러오니, 관상녀 나아가 길동을 찰상하려 하거늘, 길동이 관상녀를 책(責)하여 왈,

4 "요매(妖魅)한[8] 계집년이 어찌 미성(未成)진 아희 전정 조롱코자 하는다?"

---

7) 전정(前程): 장차 나아갈 길 또는 앞으로 살아갈 나날. 장래.

8) 요매(妖魅)하다: 요사스럽다.

하거늘, 대감이 말려 왈,

"내 청하여 네 관상을 뵈고자 함이니 강박(强迫)히 굴지 말고 네 상을 보이라."

하신대, 길동이 대감 말씀을 듣고 언연(偃然)히[9] 앉았더니, 관상녀가 길동의 상을 살펴보다가 물러앉으니, 대감이 문왈,

"아이 전정이 어떠하냐?"

관상녀 대왈,

"감히 할 말씀이 없나이다."

대감이 문왈,

"네 실사(實事)을 기이지[10] 말고 바로 이르라."

한대, 관상녀 대왈,

"감히 이 말씀을 번거히 고(告)치 못하리로소이다."

한대, 대감이 인하여 좌우를 물린데, 관상녀 고왈,

"길동의 상을 보오니, 용안(龍眼)이 천정(天庭)을 범(犯)한 관골(顴骨)이 초보를 행(行)하여 왕기지상(王氣之相) 가졌삽고, 봉목(鳳目)이 귀밑을 행하여 반월(半月)을 행하였사오니[11] 가히 병권(兵權)을 잡을 상이요, 만인대적(萬人對敵)할 기상을 가졌삽는지라. 그러하오나 안광(眼光)이 샛별 같은데 살기(殺氣) 미목(眉目)을 끼었사오니, 타일(他日)에 나라를 들어내이고자 하여 반역을 지어 멸문지환(滅門之患)을 취하리니, 화단(禍端)이 불과 기년지간(幾年之間)에 있나이다."

대감이 불열(不悅)하여 생각하되, '몽중에 청룡 살피어 뵈고 생겨났으니 장차 왕기는 가졌으나 후일에 반역을 도모하여 멸문지환을 당하리라 하니 가히 두렵도다. 우리 집은 대대 충성으로 나라를 섬기나니 어찌 관

---

9) 언연(偃然)히: 거드름을 피우며 거만하게

10) 기이다: 속이다.

11) 반월을 행하다: 미상. 위의 '초보를 행하다'와 마찬가지로 관상에서 쓰는 말임.

상녀의 말을 믿으리오.' 하고 이에 관상녀를 보내니라.

일일은 초향의 방에 들어가니, 초향이 맞아 좌정(坐定)하고 한언(閒言)하다가 길동의 관상 보인 말을 묻거늘, 대감이 관상녀의 말대로 이르니, 초향이 대경하여 왈,

"무녀의 말은 족과할[12] 바가 아니오되, 속담 일렀으되 위방불입(危邦不入)이요 난방불거(亂邦不居)라[13] 하오니 미리 참초제근(斬草除根)[14]하여 후환을 면함이 양책(良策)일까 하나이다."

한대, 대감이 초향의 말을 옳이 여겨 장자(長子)를 청하여 관상녀의 말을 이른대, 홍영이 이 말을 듣고 왈,

"그러하오면 빨리 길동을 죽여 부친 근심을 덜리이다."

하거늘, 대감이 마음에 길동 죽이라하기도 난감하여 정히 말씀을 내지 못하더니, 문득 부인이 이 말씀을 듣고 대감께,

"길동 비록 천비 소생이오나 대감의 혈육이옵고, 사람됨이 우리 집 문호를 빛낼지라. 어찌 인자지정리(人子之情理)를 끊어 자식을 죽이리이까? 이는 강상(綱常)의 대변(大變)이라. 이런 말씀을 다시 내지 마옵소서."

한대, 대감이 부인의 말씀을 듣고 길동을 더욱 사랑하여 기르더니, 이때에 초향이 부인의 만류함을 듣고 더욱 시기하여, 다시 관상녀를 청하여 부인의 만류하던 말을 이르고 죽일 계교를 생각하라 하니, 관상녀 왈,

"부인이 만류하면 비밀히 자객을 들여보내어 죽임이 마땅할까 하나이다."

초향이 왈,

"자객을 어찌 청하리오?"

---

12) 족과하다: 미상. 믿는다는 의미로 보임.

13) 위방불입(危邦不入)이요 난방불거(亂邦不居)라: 위태로운 나라에 들어가지 않고 어지러운 나라에서 살지 않는다. 『논어』「태백」편.

14) 참초제근(斬草除根): 풀을 베고 그 뿌리를 뽑아 버린다는 뜻으로, 걱정이나 재앙이 될 만한 일은 뿌리째 뽑아야 함을 이르는 말.

관상녀 왈,

"경화문 밖에 있는 사람의 성명은 특자라. 술법이 신기하여 바람을 좇아 왕래하며 검술이 신통하여 사람을 많이 죽이되 능히 대적할 자 없사오니, 이 사람을 청하여 행사(行事)하면 제 어찌 용납하리까?"

초향이 대열(大悅)하여 비밀히 금백보화(金帛寶貨)를 주어 보내니, 관상녀 받아가지고 돌아와 특자를 보고 금백을 주며 왈,

"이 금백은 홍상부(洪相府) 별실(別室) 초향이 보낸 거니 거두고."

이에 길동 죽일 말을 청한대, 특자 흔연히 허락하고 밤을 승기(乘機)하여 홍상부댁 후원 협실로 들어 가니라.

각설. 길동이 후원 협실에 있어 신세가 공변되지[15] 못한 한(恨)을 하다, 문득 일진광풍이 일어나며 촛불이 멸(滅)하며 살기 방안에 꼈는지라. 크게 놀래어 주역을 내어 한 괘를 점복(占卜)하니, 자객이 들어와 나를 해하려 하는지라. 대경하여 왈,

"어떠한 놈이 나를 해코자 하느뇨?"

하고, 인하여 방중(房中)에 술법을 베풀어 팔진(八陣)을 만들고, 육정육 6
갑(六丁六甲)을 벌여 천지강산을 만들고, 구궁팔괘(九宮八卦)를 일으켜 오방신기(五方神旗)를 만들어 방위를 정할새, 남방에는 건삼련(乾三連)을 응하여 대강(大江)을 만들고, 동방에는 곤삼절(坤三絶)을 응하여 태산절벽을 만들어 돌아갈 길을 막게 하고, 서방에는 이허중(離虛中)을 안찰(按察)하여 설만강산(雪滿江山)을 만들고, 각각 방위를 정하고 염슬단좌(斂膝端坐)하였더니, 이날 밤 삼경에 자객 특자 칼을 끼고 후원으로 들어오니, 인적이 요요(寥寥)하니 협실에 촉영(燭影)이 휘황한데 글 외우는 소리 들리는지라. 특자 인하여 칼을 끼고 음풍(陰風)이 되어 문틈으로 들어가니, 방안에 길동은 간 데 없고 사면(四面)에 대강(大江)이 둘렀는데, 만첩청산이 운외(雲外)에 솟았으니 오색 채운이 둘렀는데, 청의동

15) 공변되다: 공평하다.

자(靑衣童子) 머리에 계화(桂花)를 꼿고 옥저[玉笛]를 슬피 부니, 그 노래에 갈왔으되,

> 야(夜) 정(正) 삼경의 깊은 밤에 옥저성 한 곡조 살벽[16]이 비꼈도다. 초한(楚漢) 적 경국[17] 아니어든 살벌지성(殺伐之聲)은 무슨 일고? 검(劍)을 끼고 무단이 들어오니 홍문연(鴻門宴)이 분명하다. 강태공(姜太公)의 높은 술(術)도 나의 팔진도(八陣圖)를 못 벗어나려든, 조그만 필부(匹夫) 금백(金帛)을 달게 여겨 팔진조화(八陣造化)에 들었으니 탈신(脫身)하기 어렵도다. 종천강(從天降)하며 종지출(從地出)하랴."[18]

하며 옥저를 슬피 부니, 특자 듣기를 다 하며 정신이 산란한지라. 사방을 돌아보니 대강이 사면을 둘러 일망무제(一望無際)하고 좌우에 층암절벽이 둘렀으니 갈 바를 알지 못할러라. 특자 황망하여 왈,

"내 술법을 배워 사람을 수다(數多)히 죽이되 정신을 놀랠 자 없더니, 오늘날 이 아이에게 당하여 이러하니 설마 소아의 계교에 속으리오."

하며 칼을 잡고 석각(石角)에 의지하였더니, 문득 청의동자 청학(靑鶴)을 타고 내려오는지라. 특자 길동의 재주인 줄을 알고 인하여 검을 들어 동자를 치니, 문득 간 데 없고 흑운이 일어나매 뇌성벽력(雷聲霹靂)이 일어나며 천지진동하니, 특자 정신을 잃고 황홀 중에 생각하되, '홍상부대협실에 들어왔거늘 어찌 만첩청산(萬疊靑山)에 들어왔느뇨?' 며 돌아갈
7 길을 알지 못하더니, 동서를 분변(分辨)치 못하더니, 한 시내를 좇아 점점 나아가더니, 문득 한 선동(仙童)이 몸에 청삼(靑衫)을 입고 일필청려(一匹靑驢)를 타고 시냇가로 내려오는지라. 특자 마음에 생각하되, '이 놈이 술법을 부려 내 안청[19]을 혹란(惑亂)케 하는 놈이라.' 하고, 정신

---

16) 살벽: 미상. 원문은 '옥져셩한공독살벽'임.

17) 경국: 미상.

18) 종천강(從天降)하며 종지출(從地出)하랴: 하늘에서 떨어지며 땅에서 솟아나랴.

19) 안청: 눈동자.

을 분변치 못하여 앉았더니, 문득 산곡(山谷) 중으로서 크게 꾸짖어 왈,

"무지한 필부는 내 말을 들으라. 네 금백을 받고 무죄한 사람을 죽이려 하니 어찌 네 살기를 바라리오."

하며 꾸짖기를 마지아니하거늘, 특자 정신을 차려 살펴보니 과연 길동이라. 특자 대로(大怒)하여 왈,

"너 조그만 아이 요술로 나의 안청을 혹란케 하니 어찌 살기를 바라리오."

하며 몸을 흔들어 송골매 되어 공중으로 올라와 길동을 채려하니, 길동이 또한 몸을 변하여 오색 청란(靑鸞)이 되어 특자를 날개로 쳐 내려치니, 특자 대해(大海) 중에 빠졌다가 겨우 몸을 날려 정신을 수습하여 앉았더니, 길동이 완완히 나와 꾸짖어 왈,

"무지한 필부 종시 물러가지 아니하고 이렇듯 방자 무도하니 네 오늘날 죽기를 면치 못하리라."

풍백(風伯)을 불러 왈,

"필부를 잡아다가 수양(垂楊)나무 높이 달라."

하고, 홀연 황건역사(黃巾力士) 내달아 특자를 잡아다가 층암절벽 나무에 거꾸로 다니, 특자 황망하여 사방을 살펴보니 만첩청산은 간 데 없고 홍상부 후원 협실 보당[20]에 달렸는지라. 그제야 슬피 울어 왈,

"소신이 불학무식(不學無識)하와 공자의 조화를 알지 못하였사오니 실낱같은 잔명(殘命)을 용서하옵소서."

하며, 살기를 애걸하여 왈,

"초향의 말을 듣삽고 외람히 사죄(死罪)를 당하였사오니 복걸(伏乞) 공자는 잔명을 용서하옵소서."

하며 빌기를 마지아니하니, 길동이 대질(大叱) 왈,

"너 같은 필부는 조그만 요술로써 생사람을 얼마나 죽였느뇨? 만일

20) 보당: 깃발을 다는 깃대를 말하는데, 여기서는 '대들보'의 의미로 썼음.

너를 죽이지 아니하면 일후에 사람을 많이 상하리라."

하며 칼을 들어 특자를 치니, 머리 방중에 나려지는지라.

길동 칼을 들고 불승분기(不勝憤氣)하여 문밖에 나서니, 벽공반월(碧空半月)은 서산에 벌여있고, 새벽바람은 소슬하여 사람의 수회(愁懷)을 돕는지라. 하늘을 우러러 탄식하여 왈,

"내 몸이 천생(賤生)이 되어 근력(筋力)을 임의로 펴지 못하고 남의
8 천대를 이같이 받으니 어찌 섧지 아니하리오."

하고, 인하여 황건역사(黃巾力士)[21]를 불러 경화문 밖에 나가 관상녀를 잡아오라 하니, 차시(此時)에 관상녀 첫잠을 들려다가 문득 길동의 호령 소리에 잠을 깨어 눈을 들어 살펴보니 홍상부댁 후원 협실이라. 그제야 잡혀온 줄 알고 슬피 빌어 왈,

"소녀의 죄는 아니옵고 실은 초향의 가르친 바이오니 소녀의 잔명을 살려주옵소서."

하거늘, 길동이 대왈,

"초향은 대감 사랑하는 애첩(愛妾)이라. 어찌 네 살기를 바라리오."

하고 칼을 들어 관상녀를 참(斬)하고, 분함을 이기지 못하여 바로 내당에 들어가 초향을 죽이려 하다가, 문득 생각하여 왈,

"영인부아(寧人負我)이언정 무아부인(無我負人)이라."[22]

하고, 칼을 던지고 내당에 들어가 대감 침소에 이르러 재배 하직하고 통곡하여 왈,

"소자는 이제 대감 슬하를 떠나오니, 복망(伏望) 부친은 기체안녕(氣體安寧)하시다 백세무양(百歲無恙)하옵소서."

하며 애통하니, 대감이 놀라 문왈,

---

21) 황건역사(黃巾力士): 힘이 센 신장(神將)의 하나.

22) 영인부아(寧人負我) 무아부인(無我負人): 남이 나를 저버릴지언정 나는 남을 저버리지 않음.

"네 무슨 일로써 어디로 가려 하느뇨?"

길동이 울며 고왈,

"어떠한 사람이 소자를 해하려 하옵기로, 인명을 보존키 어렵삽기로 집을 떠나옵나이다."

하니, 대감이 대경하여 왈,

"뉘가 너를 해하려 하드뇨?"

길동이 차마 초향 소위(所爲)는 고(告)치 못하고, 이어 고왈,

"소자의 운신(運身)은 풍운 같사오니 정처망연(定處茫然)하올소이다."

대감이 길동의 손을 잡고 짐작하여 왈,

"네 비록 천비 소생이나 나의 수족(手足)이라. 너를 보내면 노부(老父)의 마음에 서운치 않으랴? 네 성벽(性癖)을 내 이미 짐작하였나니 가히 만류치 못하나니, 불의를 행치 말고 성정을 온화이 하여 범람한 일을 행치 말고 공명을 이룬 후에 후세에 이름을 현달(顯達)케 하라."

길동이 하직하고, 모친 방에 들어가 모친께 하직하여 왈,

"소자 이제 모친을 버리고 관산천리(關山千里)에 갈 길을 알지 못하오니, 모친은 소자 나감을 슬퍼 마옵시고 몸을 보전하옵소서. 소자는 모년 모월 모일에 득의(得意)하면 돌아오리이다."

춘섬이 길동의 말을 듣고 눈물을 흘려 왈,

"내 너 하나를 천금같이 여겨 잠시도 잊을 날이 없거늘, 네 나를 버리고 어디로 가고자 하느뇨?"

하며 길동의 손을 잡고 울기를 마지아니하니, 길동이 대왈,

"소자는 이제 사람을 죽여 망명도주(亡命逃走)하여 가오니 어찌 모친 9
의 애연(哀然)하심을 생각하여 속절없이 세월 보내리까. 용은 못을 떠나
야 조화를 부리고 맹호는 산중을 떠나야 위엄을 부리옵나니, 어찌 녹록
(碌碌)히 늙으리까."

하고 모자 서로 울기를 마지아니하더니, 어언지간(於焉之間)에 동방이 기명(旣明)하였는지라. 길동이 인하여 모친께 하직하고 길을 떠나니, 천지 광대한데 대로(大路)로 좇아 행하매 갈 바를 알지 못할러라. 길동이 혹 명산(名山) 절도한[23] 곳과, 혹 사찰(寺刹)도 찾으며, 혹 암자(庵子)도 찾아가니라.

각설. 초향이 자객 특자를 협실에 보내고 나오기를 고대하다가 날이 이미 밝아도 소식이 없는지라. 초향이 후원 협실에 들어가니 어떠한 계집의 신체[24] 방중에 거꾸러졌는지라. 마음에 크게 놀래어 좌우를 살펴보니, 자객의 머리 방중에 나려지고 신체는 보당 위에 달렸는지라. 대경하여 즉시 노복을 불러 양인의 신체를 내어다가 묻으라 하고, 길동의 종적을 찾으니 간 곳을 알지 못할러라.

이때에 관상녀 잠을 깊이 들었더니, 문득 일진광풍 일어서 황건역사 들어와 관상녀를 잡아가는지라. 이에 통곡하여 왈,

"나를 공중으로서 잡아가는도다."

하더라.

화설. 길동이 집을 떠나 명산(名山)을 찾으려 하고 발섭도도(跋涉道途)[25]하더니, 팔 일만에 한 곳에 나아가니, 만첩청산이 하늘에 닿았고 녹죽(綠竹)이 창천하여 길이 험한지라. 점점 나아가니 그 산곡(山谷)의 어귀에 무수한 사람들이 그 산을 넘지 못하고 모여 앉았는지라. 길동이 나아가 문왈(問曰),

"무슨 일로 이 산을 넘지 못하고 이렇듯 앉았나이까?"

그 사람들이 대왈(對曰),

"이 산상(山上)에 큰 백호(白虎)가 있어 행인을 해하는 고로 넘지 못

---

23) 절도한: 미상. 절승(絶勝)을 잘못 쓴 것으로 보임.

24) 신체: 시체.

25) 발섭도도(跋涉道途): 여러 길을 돌아다님.

하고, 사람 백여 명을 모아 가지고야 이 산을 넘어가려 하나니, 그대는 아직 머물러 있다가 사람이 많이 오기를 기다려 가자."

하거늘, 길동이 그 말을 듣고 왈,

"길 바쁜 사람이 어찌 뭇사람 오기를 기다려 가리오. 그대 등은 염려치 말고 나를 따라오라."

한대, 그 사람들이 길동이를 미친 아인 줄로 알고 왈,

"우리 등이 사십여 인이라. 오십 명이 못 되어 산을 넘지 못하거늘 어찌 홀로 가리오. 우직함을 부리지 말고 사람을 기다렸다 행하자."

하거늘, 길동이 냉소 왈,

"내 주먹으로 그 백호를 쳐 물릴 것이니 열위(列位)는 염려치 말고 나를 따라오라."

하니, 그 사람들이 길동을 미친 아이라 하고 다 모여 앉았더니, 길동이 뭇사람의 말을[26] 듣지 아니하고 인하여 산을 넘어갈새, 그 중에 두 사람이 길동의 풍채를 보고 따라오거늘, 길동이 양인 옴을 보고 왈,

"그대 등이 나를 따라올 제는 무슨 의사 있도다." 10

하고 영상(嶺上)으로 넘어가더니, 문득 맹호 두 놈이 좌우에 앉았다가 입을 벌리고 모진 악기(惡氣)를 부려 사람의 정신을 혹란(惑亂)케 하니, 길동이 백호 두 놈을 보고 일시에 두 주먹으로 백호 두 놈을 한 번씩 치며 풍운을 일으켜 서로 싸우더니, 길동이 양 손으로 두 백호를 하나씩 잡아 암상(巖上)에 태쳐[27] 죽이고 영상을 넘어가니, 그 두 사람이 길동 쫓아오다 백호 달려듦을 보고 대경하여 몸을 수풀 속에 감추었더니, 길동 백호 죽임을 보고 정신을 수습하여 길동을 따라와 절하여 왈,

"장사는 어디 계시며 존성대명(尊姓大名)은 뉘라 하시나이까?"

길동이 듣기를 다하매, 길동이 대왈,

---

26) 말을: 원문에는 빠졌음.

27) 태치다: 태질치다. 세게 메어치거나 내던짐.

"나는 경성 장안에 사는 사람이라. 주유천하(周遊天下)하여 집 없는 사람이라. 그대 등은 어디 있으며 성명은 뉘라 하느뇨?"

그 사람이 대왈,

"우리 등은 합천관(陜川關) 사람이라. 양인이 결의형제(結義兄弟)하고 사옵더니 사람을 죽이옵고 몸을 도망하여 가옵나니, 나의 명은 소풍경이요, 저이는 동승위로소이다. 이제는 장사를 만났사오니 휘하에 좇아감을 바라나이다."

길동이 또한 허락하고 양인을 데리고 명산절승지지(名山絶勝之地)를 찾을 새, 점점 행하여 한 곳에 나아가니, 층암절벽(層巖絶壁)은 운무간(雲霧間)에 솟아있고, 기화요초(琪花瑤草) 만발하여 봉접(蜂蝶)이 분분(紛紛)하고, 청산유수(靑山流水)는 돌돌하여 부르는 새소리 처량하고, 암혈(巖穴)에 잔나비 휘파람 소리 처량하고, 청란(靑鸞) 백학(白鶴)이 쌍쌍 왕래하니 진실로 별건곤(別乾坤)이 여길러라. 점점 풍경을 따라 올라가니 길은 끊어지고 큰 돌문이 닫혔는지라. 길동이 괴이히 여겨 나아가 보니, 석상에 새겼으되, '천하사 활빈당 대원문'이라 하고 두어 줄 글을 새겼으되, "재주 과인(過人)하고 삼난(三難) 일을 능히 행할 장수면 들어오라." 하였거늘, 길동이 대희하여 양인을 데리고 돌문을 열치고 들어가니, 평달[28]이 엄숙하여 일월(日月)이 명랑하여 오봉청산(五峰靑山)이 첩첩하여 벌였으며, 녹죽창송(綠竹蒼松)은 무성하고 각색 화초는 만발하였는데, 큰 집 수천 간이 있으되, 웅당봉첨[29]에 석주(石柱)를 받쳤으며 주란화각(朱欄畵閣) 반공에 솟았으니 광채 찬란한지라. 길동이 내심에 생각하되, '이 곳에 반드시 영웅호걸이 모였도다.' 하고 점점 들어가니, 백포차일(白布遮日)을 공중에 높이 치고 대연(大宴)을 배설(排設)하여

28) 평달: 미상.

29) 웅당봉첨: 미상. 원문은 '웅당봉첨'임. 담장과 처마의 모양이 화려한 것을 말한 것으로 보임.

풍악소리 산천이 진동하더라.

채문(彩門) 밖에 장군탑(將軍榻)을 지었으니, 돌을 갈아 칠성단(七星壇)을 뭇고, 동서남북에 오색 기치를 세우고 그 가운데 큰 기를 세웠으며 주홍 대자(大字)로 썼으되,

> 재주 높고 힘이 능히 구정(九鼎)을 들며 지용겸전(智勇兼全)한 사람이면 이 방목을 보고 들어오면 상장군(上將軍)을 삼으리라.

하였더라. 길동이 대희하여 책문(栅門) 안에 들어가니 금수병풍(錦繡屛風)을 들여 치고 영웅호걸이 수백 인이 열좌(列坐)하였는지라. 그 중에 상좌(上座)한 사람을 보니, 청포운삼(靑袍雲衫)[30]에 자금관(紫金冠)을 썼으며, 각각 팔을 부유게[31] 들며 용력을 자랑하니, 길동이 언연(偃然)히 들어가 장읍불배(長揖不拜)하고, 좌우 중인(衆人)을 초개(草芥)같이 여기고 상석(上席)에 좌를 정하고 앉으니, 청포 입은 사람이 먼저 문왈,

"소년은 어디로 오며 성명은 뉘라 하느뇨?"

길동이 대왈,

"나는 별(別)한 사람이 아니오. 경성 장안에 있는 홍정승의 아들이러니, 들은즉 활빈당에 천하역사 모여 용맹을 자랑한다하기로 내 한번 찾아와 용력을 자랑코자 왔나니, 그대 등은 무슨 재주와 용력이 있으며, 나와 취재(取才)할쏘냐?"

그 사람들이 길동의 말을 듣고 면면상고(面面相顧)하여 말을 답치 못하더니, 상석에 앉은 사람이 방목을 지어가지고 쓴 글을 내어 왈,

"그대 등은 이 세 가지를 행할쏘냐?"

하거늘, 길동이 받아 보니, 제일은, 이 앞에 초부석이라 하는 돌이 있으

---

30) 청포운삼(靑袍雲衫): 푸른 도포에 구름무늬 적삼.

31) 부유게: 미상.

되 중(重)이 천근이라, 능히 그 돌을 들면 우리 수두(首頭)를 삼을 것이요, 제이는, 무쇠로 철관(鐵冠)을 만들었으니 중(重)이 오백 근이라, 그 철관을 쓰고 이 앞의 석문(石門) 삼백 단을 세웠으니 그 석문을 뛰어넘으면 가히 그 용맹을 알 것이요, 또한 해인사[32]라 하는 절이 있으되 재물 누거만(累巨萬)이요, 그 사(寺) 중의 용맹이 과인하기로 우리 등이 범수(犯手)치 못하는 고로, 상장군(上將軍)을 택하여 지략과 술법을 안 연후에 상장군을 정한 후에 상장군 탑(榻)에 모시려 하나이다.

길동이 한 번 보고 대소(大笑) 왈,

"이 세 가지를 어렵다 하니 어찌 가소롭지 아니하리오."

하고, 모든 역사를 데리고 초부석 있는 곳에 나아가 흔연히 소매를 부르
12 걷고 그 돌을 잡아 공중에 던지니, 그 돌이 미처 땅에 떨어지기 전에 발로 돌을 차니 수십 보 밖에 내려지는지라. 중인(衆人) 대경하여 또 석문 앞에 나아가니, 길동이 또한 철관 오백 근을 쓰고 성문 삼백 단을 넘어가니, 모든 제당(諸黨)이 일시에 고함하여 왈,

"천하장사로다."

하고 용력을 칭찬하고, 길동을 장군탑으로 모신 후에 제적(諸賊) 천여 원(員)이 일시에 탑하(榻下)에 엎디어 군례(軍禮)를 필(畢)한 후에 그 용맹을 치하하고, 인하여 풍악(風樂)을 나오며 설연관대(設宴款待)할새, 풍악소리는 운소(雲宵)를 동(動)하고 장수선무(長袖善舞)[33]는 산악을 요동하는지라. 길동이 백마를 잡아 천지께 맹세한 후에 중인을 향하여 왈,

"먼저 언약을 배반하는 자와 위방불입(危邦不入)하며 난방불거(亂邦不居)하는 자와[34] 사생(死生)을 한가지로 하여 만사를 일심동력(一心同

---

32) 해인사: 원문은 '합천사', '하인사', '해인사' 등 여러 가지로 표기되었는데, 해인사로 통일한다.

33) 장수선무(長袖善舞): 소매가 길어 춤을 잘 춤.

34) 언약을 배반하는 자와 위방불입(危邦不入)하며 난방불거(亂邦不居)하는 자와: 이 대목은 언약을 배반하는 자는 처벌한다는 의미인데, 여기에 '위방불입(危邦不入)

力)하여 어김이 없게 하라. 만일 일호(一毫)나 어김이 없게 하라.” 하니, 모든 제적이 일시에 응성(應聲)하고 원수의 영(令)을 준행(遵行)하니, 수월지내(數月之內)에 군용(軍容)이 정제하고 항오(行伍) 차착(差錯)함이 없더라.

일일은 홍원수 제당에게 분부하여 왈,

“내 해인사를 치려하나니 여등(汝等)은 나의 시키는 대로 준행하라.” 하니, 제적이 청령(聽令)하고 기계(器械)를 준비하니라. 길동이 먼저 일필(一匹) 청려(青驢)를 타고 삼척동자로 하여금 나귀를 몰아 길을 떠날새, 모든 제적이 말리거늘, 홍원수 왈,

“내 먼저 나아가 동정을 보고 오리라.”

하고, 청려를 몰아 해인사에 나아가니, 사찰 장대하여 모든 중의 도수(都數)[35]를 알지 못할러라.

먼저 사람을 보내어 ‘경성 홍정승 자제가 공부하러 온다.’ 선문(先文)을 놓고 사중(寺中)에 들어가니, 동승(童僧)이 동구 밖에 나와 합장예배(合掌禮拜)하고 길을 인도하여 사중에 들매, 정(淨)한 방에 인도하고 제승(諸僧)이 원로(遠路)에 행차함을 문안(問安)하더라. 길동이 제승더러 왈,

“내 일찍 들으니 너의 절이 대찰(大刹)이요 풍경이 좋다하기로, 내 수삼 삭(朔) 공부하고 가겠으니 천찬[36]을 쇄소(灑掃)하고 소찬(素餐) 대로 공양(供養)하라.”

하고, 수십 일을 지낸 후에 제승더러 왈,

“내 명일 합천 관가에 나아가 백미 삼백 석을 보낼 것이니 술을 많이 빚고 음식을 많이 준비하여두라. 삼일을 유(留)하여 올 것이니 착실히 등

난방불거(亂邦不居)’를 잘못 알고 쓴 것으로 보임.

35) 도수(都數): 전체 수효.

36) 천찬: 미상. 거처할 곳이라는 단어가 들어가야 함.

대(等待)하라."
13 하니, 제승이 청령(聽令)하니라.

길동이 해인사를 떠나 활빈당에 돌아와 백미 삼백 석을 수레에 실어 해인사로 보내라 하니, 제적이 청령하고 보내니 제승이 대희하여 술을 빚으며 음식을 등대하니라.

각설. 길동이 제적을 불러 계교를 가르쳐 여차여차 하라하고, 거마(車馬)를 타고 해인사 초목(草木) 가운데 숨었다가 모든 중을 결박하라하니, 제적이 응성하고, 풍백(風伯)을 부르니, 황건역사 공중으로 내려와 굴복하거늘, 길동이 분부하여 왈,

"너희 등 이제로 합천 관(官)에 들어가 일등 명기(名妓) 한 쌍을 잡아오라."
하니, 황건역사 청령하고 공중으로 올라가니 제적이 그 신기함을 못내 칭찬하더라.

이윽고 기생이 공중으로 왔는지라. 길동이 분부 왈,

"내 이제 너희 등을 부름은 해인사 경연(慶宴)을 배설코자 함이라."
하고, 계교를 가르쳐 이리이리 하라하여 기생 한 쌍을 전배(前陪) 세우고 해인사로 올라갈새, 기생 등이 정신을 차리지 못하여 꿈같은지라.

길동이 해인사에 이르러 제승에게 분부하여 왈,

"음식을 차려 등대하라 하였더니 어찌하였느냐?"
한대, 제승이 차림으로 고(告)하니, 길동이 왈,

"금번 연락(宴樂)은 제승을 위하여 함이니 경치 좋은 곳으로 의막(依幕)을 치고 설연거동(說宴擧動)을 차리라."
하니, 모든 중들이 일시에 의막을 치고 주찬과 음식을 날라 설연(設宴)할새, 기생 이명(二名)으로 녹의홍상을 갖추어 가무를 시킬새, 맑은 노래와 빛난 춤 소리는 찬란 초불하니,[37] 그 성연(盛宴)을 가히 측량치 못할

---

37) 초불하다: 미상.

러라.

길동이 기생을 명하여 큰 잔에 술 부어 모든 중을 먹이고, 또한 가무
를 시켜 취흥을 도도(滔滔)케 하며 채의화복(彩衣華服)을 입혀 춤을 추
이니, 빛난 춤 소리는 운소(雲宵)의 난학(鸞鶴)의 소리 같고, 맑은 노래
는 난황(鸞凰)을 짝하여 사람의 심장을 요동하는지라. 길동이 또한 기생
을 명하여 큰 잔에 술을 부어 모든 중을 순순히 먹이니, 모든 중들이 술
이 대취하여 장삼(長衫)을 입으며 고깔도 쓰고 송낙도 쓰며 일시에 춤을
추니, 기생이 돌아다니며 취한 중을 혹란(惑亂)케 하니, 모든 중이 그 기 14
생을 암희(暗喜)하여 돌아다니며 희롱도 하며 입도 대려하니, 늙은 노장
(老丈) 중이 주정하는지라. 기생이 가무를 그치고 길동께 주왈,

"이 절 중이 소기(小妓)의 찬 패물을 다 도적하여 가졌사오니 찾아주옵소서."

하는지라. 길동이 대로하여 왈,

"이 절 중놈은 불법은 숭상치 않고 도적질 하는 놈이로다."

하고, 활빈당을 명하여 모든 중 천여 명을 다 결박하여 왈,

"이놈들이 술이 다 깬 후에 국문(鞫問)하리라."

하고, 절 곳간에 가두어 문에 쇠를 잠그며, 기(旗)를 둘러 활빈당의 거마(車馬)를 불러 해인사 재물을 있는 대로 취하여 수레에 싣고 동구(洞口) 밖으로 나가니, 이때에 늙고 병든 중이 연락(宴樂)에 참여치 못하고 사중에 있더니, 무수한 도적이 사중에 들어와 사중 재물을 가져감을 보고 대경하여 적당인 줄 알고 연락(宴樂)하던 곳을 보니 모든 제승을 다 결박하였음을 보고, 도망하여 합천부에 들어가 실사를 고관(告官)하니, 군수 청파(聽罷)에 대경하여 즉시 관군을 발포(發捕)하여 도적을 잡으라 하니, 관군 포졸 등이 발행하여 해인사 동구에 이르러 동구를 둘러싸고 뇌고함성(雷鼓喊聲)하며 도적 잡으려 할새, 기치창검이 상설(霜雪) 같더라.

이때에 도적 등이 수레를 몰아 동구 밖으로 점점 나아갈새, 또 밖에 관군이 길을 막거늘, 이 반드시 등롱(燈籠)에 든 파리요 함정에 든 범이라. 하릴없어 황황분주(遑遑奔走)하더니 문득 길동에게 고왈,

"관군이 길을 막사오니 어찌 하오리까?"

한대, 길동이 소왈(笑曰),

"여등(汝等)은 겁내지 말라. 내 또한 관군을 물리리라."

하고, 인하여 법당에 달려 들어가, 노승의 장삼을 입고 송낙을 쓰며 육환장(六環杖)을 짚고 해인사 삼각봉(三角峰)에 올라가서 크게 위여[38] 왈,

"합천 관군은 그곳에 있지 말고 북녘 산으로 오소서. 도적이 북녘 산으로 가오니 빨리 와 잡으소서."

하거늘, 관군이 그 노승의 가리킴을 보고 정히 북녘 산으로 가더니, 길동이 풀을 베어 초인(草人)을 만들고 부적(符籍)을 날리니 완연(宛然)한[39] 도적 등이 거마(車馬)를 몰아 활빈당에 돌아오니, 이때 관인(官人)이 모두 도적을 잡으니 홀연 도적은 간 데 없고 모두 풀로 만든 초인이라. 대경하여 이 뜻으로 성(城)에 장문(狀聞)하니, 이때에 길동이 관군을 물리고 활빈당에 돌아와 사중 재물을 다 쌓으니 그 수를 가히 알지 못할러라. 제적이 다 나와 원수의 신기묘산(神奇妙算)한 술법을 치하하여 왈,

"장군 흉중의 조화는 옛날 강태공과 제갈(諸葛)선생이라도 이에서 더치 못하리로다."

길동이 소왈(笑曰),

"이만한 재주가 없으면 어찌 남의 장수되리오."

하고, 우양(牛羊)을 많이 잡아 활빈당 제적을 호군(犒軍)하고 수다(數多) 황금을 상사(賞賜)하고, 은자(銀子) 일천 냥을 내어 기생을 주어 왈,

---

38) 위여: 외쳐.

39) 내용이 매끄럽게 연결되지 않음. 길동이 초인을 만들어 관군과 싸우게 하고, 도적들은 그 틈에 돌아온다는 의미임.

"금번 연락(宴樂)에는 너의 가무로 소원을 이뤘으니 은자 천 냥을 제급(齊給)하노라."

하니, 기생 등이 대왈,

"천비 등이 합천부 명기로서 풍류재자(風流才子)를 많이 보았으되 공자(公子) 같은 영웅은 보지 못하였나이다. 소비 등을 잡아오며 그 조화를 이루 측량치 못하리로소이다. 소첩 등이 본래 금은을 귀히 여기는 바가 아니옵고 공자 같은 영웅을 만나오면 백년(百年)[40] 의탁하옵기를 바라나니, 첩 등을 더럽다 마시고 희첩(姬妾)을 정하여 주시면 이것이 평생의 소원이로소이다. 소첩의 이름은 봉란 벽월이요, 방년이 십육 세로소이다."

길동이 그의 말을 듣고 마지못하여 자취(自娶) 희첩(姬妾)을 삼아 활빈당 옥화루에 머무르고 즐기더니, 이때에 홍원수 한 방문(榜文)[41]을 써 붙였으니 그 방문에 하였으되,

> 제일(第一)은 백성의 재물을 탈취하면 강적(强賊)이요 의사(義士)의 행사 아니니 영위(令違) 말며, 또한 장수의 영(令)을 태만히 하면 이는 난적(亂賊)이요, 탐람(貪濫)하는 관원의 재물과 준민고택(浚民膏澤)하는 군수 현령(縣令)의 재물 창곡과 군기(軍器)를 탈취하면 이는 의적(義賊)이라.

하였더라.

각설. 경상감사[42] 합천군수의 보장(報狀)을 보고 이 뜻으로 나라에 장문을 올렸더니, 상이 보시고 대경하사 만조제신(滿朝諸臣)을 모으시고 하교하여 왈,

---

40) 백년(百年): 한평생. 일생.

41) 방문(榜文): 원문은 '방목'이나 '방문'의 잘못임.

42) 경상감사: 원문은 '황경감사'인데, '경상감사'의 잘못이다. 이 아래에 '황경도'도 모두 '경상도'로 바꿨다.

"경상도 합천읍(陜川邑)에 도적이 나 해인사 재물을 탈취하며 백성을 살해한다 하니, 어찌하면 도적을 잡으리오."

16 제신이 주왈,

"이는 난적(亂賊)이오니 의장(義將)을 택하여 도적을 치라 하소서."

각설(却說). 이때에 길동이 제적을 불러 왈,

"이제 창곡(倉穀)과 군기(軍器)를 탈취하면 아등(我等)이 의병인 줄을 알 것이니, 명일은 함경감영을 치고 창곡과 군기를 앗아 오리라."

약속을 정한 후에, 이튿날 삼경(三更)에 함흥 선릉에 불을 놓고 감영 남문에 나아가 문을 두드려 왈,

"선릉에 불이 일어났으니 감사는 불을 구하라."

하는 소리에 성중이 요란하니, 감사 대경하여 영하(營下) 관속을 다 거느리고 백성을 영솔하여 선릉으로 나가니 화광이 충천하였는지라. 감사 영군(營軍)을 시켜 밤이 깊도록 불을 구하니, 이때에 길동이 활빈당 제적을 몰아 성중 창고를 열고 곡식을 내어 거마(車馬)에 실리며 군기를 탈취하여 건장한 자를 참(斬)하니 그 위엄과 법도 엄숙한지라. 백성이 자청(自請)하여 도적이 되니 위엄이 더욱 씩씩하고 호령이 상설(霜雪) 같은지라.

길동이 군병을 모아 경상 전라 양도를 칠 새, 초인(草人)을 만들어 육정육갑을 응(應)하여 충청도로 올려 보내어 지키니, 삼남삼도(三南三道) 요란하여 한 날 한 시에 장문이 올랐거늘, 상이 대경하사 문무(文武) 제신을 모아 상의 왈,

"뉘 능히 나아가 강적 길동이를 잡아 삼남삼도를 평정하리오?"

하시니, 한 사람이 출반주(出班奏) 왈(曰),

"신이 비록 재주가 없사오나 난적 길동을 잡아 성상의 근심을 덜리이다."

하거늘, 모두 보니 이는 어위대장[43] 이흡이라. 상이 대열(大悅)하사 보

도군[44] 삼백 명을 주어 빨리 잡으라 하신대, 이흡이 보도군을 거느리고 남대문 밖에 나와 분부하여 왈,

"금부(禁府) 군졸은 매복(埋伏)으로 팔도에 허여져[45] 용력을 다하여 난적을 잡으라."

하고, 이흡이 홀로 필마 재촉하여 경상도로 내려갈 새, 삼일 만에 한 곳
에 다다르니 일색이 저물었는지라. 객점을 찾아 유숙코자 하더니, 문득 17
한 소년이 청려(靑驢)를 타고 들어와 이흡으로 더불어 예필좌정(禮畢坐
定) 후에 그 소년 자탄하기를 마지아니하는지라. 이흡이 그 곡절을 알고
자 하여 문왈,

"그대는 무슨 염려 있어 한탄하느뇨?"

그 소년이 탄식 대왈,

"우리는 이 나라 백성이라. 막비왕신(莫非王臣)이요 막비왕토(莫非王土)라.[46] 나는 본래 향곡(鄕曲) 소생이라. 성상이 난적 길동을 근심하여 팔도에 발관(發關)하사 잡으라 하오. 하오나 길동은 천하의 의적이라 조화무궁하여 졸연(猝然)히 잡지 못할지라. 술법 있는 사람이라야 잡을지라. 동력(同力)하여 잡을 사람이 있으면 내 술법을 부려 잡고자 하나 동력할 사람이 없는 고로 한(恨)하나이다."

이흡 이 말을 듣고 대희하여 왈,

"내 또한 군명을 받아 길동을 잡고자 하나니, 길동을 잡으면 그대의 공이 적지 아니하리다."

소년이 왈,

"동력할 마음이 있으면 내 말을 시키는 대로 하오면 가히 잡으려니와,

---

43) 어위대장: '어영대장(御營大將)' 같은 말을 잘못 알고 쓴 것으로 보임.

44) 보도군: 미상. 아래에서 금부 군졸을 '보도군'이라고 했음.

45) 허여지다: 흩어지다.

46) 막비왕신(莫非王臣)이요 막비왕토(莫非王土)라: 임금의 신하 아닌 사람이 없고, 임금의 땅 아닌 곳이 없다.

만일 지체(遲滯) 있으면 가히 잡지 못하리다."

이흡이 왈,

"국사 위함에 어찌 동심합력(同心合力)치 아니리오. 염려 말으시고 함께 가사이다."

하거늘, 소년이 이흡을 데리고 떠날새, 소년이 왈,

"길동은 조화무궁한 도적이라. 우리 양인이 잡으러 온 줄 알면 반드시 도망하리니, 내 이미 선생에게 변신하는 술법을 배웠사오니, 이제 부적을 써 머리에 넣고 가면 길동이 우리 양인을 보지 못하리다."

하고, 인하여 부적을 써 양인이 머리에 간직하고 행할새, 이 부적은 본래 사람 눈을 어리우는[47] 부적이라. 이흡이 알지 못하고 그 소년을 따라갈새, 삼일 만에 한 곳에 이르니, 인가 즐비하여 경성 장안 같은지라. 소년이 이흡더러 왈,

"길동이 필연 저 곳에 있을 듯하니, 내 먼저 들어가 동정을 보고 나오리라."

하고, 이흡을 객점에 머무르고 소년이 홀로 들어가더니, 이윽히 있다가 나와 이흡에게 왈,

"도적 붕당(朋黨)이 다 허여지고 길동이 홀로 잠을 들었으니 먼저 들어가 철사로 결박하라. 내 이곳에 있어 그 여당(餘黨)을 잡으리라. 내 이
18 곳에 있으면 제 어찌 술법을 벗어나리오."

하고, 연하여 이흡을 데리고 길동이 있는 방에 들어가,

"결박하라. 만일 지연(遲延)하면 도망하리니 빨리 하라."

하니, 이때에 이흡이 머리에 부적을 달아 눈이 저리었으며, 진위(眞僞) 흑백(黑白)을 분변치 못하고 인하여 문을 열고 들어가 몸을 날려 길동을 결박하니, 이때 이흡의 부친이 외당에서 낮잠을 자다 천만 뜻밖에 결박을 하매, 마음에 생각하되 어명(御命)인가 하여,

---

47) 어리우는: 어리게 하는. 어지럽게 하는.

"무슨 죄로 나를 결박하느뇨?."

이흡 왈,

"내 국명(國命)을 받아 난적 길동을 생금(生擒)하노라."
한대, 이흡의 아비 이 말을 듣고 대경하여 자세히 보니 이는 자식 이흡이라. 크게 불러 왈,

"이흡아, 네 나를 알지 못하난다? 나는 네 아비라. 바삐 풀어놓으라."
하니, 이흡이 대로하여 왈,

"이 놈이 조화(造化) 많다 하더니, 나의 부친의 음성을 본받아 부친이라 칭하고, 풀어놓으면 도망코자 하는 놈이로다."
하고, 끌어내어 경상감영으로 잡아가려 하거늘, 이흡의 아비,

"네 나를 자세히 보라. 세상에 이런 변이 어디 있으리오. 네 눈이 변하여 나를 알지 못하니 아비를 잡아가느뇨."
하며 슬피 통곡하니라.

이때에 경성 백성이 길동 잡아온단 말을 듣고 장안 만인이 모두 구경할새, 자세히 본 즉, 길동은 아니요 어위대장 이흡의 부친이라. 백성들이 의혹하여 설화(說話) 분분하더니, 그 중에 한 사람이 이흡의 부친과 친한 붕우(朋友)라. 나아가 그 결박한 것을 풀어놓으니, 이흡이 크게 소리하여 왈,

"분명히 길동을 잡아오거늘 어찌하여 이 사람을 풀어놓으니, 이는 반드시 길동의 붕우라."
하고 빨리 가기를 재촉하니, 그 인(人)은 물러가고 또한 동행하던 소년이 간 데 없는지라. 이흡이 의심하여 왈,

"나를, 그 소년이 나로 한가지로 동심합력(同心合力)하여 길동을 잡으려 하더니, 이제 간 곳이 없으니 필연 괴이한 일이로다."
하고 소년을 기다리더니, 종일토록 오지 아니하니, 이흡이 홀연 생각하여 왈,

"그 소년이 부적을 내 머리에 달아주더니 필연 내 안정(眼睛)을 흐리워 사람을 알지 못하였도다."

하고, 인하여 달았던 부적을 떼어버리니 홀연 안광(眼光)이 청신(淸新)한
19 지라. 자세히 보니 결박한 길동이는 간 데 없고, 집에 계신 백발 부친이라. 이흡이 그제야 그 소년의 부적에 속은 줄 알고 황망히 맨 것을 끄르고 땅에 엎디어 대성통곡 왈,

"소자는 그 놈의 부적에 속아 정신이 혼암(昏暗)하여 천지간 용납지 못할 죄를 지었사오니, 만사무석(萬死無惜)이로소이다."

하고, 가슴을 두드려 방성통곡하여 왈,

"죽어지라. 낯을 들고 어찌 용납을 하오리까."

한대, 이흡의 부친이 또한 울며 왈,

"난신적자(亂臣賊子) 홍길동이 술법을 부려 우리 부자의 천륜을 파하는도다."

하며 못내 슬퍼하더라. 이흡이 부친을 붙들고 울며 왈,

"길동을 잡아 먼저 배를 찢고 오장을 내어 오늘날 한을 씻으리라."

이흡의 부친이 말려 왈,

"하늘이 반드시 잡으리니 너는 망령된 일을 내이지 말라. 너만으로는 쉬이 잡지 못하리라."

하고, 다시 가지 말라 한대, 이흡이 절치통분(切齒痛忿)[48]하여 고왈,

"제 아무리 술법이 과인(過人)하오나 다시 제 계교에 속으리까?"

하고, 인하여 전라감영에 다시 내려가, 그 소년을 찾으며 길동의 소혈(巢穴)을 탐지하며 방방곡곡이 다니다가 한 곳에 이르니 전라 청계산이라. 길동이 어위대장 이흡이 다시 온단 말을 듣고 제적을 모아 상의 왈,

"내 이흡 잡아 올 거시니, 너희는 염라국(閻羅國) 배설하라."

하고, 초인으로 길동을 만들어 계교를 가르쳐 여차여차 하라한 후에 이

48) 절치통분(切齒痛忿): 분해서 이를 갈며 원통해 함.

흡이 오는 곳에 나아가니, 이때에 이흡이 청계산을 넘어오더니, 영상(嶺上)에 이르러는 문득 한 중이 영(嶺)을 넘어오되, 칠근가사(七斤袈裟)[49]에 백팔염주(百八念珠)를 목에 걸고 육환장(六環杖)을 짚었으니 얼굴은 도화(桃花) 같고 두 눈썹은 자[尺]가 넘은지라. 이흡이 마음에 범승(凡僧)이 아닌 줄을 알고, 나아가 문왈,

"존사(尊師)는 어느 명산에 있느뇨?."

그 노승이 합장 대왈,

"소승(小僧)은 인간 중 아니라 천승(天僧)이로소이다. 옥황상제의 법지(法旨)을 받아 산중에 왕래하나이다."

이흡이 탄식하여 왈,

"존사는 무슨 일로 인간에 하림(下臨)하여 계시며."[50] 20

노승이 대왈,

"인간에 홍길동이라 하는 놈이 있어 국가를 탁란(濁亂)하며 백성을 살해한다 하여 상제 하교하사 소승을 보내어 잡아오라 하시기로 왔나이다."

이흡이 이 말을 듣고 왈,

"길동의 죄를 상제 하감(下鑑)하시고 존사 보내었도다. 존사는 난적 길동을 잡아주시면 그 은혜 백골난망(白骨難忘)이로소이다."

그 노승이 답왈,

"천지만물이 다 상제께 달린 바이라. 선두보살 악두보살이 인간 선악(善惡)을 일일 상제께 주달하는 고로 길동의 죄를 역력히 아노라. 근일에 다시 들으니 경성 어위대장 이흡이 제 아비를 결박하게 함도 이 또한 길동의 죄상이라. 제 세상에 큰 죄를 많이 지은 고로 선두보살이 이 뜻

---

49) 칠근가사(七斤袈裟): 칠조의(七條衣), 칠조가사. 승려가 입는 세 가지 가사 중의 하나.

50) 몇 글자 빠진 것으로 보임.

으로 상제 전(前)에 주달하오매, 상제 분노하사 나로 하여금 인간에 나아가 길동을 잡아 죽이라 하오매 내 인간에 나왔도다."

이흡이 이 말을 듣고 심중에 대희하여 다시 절하여 왈,

"높으신 술법으로 길동을 잡아주옵소서."

노승이 왈,

"내 소매에 벽력검(霹靂劍)이 있으니 한 번 만나면 벽력으로 죽이려니라."

하며 정히 앉아 설화(說話)하더니, 홀연 공중으로서 일진광풍이 일어나며 백운 속으로서 어떤 사람 삼인이 내려오니, 일인은 청건청포(青巾青袍)에 사슬을 차며, 또 한 사람은 황건황포에 철사(鐵絲)를 찼으며, 또 한 사람은 흑건흑포에 홍사(紅絲)를 차고 내려오다가 노승을 보고 일시에 절하여 왈,

"우리 등은 염라사자(閻羅使者)옵더니 천법존자(天法尊者) 인간에 하강하심을 듣고 우리 등이 나와 현알(見謁)하나이다."

노승이 대왈,

"너희 등은 무슨 일로 인간에 내려왔느뇨?"

삼인이 일시에 대왈,

"작일에 옥황상제 전지(傳旨) 염왕(閻王)께 내리어, '인간 홍길동을 잡아다가 칼산지옥[51)]에 가두어 영위환생(永爲還生)치 못하게 하라' 하고 내리시매, 염왕이 아등(我等)을 명패(命牌)하시기로 우리 삼인이 길동
21 을 잡아다가 염왕께 바치오되, 염라 십왕(十王)이 그 죄를 물으신대 길동이 발명(發明)하여 왈, '어위대장 이흡이 제 아비 결박한 것이라' 발명하온즉, 염왕이 이흡의 아비를 잡아오라 하옵기로 경성에 나아가 이흡 아비를 잡아다가 길동으로 대질하온즉, 이흡의 아비 고하는 말이, '길동은 애매하옵고[52)] 내 자식 이흡이가 분명 결박하였다' 하고 승복하오매,

---

51) 칼산지옥[劍山地獄]: 지옥에 있다는 칼이 솟은 산.

염왕이 그 말을 듣고 이흡을 잡아오라 하옵기로 아등이 전라감영으로 가옵다가 천법존사 하림(下臨)하심을 듣고 이곳을 지나옵다가 나와 뵈옵나이다."

하니, 이흡이 이 말을 듣고 혼불부신(魂不附身)하고 족불리지(足不履地)라. 이에 통곡 왈,

"집에 계신 부친이 또한 황천으로 돌아가셨도다. 내 또한 황천을 가게 되니 부자(父子) 일시에 세상을 이별하는도다."

하고, 손뼉을 두드려 대성통곡하니, 노승이 말려 왈,

"그대는 너무 슬퍼 말라. 그대의 부자 한명(限命)으로 잡힌 것이 아니라 비명횡사(非命橫死)니, 내 염왕께 서찰을 보내어 그대의 죄를 해석(解釋)하리라."

하고, 인하여 서간을 닦아 주며 왈,

"다시 세상에 나오게 하였나니 염려 말고 가라."

하니, 이흡이 서간을 받아가지고 노승께 하직할 즈음에 인하여 간 곳이 없는지라.

사자(使者) 등이 철사로 이흡을 결박하여 가지고 염라국으로 갈새, 산천이 수려하여 경개 절승한지라. 만첩청산을 넘어가며 물을 건너 풍도성(豊都城)[53]에 들어가니, 성첩(城堞)이 웅장하고 돌문을 닫았거늘, 사자 성문을 열치고 들어가니 주궁패궐(珠宮貝闕)이 웅장하고 서기(瑞氣) 총총(蔥蔥)한데, 삼라전(森羅殿)[54]의 열 시왕(十王)이 금관옥대로 열좌(列坐)하였는데, 우두나찰(牛頭羅刹), 마두나찰(馬頭羅刹),[55] 판관(判官), 녹사(錄事)[56] 좌우에 벌였으며, 억만 귀졸(鬼卒)이 옹위하였으니 위엄이

52) 애매하옵고: 억울하옵고.

53) 풍도성(豊都城): 풍도(酆都), 풍도옥(酆都獄). 지옥을 말함.

54) 삼라전(森羅殿): 시왕전(十王殿). 저승의 열 대왕을 모셔놓은 곳.

55) 우두나찰(牛頭羅刹) 마두나찰(馬頭羅刹): 저승의 문을 지키는 나찰.

56) 판관(判官) 녹사(錄事): 시왕전에서 재판을 돕는 존재들.

엄숙하고 광채 찬란한지라. 감히 들어가지 못하고 궐문에 섰더니, 큰 한
소리 ○○○○ 일위(一位) 관원이 좌우에 서서 호령하여 '인간 죄인 잡
22 아들이라' 하거늘, 황건역사(黃巾力士) 양인(兩人)이 나와 철사로 이흡
을 결박하여 잡아들여 계하(階下)에 꿇린대, 이흡이 황망하여 아무리 할
줄을 모르다가 정신을 수습하여 사면을 살펴보니, 계하에 두 사람이 앉
았으니, 한 사람은 그 소년이요 또 한 사람은 부친이거늘, 이흡이 바라보
고 눈물만 흘릴 따름이요 감히 말을 내지 못하고 서로 바라볼 따름일러
라. 문득 염왕이 분부 왈,

"인간 죄인 이흡은 네 죄를 아느냐. 천륜(天倫) 파상(破傷)하여 아비를 모르니 불효막심하고, 아비 결박하여 윤기(倫紀)을 파하기로 너를 지옥에 가두어 죄를 논죄(論罪)하리라."

하니, 이흡이 울며 고왈,

"소인이 인간에 있사와 벼슬이 우의정(右議政)에 거(居)하매 국록지신(國祿之臣)이라.[57] 어찌 부자정리(父子情理)를 모르리오? 인륜 파상하기는 홍길동이 시킨 바이오니 바라건대 죄를 분간(分揀)[58]하옵소서."

염왕이 또한 홍길동을 잡아들이라 하니, 그 소년이 굴복하여, 대왈,[59]

"이흡의 말을 들으니 부자 천륜 파상하기는 도시(都是) 다 네게 속은 바이라. 너는 종실직고(從實直告)[60]하여 죄를 범치 말라."

길동이 꿇으며 주왈(奏曰),

"소인이 인간에서 작폐(作弊)를 하는 것이 탐람(貪婪)[61]하는 관원의 재물을 앗아 빈한한 백성을 살리며, 약한 자를 도와 승자(勝者)를 눌렀

---

57) 앞에서 이흡의 벼슬을 어위대장이라고 했는데, 여기서는 우의정이라고 했다. 개작자가 정치하게 쓰지 못했음을 보여준다.

58) 분간(分揀): 죄지은 형편을 보아서 용서함.

59) 홍길동이 말하는 것이 아니라 염왕이 하는 말임.

60) 종실직고(從實直告): 이실직고(以實直告). 사실대로 말함.

61) 탐람(貪婪): 재물이나 음식을 지나치게 탐냄.

사오니 이것이 죄라 하옵고,[62] 이흡의 아비 결박한 일은 제 자식이 결박한 일이오니, 이흡의 아비를 불러 물으시면 자연 발각하리다."

염왕이 길동의 주사(奏事)을 듣고 이흡의 아비를 잡아들여 문왈,

"너를 결박하기를 뉘가 하드뇨?"

이흡 아비 고왈,

"소인의 자식이 결박하였나이다."

염왕이 대로하여 왈,

"이흡의 죄상이 분명하니 다시 용납지 못하리니, 착칼[63]하여 칼산지옥에 엄수(嚴囚)하여 영영 환생치 못하게 하라."

하니, 이흡이 이 말을 듣고 슬피 통곡하다가, 품으로 천법도사의 서간을
내어 염왕께 드린대, 염왕이 서간을 보고, 23

"너를 지옥에 가두어 죄를 논죄코자 하였더니, 법사의 서찰을 보아 용서하나니, 빨리 인간으로 내어보내라."

한대, 이흡이 다시 울며 고왈,

"소인의 아비를 한가지로 나가기를 바라나이다."

하며 애걸하니, 염왕 왈,

"네 아비는 연만(年滿) 칠십에 한정(限定)이 되었으나, 법사의 서간에 너의 부자를 놓아 보내라 하였는 고로 가히 막지 못하여 보내니, 데리고 가라."

한대, 이흡의 부자 염왕께 고두사은(叩頭謝恩) 후에 하직하고 풍도성을 떠나 인간으로 나아올새, 산도 넘으며 물도 건너 점점 나아오더니, 홀연 울음소리 들리는지라. 사면을 살펴보니 큰 부대 있는지라. 나아가 그 부대를 열고 보니, 팔도에 보내었던 금군(禁軍)을 잡아넣었는지라. 이흡이 문왈,

62) 죄라 하옵고: "죄라고 할 수 없다"는 의미임.

63) 착칼: 죄인의 목에 칼을 씌우는 것.

"너희 등이 어찌하여 이 부대 속에 들었난다?"

금군 등이 대왈,

"홀연 일진광풍이 일매, 황건역사 내려와 아등을 다 묶어 잡아 염라국으로 들어가자 하고 이 부대 속에 넣었으매, 삼일이 되었사오니 이곳을 알지 못하나이다."

이흡이 왈,

"우리 부자 염라국에 잡혀갔다 오노라."

하며, 금군을 데리고 세상으로 나올새, 홀연 한 사람이 백호(白虎)를 타고 가거늘, 이흡이 그 사람더러 문왈,

"어디로 가면 세상으로 가나이까?"

그 인(人)이 손을 들어 가리켜 왈,

"저 삼각산(三角山)을 올라가면 인간이 뵈이리라."

하거늘, 이흡의 부자 인하여 그 산 삼각봉에 올라가니 경성 장안이 완연(宛然)한지라. 이흡이 세상에 나온 줄을 알고 부친을 모시고 장안에 들어가니, 천만 뜻밖에 부친이 또한 있는지라. 이흡이 아무런 줄을[64] 모르더니, 함께 온 부친이 언연(偃然)히 내당에 들어가 이흡의 아비를 보고,

"이는 어떠한 객(客)이오?"

한대, 이흡의 아비 또한 문왈,

"그대는 어떠한 사람이오?"

하며 서로 다투니, 그 진위를 알지 못할러라. 양인의 행지거동(行止擧動)과 용모 어르되[65] 추호도 어김이 없으니 수지오지자웅(誰知烏之雌雄)[66]일러라. 이흡이 또한 이 일을 보고 방성대곡(放聲大哭) 왈,

"나의 부친이 뉘시니까?"

64) 아무런 줄을: 어떻게 할 줄을.

65) 어르되: 비슷하되.

66) 수지오지자웅(誰知烏之雌雄): 누가 까마귀의 암수를 알 수 있겠는가. 가려내기 어려움을 말함.

두 노인 답왈,

"내가 기로라."[67]

각각 일시에 말하여 왈, 24

"저 사람은 아니요, 내가 기로라."

피차 기라 하니, 뉘 능히 진위(眞僞)를 분변하리오. 가중(家中)이 황황하여 아무리 할 줄을 모르더니, 이흡의 모친이 들어와 보니 같은 두 노인이 앉아 서로 진위를 다투는지라. 이흡의 모친이 울며 왈,

"이번 길에도 길동에게 속았도다. 내 집 영감의 장가오시는 날 신방(新房)에 들어와 여차여차한 일이 있으니 그 일을 알면 우리 영감이오니다."

하니, 그 노인들이 일시에 말하기를 한결같이 하는지라. 이흡의 모친이 이 말을 듣고 왈,

"이런 변(變)이 세상에 있으리오. 이제는 너의 부친이 둘이 되었도다."

하고 슬피 통곡하니, 두 노인이 위로 왈,

"이번 길에도 길동에게 속았도다."

하며,

"부인은 슬퍼 말라."

하니, 흡이 이 말을 듣고 더욱 망극하여 아무리 할 줄을 모르더니, 문득 한 노인이 이흡더러 왈,

"너는 무슨 재주 있관대 우리를 잡으려 하느뇨? 너 이제는 우리 술법을 다 알지라. 이후는 다시 우리를 침노치 마라."

하고 몸을 흔드니, 노인 하나가 간 데 없고 풀로 만든 초인이라. 이흡이 대경 왈,

"홍길동은 천하에 무쌍한 조화를 가졌으니 하늘이라도 잡지 못하리라."

---

67) 기로라: 그 사람이다.

하고, 인하여 입궐봉명(入闕奉命)하고 홍길동의 조화 무쌍함을 세세히 진달(進達)한대, 상이 들으시고 대경 왈,

"제신은 길동 잡을 묘책을 정하라."

하더라.

각설. 이때에 홍길동이 자칭 암행어사 되어 팔도[68]로 다니며 남장살사(濫杖殺死)[69]하는 관원을 파직도 시키며, 준민고택(浚民膏澤)하는 군수 현령을 봉고파직(封庫罷職)도 시키며 하니, 도내(道內)에 명찰(明察)한 어사 왔다 하더라.

이때 길동이 장문(狀聞)을 닦아 나라에 올리니, 그 장문에 하였으되,

> 팔도순무어사(八道巡撫御使) 홍길동은, 기망국가(欺罔國家)하와 준민고택하는 군수 현령을 봉고파출(封庫罷黜)하는 장문을 올리나이다.

하였거늘, 상이 남필(覽畢)에 대로하여 문무제신을 모으시고 가라사대,

"이 같은 반적(叛賊)이 어디 있으리오."

하시며,

"난적 길동이 조정을 능멸(凌蔑)히 여기고 제 임의로 암행어사 되어
25 팔도를 탁란(濁亂)하고 수령을 임의로 출척(黜陟)하니 이는 반드시 향촌(鄕村) 인물이라. 그 내력을 탐지하라."

하시니, 좌우 제신이 일시에 여쭈어 왈,

"좌의정 홍모의 천첩의 소생이온데, 홍문주서(弘文注書) 홍영의 서제(庶弟)로소이다."

상이 들으시고, 일변 홍모를 금부에 나수(拿囚)하고, 홍영으로 경상감사(慶尙監司)를 제수하여 길동을 잡으라 하신대, 홍영이 봉명청죄(奉命

---

68) 원문은 '팔도'가 두 번 들어갔음.

69) 남장살사(濫杖殺死): 매를 과도하게 때려 사람을 죽임.

請罪) 왈,

"신의 서제 길동이 있삽더니 망명도주하여 나가온 지 삼년이 되었삽고, 신의 아비 신병(身病)이 침중(沈重)하와 금부(禁府)에 두면 명이 진(盡)하올지니, 복망(伏望) 전하는 신의 아비는 방송(放送)하시면 신이 진심갈력(盡心竭力)하여 길동을 잡아 성상의 근심을 덜고자 하나이다. 신의 아비를 가두고 신으로 경상감사를 제수하심이 불가하오니, 복망 전하는 분간(分揀)하심을 천만 바라나이다."

상이 기특히 여겨 홍모를 방송하여 좌의정을 하이시고, 홍영으로 경상감사를 하여 발행하라 하시니, 홍영이 사은숙배하고 즉일 발행하여 경상도로 내려가 도임한 후 삼일 만에 방(榜)을 사문에 붙여 가라사대,

> 사람이 세상에 생겨나매 오륜이 으뜸이라. 오륜의 중한 것은 군신유의(君臣有義), 부자유친(父子有親)이라. 이제 사람이 오륜을 모르면 금수만 못한지라. 불효자 홍길동은 바삐 나와 자굴(自屈)하여 불효를 면하라. 만일 너를 잡지 못하면 늙은 아비에게 오형(五刑)을 면치 못하겠으니 노부(老父)에 불효를 면하라.

하였더라.

제 삼일 만에 한 소년이 청려(青驢)를 타고 동자(童子) 수십 명을 거느리고 영문(營門)에 들어와 뵈옴을 청하거늘, 감사 인하여 동협문(東夾門)을 열고 청하여 들이니, 그 소년이 들어와 땅에 엎디어 통곡하다가 정신을 수습하여 대감 기체(氣體)와 대부인 문안과 모친의 편부(便否)를 물은데, 홍영 자세히 보니 서제 길동이라. 친히 내려가 길동을 붙들어 당상에 올려 앉히고 오열유체(嗚咽流涕) 왈,

"너 한 번 떠나매 소식을 몰랐더니, 네 작란이 무수하여 팔도를 요란케 하니, 성상 근심하사 부친을 금부(禁府)에 가두고 나로 경상감사를 제수하여 너를 잡으라 하시니, 늙은 부친의 사생을 알지 못하는지라. 너

는 순종(順從)히 몸을 굴(屈)하여 멸문지환을 면케 하라."

한대, 길동이 울며 왈,

"부친이 금부에 나수(拿囚)되었사오니, 빨리 나를 잡아 보내어 부친의
26 수금(囚禁)을 면케 하소서."

감사 대희하여 차담(茶啖)을 차려 먹인 후에 철사로 그 몸을 결박하여 함거(檻車)에 싣고 갑병(甲兵) 수백 인을 옹위하여 일변 장문을 닦아 올리며 길동을 잡아 보낼새, 각읍(各邑) 백성들이 그 거리거리 모여 길동 잡아가는 구경들을 하더라.

삼일 만에 장안에 이르러 장문을 올리고 길동을 또한 올리니, 상이 남파(覽罷)에 대희하여 만조 제신을 거느리고 인정전(仁政殿)에 어좌하시고, 함거에 가둔 홍길동을 잡아내일새, 철사로 결박한 길동이 한 번 흔드니 철사 산산이 끊어져 썩은 새끼 같으니, 또한 함거 속으로서 무수한 길동이 쓸려나오니, 청포관대(青袍冠帶)에 백옥홀(白玉笏)을 쥐이고 나오니, 인정전 뜰에 가득한 것이 다 개시(皆是) 길동이라 하니 그 수를 알지 못할러라. 상이 대경하여 아무리 할 줄을 모르더니 함경, 경상, 충청, 전라, 경기 오도 감사 장문이 한날한시에 올랐으니, 다 길동을 잡아 함거에 실어 보내었는지라. 상이 더욱 진노(震怒)하사 함거를 인정전 뜰에 놓고 함거를 열고 길동을 잡아내니, 함거 속으로서 무수한 길동이 나오니 그 수가 백만이라. 청포운삼(青袍雲衫)에 선풍옥골(仙風玉骨)이라. 좌우에 갈라서서 성상을 향하여 왈,

"난신 길동은 팔도를 요란하여 탐람하는 군수 현령을 선참후계(先斬後戒)하여 이정진무도(以正鎭無道)[70]하나니, 국가를 요란히 굴을진대 한 번 손을 들이치는 날에 성상(聖上)인들 길동을 어찌하리오. 복망 성상은 옥체를 놀래지 마옵소서."

하며, 혹 흑운도 타고, 혹 백운도 타고 공중으로 올라앉았으니, 상이 더

70) 이정진무도(以正鎭無道): 올바른 것으로 무도함을 누른다는 의미인 것으로 보임.

욱 경동(驚動)하여 다만 길동을 살펴보실 따름일러라.

홀연 태사관 김청이 주왈,

"저 길동 등이 참 길동 아니요, 요술(妖術)한 허신(虛身)이라. 좌의정 홍모을 명패(命牌)하여 저의 자식을 잡으라 하오시면 그 실사를 자세히 알리이다."

상이 옳이 여기시고 일변 홍모를 명패하시니, 홍모 입궐(入闕) 봉명(奉命)하온대, 상이 하교(下敎)하사 왈,

"경은 자식을 분명히 알지라. 저 수다한 길동 중에 경의 자식을 잡아내이라."

하신대, 홍모 다시 주왈,

"신의 자식 길동은 좌편 다리 붉은 긔무[71] 용(龍)의 비늘 같은 것이 칠 점이 있사오니, 그를 상고(詳考)하면 자연 알리이다."

상이 그렇게 여겨,

"빨리 잡아들려 수검(搜檢)하여 보라."

하신대, 홍의정(洪議政)이 물러나와 길동을 바라보고 왈,

"내 자식 길동은 빨리 나와 나를 보라."

한대, 무수한 길동이 홍의정을 보고 다 나와 절하여 왈,

"부친님은 기체(氣體) 안녕하시니까?" 27

하거늘, 홍의정 왈,

"내 자식은 좌편 다리에 흑자(黑子) 칠 점이 있으니 칠 자 있는 자는 길동이라."

하니, 수다(數多) 길동이 홍의정 말을 듣고 일시에 다리를 부르걷고 뵈이니 개개 칠 점이 있는지라. 홍의정이 할 수 없어 성상께 주왈,

"신의 역자(逆子)를 사핵(查覈)할 수 없사오니 황공대죄(惶恐待罪)하나이다."

---

71) 긔무: 기 . 기미. 흠. 점.

상이 진노하사 길동을 보시고 왈,

"너희 등은 물러가 임의로 하라."

하시고, 금부도사(禁府都事)을 명하여 다 물려 보내라 하시니, 모든 길동 등이 다 나올새 종일토록 나오더니, 그제야 참 길동이 다시 궐내에 들어가 봉명사배(奉命四拜)하고 슬피 통곡하여 왈,

"신의 아비 대대로 국은을 입사왔거늘 신이 어찌 나라를 져버리리까? 신의 몸이 천비에 나와 아비를 아비라 못하옵고 형을 형이라 못하와, 제 몸이 천대를 받사오매 여의주 없는 용이요 날개 부러진 난봉(鸞鳳)이라. 어찌 장부의 근력(筋力)을 굴(屈)하여 속절없이 규중(閨中)에서 늙으리까? 그러므로 한 번 재주를 시험코자하와 천하 의사를 모아 해인사의 재물을 탈취하옵기는 계교를 시험함이요, 각 읍 각 관을 치고 군기(軍器)를 탈취하기도 신의 형세 더 위략(偉略)을 자랑함이요, 전상(殿上)의 시키신 어위대장 이흡이 속이옴도 재주를 뵈옴이요, 또 신이 복중(腹中)에 사서삼경(四書三經)과 병가칠서(兵家七書)[72]와 음양조화며 경천위지지재(經天緯地之才)[73]를 간직하였사오니 어찌 천지간에 속절없이 춘광(春光)을 보내오리까. 복걸(伏乞) 성상은 병조판서 삼년만 제수하시면, 남의 천대를 면하옵고 진충갈력(盡忠竭力)하여 봉익(鳳翼)[74]을 받들리다."

상이 길동의 주사(奏事)를 들으시고 탄식하여 왈,

"난세지영웅(亂世之英雄)이로다. 어찌 쓰지 아니하리오."

즉시 공부상서(工部尙書)를 명하여 홍길동으로 홍문옥당(弘文玉堂)[75]을 허(許)하시고 병조판서를 제수하니, 후사(後事) 어찌된고? 하문

---

72) 병가칠서(兵家七書): 무경칠서(武經七書). 병법에 관한 책 일곱 가지. 『육도(六韜)』, 『손자(孫子)』, 『오자(吳子)』, 『사마법(司馬法)』, 『삼략(三略)』, 『울요자(尉繚子)』, 『이위공문대(李衛公問對)』.

73) 경천위지지재(經天緯地之才): 세상을 잘 다스릴 수 있는 재주.

74) 봉익(鳳翼): 봉황의 날개. 여기서는 임금을 말함.

75) 홍문옥당(弘文玉堂): 홍문은 홍문관을 말하는 것으로 보임. 옥당도 홍문관을 말하

(下文)을 볼지어다.

각설. 길동이 사은숙배(謝恩肅拜)하고 집으로 돌아오니 옛날 보던 물색이 의구(依舊)하여 반기는 듯한지라. 바로 내당에 들어가 대부인께 재배하여 뵈인대, 대부인이 길동의 손을 잡고 눈물을 흘려 왈,

“네 한 번 집을 떠나매 종적을 전혀 몰라 매양 마음이 슬프더니 홀연
너를 다시 보니 이제 죽어도 한이 없도다.” 28

하시며 길동을 어루만져 반기니, 길동이 또한 모친 계신 침방에 들어가 재배하여 뵈인대, 모친이, 춘섬이 또한 길동이를 안고 반겨 왈,

“내 너를 보낸 후로 음식을 먹지 못하고 일시도 잊지 못하여 매일 슬퍼하더니, 오늘 너를 다시 보니 이제 죽어도 무한이로다.”

하며 반기더니, 이때 대감 입궐하였다가 집으로 돌아와 부인을 보시고 희색이 만안(滿顏)하여 왈,

“옛말에 일렀으되 범의 새끼 개 되지 않는단 말은 들었으되, 오늘날 이리 기쁘고 다행하온 것이, 성상이 길동으로 병조판서를 제수하시니, 옥당금패(玉堂金牌)를 어필(御筆)로 써주시니, 이런 황공한 일이 어디 있으리오.”

길동을 청하여 손을 잡고 대찬(大讚) 왈,

“미재(美材)라. 영웅이 천하의 기남자(奇男子)로다. 십 세 아동으로서 판서 옥의(玉衣)를 오르니 사람의 환복(宦福)을 가히 알리로다.”

하시고, 주찬(酒饌)을 내어와 술을 마시며 길동을 앞에 앉히우고 즐기더니, 홀연 청기(青旗) 한 쌍이 들어와 병조판서 교지(敎旨)를 드리거늘, 길동이 분향사배(焚香四拜)한 후에 교지를 받아 사당에 고축(告祝)한 후, 조복(朝服)을 벗고[76] 궐내에 들어가 봉명사배(奉命四拜)하온대, 상

는 것이므로 여기서 ‘홍문옥당’이라고 한 것은 홍문관을 말하는 것임. 홍문관의 벼슬은 청요직(淸要職)의 상징으로 조선 정치에서 중요한 자리였음.

76) 벗고: ‘입고’의 잘못으로 보임.

이 불러 앉히고 어주(御酒) 삼배(三盃)를 사급(賜給)하시고 병조 인수(印綬)를 채우시고, 길동의 생모(生母) 숙렬부인(淑烈夫人) 직첩을 내리오니, 억만 장안 백성이 칭찬하여 왈, 아들을 낳을진대 홍길동 같기를 원하며 일컫는 소리 장안이 소동하매, 옥당거족(玉堂巨族)과 홍문귀객(弘文貴客)이 다 나와 경하(慶賀) 분분하니 그 영화 비할 데 없더라.

이때에 초향이 길동 보기를 두려워 감히 나오지 못하니, 판서[77] 그 실상을 짐작하고 초향의 방에 들어가 초향을 보고 절하여 왈,

"복망 모친은 병조판서의 절을 받으소서."

하니, 초향이 부끄러워 왈,

"내 또한 판서의 절 받음이 불안하도다."

하고, 수색(羞色)이 참괴(慙愧)한지라. 판서 왈,

"나의 몸이 이렇듯 귀히 됨은 모친의 덕이라. 그렇지 않았사오면 금의환향을 하오며, 병조판서를 하였으리까?"

29 하고 ○○○ 위로하니, 초향이 또한 대답지 못하더라.

각설. 병조○○ ○○을 다하여 국정을 받드니 이러구러 세월이 여류하여 칠 년이 되었더니, 판서 전정(前程)을 마련하고, 즉시 상서(上書)를 올려 본직(本職)을 하직하고 전리(田里)에 돌아감을 청한대, 상이 보시고 병조판서를 명패(命牌)하여 왈,

"경은 무슨 일로 본직을 사양하느뇨?"

판서 부복(俯伏) 주왈,

"신이 외람한 마음으로 조선을 떠나려 하오리까마는, 조선은 본래 땅이 작사온지라. 신이 나라를 버리지 못하올지라. 그러하온 고로 성상께 하직하옵고 천리 강남국(江南國)으로 가려하오니, 성상은 백미 삼백 석만 한강으로 장선(裝船)하여 주시면 군량을 삼아 대사를 이루려 하옵나니, 복궐 성상은 허급(許給)하심을 바라나이다."

77) 판서: 홍길동이 병조판서이므로 길동을 지칭하는 말.

하였거늘, 상이 들으시고 대경하여 홍판서를 불러 왈,

"경(卿)을 과인의 고굉(股肱)을 삼아 사직(社稷)을 받들고자 하였더니, 이제 경이 본국을 떠나려 하니 과인이 슬프도다."

하시거늘, 판서 다시 주왈,

"신이 용봉(龍逢) 비간(比干)[78]의 충절을 본받아 성상을 길이 모시려 하였삽더니, 신이 이미 마음을 정하였사오니 복걸(伏乞) 성상은 다시 막지 말으소서."

하매, 상이 불열(不悅)하시나 마지못하여 이은하시니,[79] 판서 집으로 나와 부친께 전정(前程) 대사를 아뢰고 길을 떠나려 하니, 대감이 또한 슬퍼하여 왈,

"내 너를 믿고 종신(終身)하려 하였더니 너 이제 만리타국을 가려하느뇨? 연(然)이나 대사를 경영(經營)하는 일이라. 내 어찌 막으리오."

하시고 황금 오천 냥을 주어 왈,

"노비(路費)를 보태라."

하시니, 판서 인하여 양위(兩位) 부인께 하직을 고한대, 부인이 또한 눈물을 흘리며 떠나는 정회를 이루 측량치 못할러라. 판서 형장(兄長)께 하직하고 초향에게 또한 떠남을 고한 후에 집을 떠나 바로 한강에 이르니, 과연 백미 삼백 석을 장선하였는지라. 선창(船倉)에 들어가 일봉서간(一封書簡)을 써 풍백(風伯)을 주며 왈,

"활빈당에 나아가 서간을 전하라."

하니, 풍백이 청령(聽令)하고 공중으로 나아가 활빈당에 이르러 서간을 30
전하니, 활빈당 제적이 홍원수 소식을 고대할 차 원수의 서찰이 왔는지라. 제적이 대희하여 서찰을 보니 하였으되,

---

78) 용봉(龍逢) 비간(比干): 두 사람 모두 중국 고대의 충신.

79) 이은하시니: 미상. 허락한다는 의미임.

> 병조판서 홍길동은 활빈당 모든 의사(義士)에게 글을 부치나니, 강남을 치려하고 계교를 정하였으니 모든 의사는 군기(軍器)를 총독(總督)하여 가지고 한강으로 대령하라.

하였거늘, 활빈당 제적이 홍원수의 기별을 듣고 인하여 군기를 총독하여 한강으로 돌아오니, 길동이 대희하여 활빈당 삼백 명을 배에 싣고 강남으로 행할새, 일변 금범(錦帆)을 높이 달고 수로(水路) 만리를 행할새, 물결은 잔잔하고 천무열풍(天無烈風)[80]하매 팔 일만에 안남국(安南國)을 왔는지라. 해변에 배를 대이고 분부하여 왈,

"제사(諸士)는 아직 이곳에 머물러 있으라. 내 강남 지경을 살피고 올 것이니 있으라."

하고, 홀로 행하며 안남국 천촉 상상봉(上上峰)에 올라가 국형(局形)을 살펴보니, 옥야천리(沃野千里)에 천부지토(天府之土) 지피상[81] 대해에 산천이 나열하여 안남국을 이뤘으니, 팔순[82] 일지맥(一支脈)이 동남으로 떨어져 천리(千里) 행룡(行龍)하여 백두산(白頭山)이 생겼으며, 또 한 일지맥이 일떠 와 조선국이 생겼고, 또 한 일지맥이 만리(萬里) 행룡(行龍)하여 북경(北京) 대명부(大明府) 되었으며, 또 한 가지는 중흥(中興)하여 안남국이 되었는지라. 길동이 산기(山氣)을 탐하여 천촉산 상봉에 올라가니, 일대 기봉(奇峯)이 기운을 내어 일장지지(一場之地) 생겼으니, 좌우의 만첩청산이 사모(紗帽) 쓴 듯 벌여있고, 문필봉(文筆峰)이 좌우에 벌였으며 장군대(將軍臺)를 응하였으니, 구강왕 경포대로 동화 수구(水口)[83]를 막았으니, 층암절벽이 병풍(屛風)을 둘렀으니, 한 가운데 일

---

80) 천무열풍(天無烈風): 하늘에는 거센 바람이 없음.

81) 지피상: 미상.

82) 팔순: 미상. '곤륜(崑崙)'의 잘못으로 보임.

83) 구강왕 경포대로 동화 수구(水口): 미상. 수구는 풍수지리에서 물이 흘러드는 가장 좋은 자리.

장지지(一場之地) 생겼으니 천하대지(天下大地)라. 길동이 일어서서 춤추어 왈,

"이곳은 부친 백세후(百歲後) 신후지지(身後之地)[84]라."

하고, 포산[85] 같은 바위를 안아다가 그 땅에 놓아 타인이 보지 못하게
하고 내려오더니, 점점 산하에 이르러 그 앞에 큰 집을 지었으니, 장원 31
(莊園)이 십리(十里)를 연접(連接)하고 수천 간 와가(瓦家)을 지었으니, 본래 이 집은 백룡(白龍)의 집이라. 가계(家計) 현하(縣下)에 제일 부(富)요, 금은 보물이 불가승수(不可勝數)요, 산호잠(珊瑚簪)이 수백 속(束)이요, 우일낭[86] 진주(眞珠)가 수백 석(石)이라. 옛날 석숭(石崇)이라도 이에서 더치 못할러라. 백룡이 한 딸을 두었으니, 유한지덕(幽閑之德)[87]과 요조지색(窈窕之色)[88]이 천하의 제일이라. 이러므로 백룡 부부가 사랑하여 왕기지상(王氣之象) 가진 사람을 만나면 배필을 삼고자 하더라. 백룡의 여자 홀연 간 곳이 없는지라. 백룡 부처 방황실색(彷徨失色)하여 사처(四處)로 간 곳을 탐지하되 소식을 알지 못하여 주야로 통곡하더라.

각설. 길동이 산기(山氣)를 탐(探)하고 나려오다가 석각암상(石角巖上)에 올라앉았더니, 홀연 흉악한 사람이 등에 일색 미인을 지고 올라와 굴복하여 주왈,

"소장(小將)은 안남국 옥화산에 있삽더니, 소장이 간밤에 천문을 보오니 조선국 병조판서 홍원수 이곳에 왕림하여 안남국 왕 할 기상 있삽기로 왕비 할 처자를 모셔왔나이다."

하고 일색 미인을 내려놓으니, 샛별 같은 추파(秋波)와 단순호치(丹脣皓齒)며 세류(細柳) 같은 가는 허리는 일지춘풍(一枝春風)에 모란(牡丹)꽃

---

84) 신후지지(身後之地): 살아 있을 때 미리 잡아두는 뫼자리.

85) 포산: 미상. 큰 바위를 말하는 것임.

86) 우일낭: 미상.

87) 유한지덕(幽閑之德): 인품이 조용하고 그윽한 여자의 덕.

88) 요조지색(窈窕之色): 여자의 얌전하고 정숙함.

이 휘이는 듯, 요요정정(夭夭貞靜)[89]한 태도는 추천명월(秋天明月)이 벽공에 걸렸는 듯한지라. 길동이 한 번 바라보매 온화한 기질이 강남의 제일 절색이라. 마음에 흠탄(欽歎)할러라.

소저(小姐) 천만 뜻밖에 풍운벽력에 잡혀와 정신을 버렸더니, 홀연 추파를 들어 살펴보니, 한 사람이 몸에 청포옥대를 띠고 석각상(石角上)에 좌정(坐定)하였으니, 천하영웅준걸이요, 양미간(兩眉間)에 강산정기(江山精氣)를 인하였으니[90] 강남왕을 불원(不遠)에 할 기상을 가졌는지라. 소저가 마음에 탄복하고 앉았더니, 길동의 기상을 보니, 입은 단사(丹砂)를 찍은 듯하고, 신장이 일장(一丈) 삼척(三尺)이요, 곰의 등에 이리 허리요, 만부부당지용(萬夫不當之勇) 가졌는지라.

길동이 나아가 그 장수의 손을 잡고 문왈,

32 "그대의 성명은 뉘라 하며, 나를 위하여 전정대사(前程大事)를 마련하여 주느뇨?"

기인(其人)이 주왈,

"소장의 이름은 울장이요, 산중에 몸을 감추어 천시(天時)를 대(待)하옵더니, 간밤에 천문을 보온 즉, 장군이 좌정하옵신 줄을 알고 왕비를 모셔왔나이다. 이제 강남을 치실진대 소장으로 선봉을 정하여 강남국을 불과 순일지내(旬日之內)에 얻사오리다. 강남국은 불통무지지(不通無之地)[91]요 산천이 험악하여 졸연(猝然)히 얻지 못하리다."

길동이 이 말을 듣고 대열(大悅)하여 소저를 울장에게 업히우고 포구(浦口) 선중(船中)으로 돌아오니, 활빈당 제인이 다 나와 영접하는지라. 길동이 제인을 명하여 울장에게 차례로 뵈인 후에 음식을 찬란히 차려 울장을 관대(款待)하고, 술을 내어와 즐길새, 울장이 왈,

---

89) 요요정정(夭夭貞靜): 용모가 아름답고 마음이 올바름.

90) 인하였으니: '장(藏)하였으니'의 잘못으로 보임.

91) 불통무지지(不通無之地): 무불통지지(無不通之地). 통하지 않는 곳이 없는 땅.

"이제 강남(江南)을 치려하오면 백룡의 재물을 얻어야 군량과 병기를 준비하며 양초(糧草) 유여(裕餘)하리니, 빨리 소저를 옥교(玉轎)에 모시고."[92]

홍원수는 청려를 타고, 울장은 금안백마(金鞍白馬)를 타고 백룡의 집에 나아가니, 이때에 백룡 부처 소저(小姐)를 잃고 식음을 전폐하고 주야 통곡하더니, 일일은 시비 들어와 고왈,

"난데없는 일행이 옥교를 옹위하여 들어오나이다."

하거늘, 백룡 부처 대경하여 중문 밖에 나가보니 과연 허다 일행이 들어오는지라. 백룡이 괴히 여겨 일행을 맞더니, 문득 옥교를 메이고 들어와 교자(轎子)문을 열고 소저를 인도하여 방중에 들매 완연히 월패 소저라. 백룡 부처 여취여광(如醉如狂)하여 소저를 붙들고 통곡 왈,

"네 어디를 갔다가 일행을 데리고 왔느냐."

소저 울장의 전후수말(前後首末)을 갖춰 고한대, 백룡이 이 말을 듣고
대경대희(大驚大喜)하여 외당에 나아가 양인을 위로하여 상석에 앉히고
주찬을 내어와 양인을 관대(款待)한 후에 길동을 살펴보니, 청포옥대에
기상이 활여(豁如)하고 양미간에 금수강산 정기를 가졌으니 진실로 왕
할 기상을 가졌는지라. 백룡이 대희하여 우양(牛羊)을 많이 잡고 음식을
많이 준비하여 설연(設宴)할새, 택일(擇日)하여 길례(吉禮)를 지낼새, 칠 33
보화관(七寶花冠)에 명라[93]를 걸었으니 녹의홍상(綠衣紅裳) 패옥(佩玉)
소리 쟁연(錚然)하고, 봉미[94] 홍안(紅顔)에 홍원수를 맞아 교배석(交拜
席)에 나아가 홍사(紅絲)로 인연을 맺은 후에 등촉(燈燭)을 물리고 양인
이 취침할새, 원앙(鴛鴦)이 녹수(綠水)에 노님 같더라.

길동이 백룡의 집에 있어 군법과 육도삼략(六韜三略)을 숭상하더니,

---

92) 내용이 빠지거나, 자연스럽게 연결시키지 못했음.

93) 명라: 댕기를 말하는 것으로 보임.

94) 봉미: 아미(蛾眉)의 잘못으로 보임.

이때는 춘삼월 망간(望間)이라. 월색이 명랑하고 금천수색이 답청을 띠어 황양을 노래하니[95] 원객(遠客)의 수심(愁心)을 돋우는지라. 홀로 난간에 의지하여 월색을 바라보니, 홀연 건상(乾象)을 바라보니, 부친의 직성(直星)[96]이 희미하여 광채 명랑치 못한지라. 정히 자탄할 즈음에 부친의 직성 별이 조선국에 떨어지는지라. 침방에 들어와 주역을 내어 한 괘를 점복(占卜)하니 부친의 상사(喪事)를 당하였는지라. 부부 이에 발상(發喪)하고 통곡하니, 백룡이 문왈,

"부친의 연고를 어찌 아느뇨?"

길동이 대왈,

"작야(昨夜)에 천문을 보니 부친의 연고를 당하였사오니, 이제는 이곳으로 행상(行喪)하여, 장지를 이미 정하였사오니 모시리라."

한대, 백룡이 왈,

"수로로 만리에 어찌 행상을 하리오?"

한대, 길동이 왈,

"천하 영웅이 이곳에 모였사오니 어찌 행상을 염려하리오."

하고, 울장으로 더불어 상의 왈,

"이제 부친의 행상을 모시려하나니 장군은 무슨 재주로 행상을 편안히 모시리까?"

한대, 울장이 대왈,

"일장(一場) 서기(瑞氣)를 타고 공중에 다녀올만하오니 공중에 다리를 만들고 신병(神兵)으로 행상을 모셔오게 하리다."

길동이 대희하여 풍백을 불러 울장과 한가지로 보내니라.

각설. 울장이 일장 서기로 구름다리를 만들어 조선국 장안에 뻗치고 울장이 신병을 몰아 운구(運柩)하여 나오니라.

---

95) 금천수색이 답청을 띠어 황양을 노래하니: 미상.

96) 직성(直星): 사람의 나이에 따라 그 운명을 맡고 있는 별.

각설. 홍의정이 연만(年晩) 칠순에 병을 들어 백약이 무효하여 장차 살지 못할 줄을 알고, 향수(香水)를 내어 목욕 감고 장자 홍영을 불러 왈,

"내 이제 황천으로 돌아가니 어찌 섧지 아니하리오. 차자 길동을 보 34
지 못하고 죽으니 이것이 유한(遺恨)이로다. 후일에 길동이 반드시 귀히
되어 우리 문호를 빛내리니 장후(葬後)부터 길동을 홀대치 말라."

하시고, 부인을 불러 앉히고 왈,

"부인은 슬퍼 말고 가중을 보호하여 길동의 영화를 누리라."

하시고 상(床)에 누워 세상을 버리시니, 거가(擧家) 호통(號痛)하여 곡성(哭聲)이 진동하더라.

홍영이 그 부친을 대렴입관(大殮入棺)[97]하여 성복(成服)을 지낸 후, 택일하여 선산으로 행상(行喪)하여 나갈새, 삼척(三尺) 명정(銘旌)은 반공에 표불(飄拂)하여 동화문 밖에 나와 선영으로 행하여 나아가더니, 차시에 울장이 신병을 공중에 둔취(屯聚)하였다가 홍의정의 행상이 나옴을 보고, 신병을 명하여 일진광풍을 내리어 비사주석(飛砂走石)하여 홍의정의 상구(喪柩)를 앗아가지고, 일장 서기에 올라 신병이 상구를 메이고 백운 속으로 행하여 가니, 신병의 발소리 공중에서 지저귀고 붉은 명정은 백운에 표표(飄飄)하고,[98] 솔발[99] 소리만 구름 속에서 들리더라. 이때에 울장이 풍백으로 하여금 상제(喪制) 홍영을 풍진에 싸 올려 행상 뒤에 세우고 강남국으로 돌아갈새, 이때 장안 호객(護客)[100]이며 상두꾼이 정히 행상을 극진히 모시더니, 문득 일진광풍이 일며 천지를 혼암(昏暗)하매 능히 행치 못하여 잠깐 정구(停柩)하였더니, 이윽고 날이 청명하며 공중에서 행상하는 소리 들리거늘, 허다 호객이며 무수한 상두꾼이

---

97) 대렴입관(大斂入棺): 시신에 옷을 입히고, 관에 넣음. 원문은 '병렴입관'임.

98) 표표(飄飄)하고: 원문은 '퍼불'인데, '표표'의 잘못으로 보임.

99) 솔발: 종 모양의 방울.

100) 호객(護客): 호상객(護喪客).

공중을 바라보니, 백운 속으로서 해가 정히 완연히 나며 행상하여 가는지라. 만도(滿都) 제객이 다 대경하여 왈,

"홍의정의 행상이 옥황상경(玉皇上京)으로 가져간다."

하더라.

차시에 울장이 행상을 모셔 천촉산으로 행하여 갈새, 길동이 부친의
행상이 옴을 보고 활빈당 제인을 거느려 천촉산에 막(幕)을 치고 행상을
35 맞을새, 울장이 천촉산에 이르러 정구(停柩)하니, 길동의 부처 나와 상구
앞에 엎디어 대성통곡하더니, 이때에 홍영이 부친 행상을 모셔오다가 홀
연 광풍이 일어나며 상구 공중으로 올라감을 보고 여취여광(如醉如狂)
하여 아무리 할 줄을 모르더니, 마침 정구하고 곡성 소리 나는지라. 홍
영이 정신을 수습하여 사면을 살펴보니, 사제(舍弟) 길동이 정구 앞에
서 우는지라. 어린 듯 취한 듯 정신을 수습치 못하고 길동을 붙들고
통곡 왈,

"이것이 꿈이냐, 생시냐. 네 한 번 집을 떠나 강남으로 가매 소식을 몰랐더니, 너 어찌 부친의 기세하심을 알고 행상을 이곳으로 모셔왔느뇨?"

길동이 울음을 그치고 인하여 전후사연을 고한대, 홍영이 이 말을 듣고 대경대희하여 장례를 지낼새, 지중(地中)에서 오음육률(五音六律) 소리 진동하니 천하대지라. 오시(午時)에 하관하여 장례를 지내고 석물(石物)을 갈아 비석을 세워 직첩(職牒)을 쓰되, '조선국 규장각(奎章閣) 대광숭록대부(大匡崇祿大夫) 우의정(右議政) 홍공지묘(洪公之墓)'라 하였더라. 치산(治山)하기를 다하고 백룡의 집으로 돌아올새, 백룡이 우양을 많이 잡아 연석(宴席)을 등대하였거늘, 길동이 형장(兄長)을 모셔 들어와 상의할새, 홍영이 왈,

"이는 뉘라 하느뇨?"

길동이 대왈,

"소제(小弟)의 병장(兵將)이로소이다."

홍영이 이 말을 듣고 고쳐 일어 상례(相禮)한 후에 주찬(酒饌)을 나외여[101] 권하며, 월패 소저 소복단장(素服丹粧)으로 좌석에 나와 홍영께 예로 뵈인대, 홍영 제수지례(弟嫂之禮)로서 상읍(相揖)하고, 눈을 들어 보니 오복(五福)이 겸전(兼全)하고 대인의 덕을 가졌는지라. 마음에 탄복함을 마지아니하더라.

길동이 형장께 고왈,

"본국 계신 대부인께서 이러한 줄은 모르시고 염려하실지니, 형장은 빨리 행하여 모친의 염려를 덜으소서. 소제는 대사(大事)를 정한 후에야 모친과 형장을 모시리다."

홍영 왈,

"수로로 만리를 가기가 난감하다."

길동 왈,

"형장은 염려 마소서."

하고, 울장을 명하여 형장을 모시고 가라 하니, 울장이 길을 떠날새, 일
장 서기를 조선국 땅 뻗치고 홍영을 인도할새, 홍영[102]이 활빈당 제인을 36
이별하고 울장의 등에 업히어 운교(雲橋)로 행할새, 떠난 지 일삼각(一三刻)에 조선국 삼각산에 내려놓고 하직하여 왈,

"소장이 삼년을 지낸 후에 대사를 정하고 다시 나와 모시리다."

하고, 홀연 가는 바를 알지 못할러라. 홍영이 차탄하여 왈,

"사람의 조화를 이루 측량치 못하리로다."

하고, 집으로 돌아와 부인을 뵈옵고 길동의 전후사연을 세세히 고한대, 부인이 이 말을 듣고 길동을 대찬하여 왈,

"삼년을 기다리라."

하더라.

---

101) 나외다: 다시. 거듭하다.

102) 홍영: 원문은 '백룡'이나 잘못임.

각설. 길동이 백룡의 집에 있어 삼년초토(三年草土)를 지내고, 울장으로 하여금 군기(軍器)를 다스려 갑병(甲兵)을 만들어 군량이 유여(裕餘)하고, 창검궁지물(槍劍弓之物)의 그 수를 알지 못할러라. 울장이 길동더러 왈,

"지금에 군량과 병기 유여하오나 다만 원수(元首)의 융복(戎服)이 없사온지라. 천상(天上) 벽력검(霹靂劍)과 용궁에 있는 일월(日月) 갑옷과 북해 용종말[103]을 얻어야 강남국을 파하리니, 이제 장군은 나아가 천상 벽력검을 가져오소서. 장군이 아니 가시면 가히 가져오지 못하리다. 소장은 서해 용궁에 들어가 일월갑을 가져오리다."

하니, 길동이 대왈,

"어찌 천궁(天宮)에 올라가 벽력검을 가져오리오?"

울장이 대왈,

"장군이 이제 금원산 태극선생을 찾아가 이 일을 말하고 그 선생의 서찰을 맡아 가지고 옥황궁(玉皇宮)에 올라가 태극성(太極星)에게 부치면 벽력검을 가져오리다."

길동이 이 말을 듣고 즉시 떠나 금원산으로 나아갈새, 전도(前途) 팔천리에 일일(一日) 만에 금고동에 이르니, 산천이 수려하고 경개(景槪) 절승하여 층암(層巖) 기봉(奇峰)이 운소(雲霄)에 솟았으며 채운이 둘렀는데, 기화요초 만발하여 화향(花香)이 습의(襲衣)하고, 녹죽청송은 울울하여 사시장춘(四時長春)을 서 있으며, 천란백학(千鸞百鶴)이 쌍쌍 왕래하며, 앵무 공작은 운림간(雲林間)에 넘노는데, 암혈(巖穴)의 잔나비 휘파람 소리요, 구름 아래는 미록(麋鹿)이 탁탁(濯濯)하고,[104] 암하(巖下)
37 에는 호랑이 꿈 꾸니, 진실로 별유천지(別有天地)요 비인간(非人間)이라. 길동이 점점 들어가니 채운이 일간(一間) 초당을 둘렀는지라. 길동이

103) 용종말: 용종마(龍種馬). 서역(西域)에서 나는 훌륭한 말.

104) 미록(麋鹿)이 탁탁(濯濯)하고: 고라니와 사슴이 살찌고.

화초를 헤치고 들어가니 청의동자 손에 비를 들고 낙화(落花)를 쓸더니 길동을 보고 왈,

"조선국 병조판서는 무슨 일로 선간(仙間)을 범(犯)하였느뇨?"

길동이 대경하여 왈,

"동자 어찌 나를 아느뇨?"

동자 대왈,

"소동(小童)이 어찌 알리까마는, 선생이 분부하시기로 오늘날 조선국 병조판서 홍모가 선경(仙境) 범하리라 하시기로 문(門)에 대(待)하였나이다."

길동이 문왈,

"선생이 초당에 계시뇨?"

동자 대왈,

"선생이 낮잠을 들어 계시니 잠깐 머물러 부르는 명(命)을 대(待)하소서."

하거늘, 길동이 문 밖에 섰더니 홀연 동자 나와 청하거늘, 길동이 동자를 따라 초당에 들어가니, 삼층 화계(花階)에 기화요초 만발하고 분벽사창(粉壁紗窓)[105]이 조요(照耀)한지라. 길동이 들어가 선생께 뵈온대, 선생이 문왈,

"그대 강남을 치려하고 벽력검을 얻으러 옴이 아니냐. 진실로 무례하도다. 벽력검은 본시 옥황상제 향안전[106]에 있는 보배라. 어찌 얻어 오리오."

길동이 꿇어 재배하여 왈,

"소인이 조선국 홍모의 자식이옵더니, 이제 강남을 치려하오매 장수

---

105) 분벽사창(粉壁紗窓): 흰 벽과 비단을 바른 창문. 아름다운 방의 묘사한 말.

106) 향안전: 일반적으로 향안(香案)의 앞이라는 의미이나, 여기서는 전각의 이름으로 썼음.

의 의갑(衣甲)이 없는 고로 이에 와 선생 전에 배알하옵나니, 복망 선생은 벽력검을 가져가게 하옵소서."

하며 애걸한대, 선생이 답왈,

"내 이 산중에 와 몸을 감추어 있는 지 겨우 팔백 년이라. 내 다만 고사리와 송엽(松葉)이나 가지고 삼순구식(三旬九食)[107]하는 사람이라. 어찌 내 이름이 세상에 나갔으리오. 이 반드시 옛글을 보고 찾아 왔도다."

길동이 다시 재배 왈,

"소생(小生)이 선생의 도덕을 듣고 불원천리(不遠千里)하옵고 나와 배알하옵나니, 복걸(伏乞) 선생은 소생의 구하는 뜻을 이루어 주옵소서."

선생이 침음양구(沈吟良久)에 길동더러 왈,

"네 소원을 듣지 아니하면 안남국 왕이 되지 못할지라."

하고, 차(茶)를 내어 길동을 먹인 후 필연(筆硯)을 내어 일봉서간(一封書簡)을 닦아 주며 왈,

"이 서간을 가지고 천궁에 올라가 태상노군(太上老君)을 보인 후 서
38 간을 드리면 벽력검을 가져오리라."

하더니, 길동의 가슴에 바람 풍(風)자를 쓰고, 등에는 구름 운(雲)자 쓴 후에 선생이 소매 속으로서 청수건(靑手巾) 일폭을 내어 방중에 펼쳐놓고 그 위에 길동을 앉히고 홍선(紅扇)으로 한 번 부치니, 그 수건이 화하여 구름이 되어 길동을 태우고 공중으로 올라가니, 백운 속에 옥황궁(玉皇宮)을 지었는데, 산호(珊瑚) 기둥에 호박(琥珀) 주추를 받쳤으며, 보덕문 좌우에 수정검(水晶劍)을 걸었으며, 주열(柱列) 끝에 야광주(夜光珠)를 달았으며, 밤낮이 일반이라. 또한 기둥에 오색 사자(獅子)를 매었으며, 북해(北海) 용종(龍種)을 꾸몄으며, 금안옥창(金案玉窓) 하(下)에는 장생불사하는 고기와 오색실로 추천(鞦韆) 줄을 매었으며, 사해 용왕과 무수한 선관이 청란(靑鸞)도 타며 흑백 학(鶴)도 타고 조회(朝會)하며,

107) 삼순구식(三旬九食): 한 달에 아홉 번만 밥을 먹음.

녹의홍상(綠衣紅裳)한 선녀 쌍쌍이 금반(金盤)에 천년반도(千年蟠桃)를 담아 옥황전(玉皇前)에 진상하고, 시시로 금종(金鐘) 옥경(玉磬)을 울리며 선관을 청입(請入)하니, 금관(金冠) 패옥(佩玉)한 선관이며 금의(錦衣) 옥절(玉節)한 선녀들이 국궁(鞠躬) 추진(趨進)하며 현알(現謁)하니,[108] 그 찬란함과 위엄이 씩씩하며 완연(宛然)한 옥황보전(玉皇寶殿)이라.

길동이 보덕문을 바라보니 인간 선악을 기록하였거늘, 길동이 보덕문 밖에서 태상노군(太上老君)을 찾더니, 홀연 일위 선관이 청삼옥포(青衫玉袍)를 입고 손에 옥홀(玉笏)을 쥐고 보덕문으로 나오거늘, 길동이 황공하여 장읍(長揖)하며 한 가에 섰더니, 그 선관이 나오다가 길동을 보고 문왈,

"너는 인간 천생(賤生)이라. 어찌하여 선궁(仙宮)에 올라왔느냐?"

길동이 재배하고 이에 대왈,

"선생의 서찰을 가지고 태상노군께 드리려 하옵고 외람히 선경을 범하였나이다."

그 선관이 이 말을 듣고 대경하며 왈,

"이는 태상노군이라."

하며, 무슨 서찰인지 내라 하며 재촉하니, 길동이 품속으로 서찰을 내어 올리니, 노군이 받아보매, 이는 태극선생의 서찰이라. 침음(沈吟) 반향(半晌)에,[109]

"그대 어찌 이 선생을 알아 이렇듯 중(重)한 서찰을 맡아 왔느뇨?"

길동이 재배하고 일어 전후 사정을 고한대, 노군이 왈,

"그대는 삼태성(三台星)이라. 어찌 벽력검을 못 가져가리오." 39

하고, 인하여 향안전에 들어가 전후수말을 주하여 왈,

---

108) 국궁(鞠躬) 추진(趨進)하며 현알(現謁)하니: 몸을 굽히고 빨리 나아가서 알현하니.

109) 침음(沈吟) 반향(半晌)에: 잠시 속으로 생각하다가.

"삼태성을 인간에 적강(謫降)하였삽더니, 태극선생의 서찰이 와 벽력검을 구하오니 어찌 하오리까?"
하신대, 상제(上帝) 하교 왈,

"천궁 기물을 어찌 인간에 보내리오."

노군이 다시 주왈,

"태극성의 서찰이 왔사오니 막지 못할까 하나이다."

상제 허하신대, 노군이 봉지(奉旨)하여 금전(金殿)을 열고 벽력검을 내어다가 길동을 주되, 길동이 받아보니, 검광(劍光)이 찬란하며 두우(斗牛) 정기를 장(藏)하고 칠성(七星)이 은은하며 조화무궁하며, 한 번 두루치면 뇌성벽력(雷聲霹靂)이 진동하니 진실로 천궁 보물이라. 길동이 태상노군께 은덕을 축수(祝手)하여 왈,

"소원을 이뤄주시니 은덕을 어찌 다 치하하오리까."

노군 왈,

"그대는 태극선생의 서찰이 아니더면 어찌 천상보물을 가져가리오."

길동이 고두재배(叩頭再拜)하온대, 태상노군이 왈,

"안남을 파한 후에 벽력검을 즉시 태극선생께 전하라. 세상에 그저 두지 못할지라."

길동이 인하여 하직하고 보덕문을 떠나 청건(靑巾)을 쓰고 은하수를 건너 채석강(采石江)으로 내려오니, 한 선관이 고래를 타고 머리에 점리관을 쓰고 술이 대취하여 풍월(風月)을 읊으니, 이는 이태백(李太白)일러라.

길동이 금계동에 내려와 태극선생께 뵈인대, 선생이 왈,

"네 갔던 일을 이루었느뇨?"

길동이 대왈, 선생의 서찰을 전하고 벽력검 가져온 일을 고한대,[110] 선생 왈,

---

110) 직접화법과 간접화법이 섞여 있음.

"네 이제 벽력검을 얻었으니 또한 일월갑(日月甲)을 얻으면 어찌 강남 파하기를 염려하리오. 빨리 나가라."

하거늘, 길동이 사례하고 인하여 하직하고 백룡의 집에 와 벽력검 얻은 수말을 고하고,[111] 발섭(跋涉)함을 위문하여 왈,

"장군이 가시기로 득의(得意)하여 계시도다."

길동이 벽력검을 내어놓으니, 울장이 보고 대희하여 왈,

"장군이 이제 벽력검을 가져왔사오니, 소장이 서해 용궁에 들어가 일월갑을 얻어오리다."

하고, 인하여 길동께 하직하고 동정호(洞庭湖) 칠백리를 지나 서해 오봉
산 용궁을 바라보니, 수궁 패궐(貝闕)이 웅장하여 산호 기둥에 호박 주
추를 받쳤으며, 유리 난간에 백옥(白玉) 섬을 쌓았으며, 좌우에 옥사(玉
絲)를 걸었으니 광채 찬란하여 사람의 정신을 놀래더라. 울장이 수부(水 40
府)에 들어가 수부 문신(門神)을 불러 왈,

"나는 강남국 홍원수 아장(亞將)이라. 너의 왕께 뵈옴을 청하나니, 여등(汝等)은 들어가 고하라."

하니, 수졸(守卒)이 들어가 고왈,

"세상에 있는 울장이라 하는 사람이 대왕께 뵈옴을 청하나이다."

용왕이 대로 왈,

"세상 인물이 임의로 수부를 출입하랴? 빨리 끌어내어 보내라."

하니, 좌우 수졸이 일시에 나와 울장을 등 밀어 내일새, 울장이 대로하여 왈,

"너희 왕이 이렇듯 무례할다? 너희 왕을 잡아다가 우리 원수(元帥) 노야(老爺)께 바쳐 분(憤)을 대(代)하리라."

하고, 인하여 좌우 수졸을 한 주먹으로 쳐 물리고, 일진광풍을 일으켜 뇌성벽력을 대발(大發)하여 용왕을 잡아 옆에 끼고 동정호 칠백리를 순

111) 내용이 빠진 것으로 보임.

식간에 날아와 소상강(瀟湘江) 죽림(竹林) 둔덕에 내려놓고, 철퇴 같은 주먹으로 용왕의 등을 쳐 가로되,

"네 나를 뉜 줄로 알고 들이지 아니하느뇨? 내 너를 잡아다가 우리 원수 노야께 바치고 무례한 죄를 물으리라."

무수 난타하여 왈,

"너는 본시 용왕이라 조화 많으리니, 하 실수하리니,[112] 내 네 비늘을 빼리라."

하고, 용왕을 타고 앉아 왼편 비늘을 빼니, 용왕이 울며 왈,

"이후는 다시 무례치 아니하고 장군의 소청을 순종하리다."

하며 애걸하여 살기를 원하거늘, 울장이 왈,

"너는 변신하는 술(術)이 있을 듯하니, 너는 몸을 변하여 본신(本身)을 나타내라."

한대, 용왕이 마지못하여 울장의 말을 순종하여 몸을 한 번 뒤치며 한 발 배암이 되는지라. 울장이 한 발로 배암의 허리를 디디고 머리와 꼬리를 잡아 허리에 둘러 띠고, 풍운에 올라 돌아오니, 원수 문왈,

"용궁에 들어가 일월갑을 가져왔느뇨?"

울장이 대왈,

"용왕이 무례하여 소장(小將)을 들이지 아니하기로 용왕을 잡아왔나이다."

길동이 대경하여 왈,

"용왕을 어찌 잡아왔느뇨?"

울장이 대왈,

"소장의 허리에 띠고 왔나이다."

41 하며 허리로서 한 발 배암을 놓으니, 홀연 한 노인이 되었는지라. 길동이 나아가 위로하여 왈,

---

112) 하 실수하리니: 미상.

"용왕이 어찌 거만하다가 나의 아장(亞將)에게 잡혀왔나이까?"
한대, 용왕이 이윽히 보다가 칭사(稱辭)하여 왈,

"삼태성 어찌 인간에 하강하여 계시니까? 과인이 장군의 보내시는 아장인줄 알았사오면 맞아들이지 않았사오리까?"
한대, 길동이 대왈,

"내 저 강남을 쳐 도모하기로 천궁에 올라가 벽력검을 가져오고, 일월갑이 동정(洞庭) 용왕에게 있다하기로 나의 아장을 보내었더니, 노왕(老王)이 이렇듯 되옴은 나의 과실이라. 이제 돌아가 일월갑을 보내면 노왕의 은덕을 어찌 잊사오리까."
하며 벽력검을 내어 놓으니, 용왕이 보고 대경 왈,

"이 검(劍)은 옥황상제 향안전에 있삽더니, 연전(年前) 춘(春)에 남해(南海) 장월이 반(叛)하여 노신이 옥황궁에 올라가 이 검을 가져다가 남해를 평정하였사오니, 어찌 일월갑을 보내지 아니하리오."
하고, 인하여 울장을 데리고 용궁에 돌아와 옥함(玉函)을 내어오니, 이는 일월갑을 넣는 함이라. 울장이 받아가지고 궐문에 나와 좌우를 바라보니, 원참군(黿參軍) 별주부(別主簿)며, 좌도독(左都督) 잉어, 우선봉(右先鋒) 농어며, 좌승상(左丞相) 가오리, 어두귀면지졸(魚頭鬼面之卒)[113]이 다 모였다가 울장을 보고 대로하여 가로되,

"네 놈이 우리 왕을 잡아가던 놈이냐?"
하고, 나졸을 호령하여 잡으라 하거늘, 울장이 대로하며 왈,

"원참군 별주부는 목이 길고 등이 넓으니 자라로다."
하고, 다 목을 주먹으로 치니 일시에 다 거꾸러지거늘, 이때에 용왕이 이 말을 듣고 대경하여 원참군을 청하여 왈,

"저 장수는 삼태성의 아장이라. 삼태성은 나와 동품(同品)이요, 가(可)

---

113) 어두귀면지졸(魚頭鬼面之卒): 물고기 머리에 귀신 낯짝을 한 졸개들. 어중이떠중이.

히 태만치 못할 것이요, 우리 수부로는 가히 당치 못할지니 너희 등은 거만치 말라."

하니, 참군, 주부 등이 이 말을 듣고 대경하여 나와 울장을 보고 사죄하여 왈,

"소인 등이 급하여[114] 수부(水府) 등(等)에 거(居)하와 인사를 알지 못하고 외람히 장군을 촉범(觸犯)하였사오니 죄를 사(赦)하여 주옵소서."

하거늘, 울장이 답왈,

42 "너희 등이 거만하면 수부를 평시에 죽치고[115] 가려하였더니, 너희 왕의 안면이 있는 고로 죄를 사하고 가노라."

하고, 인하여 일월갑을 가지고 돌아와 원수께 드린대, 원수 한번 보니 광채 찬란하고, 백화단(百花緞)에 홍금수(紅錦繡)를 놓았으니 일월갑이 되었더라. 광채 찬란하고 조화를 가졌는지라. 길동이 대열하여 울장의 공덕을 치하하고 장수의 복색을 준비하더니, 울장이 대열 왈,

"보검과 일월갑은 이미 얻었사오나 만리용종(萬里龍種)을 가져와야 하리니, 소장이 나가 용종을 가져오리다."

원수 문왈,

"북해 용종이 어디 있느뇨?"

울장이 대왈,

"강남국 소소산 용골대에게 있사오니, 한 번 나가 용종을 가져오리다."

하며, 인하여 하직하고 소소산에 나아가니, 만첩청산이 경개 절승한지라.

바로 용골대 집으로 들어가 뵈옴을 청한대, 용골대 인하여 하인을 명하여 영접하여, 들어가 공순이 절하고 앉으니, 용골대 답례하고 문왈,

---

114) 급하여: 미상. 잘못 들어간 것으로 보임.

115) 평시에 죽치고: 미상.

"그대는 어디 있으며, 성명은 뉘라 하느뇨?"

울장이 대왈,

"안남국 울새왕의 아장이옵더니, 우연이 이곳에 왔삽다가 대인의 위덕(威德)을 듣삽고 한 번 뵈옵고 가려하와 들어왔나이다."

용골대 부란함을[116] 칭찬하며 인하여 시녀를 명하여 주찬(酒饌)을 내다 권할새, 술이 두어 순배에 이르러 피차에 담화하더니, 홀연 천지진동하며 뇌성 같은 말 소리 나거늘, 울장이 거짓 놀래며,

"이 무슨 소리니까?"

용골대 대왈,

"내 수년 전에 우연히 북해산에 갔삽다가, 한 사람이 수풀로 나오는 말 새끼를 얻으매 사람을 많이 해하는 고로, 그 사람이 용력이 과인하여 붙들어 팔매 황금 오천 냥을 주고 사왔삽더니, 제 홍을 겨워 이렇듯 요란히 구는지라."

울장이 이 말을 듣고 대희 왈,

"북해 용종이라 하오니, 한 번 구경함을 청하나이다."

용골대 하인을 불러 말을 내오라 하니, 하인이 들어가 말을 솔질하여
금안(金鞍)을 지으며 황금 굴레를 씌워 내오니, 빛이 백설 같고, 눈광[眼 43
光]이 등화(燈火) 같고, 주홍 같은 입을 벌려 소리를 창창히 지르며 나오
니, 진실로 만리용종(萬里龍種)이라. 울장이 대희하여 왈,

"이 말이 하루 얼마나 행(行)하나이까?"

용골대 대왈,

"이 말을 사온 후로 소행(所行)을 알지 못하였으나, 이곳서 양경 초산이 일만오천 리라. 아침에 떠나오되 해 낮이 기울어지려는지라, 그 소행이 얼마나 가는지 알지 못하리로소이다."

울장이 왈,

---

116) 부란함을: 미상.

"그러할진대 용종이로다."

하고, 이어 왈,

"내 한 번 소행을 구경코자하오니 주인의 뜻이 어떠하니까?"

한대, 용골대 왈,

"만일 이 말 타고 소행을 보려다가는 그 가는 바를 알지 못할 거시니 그저 걸려 보라."

하니, 울장이 대희하여 그 말을 이끌고 걸리려 하다가 몸을 날려 말에 올라 채를 한 번 치니, 풍운이 이는 곳에 벌써 백룡의 집에 왔는지라.

길동이 보고 대희하여 왈,

"말을 얼마나 주고 사왔느뇨?"

울장이 대왈,

"말 값을 의논할진대 황금 일천 냥이 값이로소이다. 원수의 타실 말을 어찌 값을 의논하리오."

길동이 왈,

"이제는 일월갑과 만리용종을 얻었으니 이는 다 울장의 공이라."

하고, 일변 군사를 조련하여 우양을 많이 잡아 하늘께 천제(天祭)하고, 인하여 행군할새, 이때는 홍무년(洪武年)[117] 추팔월이라.

활빈당 제적(諸賊)으로 분(分)하여, 장익 장우 선봉(先鋒)을 정하고, 승위로 군량을 유인하게 하고, 인하여 행군하게 할새, 고각함성(鼓角喊聲)은 천지진동하며 기치검극(旗幟劍戟)은 일광을 가리우며, 북을 울려 군(軍)을 나오며 금(金)을 울려 군을 물리며, 경궁장창(勁弓長槍)은 찬바람이 늠름하고, 뫼봉 같은 기치(旗幟)와 바다 같은 갑옷은 일광을 희롱하며, 홍원수는 일월갑을 입고 만리용종을 타고 벽력검을 들었으며, 울장은 순금투구에 엄신갑(掩身甲)을 입고 흑총(黑驄)말을 타고, 활빈당 제인은 용봉(龍鳳)투구에 보신갑(保身甲)을 입고 백총(白驄)말을 타고,

117) 홍무년(洪武年): '홍무'는 명(明)나라 태조의 연호. 1368~1398년.

오색 기치는 방위를 안찰(按擦)하여 팔진(八陣)을 벌여 행군하니, 뇌고함
성(雷鼓喊聲) 천지진동하며 지나는 바의 각 읍 주관(州官)이 손을 묶어
항복하니, 서주 건천 오십여 성을 쳐 항복받고, 양광 무남 칠십여 성을 44
합병하매 위엄이 천지에 진동하더라. 인하여 어양 지경(地境)을 칠새, 양
주자사 도적의 형세 강함을 보고 나라에 장문하니, 안남왕이 장문을 보
고 대경하여 만조제신을 모아 상의 왈,

"난데없는 난적 동해부터 일어나 양광 칠십여 성을 쳐 앗고 지경을 범한다 하니 뉘 능히 나가 도적을 막으리오."

하니, 한 장사 내달아 출반주 왈,

"소장이 비록 재주가 없사오나 한 번 나가 도적을 생금(生擒)하여 성상의 근심을 덜리다."

하거늘, 모두 보니, 장군 호명철[118]이라. 안남왕이 대희하여 왈,

"경이 용맹과 지략이 겸전하니 빨리 나가 도적을 파하여 짐의 근심을 덜라."

한대, 호명철이 정병 팔십만을 총독하여 행할새, 채동으로 선봉장을 삼고 왕경희로 후봉장을 삼아 행할새, 안남국왕이 호명철로 대원수를 봉하여 용봉검(龍鳳劍)을 주어 왈,

"주부(主簿) 현관(顯官)이라도 위령자(違令者)는 선참후보(先斬後報)[119]하라."

하시고 대장 인수(印綬)와 옥부절(玉符節)을 주시니, 호원수 상장(上將) 인수를 받아 차고 삼군 호령하여 행군할새, 기치창검은 일광을 가리우고 뇌고함성은 천지진동하며, 호행(護行)하는 장수는 위엄을 자랑하고 행군하며 호령이 추상(秋霜) 같은지라. 행한 지 십일 만에 양주 지경에 이르러 적진을 대하여 결진(結陣)할새, 홍원수 안남국 병마 왔음을 보고 인

---

118) 호명철은 아래에서 호명덕, 호맹철 등으로 나타나는데, 모두 호명철로 통일함.
119) 선참후보(先斬後報): 선참후계(先斬後啓). 먼저 처형한 뒤에 임금에게 아룀.

하여 격서(檄書)를 보내니, 안남국 대장 호명철이 격서를 떼어보니, 격문에 하였으되,

> 활빈당 대원수 홍길동은 천하의 병을 모아 무도한 안남국을 치려하나니, 만일 순종하면 커니와 항거하면 죽기를 면치 못하리라.

하였더라.

호명철이 보기를 다하매 대로하여 격서를 찢어버리고 맹지철을 명하여 싸우라 하니, 맹지철이 말을 내몰아 싸움을 돋우되, 홍원수 활빈당 송길을 명하여 싸우라 하니, 송길이 백포운갑(白袍雲甲)에 청총(青驄)말 타고 진전(陣前)에 나와 크게 외쳐 왈,

"너희는 무슨 재주가 있관대 명을 순종치 아니하고 방자히 나와 싸우고자 하느뇨?"

하며 맹지철로 서로 맞아 싸울새, 장창(長槍)을 취하여 맞아 좌충우돌하
45 니, 송길이 대로하여 쌍봉검(雙鳳劍)으로 맹지철의 장창을 맞아 피차에 재주를 비양(飛揚)하며 수십여 합을 싸우더니, 승부 없음을 보고 철퇴로 송길의 투구를 쳐 마하(馬下)에 내려치며 칠척(七尺) 장창으로 송길을 찌르니, 송길이 몸을 공중에 솟았다가 창을 맞아 말에서 떨어지매 맹지철이 말을 내몰아 송길을 참(斬)하고 크게 외쳐 왈,

"너희 진중에 나의 적수 있으면 빨리 나와 승부를 결하라."

울장이 대로하여 말을 내몰아 대질(大叱) 왈,

"무지한 역적이 나의 선봉을 해하니, 내 이제 너를 베어 우리 선봉의 원수를 갚으리라."

하고, 말을 내몰아 맹지철을 맞아 싸울새, 풍운을 이루며 사석(沙石)을 날리어 시살(弑殺)하며 짓치니, 맹지철이 능히 대적치 못하여 정히 도망코자 하더니, 울장이 장창을 들어 맹지철을 참하고 안남병을 짓치니, 이

때에 호명철이 맹지철의 죽음을 보고 대로하여 백포운갑에 칠성검(七星劍)을 들고 적토(赤兎)말을 내몰아 울장을 맞아 싸울새, 삼십여 합에 불분승부(不分勝負)더니, 울장이 몸을 날려 공중에 올라가 뇌성을 발하여 사석을 나리니, 호명철이 거짓 패하여 달아나거늘, 울장이 급히 따르더니 문득 호명철은 간 데 없고 공중으로서 사석이 비 오듯 하는지라. 울장이 대로하여 일장(一場) 서기(瑞氣)를 타고 공중에 올라가 호명철과 싸우더니, 호명철이 진언(眞言)을 염(念)하여 흑기(黑氣) 속으로서 금광(金光)을 뿌리니, 일장 불길이 날아와 울장의 갑옷에 이르매 화광이 열렬하여 감히 가까이 가지 못할지라. 울장이 능히 당치 못하여 서기를 타고 본진에 돌아와 원수를 보고,

"적장의 술법이 신기하오니 졸연히 잡지 못할까하나이다."

원수 이 말을 듣고 대경하여 왈,

"적장의 술법이 신기하니 명일은 원수 몸소 나가 싸우리라."

하더라.

이튿날 적장이 나와 싸움을 돋우니 원수 일월갑을 입고 벽력검을 들
고 천리용종을 내몰아 적장을 맞아 싸울새, 양장이 서로 비양하며 싸우
더니, 홍원수의 벽력검이 흑운심천(黑雲深天)에 번개같이 희롱하고 천
리용종마 호명철의 탄 말을 시살하니, 호명철이 감히 홍원수를 당치 못
할 줄을 알고 달아나더니, 원수 급히 달려들어 벽력검을 두루치니, 호명 46
철이 몸을 날려 공중에 올라가 흑기(黑氣)를 두르고 금광을 뿌리니 만장
(萬丈) 불길이 날아오는지라. 원수 벽력검을 한 번 두루치니 불길이 가
까이 오지 못하고 스러지는지라. 홍원수 풍백(風伯)을 불러 왈,

"적장 호명철을 생금하라."

하니, 홀연 일진광풍이 일어나며 사석을 날리며 풍백이 공중으로 내려왔거늘, 호명철이 감히 당치 못하여 흑기(黑氣) 되어 간 곳이 없는지라. 홍원수 적장을 잃고 본진에 돌아와 울장더러 왈,

"적장의 술법이 신기하여 오히려 풍백이 잡지 못하니 어찌하면 잡으리오."

울장이 대왈(對曰),

"적장의 재주 비범하오니 다시 경적(輕敵)치 못할지라. 오늘밤에 우리 양장이 힘을 다하여 겁칙하면[120) 적병이 필연 도망하리니 둔갑을 베풀어 신병으로 적장을 생금하리라."

원수 옳이 여겨 활빈당 제인을 분부하여 금야 삼경에 적진을 겁칙하라 하니, 이때에 호명철이 본진으로 돌아와 제장을 데리고,

"적장의 재주 비범하니 오늘밤에 필연 우리 진을 겁칙하리니 너희는 각각 기계(器械)를 준비하였다가 적병을 막으라. 적병이 진에 들어왔거든 일제 장사진(長蛇陣)을 쳤다가, 변하여 구궁팔괘진(九宮八卦陣)이 되어 남방 벽정방[121)에 청기(靑旗)를 세우고, 동방에는 구궁(九宮)을 안찰하였다가 적병을 치게 하라."

하고 적병 들어오기를 기다리더니, 이때 홍원수 철기를 거느려서 시분(時分)을 당하여 일성포향(一聲砲響)에 적진을 충살(衝殺)하여 들어가니, 진중이 고요하고 기치를 뉘였는지라. 복병이 있는가 의심할 즈음에 호명철이 적병이 들어옴을 보고, 일성포향에 진을 반(反)하여 구궁팔괘진이 되어 짓쳐 엄살하니, 적병이 불의지변(不意之變)을 당하여 주검이 뫼 같고 피 흘러 시내 되더라. 이때에 호명철이 술법을 행하여 검은 안개를 진중에 두르고 적병을 엄살하니, 홍원수 울장의 패함을 보고 양장
47 (兩將)이 비수를 들고 동서남북에 부적(符籍)을 날려 사방에 개시(皆是) 홍원수라. 각각 벽력검을 들고 신장(神將)을 짓치고 울장은 공중에서 뇌성을 대발(大發)하며 신병(神兵)을 짓치니, 호명철이 감히 당치 못하여 흑광(黑光)이 되어 날아가니, 홍원수 군을 돌리어 본진으로 돌아와 군사

---

120) 겁칙하다: 갑자기 공격한다는 의미로 썼음.

121) 벽정방: 미상.

를 점고하니 사망(死亡)한 군사 삼백여 명이라. 활빈당 제원(諸員)이 거의 전망(全亡)하였는지라. 차탄(嗟歎)하기를 마지아니하더라. 이때에 안남국 군병이 승기(乘機)하여 본진에 돌아가 적병 파함을 의논하더라.

각설. 홍원수 울장더러 왈,

"적장의 요술이 능통하다 하니 어찌하면 적장을 잡으리오. 오늘밤에 공중에 올라가 술법으로 적장을 생금하리라."

하고, 이날 밤에 대군을 몰아 안남병 영채(營寨)을 두르고 양장(兩將)이
공중에 올라 몸을 감추고 적병의 형세를 보더니, 이때에 안남대장 호명
철이 겁(怯)하여 진을 십리 밖에 옮기고 요동치 못하더니, 홀연 광풍이
일어나며 사석을 날리니 살기등등(殺氣騰騰)하여 모진 기운이 사람을
놀래는지라. 호명철이 대로하여 공중을 바라보니 적장 홍길동이 풍운을
타고 법술을 행하는지라. 호명철이 대로하여 몸을 날려 흑광이 되어 공
중에 올라가 홍원수로 더불어 크게 싸울새, 홍원수 인하여 풍백을 불러
호명철을 결박하라 하니, 호명철이 대로하여 입으로 금광을 뿌리니 풍백
이 가까이 오지 못하거늘, 홍원수 더욱 대로하여 백운간에서 법술로 크
게 싸우더니, 호명철 흑광 속에서 호도를 열고 보패(寶貝)를 내어 던지
니, 이 보패는 참 진주(眞珠)라. 동정(洞庭) 용궁의 딸 용길공주의 구슬
이라. 한 번 던지면 사람의 복장(腹臟)을 뚫는지라. 호명철이 일찍 도적 48
하였다가 한 번 시험코자 하여 홍원수를 향하여 던지니, 화광이 열렬하
여 흐르는 별같이 날아와 홍원수의 흉당(胸膛)을 꿰려하나, 홍원수 입은
갑옷은 일월갑이요 천상조화로 만든 갑옷이라 감히 꿰지 못하고 땅에 떨
어지니, 대경하여 왈,

"내 구슬을 피하는 자 없더니 이 사람이 조화갑(造化甲)을 입었으니 범상한 사람이 아니로다."

하고 동남을 향하여 달아나더니, 울장이 적장 달아남을 보고 급히 따르는지라. 호명철이 돌아서며 금광을 토하니, 만장(萬丈) 화광이 내려와 울

장의 갑옷에 불이 일매, 울장이 광중(光中)에 들렸는지라. 호명철이 울장을 생금하여 가거늘, 홍원수 울장의 생금하여 감을 보고 대경하여 벽력검을 들고 나가 울장을 구하고 호명철을 취하여 싸울새, 호명철을 두르고 짓치니 적장이 능히 당치 못하여 달아나는지라. 원수 양장(兩將)이 감히 따르지 못하고 본진에 돌아와 상의 왈,

"적장이 요술이 능통하니 무슨 계교로 적장을 파하리오?"

홍원수 인하여 풀로 초인(草人)을 만들고 진세(陣勢)를 베풀고, 육정육갑을 안찰하여 동남방에 신병을 매복하고, 서북방에 기치를 세워 오합[122] 신병을 만들고, 대진(大陣)을 옮겨 기치를 뉘이고 도적의 형세를 살펴보니, 문득 서북방으로서 오합 신병이 내달아 호명철을 두르고 짓치니, 안남국 군병이 사산분주(四散奔走)하고, 호명철이 크게 싸우다가 사면을 돌아보니, 앞에는 대강(大江)이 둘러있고 만첩청산이 좌우에 막았는지라. 호명철이 대로하여 흑광을 타고 공중으로 올라가 적세를 살펴보니, 오합 신병이 안남병을 시살하며 주검이 뫼 같고 피 흘러 시내 강 되었더라. 일야지간(一夜之間)에 안남병이 대패하여 죽은 자 부지기수(不知其數)라. 호명철이 흑광 속으로서 금광을 뿌리니, 오합 신병을 물리치니 다 풀로 만든 초인이라. 대경하여 적장을 찾더니, 이때에 홍원수 진을
49 옮겨 치고 기치를 뉘여 서기를 타고 공중에서 한 장 부적을 날려 비계를 행하니 동서남북에 개시(皆是) 홍원수라. 사방을 두르고 치니 호명철이 능히 당치 못할 줄을 알고 달아나더니, 홍원수 또한 서기를 타고 갈 길을 막는지라. 호명철이 동을 향하는 듯 남으로 달아나는지라. 홍원수 벽력검을 들고 앞을 막으니 호명철이 대경하여 왈,

"동서남북에 개시 홍원수로다."

하며, 정신이 황홀하여 소리를 벽력같이 지르더니, 홍원수 벽력검이 이르는 곳에 호명철의 머리 말 아래 내려지는지라. 홍원수 적장을 참하고

122) 오합: 미상.

안남병을 함몰(咸沒)하고 본진에 돌아와 삼군을 호궤(犒饋)하고 대군을 몰아 안남국 도성 밖에 이르러 진세를 이루고 싸움을 돋우니, 이때 안남왕이 호명철 패함을 듣고 대경하여 만조제신을 모아 상의 왈,

"도적이 우리 대진(大陣)을 파하고 도성 밖에 와 싸움을 청하니 국가 사직이 위태하니 뉘 능히 도적을 파하리오?"

우승상 조방이 출반주 왈,

"진무장(鎭撫將) 호명철은 천국도사의 제자로서 술법이 강남의 제일이라. 세상에 당할 자 없더니, 이제 전망(全亡)하였사오니 필연 도적을 막지 못할지라. 만전지책(萬全之策)을 도모하옵소서."

할 즈음에 한 장사 뛰어나오니, 낯은 감매 밑창[123] 같고, 수염은 꾸리실[124] 같고, 눈은 퉁장지[125] 같고, 어금니는 말장[126] 같고, 입은 남대문 같고, 코는 수통(水桶) 같으니, 이 사람의 이름은 여동패라.[127] 북해(北海) 수중에 있은 지 수천 년이라. 인형(人形)을 얻어 세상에 나왔더니, 남월(南越)을 파(破)할 때에 선봉을 삼아 득통하매 진무장군을 삼았더니, 자원출전(自願出戰)하여 왈,[128]

안남왕이 어림군(御林軍) 삼만을 주어 성 밖에 나와 결진하고 싸움을 돋우니, 울장이 말을 내몰아 적장을 바라보니 큰 뫼봉[山峰]이 나오는 듯하거늘, 자세히 살펴보니, 두 어금니 입 밖에 나왔으며 양 눈이 등화(燈火) 같으며 안광이 희미한지라. 울장이 대경하여 왈,

"이는 필연 사람이 아니요, 반드시 요물이로다."

말을 내몰아 그 장수를 맞아 싸우더니, 어룡이 달려들어 싸울새, 어룡 50

---

123) 감매 밑창: 신발 밑창이라는 의미로 보임. 감발 밑창, 발감개 밑창.

124) 꾸리실: 타래실. 사려놓은 실.

125) 퉁장지: 등잔.

126) 말장: 말뚝.

127) 여동패: 아래에서는 이름이 '어룡'으로 바뀐다.

128) 직접화법과 간접화법이 섞여 있음.

입으로 흑물을 토하며, 콧구멍으로 한 줄 백광을 내어 사면을 두르매, 백광 속으로서 팔장(八將)이 나와 울장을 시살(弑殺)코자 하거늘, 황망실색(慌忙失色)하여 말을 돌이켜 본진으로 돌아와 적장의 용맹함을 홍원수께 고한대, 원수 대왈,

"안남에 이런 요물이 있으니 어찌 안남국을 파하리오."

하고, 천리용종을 내몰아 적장 어룡을 취하여 왈,

"적장은 사람이어든 성명을 통하라."

하니, 어룡이 대왈,

"나는 안남국 진무장군 어룡이라. 너희 등은 어떠한 도적으로 우리 도성을 침범하느뇨? 내 너를 베어 우리 수장의 근심을 덜리라."

하고, 홍원수를 맞아 서로 싸울새, 살기등등하고 약모[129] 창천(漲天)하여 일광을 가리우더라. 어룡이 입으로 흑물을 토하며 코로 백광을 토하나니, 홍원수의 입은 갑옷이 일월갑옷이라 백광이 가까이 오지 못하는지라. 홍원수 말을 내몰아 벽력검을 한 번 두르니 어룡의 허리 땅에 떨어지는지라. 피 흘러 시냇물 같고, 큰 한 메사구[130]더라.

홍원수 비록 벽력검 아니면 어찌 천 년 묵은 이심이[131]를 베리오. 홍원수 본진으로 돌아와 어룡의 신체를 원문(轅門)에 달고 승전고(勝戰鼓)을 울리며 주야로 안남성을 치더니, 울장이 홍원수에게 왈,

"이제는 안남국에 우리 적수 없으니, 오늘밤에 성중에 들어가 안남왕을 생금하고 성문을 열 것이니 원수는 대군을 총독하여 들어오소서."

원수 옳이 여겨 군중에 전령(傳令)하여 왈,

"만일 성중에 들어가면 백성을 살해치 말며 인간 재물을 도적치 말지어다. 만일 위령자(違令者)면 군법 시행할지어다."

---

129) 약모: 미상.

130) 메사구: 메기.

131) 이심이: 이무기.

하고 성문 열기를 고대하더라.

이때 울장이 서기를 타고 성중에 들어가니, 안남왕이 어룡의 죽음을
듣고 대경실색하여 도적 물릴 묘책을 상의하더니, 문득 뇌성벽력이 일며
사석을 날리더니, 공중으로 울장이 내려와 안남왕을 생금하여 옆에 끼고 51
성문을 열고 원수를 청하니, 홍원수 삼군을 총독하여 성중에 들어가 안
남왕 백성을 추호불범(秋毫不犯)하니, 성중 인민이 손을 곧추어 항복하
는지라. 원수 안남왕을 잡아내어 항복받고 백성을 진무하니, 안남 제신
(諸臣)이 모두 상의 왈,

"도적이 들어와 이미 임금을 항복 받았으니 국운이 이미 진하였으니 새 임금을 섬기리라. 천의(天意)를 좇지 아니하면 아등(我等)이 장차 죽을지라."

하고 의논이 분분하더라. 좌승상 이운경이 왈,

"천심이 이미 새 임금께 돌아왔으니 어찌 다언(多言)하리오."

하고, 인하여 절월(節鉞)과 금련(金輦)을 받들어 옥새(玉璽)를 모셔 나갈새, 우승상 염한이며, 좌참판 한인결이며, 우참판 안평결, 대제학 이확이며, 도승지 김헌중이 금련을 받들어 드리고 아황전에 등극함을 청한대, 홍원수 인하여 옥새을 받고 금련에 올라 환궁하며 숙정전에 어좌(御座)하시고, 자금통천관(紫錦通天冠)을 쓰고 곤룡포를 입고 등극하여 안남 문무백관에게 산호만세(山呼萬歲)를 받은 후에, 제장(諸將)을 좌우에 세우고 어악(御樂)을 내어와 태평연을 배설하고 풍악 질주(迭奏)하며 삼일을 즐긴 후에 국호를 고쳐 강남대안국(江南大安國)이라 하고, 만조백관을 불러 제장을 차례로 벼슬을 봉하고 활빈당 제사(諸士) 등 백여원(白餘員)을 차례로 봉작(封爵)할새, 양주 목관(牧官)과 도도 현령(縣令)을 시키고 그 남은 제장은 각각 봉작한 후에 울장더러 왈,

"울장의 공은 강남 일반(一半)을 베일지니[132)] 이제 한가지로 국정을

---

132) 베일지니: 베어 줄지니. 땅을 떼어준다는 의미.

살피리라."
하고 안남후(安南侯)를 봉하니, 일방(一邦)이 태평하고 우순풍조(雨順風調)하여 시절이 풍등(豐登)하더라.

조선 본국 양위(兩位) 모친과 형장 양위를 생각하고 울장을 청하여 왈,

"과인이 강남을 평정하고 왕위에 올랐으니 본국 양위 모친을 모시
52 려하나, 수로로 천리에 전도(前途) 격원(隔遠)하니 어찌하면 모셔오리오?"

울장이 대왈,

"그간 풍진에 골몰(汨沒)하여 모친 소식을 잊었사오니, 소장이 나아가 모셔오리다."
하니, 왕이

"수로 요원하니 수다(數多) 장졸이 어찌 모시리오?"

울장이 왈,

"전선(戰船) 이 척을 무어가지고 나아가 모셔 오리다."

왕이 대희하여 즉시 장인을 시켜 전선을 무을새, 울장이 수로에 능한 사공과 정장(丁壯)을 택하여 발행할새, 왕이 일봉서간을 닦아 보내니, 울장이 배를 타고 행선(行船)할새 운산(雲山)은 첩첩하고 녹파(綠波)는 만곡(萬曲)이라.

일삭(一朔) 만에 조선국 한강변에 배를 대이고 선인(船人)을 머무르고 울장 혼자 동화문 밖에 홍상서 부중(府中)에 들어가 뵈옴을 청한대, 이때에 홍영이 좌의정으로 있어 국정을 받들더니, 길동의 소식을 몰라 매양 사모하는 차에, 하인이 보(報)하되,

"문 밖에 어떠한 사람이 뵈옴을 청하나이다."
하거늘, 홍영이 외당에 나와 서로 볼새, 울장이 재배하여 뵈온대 홍영이 답례하고 자세히 보니 전일 천축산 장례 후 나를 데려다 준 사람이라.

크게 놀라 반겨 나아가 손을 잡고 그간 별래(別來)을 묻고, 그간 나의 동생은 편부(便否) 어떠하며, 그대 수로(水路)로 득달(得達)함을 물은대, 울장 일봉서간을 내어 드리니, 그 서(書)에 하였으되,

> 강남국왕 사제(舍弟) 길동은 돈수재배(頓首再拜)하옵고 형장 좌하(座下)에 글을 올리옵나니, 소제 학발(鶴髮) 모친을 떠나온 지 하마 칠년이 되었사오니 기체 안녕하시온지 아옵기 바라오며, 사제는 부친님 삼상(三喪) 후 풍진에 골몰하와 일차 문안 상서 못하였사오니 부탄(復歎)이오며, 이제 강남국을 평정하옵고 왕위에 거하여 외람히 글을 닦아 올리오니, 이제 울장으로 일 척 대선을 보내 양위 모친과 형장 수수(嫂嫂)[133]를 모시러 갔사오니, 가중 자당을 편토록 모시되 수로만리를 무사히 득달하심을 천만 복망(伏望)하나이다.

하였더라.

부인이 글을 보시고 왈, 53

"사람의 환란은 이루 측량치 못하리로다."

하고 허다 가정(家丁)과 노비를 거느려 한강으로 나올새, 홍영이 탑전(榻前)에 들어가 복지(伏地) 주왈,

"신이 대대로 국록을 받아 영귀하여 국운이 망극하오나 만분지일도 갚지 못하옵고 이제 본국을 떠나오니, 성상의 은덕을 저버림이 아니오라 동생 길동이 강남을 쳐 멸하고 안남왕이 되어 모친과 사당(祠堂)을 권솔(眷率)[134]하옵는 고로, 마지못게라,[135] 성상 탑하(榻下)를 떠나오니 망극무지(罔極無地)로소이다. 복망 성상은 만수무강하옵소서."

하며 통곡 하직하니, 상이 이 말을 들으시고 대찬 왈,

---

133) 수수(嫂嫂): 형수.

134) 권솔(眷率): 거느리고 사는 식구를 말하는데, 여기서는 솔가(率家)라는 의미로 잘못 썼음.

135) 마지못게라: 여기서는 '마지못하여' 라는 의미로 썼음.

"길동이 강남을 평정하고 왕위에 거(居)하였으니 진실로 기남자(奇男子)로다. 경이 본토를 떠나려 하니 과인이 슬프도다."
하시며, 용루여우(龍淚如雨)하시며 금백(金帛)을 내어 원로(遠路)에 신물(信物) 사급(賜給)하고 상이 친히 거동하여 전송하시니라.

홍영이 배에 올라 순풍을 인하여 칠 일만에 강남 포구에 이르러 배를 머무르고 천촉산에 올라가 부친 선묘(先墓)에 ○○ 다 한가지로 통곡재배(痛哭再拜)하고, 백룡의 집으로 들어가 강남왕의 서찰을 전하고 조선국 대부인 행차하심을 전한대, 백룡이 이 말을 듣고 일변 서간을 보며 대희하여 우양을 많이 잡아 조선국 홍의정과 양위 부인을 모셔 극진 관대(款待)한 후에, 일변 가산을 수습하여 울장과 한가지로 포구에 나가 전선(戰船)을 타고 행하여 안남국 동해 포구에 이르러 배를 대이매, 안남왕이 만조백관을 거느려 빛난 백운(白雲) 채막(彩幕)을 동해 강변에 치고 조선국 선척 오기를 기다리더니, 문득 동해 강중(江中)에 일 척 대선이 금범(錦帆)을 높이 달고 나는 듯이 오거늘, 왕이 바라보고 조선 본국 일행인줄 알고 강변에 설연(設宴)하고 나가더니, 일행을 맞을새, 울장
54 배를 강변에 대이고 채막에 들어가 평안히 다녀왔음을 고하니, 왕이 울장의 손을 잡고 위로 왈, 수로 만리에 수고함을 치하하고, 강변에 나가 대부인을 모셔 채막에 들어가 복지 재배하여 뵈인대, 부인이 왕의 손을 잡고 왈,

"그대 십 세 전에 집을 떠나 강남왕이 되어 몸이 영귀하였으니 어찌 영화를 측량하리오. 선대감(先大監)을 생각하니 일희일비로다."
하며 못내 반기며, 왕이 삼 모부인[136]께 뵈온 후 형장 형수(兄嫂)께 배알하고 홍영이 또한 반기며 몸이 영귀함을 치하하더라.

모친과 초향을 재배하니 그 반김을 이루 측량치 못할러라. 인하여 채막에 모신 후, 만조제신이 조복을 갖추고 산호만세(山呼萬歲)를 부른 후

---

136) 삼 모부인: 길동의 생모 춘섬, 대감의 본부인, 대감의 첩 초향 등 세 명.

에 대부인은 금련(金輦)을 타시고, 초향은 옥련(玉輦)을 타고, 생모 부인은 산호련(珊瑚輦)을 타시고, 백룡 부처는 옥교(玉轎)를 타고, 형수(兄嫂)는 금교(金轎)를 타고, 왕비 소저는 별옥련(別玉輦)을 타고, ○○○○과 삼천 궁녀들이 좌우에 옹위(擁圍)하였으며, 강남왕 금련을 타시고, 홍영은 사운태평교를 타고, 울장은 금안준마(金鞍駿馬)를 타고, 이원(梨園) 풍악을 질주(迭奏)하며 백모황월(白旄黃鉞)과 홍양산(紅陽繖) 청양산(青陽繖)과 금은절월(金銀節鉞)을 앞에 세우고 환궁할새, 그 경화(景華)는 천하 제국에 처음이라. 안남궁에 좌(坐)하고 홍영을 존(尊)하여 강남대전왕이라 하시고 저원궁에 모셔 벼슬을 돋우어 부원군을 봉하시고, 초향과 형수는 서천궁에 모시고, 왕대비와 모친은 운경궁에 모셔 계시고, 정비(正妃)는 정전(正殿)에 계시고 태평연(太平宴)을 누리실새, 각각 시녀를 정하여 왕비 조석(朝夕)으로 대비전(大妃殿)에 현알(見謁)하니 아리따운 태도와 섬섬(纖纖)한 기질이 날로 배승(倍勝)한지라. 색태거동(色態擧動)이 저러하고 왕비 어찌 아니되리오 하시더라.

각설. 울장을 불러 성을 고쳐 홍씨 하고 이름을 길장이라 하고 한가지
로 강남국 사직을 안보(安保)하니, 그 공덕을 내내 칭찬하더라. 강남왕이 55
칠자오녀(七子五女)를 두었으니 부풍모습(父風母習)[137]하고, 홍영은 삼자이녀(三子二女)를 두었으니 천촉산 정기를 타 났으매 다 각각 부풍모습하여 성대 태평하니 진실로 태평건곤(太平乾坤)일러라.

대왕대비 연만(年晩) 칠순(七旬)에 기세(棄世)하시니 궁중이 극진 애통하고 인하여 택일하여 천촉산 선묘(先墓)에 안장하시고 돌아와 국정을 다스릴새, 사해태평(四海泰平)하고 국태민안(國泰民安)하니 안남국이 태평만세를 누리니, 이러므로 그 이름이 지금까지 유전(流傳)하니라.

갑오년 이월 초구일 정명호 필서(畢書)라.

---

137) 부풍모습(父風母習): 아버지의 풍모와 어머니의 모습을 닮음.

3. 홍길동전(동양문고본)

권지일

1 화설(話說). 조선국 세종조 시절에 한 재상이 있으니, 성은 홍이요 명(名)은 모(某)라. 대대 명문거족으로 소년등과(少年登科)하여 벼슬이 이조판서에 이르매 물망(物望)이 조야(朝野)에 으뜸이요, 충효겸비(忠孝兼備)하기로 이름이 일국에 진동하더라. 일찍 두 아들을 두었으니, 장자는 인형이니 정실(正室)의 유씨 소생이요, 차자는 길동이니 시비(侍婢) 춘섬의 소생이라.

선시(先時)에 공(公)이 길동을 낳을 때에 일몽(一夢)을 얻으니, 문득 뇌정벽력(雷霆霹靂)이 진동하며 청룡이 수염을 거사리고 공을 향하다가[1] 달려들거늘, 놀라 깨달으니 일장춘몽(一場春夢)[2]이라. 공이 심중(心中)에 대희(大喜)하여 생각하되, '내 이제 용몽(龍夢)을 얻었으니 반드시 귀한 자식을 낳으리라.' 하고 즉시 내당으로 들어가니, 부인 유씨 일어 맞거늘, 공이 흔연(欣然)히 그 옥수(玉手)를 이끌어 정히 친합(親合)고자 하거늘, 부인이 정색 왈,

2 "상공(相公)이 체위(體位) 존중하시거늘 연소경박자(年少輕薄子)의 비루함을 행코자 하시니, 첩은 마땅히 봉행(奉行)치 아니하리로소이다."

---

1) 향하다가: 향하여.

2) 일장춘몽(一場春): 원문은 '일장춘'으로 되어 있으나 일장춘몽의 잘못임.

하고 언파(言罷)에 손을 떨치고 가거늘, 공이 가장 무류하여 분기를 참지 못하고 바로 외당(外堂)으로 나가며 부인의 지식 없음을 차탄불이(嗟歎不已)하더니, 마침 춘섬이 차를 올리거늘 고요함을 인하여 춘섬을 이끌고 협실(夾室)로 들어가 정히 친합하더니, 이때 춘섬의 나이 십팔이라. 한 번 몸을 허한 후로 문외(門外)에 나지 아니하고 타인을 취할 뜻이 없으니, 공이 더욱 기특히 여겨, 인하여 잉첩(媵妾)을 삼으니, 과연 그 달부터 태기 있어 십삭(十朔)만에 일개 옥동(玉童)을 생(生)하니, 기골이 비범하여 짐짓 영웅호걸의 기상이라. 공이 일변(一邊) 기꺼하나 부인에게 낳지 못함을 한탄하더라.

길동이 점점 자라 팔 세 되매 총명이 과인(過人)하여 하나를 들으면 백을 통하니, 공이 날로 더욱 사랑하나, 근본 천생(賤生)이라. 길동이 매
양 호부호형(呼父呼兄)을 하면 문득 꾸짖어 못하게 하니, 길동이 십 세 3
넘도록 감히 부형을 부르지 못하고, 또한 비복(婢僕) 등에게 천대받음을 각골통한(刻骨痛恨)하여 심사를 정치 못하더니, 추구월(秋九月) 망간(望間)을 당하여, 월색(月色)은 조요(照耀)하고 청풍(淸風)은 소슬(蕭瑟)하여 사람의 심사를 돕는지라.

이때 길동이 서당에 있어 글을 읽다가 문득 서책을 밀치고 탄식 왈,

"대장부가 세상에 나매 공맹(孔孟)을 본받지 못하면, 차라리 병법(兵法)을 외워 대장인수(大將印綬)를 요하(腰下)에 비껴 차고 동정서벌(東征西伐)하여 국가에 대공을 세우고 이름을 만대에 빛냄이 장부의 쾌사라. 나는 어찌하여 일신이 적막하고, 부형이 있으되 호부호형을 못하니 심장이 터질지라. 어찌 통한(痛恨)치 않으리오?"

하고 말을 마치며 뜰에 내려 검술을 공부하더니, 마침 공이 월색을 구경하다가 길동이 배회함을 보고 즉시 불러 문왈(問曰),

"네 무슨 홍(興)이 있어 야심(夜深)토록 잠을 자지 아니하난다?"

길동이 공경 대왈(對曰), 4

"소인(小人)이 마침 월색을 사랑하여 이에 이르렀거니와, 대체 하늘이 만물을 내시매 오직 사람이 귀하오나, 소인에게 이르러서는 귀한 것이 없사오니 어찌 사람이라 칭하오리이까?"

공이 그 말을 짐작하나 짐짓 꾸짖어 왈,

"네 무슨 말인고?"

길동이 재배(再拜)하고 고왈(告曰),

"소인이 평생 설운 바는, 대감 정기로 당당하온 남자가 되어 났으매 부생모육지은(父生母育之恩)이 깊삽거늘, 그 부친을 부친이라 못하옵고 그 형을 형이라 못하오니, 소인 같은 인생을 어찌 사람이라 하오리이까?" 하고 눈물을 흘려 단삼(單衫)을 적시거늘, 공이 청파(聽罷)에 비록 측은히 여기나, 만일 그 뜻을 위로하면 마음이 방자할까 저어하여[3] 크게 꾸짖어 왈,

"재상가(宰相家) 첩의 소생이 비단 너뿐이 아니어든 네 어찌 방자 무례함이 이 같으뇨? 차후에 만일 다시 이런 말이 있으면 안전(眼前)에 용납지 못하리라."

5 하니, 길동이 감히 일언(一言)을 고(告)치 못하고 다만 복지유체(伏地流涕)뿐이러라. 공이 명하여 '물러가라.' 하거늘, 길동이 침소로 돌아와 슬퍼함을 마지아니하더라.

길동이 본디 재기과인(才氣過人)하고 도량(度量)이 활달(豁達)한지라. 마음을 진정치 못하여 밤이면 잠을 이루지 못하더니, 일일(一日)은 길동이 어미 침소에 나아가 읍(泣)하며 고왈,

"소자가 모친으로 더불어 전생(前生) 연분이 중하여 금세(今世)에 모자가 되오니 은혜 망극(罔極)하온지라. 그러하나 소자의 팔자가 기박하여 천한 몸이 되었사오니 품은 한이 깊사온지라. 장부가 세상에 처함에 남의 천대를 받음이 불가하온지라. 소자 자연 기운을 억제치 못하여 이

3) 저어하다: 염려하거나 두려워하다.

제 모친 슬하를 떠나려 하오니, 복망(伏望) 모친은 소자를 염려치 말으시고 귀체(貴體)를 보중하소서."

하거늘, 그 어미 청파에 대경실색(大驚失色) 왈,

"재상가 천생이 비단 너뿐 아니라. 어찌 협착(狹窄)한 마음을 발(發)하여 어미의 간장을 사르나뇨?"

길동이 대왈(對曰),

"옛날 장충의 아들 길산[4]은 천생이로되, 십삼 세에 그 어미와 이별 6
하고 운봉산에 들어가 도를 닦아 아름다운 이름을 후세에 유전(遺傳)하
였사오니, 이제 소자가 그를 효칙(效則)하여 세상을 벗어나려 하옵나니,
모친은 안심하사 후일을 기다리소서. 또한 근간(近間) 곡산모(谷山母)
의 행색을 보오니 상공의 총(寵)을 잃을까 하여 우리 모자를 원수같이
아는지라. 큰 화를 입을까 하옵나니 모친은 소자가 나아감을 염려치 말
으소서."

하니, 그 어미 또한 슬퍼하더라.

원래 곡산모는 본디 곡산 기생으로 상공의 총첩(寵妾)이 되었으니 이
름은 초란이라. 가장 교만 방자하여 제 심중에 불합(不合)하면 상공께
참소(讒訴)하니, 이러하므로 폐단이 무수하온 중에, 저는 아들이 없고 춘
섬은 길동을 낳았으매 상공이 매양 귀히 여기심을 심중에 매양 앙앙(怏
怏)하여 길동의 모자를 없이함을 도모하더니, 일일은 흉계를 생각하고
무녀(巫女)를 청하여 일러 왈, 7

"나의 일신을 평안케 함은 이 곧 길동을 없이하기에 있는지라. 만일 나의 소원을 이뤄주면 그 은혜를 후히 갚으리라."

하니, 무녀가 듣기를 다하고 대희하여 왈,

"지금 홍인문(興仁門) 밖에 한 일등(一等) 관상(觀相)하는 사람이 있으니, 상을 뵈면 전후길흉(前後吉凶)을 한 번에 판단하나니, 이 사람을

4) 장충의 아들 길산: 장길산. 조선 숙종 때 도둑떼의 우두머리.

청하여 소원을 자시 이르시면, 자연 상공께 천거(薦擧)하여 전후 사적(事跡)을 본 듯이 고하오면, 상공이 필연 대혹(大惑)하사 그 아해(兒孩)를 없이코자 하시리니, 그때를 타[5] 여차여차(如此如此) 하오면 어찌 묘계 아니리이까?"

초란이 대희하여 먼저 은자(銀子) 오십 냥을 주며 상자(相者)를 청하여 오라 하니, 무녀가 하직하고 가니라.

이튿날 공이 내당에 들어와 부인으로 더불어 길동의 비범함을 일컬으며 다만 천생임을 한탄하고 정히 말씀하더니, 문득 한 여자가 들어와 당하(堂下)에서 문안하거늘, 공이 괴히 여겨 문왈(問曰),

"그대는 어떠한 여자관대 무슨 일로 왔나뇨?"

8 그 여자가 공수(拱手) 대왈,

"소인은 과연 관상하옵기를 일삼더니, 마침 상공 택상(宅上)에 이르렀나이다."

공이 이 말을 듣고 길동의 내사(來事)를 알고자 하여 즉시 불러 그 상자를 뵈니, 상녀(相女)가 이윽히 보다가 놀라며 왈,

"이 공자(公子)의 상을 보오니 천고의 영웅이요, 일대의 호걸이로되, 다만 지체가 부족하오니 다른 염려는 없을까 하나이다."

하고 또한 말을 내고자 하다가 주저하거늘, 공과 부인이 가장 괴이히 여겨 문왈,

"무슨 말을 하려 하다가 주저하니 바른대로 이르라."

상녀가 마지못하여 좌우를 물리치고 왈,

"공자의 상을 보온즉 흉중(胸中)에 조화가 무궁하고 미간(眉間)에 산천정기(山川精氣)가 영롱하오니 짐짓 왕후(王侯)의 기상이라. 공자가 또한 장성하오면 장차 멸문지화(滅門之禍)를 당하오리니 상공은 살피소서."

---

5) 타: 원문에 없으나 문맥상 넣었음.

공이 청파(聽罷)에 경아(驚訝)하여 묵묵반향(默默半晌)에 마음을 정하고 왈,

"사람의 팔자는 도망키 어렵거니와 너는 이런 말을 누설치 말라."

당부하고 약간 은자를 주어 보내니라. 9

이후로 공이 길동을 산정(山亭)에 머물게 하고 일동일정(一動一靜)을 엄숙하게 살피니, 길동이 이를 당하매 더욱 설움을 이기지 못하여 분기복발(復發)하나 하릴없어 육도삼략(六韜三略)과 천문지리(天文地理)를 공부하더니, 공이 또한 이 일을 알고 크게 근심하여 왈,

"이 놈이 본디 재주가 있으매, 만일 범람(汎濫)한 의사를 두면 상녀의 말과 같으리니 이를 장차 어찌하리오?"

하더라.

이때 초란이 무녀와 상자를 교통(交通)하여 공의 마음을 놀랍게 하고, 길동을 없이코자 하여 천금을 버려 자객을 구하니, 이름은 특재라. 전후사(前後事)를 자시 이르고 초란이 공께 고왈,

"일전에 상녀의 아는 일이 귀신같으매, 길동의 일을 어찌 처치코자 하시나니이꼬? 첩도 놀랍고 두려워하옵나니, 일찍 저를 없이 할만 같지 못하리로소이다."

공이 이 말을 듣고 눈썹을 찡기어 왈,

"이 일은 나의 장중(掌中)에 있으니 너는 번거히 굴지 말라."

하고 물리치나, 심사가 자연 산란하여 밤이면 잠을 이루지 못하고 인하 10
여 병이 되었는지라.

부인과 좌랑(佐郎) 인형이 크게 근심하여 아무리 할 줄 모르더니, 초란이 곁에 모셔 있다가 고하여 왈,

"상공의 환후(患候)가 위중(危重)하심은 도시 길동을 두신 탓이라. 천하온 소견에는 길동을 죽여 없이하면 상공의 병환도 쾌차(快差)하실 뿐 아니라 또한 문호(門戶)를 보존하오리니, 어찌 이를 생각지 아니하시고

이처럼 지완(遲緩)하시나니이꼬?”

부인 왈,

“아무리 그러하나 천륜(天倫)이 지중(至重)하니 어찌 차마 행하리오.”

초란이 대왈,

“소녀가 듣자오니 특재라 하옵는 자객이 있어 사람 죽이기를 낭중취물(囊中取物)같이 한다 하오니, 천금을 주고 밤들기를 기다려 들어가 해하오면, 상공이 알으실지라도 또한 하릴없으리이다. 부인은 생각하옵소서.”

부인과 좌랑이 눈물을 흘리며 왈

“이는 차마 사람이 못할 바로되, 첫째는 나라를 위함이요, 둘째는 상
11 공을 위함이요, 셋째는 문호를 보존코자 함이라. 너의 계교대로 행하라.”
하거늘, 초란이 대희하여 다시 특재를 불러 이 말을 자시 이르고, ‘오늘 밤에 급히 해하라.’ 하니, 특재 응낙고 그 날 밤들기를 기다려 길동을 해하려 하더라.

차시(此時) 길동이 매양 그 원통한 일을 생각하매 시각을 머물지 못할 일이로되, 상공의 엄명이 지중하므로 하릴없어 밤이면 잠을 이루지 못하더니, 차야(此夜)를 당하여 촉(燭)을 밝히고 주역(周易)을 잠심(潛心)하다가, 문득 들으니 까마귀 세 번 울고 가거늘, 길동이 괴히 여겨 혼자말로 이르되, ‘이 짐승은 본디 밤을 꺼리거늘 이제 울고 가니 심히 불길한 징조로다.’ 하고, 잠깐 팔괘(八卦)를 벌여 보더니, 길동이 대경(大驚)하여 서안(書案)을 물리치고 이에 둔갑법(遁甲法)을 행하여 그 동정을 살피더니, 사경(四更)은 하여 한 사람이 비수(匕首)를 들고 완완(緩緩)히 행하
여 방문을 열고 들어오는지라. 길동이 급히 몸을 감추고 진언(眞言)을
12 염(念)하니, 홀연 일진음풍(一陣陰風)이 일어나며 집은 간 데 없고, 첩첩
산중에 풍경이 거룩한지라. 특재 대경하여 길동의 조화가 신기묘산(神奇妙算)함을 알고 가졌던 비수를 감추고 피코자 하더니, 문득 길이 끊어지

고 층암절벽(層巖絶壁)이 가리었으니 진퇴유곡(進退維谷)이라. 사면으로 방황하되 종시(終是) 벗어나지 못하더니, 홀연 청아한 저 소리 나거늘, 정신을 가다듬어 살펴보니 일위소동(一位小童)이 나귀를 타고 오며 저를 불다가 특재를 보고 대매(大罵) 왈,

"네 무슨 일로 나를 죽이려 하난다? 무죄한 사람을 죽이면 어찌 천액(天厄)이 없으리오?"

하고 또 진언을 염하더니, 홀연 일진음풍이 일어나며 검은 구름이 일어나고 큰 비 붓듯이 오며 사석(沙石)이 날리거늘, 특재 정신을 진정하여 살펴보니 이 곧 길동이라. 특재 비로소 길동의 재주를 신기히 여겨 주저하다가 또한 생각하되, '제가 어찌 나를 대적하리오.' 하고, 달려들며 대호(大呼) 왈,

"너는 죽어도 나를 원(怨)치 말라."

하고 이르되,

"초란이 무녀와 상자로 더불어 상공과 의논하고 너를 죽이려 함이니, 13
어찌 나를 원망하리오?"

하고 칼을 들고 달려들거늘, 길동이 분기를 참지 못하여 요술로 특재의 칼을 앗아 들고 꾸짖어 왈,

"네 재물만 탐하여 무죄한 사람을 죽이기를 좋이 여기니, 너 같은 무도한 놈을 죽여 후환을 없이 하리라."

하고, 한 번 칼을 들어 치니 특재의 머리 방중에 떨어지는지라. 길동이 분기를 이기지 못하여 이 밤에 바로 상녀를 잡아 특재의 방에 들이치고 꾸짖어 왈,

"네가 나로 더불어 무슨 원수가 있관대 초란과 한 가지로 나를 죽이려 하나뇨?"

하고 버히니, 어찌 가련치 아니하리오.

이때 길동이 양인을 죽이고 홀연 건상(乾象)을 살펴보니, 은하수는 서

(西)흐로 기울어지고 월색은 희미하여 자연 사람의 수회(愁懷)를 또한 돕는지라. 분기를 참지 못하여 다만 초란을 죽이고자 하다가, 상공이 사랑하심을 깨닫고 칼을 던지며 망명도생(亡命圖生)함을 생각하고, 바
14 로 상공 침소에 나아가 하직을 고(告)코자 하더니, 이때 공이 창외(窓外)에 인적이 있음을 괴이히 여겨 창을 밀치고 보니, 이 곧 길동이라. 공이 문왈,

"밤이 이미 깊었거늘 네 어찌 자지 아니하고 어이 방황하난다?."

길동이 복지(伏地) 대왈,

"소인이 일찍 부생모육지은(父生母育之恩)을 만분지일이나 갚을까 하였더니, 가내(家內)에 불의지변(不意之變)이 있어 상공께 참소하고 소인을 죽이려 하오매, 겨우 목숨을 보전하였사오나 상공을 모실 길이 없어 오늘날 상공께 하직을 고하나이다."

하거늘, 공이 대경(大驚) 왈,

"네 무슨 변고(變故)가 있관대 어린 아해가 집을 버리고 어디로 가려 하난다?"

길동이 대왈,

"날이 밝으면 자연 알으시려니와, 소인의 신세는 뜬구름과 같사오니 상공의 버린 자식이 어찌 참소(讒訴)를 두리리이꼬?"

하고 쌍루종횡(雙淚縱橫)하여 말을 이루지 못하거늘, 공이 그 형상을 보고 측은지심(惻隱之心)이 없지 못하여 개유(開諭)하여 왈,

15 "내 너를 위하여 품은 한을 짐작하나니, 금일로부터 호부호형을 허(許)하노라."

길동이 재배(再拜) 왈,

"소자의 일편지한(一片之恨)을 또한 풀어 주시니 소자가 지금 죽사와도 여한이 없사옵는지라. 복망(伏望) 야야(爺爺)는 만수무강(萬壽無疆)하옵소서."

하고 재배하거늘, 공이 붙들지 못하고 다만 무사함을 당부하더라.

길동이 또한 어미 침소에 나아가 이별을 고하여 왈,

“소자가 지금으로 슬하를 떠나오매 다시 모실 날 있사오리니, 복망 모친은 그 사이 귀체를 보중하옵소서.”

춘랑이 이 말을 듣고 무슨 변고가 있음을 짐작하나, 아자(兒子)의 하직함을 보고 집수(執手) 통곡 왈,

“네 어이하여 또한 어디로 향코자 하난다? 한 집에 있어도 처소(處所)가 초원(稍遠)하여 매양 연연(戀戀)하더니 이제 너를 정처 없이 보내고 어찌 있으리오. 너는 쉬 돌아와 모자가 상봉함을 바라노라.”

길동이 재배 하직하고 문을 나매, 운산(雲山)은 첩첩(疊疊)한데 정처 없이 행하니, 어찌 가련치 아니하리오.

차설(且說). 초란이 특재의 소식이 없음을 십분 의아(疑訝)하여 사기 16
(事機)를 탐지하더니, 길동은 간 데 없고 특재의 주검과 계집의 주검이 방중에 있다 하거늘, 초란이 혼비백산(魂飛魄散)하여 어찌 할 줄을 모르다가 급히 부인께 고한대, 부인이 또한 대경실색(大驚失色)하여 좌랑을 불러 이 일을 이르며 상공께 고하니, 공이 대경실색 왈,

“길동이 밤에 슬피 와 고하매 괴이히 여겼더니, 과연 이 일이 있도다.”

좌랑이 감히 은휘(隱諱)치 못하여 초란의 실사(實事)를 고한대, 공이 더욱 분노하여 일변 초란을 잡아 내치고 가만히 그 신체를 없이 하며, 노복(奴僕)을 불러 이런 말을 내지 말라 당부하더라.

각설(却說). 길동이 부모를 이별하고 문을 나매 일신이 표박(漂泊)하여 정처없이 촌촌(寸寸)히 행하더니, 문득 한 곳에 다다르니 산천이 수려하고 경개가 절승한지라. 인가를 찾아 점점 들어가니, 큰 바위 밑에
석문(石門)이 닫혔거늘, 가만히 그 문을 열고 들어가니, 평원광야(平原 17
廣野)에 수백 호 인가가 즐비하고 여러 사람들이 모여 잔치하며 즐기니, 이곳은 도적의 굴혈(窟穴)이라. 문득 길동을 보고 그 위인(爲人)이 녹록

(碌碌)지 않음을 보고 물어 왈,

"그대는 어떠한 사람이완대 어찌하여 이곳에 찾아 들어왔나뇨?"
하며,

"이곳은 다만 영웅호걸이 많이 모였으되 아직 괴수(魁首)를 정치 못하였으니, 그대는 마땅히 무슨 품은 재주가 있거든 소임(所任)을 이르며, 만일 참예(參預)코자 하거든 저 돌을 들어서 시험하여 보라."

길동이 이 말을 듣고 심내(心內)에 다행하여 재배(再拜)하여 왈,

"나는 다른 사람이 아니오라 본디 경성 홍판서의 천첩의 소생 길동이러니, 가중의 천대를 받지 않으려 하여 사해팔방(四海八方)으로 정처 없이 다니더니, 우연히 이곳에 들어와 모든 호걸의 동류(同類)됨을 이르시니 불승감사(不勝感謝)하거니와, 대장부 어찌 저만 돌을 들기를 근심하리오?"

18 하고, 그 돌을 들고 수삼십 보를 행하다가 던지니, 그 돌 무게는 천근이 넘는지라. 모든 도적들이 다 크게 칭찬하여 왈,

"과연 장사로다. 우리는 수천 여명이로되 이 돌을 들 자가 일인도 없더니, 오늘날 하늘이 도우사 장군을 주심이로다."
하고, 길동을 이끌어 상좌에 올려 앉히고 술을 내와 차례로 권하며, 일변 백마를 잡아 맹세하고 언약을 굳게 하니, 중인(衆人)이 일시에 응낙하고 종일토록 즐기다가 파(罷)하니, 이후로 길동이 제인(諸人)으로 더불어 무예를 연습하여 수월을 익히더니, 자연 군법이 정제한지라.

일일은 제인이 이르되,

"우리 등이 벌써부터 합천(陜川) 해인사(海印寺)를 치고 그 재물을 탈취코자 하오나, 지략이 부족하고 용력이 없사와 거조(擧措)를 발(發)치 못하옵더니, 이제 장군을 만났으니 어찌 해인사 취하기를 근심하리이꼬? 이제 장군의 의향이 어떠하시니이꼬?"

길동이 소왈(笑曰),

"그러하면 내가 장차 발(發)하리니, 그대 등은 내 지휘대로 하라." 19
하고, 길동이 이에 청포옥대(靑袍玉帶)에 나귀를 타고 또한 종자(從者) 수인(數人)을 데리고 나아가며 왈,

"내 먼저 그 절에 가서 동정을 살피고 오리라."
하며 완연(宛然)히 나아가니, 선연(鮮然)한 재상가(宰相家) 자제러라.

길동이 그 절에 가 동정을 보고, 먼저 수승(首僧)을 불러 이르되,

"나는 경성 홍판서댁 자제라. 이 절에 와서 글공부를 하려 하거니와, 명일에 백미 이십 석을 보낼 것이니 음식을 정(淨)히 차려주면 너희들과 한가지로 먹으리라."
하고, 사중(寺中)을 두루 살피며 동구(洞口)에 나아오며 제승(諸僧)으로 더불어 후일을 기약하고 행하여 동구에 나아오니, 제승이 나아와 전송하고 모두 즐겨하더라. 길동이 돌아와 백미 이십 석을 수운(輸運)하여 보내고, 중인(衆人)을 불러 왈,

"내가 아무 날은 그 절에 가서 이리이리 하리니, 그대 등은 내 뒤를
좇아와 이리이리 하라." 20
하고, 그 날을 기다려 종자 수십인 데리고 해인사에 이르니, 제승이 나와 맞아 들어가니, 노승(老僧)을 불러 문왈,

"내가 보낸 쌀로 음식이 부족지 아니하더뇨?"

노승이 대왈,

"어찌 부족하리이꼬. 너무 황감(惶感)하도소이다."

길동이 이에 상좌에 앉고 제승을 일제히 청하여 각기 상을 받게 하고, 먼저 술을 내와 마시며 차례로 권하니, 모든 중들이 황감함을 마지아니하더라. 길동이 이에 상을 받고 먹더니 문득 모래 하나를 가만히 입에 넣고 깨무니, 그 소리가 가장 큰지라. 제승들이 듣고 놀라 사죄하거늘, 길동이 거짓 대로(大怒)하여 꾸짖어 왈,

"너희 등이 어찌 음식을 이다지 부정히 하였나뇨? 반드시 나를 능멸

(淩蔑)히 알고 이리 함이라."
하고 종자를 분부하여 제승을 한 줄로 결박하여 앉히니, 사중(寺中)이
21 황급하여 아무리 할 줄을 모르는지라. 이윽고 대적(大賊) 수백여 명이
일시에 달려들어 모든 재물을 탈취하여 제 것 가져가듯 하니, 제승이 이
를 보고 다만 입으로 소리만 할 뿐이러라.

이때 불목하니 마침 나아갔다가 이에 들어와 이런 경상(景狀)을 보고 즉시 도로 나아가 관가에 가 고하니, 합천 원(員)이 문기언(聞其言)하고 관군을 조발(調發)하여 그 도적을 잡으라 하니, 관군이 청령(聽令)하고 즉시 수백여 명이 일시에 도적의 뒤를 좇을새, 문득 보니 한 늙은 중이 송낙을 쓰고 장삼(長衫)을 입고 높은 뫼에 올라앉아 외쳐 왈,

"도적이 북녘 소로(小路)로 갔으니 빨리 좇아가 잡으소서."

하거늘, 관군이 그 절 중인가 하여 풍우(風雨)같이 북편 소로로 찾아 나아가다가, 날이 점점 저물거늘, 잡지 못하고 돌아가니라.

길동이 제적(諸賊)을 남편 대로(大路)로 보내고 제 홀로 중의 복색을
22 하고 관군을 속여 무사히 굴혈로 돌아오니, 모든 도적이 모든 재물을 벌
써 수탐(搜探)하여 왔는지라. 길동이 옴을 보고 제적이 일시에 나와 맞
으며 분분(紛紛)히 사례 왈,

"장군의 묘계는 이루 난측(難測)이로소이다."

길동이 소왈(笑曰),

"대장부가 이만 재주가 없으면 어찌 중인의 괴수(魁首)가 되리오?"

하더라.

이후로 길동이 조선 팔도로 다니며 각도(各道), 각읍(各邑) 수령(守令)이며 혹 불의로 재물을 취하면 탈취하고, 나라에 속한 재물은 하나도 침범치 아니하며, 혹 지빈무의(至貧無依)한 자 있으면 구제하고, 백성을 추호도 범(犯)치 아니하니, 이러므로 제적의 마음이 그 의취(意趣)있음을 항복하더라.

일일은 길동이 제인(諸人)을 모으고 의논하여 가로대,

"이제 함경감사(咸鏡監司) 탐관오리(貪官汚吏)로 준민지고택(浚民之膏澤)하여 백성이 견디지 못하는지라. 우리 등이 이제를 당하여 그저 두지 못하리니 그대 등은 나의 지휘대로 하라."

하고, 하나씩 흘러 들어가 아무 날 밤으로 기약을 정하고, 남문 밖에 불
을 지르니, 감사가 대경실색(大驚失色)하여 그 불을 구하라 한대, 모든 23
관속이며 백성들이 일시에 달려들어 그 불을 구할새, 이때 길동의 수백 적당(賊黨)이 일시에 성중으로 달려들어 일변 창고를 열고 전곡을 취하고, 일변 군기를 수탐하여 가지고 북문으로 달아나니, 성중이 요란하여 물 끓듯 하는지라. 감사가 불의지변(不意之變)을 당하여 어찌할 줄 모르더니, 날이 이미 밝은 후에 살펴보니 창고의 군기와 전곡이 하나도 없이 일공(一空)이 되었는지라. 감사가 대경실색하여 그 도적 잡기를 힘쓰더니, 홀연 북문에 방(榜)을 붙였으되,

> 아무 날 밤에 전곡 도적하여 간 자는 활빈당(活貧黨) 행수(行首) 홍길동이라.

하였거늘, 감사가 발군(發軍)하여 그 도적을 잡으라 하더라.

차설(且說). 길동이 모든 도적으로 더불어 전곡과 군기를 많이 도적하
였으되, 행여 길에서 잡힐까 염려하여 둔갑법(遁甲法)과 축지법(縮地法) 24
을 행하여 처소로 돌아오니라. 이때 날이 이미 새고자 하였더라.

일일은 길동이 제인을 모으고 의논하여 왈,

"이제 우리 합천 해인사를 치고 또 함경감영을 쳐 전곡과 재물이며 군기 등속(等屬)을 탈취하였사오니, 이 소문이 파다하여 소요(騷擾)하려니와, 나의 성명을 써서 감영에 붙이고 왔으니, 오래지 아니하여 우리 등이 잡히기 쉬우리니, 그대 등은 나의 재주를 보라."

하고, 즉시 초인(草人) 일곱을 만들어 진언(眞言)을 염(念)하고 혼백을
붙이고 있더니, 이윽고 일곱 길동이 일시에 팔을 뽐내며 크게 소리하여
왈,[6] 한 곳에 모두 앉아 난만(爛漫)히 수작하니 어느 것이 정(正) 길동인
지 진가(眞假)를 아지 못할러라. 하나씩 팔도에 흩어지되 각기 사람 수
25 백 명씩 거느리고 행하여 가니, 그 중에도 정 길동이 어느 곳으로 간 바
를 아지 못할러라. 합하여 여덟 길동이 팔도에 하나씩 다니며 호풍환우
(呼風喚雨)하는 술법을 행하며 조화가 무궁하니, 각 도 각 읍 창고의 곡
식과 재물을 일야간(一夜間)에 종적이 없이 가져가며, 서울로 올리는 봉
물(封物)을 의심 없이 탈취하니, 팔도 각 읍이 이 경상(景狀)을 당하매
어찌 소동치 아니하리오? 백성들이 밤이면 능히 잠을 이루지 못하고 또
한 도로에 행인이 끊어지니, 이러므로 팔도 각 읍이 요란한지라. 팔도
감사가 이 일로 인하여 경사(京師)에 장계(狀啓)하니 대강 하였으되,

> 난데없는 홍길동이란 대적이 와서 능히 호풍환우를 짓고 들어와 각 읍의
> 재물을 탈취하여 인심이 소동하오며, 각 읍에서 봉송(封送)하는 물건을 올라
> 26 오지 못하게 하여 작란(作亂)이 무수하니, 그 도적을 잡지 못하오면 장차 어
> 느 지경에 이를는지 아지 못하오리니, 복망(伏望) 성상은 좌우포청(左右捕
> 廳)으로 하교(下敎)하사 그 도적을 잡게 하옵소서.

하였더라.

상(上)이 보시기를 다 하시고 대경하사 좌우포장(左右捕將)을 명하여 잡으라 하실새, 연(連)하여 팔도에서 장계를 올리는지라. 상이 연하여 떼어 보시니, 도적의 이름이 다 홍길동이라 하였고, 전곡 잃은 날짜를 보시니 한날한시에 잃었는지라. 상이 견필(見畢)에 대경하여 가라사대,

"이 도적의 용맹과 술법은 옛날 치우(蚩尤)라도 당치 못하리로다." 하시고,

---

6) 왈: 이 뒤에 내용이 빠졌거나, '왈'은 잘못 들어간 것임.

"아무리 신기한 놈인들 어찌 한 놈이 또한 팔도에 있어 한날한시에 도적하리오? 이는 심상한 도적이 아니라. 잡기 어려운 도적이니 좌우포장이 이제 발군(發軍)하여 그 도적을 잡으라."

하시니, 이때 우포장 이흡이 출반주(出班奏) 왈,

"신이 비록 재주 없사오나 그 도적을 잡아오리니 전하는 근심 말으소 27
서. 이제 좌우포장이 어찌 병출(幷出)하리이꼬?"

상이 옳게 여기사 급히 발군하라 하시니, 이흡이 발군할새 각각 흩어져 아무 날 문경(聞慶)으로 모도임을 약속하고, 이흡이 약간 포졸 수삼인을 데리고 변복(變服)하고 다니더니, 일일은 날이 저물어서 주점을 찾아 쉬더니, 문득 일위소년(一位少年)이 나귀를 타고 들어와 이흡을 보고 예(禮)하거늘, 포장이 답례한대, 그 소년이 문득 한숨지며 왈,

"보천지하(普天之下)가 막비왕토(莫非王土)요, 솔토지민(率土之民)이 막비왕신(莫非王臣)이라.' 하니, 소생이 비록 향곡(鄕曲)에 있으나 국가를 위하여 근심이로소이다."

포장(捕將)이 거짓 놀라며 왈,

"이 어찌 이름이뇨?"

소년 왈,

"이제 홍길동이라 하는 도적이 팔도로 다니면서 작란이 무수하매 인심이 소동하오되, 이놈을 잡지 못하니 어찌 분한(憤恨)치 아니하리오?"

포장이 이 말을 듣고 왈,

"그대 기골이 장대하고 언어가 충직하니 나와 같이 한가지로 그 도적 28
을 잡음이 어떠하뇨?"

소년이 답왈,

"소생이 벌써부터 잡고자 하나 용력이 있는 사람을 얻지 못하여 그 도적을 잡지 못하고 지금까지 살려 두었더니, 이제 그대를 만났으니 다만 어찌 만행(萬幸)이 아니리오마는, 그대의 재주를 아지 못하니 그윽한

곳을 찾아가 재주를 시험하자."

하고 한가지로 행하여 가더니, 한 곳에 다다르니 높은 바위 있거늘, 그 위에 올라앉으며 이르되,

"그대 힘을 다하여 두 발로 나를 차라."

하고 바위 끝으로 나아가 앉거늘, 포장이 생각하되, '제 아무리 용력이 있은들 내가 한 번 차면 어찌 아니 떨어지리오.' 하고 평생 힘을 다하여 두 발로 매우 차니, 그 소년이 문득 돌아앉으며 왈,

"그대 짐짓 장사로다. 내가 여러 사람을 시험하였으되 나를 요동케 할
29 자가 없더니, 이제 그대에게 차임에 오장이 울리는 듯하도다. 그대 나를
따라오면 길동을 잡으리라."

하고 첩첩한 산곡(山谷) 사이로 들어가거늘, 포장이 문득 생각하되, '나도 힘을 자랑할 만하더니 오늘날 저 소년의 힘을 보니 어찌 놀랍지 아니하리오. 그러나 내 이곳까지 좇아 들어 왔으니 설마 저 소년 혼자라도 길동을 잡기를 근심치 아니하리로다.' 하고, 점점 따라 들어가더니, 그 소년이 문득 돌쳐서며[7] 포장더러 왈,

"이곳이 길동의 굴혈이라. 내 먼저 들어가 탐지하여 올 것이니, 그대는 이제 여기 있어 기다리면 다녀오리라."

하고 가거늘, 포장이 마음에 의심하나 또한 당부하되, '그대는 빨리 행하여 더디지 말고 속히 길동을 잡아옴'을 당부하고 앉아 기다리더라.

이윽고 홀연 산곡 중으로 좇아 수십 건졸(健卒)이 요란하게 소리를 지
30 르고 천병만마(千兵萬馬)가 끌려오는 듯이 몰아 내려오는지라. 포장이
앉아 기다리다가 요란한 소리를 듣고 대경실색(大驚失色)하여 피코자 하더니, 점점 가까이 내려와 불문곡직(不問曲直)하고 달려들어 포장을 결박하며 크게 꾸짖어 왈,

"네 포도대장 이흡이 아닌다? 우리 등이 지부왕(地府王) 명령을 받자

---

7) 돌쳐서며: 돌아서며.

와 이곳까지 들어왔노라."

하고, 철삭(鐵索)으로 여러 군졸 등이 목을 옭아 풍우같이 몰아가는지라. 포장이 부지불각(不知不覺)에 변을 만남에 혼불부체(魂不附體)하여 아무런 줄을 모르고 한 곳에 다다르며, 또한 꿇려 앉히거늘, 포장이 겨우 정신을 진정하여 잠깐 치밀어 보니, 궁궐이 장대한데 무수한 황건역사(黃巾力士)가 좌우에 벌여 섰고 나졸 등이 시립(侍立)하여 겹겹이 둘렀는데, 일위군왕(一位君王)이 좌탑(座榻) 상(上)에 단정히 앉아 여성(厲聲)하여 꾸짖어 이르되,

"네 요마(幺麽) 필부(匹夫)로서 어찌 활빈당 행수 홍장군을 잡으려 하
난다? 이러므로 너를 잡아 풍도(酆都) 섬에 가두오리라." 31

하니, 포장이 황겁(惶怯)하여 잠깐 정신을 차려 배복(拜伏) 주왈(奏曰),

"소인은 본래 인간의 한미한 사람이라. 불의금자(不意今者)에 아무 죄상(罪狀)도 없이 잡혀왔으니 넓으신 덕택을 드리오사 살려 보내옵시기를 바라나이다."

하고 심히 애걸하는지라.

문득 전상(殿上)에서 웃음소리 나며 다시 꾸짖어 이르되,

"이 사람아, 네 포도대장이 아닌다? 네 나를 자시 보라."

하더라.

차청(且聽) 하회(下回)하라.

세(歲) 신축 십일월 일 사직동(社稷洞) 서(書)

권지이

1 화설(話說). 길동이 이르되,

"나는 곧 활빈 행수 홍길동이라. 그대 나를 잡으려 하매 내가 짐짓 그대의 용력과 뜻을 알고자 하여, 작일(昨日)에 내가 청포소년으로 그대를 인도하여 이곳까지 와 나의 재주와 위엄을 뵈게 하고 허다(許多) 위풍을 알게 함이라."

언파(言罷)에 좌우신장(左右神將)과 나졸(邏卒)을 명하여 맨 것을 끄르고 붙들어 당상(堂上)에 앉히고, 시아(侍兒)를 명하여 술을 내와 권하며 이르되,

"그대는 부질없이 다니지 말며 헛수고를 또한 행치 말고 이제 빨리 돌아가되, 그대 나를 보았다 하면 반드시 그대에게 죄책(罪責)이 있을 것이니 부디 이런 말을 일호(一毫)도 내지 말라. 이 일이 그대를 위하여 잠시간(暫時間)이라도 정당히 말하는 것이니 입 밖에 내지 말라."

하고, 또 다시 술을 내와 친히 부어 권하며 좌우를 명하여 포도대장을
내어보내라 하니, 이포장이 마음에 생각하되, 도시 내가 꿈인지 생신지
2 알 수 없으며, 어찌하여 이리 왔으며, 또한 길동의 조화를 신기히 여겨
이미 가고자 하더니, 문득 사지를 요동치 못하니, 또한 괴이히 여겨 겨우
정신을 진정하여 살펴본 즉 가죽부대 속에 들었거늘, 간신히 운동하여
나와 보니 가죽부대 셋이 나무 끝에 달렸거늘, 차례로 내어보니 처음에
떠날 때 데리고 왔던 하인 등이라. 서로 대하여 이르되,

"우리 아시에 떠날 제 문경으로 모이자 하였더니 어찌하여 이곳에 이처럼 왔는고?"

하고 각각 살펴보니, 다른 곳이 아니라 장안 성중 북악(北岳)이라.

사인(四人)이 어이없어 이에 장안을 굽어보며 하인더러 일러 왈,

"너는 어찌하여 이곳에 왔나뇨? 또 너는 어찌하여 한가지로 이곳에 이르렀나뇨? 우리 다 각각 상약(相約)하여 문경으로 문경으로[8] 모였난고?"

하며 서로 이상히 여기니, 삼인이 고왈,

"소인 등은 주점에서 유숙하옵더니, 홀연 풍운에 싸이어 이리 왔사오
니 무슨 연고로 어찌하여 여기까지 왔는 줄을 아지 못함이로소이다." 3

포장 왈,

"이 일이 가장 허무하고 맹랑한 일이니, 그대는 남에게 전설(傳說)하지 말라. 이제로 다시 생각하니 길동의 재주가 불측(不測)하니, 어찌 인력으로 잡을 수단이 있으리오? 우리 등이 이제 그저 돌아가면 단정코 죄를 면치 못하오리니 그렁저렁 수월(數月)을 두류(逗遛)하다가 돌아가자."

하고 북악에서 한가지로 내려가더라.

차시(此時) 상(上)이 팔도에 행관(行關)하여 길동을 잡아들이라 하신
대, 길동의 변화가 불측무궁(不測無窮)하여 기탄(忌憚)없이 장안 대로상
(大路上)으로 혹 초헌(軺軒)도 타고, 혹 말도 타고, 혹 나귀도 타며, 각각
복색을 변하여 임의로 왕래하며, 혹 각 도 각 읍에 노문(路文)도 놓고,
혹 쌍교(雙轎)도 타고 왕래하며, 혹 수의어사(繡衣御使)의 모양도 하여
각읍(各邑) 수령(守令)과 각도(各道) 방백(方伯)이며 탐관오리(貪官汚吏)
하는 자와 불효강상죄인(不孝綱常罪人)이며 불의를 행하는 자와 억매
(抑買) 홍정하는 자를 염문(廉問)하여 문득 선참후계(先斬後啓)하되, 가 4
어사(假御使) 홍길동의 계문(啓聞)이라 하였으니, 차시 상이 더욱 대로
(大怒)하사 가라사대,

---

8) 문경으로: 이 대목은 "모이자 하였더니 어찌 이곳에"라는 말이 들어가야 할 곳이나, 필사자의 잘못으로 '문경으로'가 두 번 들어갔음.

"이 놈이 각 도 각 읍에 다니며 무수히 작란하되 아무도 잡을 자가 없으니 이를 장차 어찌하리오."

하시고 즉시 삼공육경(三公六卿)을 모아 의논하실새, 연하여 각 도 각 읍에서 눈 날리듯 장계하였으되, 모두 홍길동의 작란하는 장계라. 상이 놀라시고 대로하사 차례로 보시며 크게 근심하사 좌우를 보시며 가라사대,

"이를 어찌하여야 판단하며 어찌하여야 좋을꼬?"

하시며 좌우를 돌아보사 가라사대,

"이 놈이 아마도 사람은 아니요 귀신의 작폐(作弊)니, 조신(朝臣) 문무(文武) 중에 뉘 그 근본을 짐작하여 알리오?"

반부(班部) 중으로 일 인이 나아와 출반주 왈,

"홍길동이란 사람을 알고자 하실진대 전임 이조판서 홍모의 서자요, 병조좌랑(兵曹佐郎) 홍인형의 서제(庶弟)오니, 이제 그 부자를 나래(拿來)하여 정히 친문(親問)하시면 전후사(前後事)를 자연 알으시리
5 이다."

상이 들으시고 대로하사 가라사대,

"차사(此事)가 이러할진대 어찌 이제야 주(奏)하나뇨?"

하시고, 즉시 명을 내리사 홍모는 우선 금부(禁府)로 나수(拏囚)하게 하고, 먼저 홍인형을 잡아들여 친국(親鞫)하실새, 천위(天威) 진노(震怒)하사 서안을 치시며 가라사대,

"홍길동이란 도적놈이 너의 서제라 하니, 어찌하여 금단치 못하고 그저 버려두었다가 이처럼 국가의 대변이 되게 하였나뇨? 네가 이제라도 나아가 잡아들이지 아니하면 너희 부자를 충효간(忠孝間) 돌아보지 아니하고 극형하여 죽일 것이니, 또한 빨리 주선(周旋)하여 조선의 대환(大患)을 없이케 하라."

하시니, 인형이 황공하여 복지돈수(伏地頓首) 주왈,

"신(臣)이 천한 아우 있사와 일찍 사람을 살해하옵고 망명도주(亡命逃走)하온 지 장차 수십 년이 지내었사오니 이제 그 존망을 아옵지 못하오며, 신의 늙은 아비 이 일로 인하여 심병(心病)이 심중(深重)하와 명재조석(命在朝夕)이옵고, 또한 길동이 놈이 무도불측(無道不測)하옴으로 6
이렇듯 국가의 환(患)이 되옵고 성상께 근심을 더욱 끼치오니, 복원(伏願) 전하(殿下)는 넓으신 덕과 하해지택(河海之澤)을 드리오사 이제 신의 아비를 사(赦)하시고 집에 돌아가 조병(調病)케 하시면, 신이 죽기로써 길동을 잡아드려 신의 부자의 죄를 속(贖)할까 하나이다."

상이 문주파(聞奏罷)에 천심(天心)이 감동하사 가라사대, 이제 우선 홍모를 사(赦)하시고, 인형으로 경상감사(慶尚監司)를 제수(除授)하시며 가라사대,

"이제 경이 감사(監司)의 기구(機具)가 없으면 다만 길동을 잡지 못할 것이매 장차 일 년을 정한(定限)하여 주나니, 즉시 대후(待候)하여 내려가 아무쪼록 수이 잡아 올리라."

하신대, 인형이 고두백배(叩頭百拜) 사은(謝恩)하고 주왈,

"금일부터 신의 부자의 명(命)은 전하의 덕택이오며, 또한 우중(又重) 영백(嶺伯)까지 사급(賜給)하시니, 간뇌도지(肝腦塗地)하와도 국은(國恩)을 갚을 바를 아지 못하리로소이다."

인하여 숙배(肅拜) 하직한 후에 즉일 발행할새, 여러 날 만에 감영(監
營)에 들어가 도임하고 바로 각 읍과 면면촌촌(面面村村)이 방목(榜目) 7
을 써 붙이되, 이는 길동을 안유(安諭)하여 달래는 글이라. 그 서(書)에 갈왔으되,

> 사람이 세상에 나매 본(本)이 오륜(五倫)이 으뜸이요, 오륜이 있으매 효제충신(孝悌忠信)과 인의예지(仁義禮智)가 분명하거늘, 이 조목을 아지 못하면 금수(禽獸)와 다름이 없사옴이라. 고(故)로 이제 군부(君父)의 명을 거역하고 불충불효(不忠不孝)가 되오면 어찌 세상에 있어 용납하리오? 슬프

다, 우리 아우 길동은 민첩영매(敏捷英邁)하여 다른 사람과 달라 뛰어나게
짐작할 것이요, 이런 일은 응당 알 것이니, 네 이제로 몸소 형을 찾아와 사
로잡히게 하라. 우리 부친이 너로 말미암아 병입골수(病入骨髓)하시고, 성상
이 크게 근심하시니, 차사(此事)로 볼진대 네 죄악이 심중(深重)하고 관영
8 (貫盈)한지라. 이러하므로 네 형 된 사람으로 하여금 특별히 영남도백(嶺南
道伯)을 제수하시고, 즉시 너를 잡아 바치라 하여 계시니, 이를 장차 어찌하
리오? 차사를 생각하며 모진 목숨이 아직까지 부지하였으나, 만약 너를 잡
지 못할 양(樣)이면 우리 집안 누대(累代) 청덕(淸德)이 일조에 멸망지환(滅
亡之患)을 당할지라. 어찌 가련코 슬프지 아니하리오? 너의 형 되는 인생이
죽는 것은 오히려 아깝지 아니하거니와 노친(老親)의 모양 되는 일은 어찌
망극하고 원억(冤抑)지 아니하리오. 바라나니 아우 길동은 이 일을 재삼
생각하여 자현(自現) 곧 하면, 너의 죄는 또한 덜릴 것이요, 겸하여 일문
(一門)을 보전하리니, 너는 천 번 생각하고 만 번 생각하여 자현하기를 바
라노라.

하였더라.

감사가 방을 다 각각 붙이되, 각 도 각 읍에 전령(傳令)하여 공사(公
事)를 전폐(全廢)하고 길동이 자현하기를 기다리더니, 일일은 한 소년이
9 나귀를 타고 하인 수십여 인을 거느리고 원문(院門) 밖에 와 뵈옴을 청
한다 하거늘, 감사가 이 말을 듣고 들어오라 하니, 그 소년이 당상에 올
라 재배하거늘, 감사가 눈을 들어 자시 보니 주야로 기다리던 길동이라.
대경대희(大驚大喜)하여 즉시 좌우를 물리치고, 그 손을 잡아 반김이 넘
쳐 눈물을 흘려 슬픔을 이기지 못하여 왈,

"길동아, 네 한 번 문을 나매 주야로 사생존망(死生存亡)을 몰라 이는 곳을 아지 못하매 부친께옵서 병입골수하와 계시니, 이런 답답한 일이 어디 있으리오. 너는 또한 국가의 큰 근심이 되게 하니, 무슨 일로 마음을 불충불효를 행하며, 또한 도적이 되었난고. 이러하므로 성상이 진노하사 우형(愚兄)으로 하여금 이제 너를 잡아 바치라 하여 계시니, 이는 오히려 피치 못할 죄상이라. 너는 일찍이 경사(京師)에 나아가 천명(天

命)을 순수(順受)함이 옳으니라."
하며 더욱 눈물을 흘려 옷깃을 적시는지라. 길동이 머리를 숙이고 고왈 10
(告曰),

"생(生)이 부형의 위태함을 구코자 하옴이니, 본디 부형이며 대감께옵서 당초에 길동을 위하여 부친을 부친이라 하고 형을 형이라 하였던들 어찌 이 지경에 이르리이까? 왕사(往事)는 이에 일러 쓸 데 없거니와, 이제 소제(小弟)를 결박하여 바로 경사로 압송하여 올려 보내소서."

한대, 감사가 이 말을 듣고 일변 슬퍼하며 일변 장계를 써, 길동을 항쇄족쇄(項鎖足鎖)하여 들것에 싣고 건장한 장교 십여 명을 택출(擇出)하여 길동을 압령(押領)하게 하고, 주야배도(晝夜倍道)하여 경사로 올라올새, 각 읍 백성들이 홍길동이 잡히어 경사로 올린다는 말을 듣고 길이 메어 구경하는 자가 불가승수(不可勝數)러라.

차시(此時) 상이 길동의 잡힘을 들으시고 이에 만조백관(滿朝百官)을 모으시고 친히 국문(鞫問)하실새, 팔도에서 하나씩 잡아 여덟 길동을 일
시에 올리거늘, 저희끼리 진가(眞假)를 서로 아지 못할러라. 저마다 다투 11
어 이르되,

"네가 정(正) 길동이요, 나는 아니라."

하며 서로 싸움을 마지아니니, 어느 것이 정 길동인지 분간치 못할러라.

상이 일변 놀라시고 일변 괴이히 여기사 즉시 홍모를 명하여 가라사대,

"지자(知子)는 막여부(莫如父)라 하였으니, 저 여덟 길동이 중에 어느 것이 경의 아들인지 찾아내라."

한대, 홍공이 돈수청죄(頓首請罪) 왈,

"신(臣)의 천생 길동이는 좌편 다리에 붉은 점이 있사오니 이로 좇아 알리로소이다."

하고 이에 나아가 여덟 길동을 꾸짖어 왈,

“네 이렇듯 천고(千古)에 없는 죄상(罪狀)을 범하였으니, 네 이제 죽기를 아끼지 말라.”
하고 피를 토하며 엎드려 혼절하거늘, 여덟 길동이 이 경상(景狀)을 보고 눈물을 흘리며 낭중(囊中)으로 좇아 환약(丸藥) 일개씩 내어 여덟 길동이 각각 공의 입에 넣으니, 반향(半晌) 후에 정신을 차리는지라. 길동 등이 일시에 상께 주왈,

12 “신의 아비 국은을 입사오니 신이 어찌 감히 이렇듯 불측한 행사를 생심(生心)이나 하오리까마는, 부친을 부친이라 못하옵고 또한 그 형을 형이라 못하오니 평생의 한이 맺혔삽기로, 집을 버리고 적당의 괴수(魁首)되어 팔도에 왕래하오며 탐관오리와 불의행사(不義行事)하는 자를 선참후계(先斬後啓)하였사오니, 성상이 죄를 사(赦)하시고 병조판서를 제수하옵소서. 소신의 원한을 풀어 주옵시면, 신이 즉시 조선지경(朝鮮之境)을 떠나 성상의 심우(心憂)와 부형의 근심을 끼치지 아니코 즉일로 떠나리로소이다.”

언주파(言奏罷)에 여덟 길동이 일시에 체읍(涕泣)하더니, 공이 길동의 다리를 상고(詳考)하니, 여덟 길동이 일시에 다리 내밀어 뵈며 서로 진가를 다투거늘, 공이 망지소조(罔知所措)하더니, 이윽고 길동이 진언을 염(念)함에 문득 초인(草人) 일곱이 순풍이미(順風而靡)[9]하거늘, 공이 길동을 꾸짖어 왈,

“네 이제 죽기를 원(怨)치 말라.”
하고 잡아 결박하니, 길동이 문득 상(上)과 공(公)을 향하여 무수히 배례
13 (拜禮)하고 운무(雲霧)를 멍에하여 이에 공중에 오르며 간 데 없거늘, 상
이 대경하시고 문무백관(文武百官)이 또한 놀라더라.

경상감사가 길동이 도망함을 듣고 근심하더니, 일일은 길동이 또 자현(自現)하거늘, 감사가 왈,

---

9) 순풍이미(順風而靡): 바람을 따라 넘어짐.

"잡혀가기를 자원하니 기특하도다."
하고, 즉시 철삭(鐵索)으로 결박하여 건장한 장교 수십 명을 택출(擇出)하여 길동을 압령(押領)하여 풍우(風雨)같이 몰아 경사(京師)로 올라오되, 길동이 일호(一毫)도 안색을 변치 아니하고 올라오되, 여러 날 만에 경성(京城)에 다다르니, 길동이 또한 몸을 흔들매 철삭이 끊어지고 함거(檻車)가 깨어져 구르며, 공중으로 오르며, 표연(飄然)히 운무에 묻혀가니, 장교와 제군 등이 어이없어 잃을 따름이라. 하릴없어 이 연유를 경사에 상달(上達)하온대, 상이 들으시고 또한 근심하시니, 제신(諸臣) 중에서 일 인이 출반주 왈,

"길동이 소원이 병조판서를 한 번 지내면 조선을 떠나오리라 하오니, 한 번 제 원하는 바를 풀어주면 제 스스로 사은하오리니, 이때를 타 잡
으면 좋을까 하나이다." 14

상이 옳이 여기사 즉시 홍길동으로 하여금 병조판서를 제수하시고, 이 연유로 사대문(四大門)에 방을 붙이고 길동을 명초(命招)하시니, 이때 길동이 이 소식을 듣고 즉시 몸에 사모관대(紗帽冠帶)를 입고 높은 초헌(軺軒)을 타고 사은하러 들어간다 하니, 병조(兵曹) 소속이 나와 맞아 호위하여 들어갈새, 만조백관이 의논하되,

"길동이 오늘날 사은숙배(謝恩肅拜)하고 나오거든 도부수(刀斧手)를 매복하였다가 쳐 죽이라."
하고 약속을 정하였더니, 길동이 이에 궐내에 들어가 숙배하고 주왈,

"신의 죄악이 심중하거늘 도리어 천은을 입사와 평생 한을 푸옵고 돌아가오니, 영결(永訣) 전하 하옵나니, 복망 성상은 만수무강하옵소서."
하고 몸을 공중에 소소아 구름에 싸여 가거늘, 상이 탄왈,

"길동의 재주는 이루 고금에 희한하도다. 제가 이제 조선을 떠났으니 다시는 작폐(作弊)할 길이 없으리라."
하시고 팔도에 길동이 잡는 전령(傳令)을 도로 다 거두시니라. 15

각설(却說). 길동이 돌아가 제적(諸賊)에게 분부하되,

"내가 다녀올 곳이 있으니 너희 등은 일인도 아무 데라도 출입을 말고 내가 돌아오기를 기다리라."

하고, 즉시 길을 떠나 대국(大國) 남경(南京)에 들어가 구경하며, 또한 제도라 하는 섬이 있거늘, 그 곳에 들어가 두루 다니며 산천도 구경하며 인심도 살피더니, 또 오봉산이란 곳에 이른 즉 제일강산이요, 방회(方廻) 칠백 리라.

길동이 내심에 혜오되[10] '내가 이미 조선국을 하직하였으니, 이곳에 들어와 은거(隱居)하였다가 대사를 도모함만 같지 못하다.' 하고 도로 표연히 본곳에 돌아와 제인더러 일러 왈,

"아무 날 양천 강에 가서 배를 많이 지어 모월 모일에 경성 한강에 대령하라. 내 임금에게 주달(奏達)하고 정조(正租) 일천 석(石)을 구득(求得)하여 올 것이니 기약을 어기지 말라."

하더라.

16 차설(且說). 홍공이 길동의 작란이 없으므로 병세 점점 쾌차하니 홍문(洪門)에 큰 근심이 없고, 상이 또한 근심이 없이 지내시더니, 이때는 추구월(秋九月) 망간(望間)이라. 상이 월색을 띠어 후원을 배회하실새, 문득 일진청풍(一陣淸風)이 일어나며 옥저 소리 청아한 가운데 일위소년(一位少年)이 공중으로 좇아 내려와 복지(伏地)하거늘, 상이 경문(驚問) 왈,

"선동(仙童)이 어찌 인간에 강굴(降屈)하며 무슨 일을 이르고자 하나뇨?"

하니, 소년이 주왈,

"신은 전임 병조판서 홍길동이로소이다."

상이 가라사대,

---

10) 혜오되: 헤아리되. 생각하되.

"네 어찌 심야에 왔느냐?"

길동이 대왈(對曰),

"신이 마음을 정치 못하와 무뢰지당(無賴之黨)으로 더불어 관부에 작
폐하고 조정을 요란하게 하옵은 신의 이름을 전하가 알으시게 하옵이러
니, 국은이 망극하와 신의 소원을 풀어주옵시니 충성을 다하여 국은을
만분지일이라도 갚사옴이 신자(臣子)의 떳떳하온 일이옵건마는, 그렇지
못하옵고 도리어 전하를 하직하옵고 조선을 영영 떠나 한없는 길을 가 17
오니, 정조 일천 석을 한강으로 수운(輸運)하여 주옵시면 이제 수천 인
명이 보존하겠사오니, 성상의 넓으신 덕택을 바라옵나이다."

상이 즉시 허락하시니, 길동이 은혜를 사례하고 도로 공중으로 소소아 표연히 가거늘, 상이 그 신기함을 못내 연연(戀戀)히 일컬으시더라. 이미 날이 밝음에 즉시 선혜당상(宣惠堂上)에게 전지(傳旨)하사 정조 일천 석을 수운하여 서강(西江)변으로 내어 보내라 하시니, 아무런 줄을 모르고 정조 일천 석을 거행(擧行)하여 서강으로 수운하였더니, 문득 여러 사람들이 큰 배를 대이고 다 싣고 가니라.

각설(却說). 길동이 정조 일천 석을 얻어 싣고 삼천 명 적당(賊黨)을 거
느려 조선을 하직하고 즉시 떠나 여러 날만에 남경땅 제도섬에 들어가 수
천 여 호 집을 지으며 농업을 힘쓰고, 혹 재주를 배워 군법을 연습하니, 18
가산이 점점 부요(富饒)한지라. 일일은 길동이 제인 등을 불러 일러 왈,

"내 망당산에 들어가 살촉에 바를 약을 얻어 올 것이니, 여등(汝等)은 그 사이 액구를 잘 지키라."

하고 즉일 발선(發船)하여 망당산으로 향할새, 수일 만에 남경땅에 이르러는, 이곳에 만석(萬石)꾼 부자가 있으니 성명은 백룡이라. 일찍 한 딸을 두었으되 인물과 재질이 비상하고 시서(詩書)를 능통하니, 그 부모 극히 사랑하여 영웅호걸을 구하여 사위를 삼고자 하더니, 일일은 풍운이 대작하고 천지 아득하더니 백룡의 딸이 간데없는지라. 백룡의 부부가 슬

펴하여 천금을 흩어 사면으로 찾으되 그 종적을 알 바 없는지라. 거리로 다니며 왈,

"아무라도 내 딸을 찾아주면 만금(萬金)을 줄 뿐만 아니라 마땅히 사위를 삼으리라."

19 하거늘, 길동이 지나가다가 이 말을 듣고 심중에 측은하나 하릴없어 망당산에 이르러 약을 캐며 들어가더니, 날이 이미 저문지라. 정히 주저하더니, 문득 사람의 소리 나며 등촉이 조요(照耀)하거늘, 그곳을 찾아 가니 무슨 괴물이 무수히 당(黨)을 지어 있거늘, 가만히 여어본[11] 즉 비록 사람의 형용 같으나 필경 짐승의 무리라.

원래 이 짐승은 울동이란 짐승이니, 여러 해 산중에 있어 변화가 무궁한지라. 길동이 생각하되, '이 같은 것은 본 바 처음이라. 저것을 잡아 세상 사람을 구경시키리라.' 하고 몸을 감추어 활로 쏘니 그 중 으뜸인 놈이 맞은지라. 소리를 지르거늘, 보니 그 짐승이 맞았는지라. 길동이 큰 나무에 의지하여 밤을 지내고 두루 더듬어 약을 캐더니, 문득 괴물 수삼십 명이 길동을 보고 놀라 문왈(問曰),

"이곳에 아무라도 올라오지 못하거늘, 그대는 무슨 일로 이곳에 이르렀나뇨?"

길동이 답왈,

20 "나는 조선 사람으로서 의술을 아옵더니, 이곳에 선약(仙藥)이 있다는 말을 듣고 찾아 들어왔노라."

한대, 그것이 듣고 대희(大喜)하여 왈,

"이부인(二婦人)을 우리 대왕이 새로 정하고 작야(昨夜)에 잔치하여 즐기더니, 불행하여 천살을 맞아 불분사생(不分死生)하온지라. 그대 선약을 써 우리 대왕을 살려내시면 은혜를 갚사오리니, 한가지로 처소에 돌아가 상처를 보심이 어떠하시뇨?"

---

11) 여어보다: 엿보다.

길동이 생각하되, '이 놈이 내 살에 상한 놈이로다.' 하고, 한가지로 들어가 보니, 화각(畵閣)이 장대한 가운데 흉악한 요괴 좌탑(座榻) 상(上)에 누웠다가 길동이 이름을 보고 몸을 겨우 기동(起動)하며 왈,

"복(僕)이 우연히 무슨 살을 맞아 죽기에 이르렀더니, 오늘날 그대를 만남에 이는 하늘이 명의를 지시하심이로다. 바라건대 재주를 아끼지 말라."

하거늘, 길동이 사사(謝辭)하고 속여 이르되,

"이 상처가 대단치 아니하니, 먼저 내치(內治)할 약을 쓰고 외치(外 21
治)할 약을 바르면 쾌차하오리니 생각하여 하소서."

그 요괴 곧이듣고 대희하는지라. 길동이 그 중 독한 약을 내어주며 일러 왈,

"이 약을 이제로 급히 갈아 쓰라."

하니, 모든 요괴들이 기뻐하여 즉시 온수에 먹이니, 식경(食頃)은 하여 그 요괴 배를 두드리고 눈을 실룩거리며 소리를 지르더니 두어 번 뛰놀다가 죽는지라. 모든 요괴 등이 이 경상(景狀)을 보고 칼을 들고 왈,

"너 같은 흉적(凶賊)을 죽여 우리 대왕의 원수를 갚으리라."

하고 일시에 달려드니, 길동이 홀로 당치 못하여 공중으로 솟으며 활로 무수히 쏘니, 모든 요괴가 아무리 조화가 있은들 어찌 길동의 신기한 술법을 당하리오. 한바탕 싸움에 모든 요괴를 다 죽이고 도로 그 집에 들어가니, 한 돌문 속에 두 여자 있어 서로 죽으려 하거늘, 길동이 보고 또한 계집 요괸가 하여 마저 죽이려 하니, 그 계집이 애걸하거늘, 길동이
칼을 들고 들어가니, 그 계집이 울며 왈, 22

"첩 등은 요괴 아니요, 인간 사람으로서 이곳에 잡혀와 우금(于今) 벗어나지 못하옵더니, 천행으로 장군이 들어와 허다 요괴를 다 죽이고 첩 등의 잔명(殘命)을 구하여 고향에 돌아가게 하옵시니, 은혜 백골이 진토가 되어도 다 갚지 못하리로소이다."

하거늘, 길동이 생각하되 행여 백룡의 딸인가 하여 문득 보니 짐짓 화용월태(花容月態) 경국지색(傾國之色)이라. 인하여 거주성명(居住姓名)을 물으니, 하나는 백룡의 딸이요, 하나는 조철의 딸이라.

길동이 내심에 희한히 여겨 그 여자를 인도하여 이에 낙천현에 이르러 백룡을 찾아보고 전후수말(前後首末)을 일일이 이르고 그 여자를 뵈니, 백룡 부부가 그 여아를 보고 여취여광(如醉如狂)하여 서로 붙들고 울며, 또한 철도 그 여자를 만나보니 조금[12] 더 하더라. 백룡과 조철이
23 서로 의논하고 대연(大宴)을 배설(排設)하며 홍생(洪生)을 맞아 사위를 삼으니, 길동이 나이 이십이 넘도록 원앙(鴛鴦)의 재미를 모르다가 일조(一朝)에 양처(兩妻)를 취하니, 그 견권지정(繾綣之情)이 여산약해(如山若海)러라. 날이 오래매 처소를 생각하고 두 집 가산을 치행(治行)하여 제도로 가니, 모든 사람이 반기더라.

이때는 추칠월(秋七月) 망간(望間)이라. 일일은 길동이 천기를 살펴보니 흉용(洶湧)한지라. 마음이 처량하여 눈물을 흘리거늘, 백소저 물어 왈,

"무슨 일로 하여 저리 슬퍼하시나이까?"

길동이 탄식하여 왈,

"천지간에 용납지 못할 불효를 행하였으니 만사무석지죄인(萬死無惜之罪人)이라. 내 본디 조선국 홍승상의 천첩 소생이라. 대장부의 지기를 또한 펼 길이 없어 이곳에 와 의지하였으나, 매양 부모의 안부를 모르매 주야 영모(永慕)하는 회포 펴보니, 아까 건상(乾象)을 본즉 부친께서 병환이 위중하사 세상을 버리실지라. 이제 내 몸이 만 리 밖에 있어 미처
24 행치 못하고 다만 득달치 못하기로 슬퍼하노라."

하고, 이튿날 원봉산에 나아가 일장대지(一場大地)를 얻고 역군(役軍)을 시켜 산역(山役)을 시작하매 석물(石物) 범절(凡節)이 모두 국릉(國陵)

12) 조금: 경판본에는, "죽었던 자식 보니도곤"이라고 했음.

일체(一體)라. 여러 날 만에 필역(畢役)하고 제인을 불러 큰 배 한 척을 준비하되 조선국 서강 강변으로 등대(等待)하고 있으라. 이에 삭발위승(削髮爲僧)하여 적은 배 한 척을 타고 순풍으로 좇아 돛을 달고 종자(從者) 수십 인을 거느려 조선국으로 향하여 나아가니라.

각설(却說). 홍상서가 길동이 멀리 간 후로부터 제액(諸厄) 근심이 잠깐 없이 지내매, 광음(光陰)이 홀홀(欻欻)하여 저근덧 사이에 연만(年晚) 팔순(八旬)이 되었는지라. 수한(壽限)이 마치매 홀연 득병(得病)하여 날로 점점 위중하니, 부인과 인형이 주야로 시측(侍側)하여 병소(病所)를 떠나지 못하고 정성을 극진히 하더니, 판서가 부인과 인형을 불러 왈,

"이제 내 나이 팔십이라 죽으나 무한이로되, 다만 한하는 바는 길동의
사생을 아지 못하기로 유한(有恨)이 되었기에 눈을 감지 못할지라. 제가 25
만일 생존하였거든 적서를 가리지 말고 그 원을 풀어 형우제공(兄友弟恭)과 부자유친(父子有親)이 온전하기를 다만 바라나니, 내 말을 잊지 말고 부디 명심하라."

하고 인하여 말을 마치며 명(命)이 진(盡)하니, 일가(一家)가 망극하여 곡성이 그치지 아니하고, 초종범절(初終凡節)을 극진히 차릴새, 차시(此時) 밖에 하인이 들어와 고(告)하되,

"문밖에 어떠한 중이 와 상공(相公)과 한가지로 영위(靈位)에 조문하렸노라 하고 통하더이다."

하거늘, 모두 들어오라 하니, 그 중이 들어와 복지(伏地)하여 방성대곡(放聲大哭)하기를 오래도록 하다가 여막(廬幕)에 나아가 인형을 보고 통곡하여 왈,

"형장(兄丈)이 어찌 소제(小弟)를 몰라보시나니이까?"

하니, 상인(喪人)이 그제야 자시 보니 과연 길동이어늘, 반가움을 참고 또한 붙들고 울며 왈,

"네 그 사이 어디 가 있더뇨? 부친이 생시에 매양 너를 생각하여 잊지

26 못하시고 임종에 유언이 간절하시니, 어찌 인자(人子)의 차마 할 바리오?" 하며 손을 이끌고 내당에 들어가 부인께 뵙고 또한 춘랑을 불러 서로 보게 하니, 모자가 붙들고 울다가 길동을 보고 왈,

"네 어찌하여 중이 되었나뇨?"

길동이 대왈,

"소자가 조선지경을 떠나 삭발위승하옵고 지술(地術)을 배워 생계를 삼고 명(命)을 부지(扶持)하였사옵더니, 그 사이 부친이 기세(棄世)하심을 짐작하고 불원만리(不遠萬里)하와 주야로 헤지 아니하고 이제 왔나이다."

부인과 춘랑이 눈물을 거두고 왈,

"네 또한 지술을 배워 가졌으면, 네 재주 천하에 진동할지라. 부공(父公)을 위하여 좋은 산지를 얻어 부자지도(父子之道)를 극진히 하고, 또한 우리 너를 바라고 믿는 바를 저버리지 아니케 하여 좋은 길지(吉地)를 얻어 장사지내기를 바라노라."

길동이 대왈,

"소자가 과연 산소 쓸 자리를 얻어놓고 왔사오나, 길이 멀기가 천 리 밖이라. 생각을 하온즉 행상(行喪)하기가 어렵사와 이로 근심이로소이다."

27 부인과 인형이 이 말을 듣고 일변 허황히 여기고, 일변 그 효성이 지극함을 겸하여 아는 고로 반갑게 여겨 물어 왈,

"현제(賢弟) 이제 길지(吉地) 곧 얻었을 양(樣)이면 어찌 원근을 헤아리리오?"

하거늘, 길동이 대왈,

"그러하오면 형장의 말씀대로 행상하올 제구(諸具)를 지체 말고, 명일로 발행하실 기구(器具)를 차리옵소서. 소제 벌써 안장(安葬)하올 택일(擇日)까지 하여 산역(山役)을 시작하였사오니, 형장은 근심치 말으소서."

하고 제 모친 데려감을 청하니, 부인과 좌랑이 마지못하여 허락하니, 길

동과 춘랑이 기꺼하더라.

차시 길동이 행상을 거느려 발행할새, 형제 뒤를 따라 제 모친과 한가지로 모시고 서강 강변에 이르니, 길동이 지휘하였던 선척(船隻)이 벌써 등대(等待)하였는지라. 일시에 배를 타고 행선(行船)하여 나아가니, 망망대해(茫茫大海)에 순풍을 만나 돛을 달고 물골을 찾아 행하니, 그 배 빠르기가 살 같은지라. 한 곳에 이르매 인형이 길동더러 왈,

"이 일이 어찌하여 이렇게 만경창파(萬頃蒼波) 대해를 건너고, 향하 28
는 바를 아지 못하니 무슨 연고이뇨? 자세히 일러 우형(愚兄)의 마음을
시원케 하라."

길동이 대왈,

"형장은 염려마옵소서."

하고, 그제야 전후 사단(事端)을 여차여차한 일이며 이곳에 길지 정한 바를 고하고, 군을 풀어 행상을 나리워 호위하여 산상(山上)으로 뫼시게 하고, 형제 뒤를 따라 산상으로 점점 나아가니, 봉만(峰巒)이 빼어나며 산세 기이하여 거룩하니 아마도 방장(方丈) 봉래산(蓬萊山)이 이곳인가 의심하더라.

행하여 한 곳에 다다르니, 인민(人民)이 산역(山役)을 부지런히 하니, 인물이 다 장대하며 범인이 아닌 듯한지라. 바로 산지(山地)를 가리키거늘, 인형이 자시 보니 산맥(山脈)은 심히 아름답고 또한 산 범절이 정히 국릉일체(國陵一體)라. 일분(一分) 차착(差錯)이 없거늘, 인형이 대경하여 길동더러 물어 왈,

"이 일이 어찌하여 범람(氾濫)하게 역사(役事)를 하였으며, 또한 능소
(陵所)나 다름이 없거늘, 심히 울울(鬱鬱)하여 놀랍기 측량 없노라." 29

길동 대왈,

"형장은 조금도 놀라지 마소서."

하고, 쇠를 띄워[13)] 시각을 기다려 하관(下棺)하온 후에 승(僧)의 복색을

고쳐 최복(衰服)을 입고 새로이 애통하니, 산천초목이 슬퍼하는 듯한지라. 장례를 마친 후 한가지로 길동의 처소에 돌아오니, 백소저와 조소저가 당중(堂中)에 이르러 존고(尊姑)를 맞아 예(禮)하고, 또한 숙숙(叔叔)을 맞아 예를 마치니, 좌랑(佐郞)이며 춘랑이 반가움을 측량치 못할러라. 이러구러 여러 날이 되매 길동이 그 형더러 일러 왈,

"친산(親山)을 이곳에 뫼셔 향화(香火)를 극진히 지내려니와 대대로 장상(將相)이 그치지 아니할 것이니, 형장은 이제 바삐 돌아가 부인의 기다리심을 없게 하소서."

하거늘, 인형이 이 말을 듣고 또한 그렇게 여겨 인하여 하직할새, 벌써 행중범절(行中凡節)을 준비하였더라. 행한 지 여러 날 만에 본국에 득달
30 하여 모부인을 뵈옵고 전후사연을 낱낱이 고하며 대지(大地)를 얻어 안장한 연유를 여쭈오니, 부인이 또한 신기히 여기더라.

각설. 길동이 부친 산소를 제 땅에 뫼시고 조석제전(朝夕祭奠)을 지성으로 지내더니, 제인(諸人)이 탄복치 아닐 이 없더라. 광음(光陰)이 여류(如流)하여 삼상(三喪)을 다 지내고 또한 다시 무예를 연습하며 농업을 힘쓰니 수년지내(數年之內)에 병정양족(兵精粮足)하여 뉘 알 이 없더라.

차설. 이때 율도국 왕이 무도(無道)하여 정사를 닦지 아니하고 주색에 침닉(沈溺)하여 백성이 도탄(塗炭)에 들었는지라. 일일은 길동이 제인더러 일러 왈,

"우리 이제 병정양족하매 무도한 율도를 침이 어떠하뇨?"

제인이 일시에 응성(應聲)하여 율도왕 치기를 자원하거늘, 길동이 이에 허만달과 굴돌통으로 선봉을 삼고, 장길로 참모사(參謀師)를 삼고, 길동이 스스로 중군(中軍)이 되어 각각 군사 오백 명을 거느려 먼저 선봉
31 허만달 굴돌통을 보내어,

"율도에 들어가면 자연 좋은 계교가 있으리라. 먼저 그 허실을 탐지하

13) 쇠를 띄워: 묏자리 앞에서 지남철을 놓고 방향을 잡음.

고 외응내협(外應內協)하면 반드시 율도왕을 근심치 아니하여도 성사하리라."
하거늘, 제장(諸將)이 청령(聽令)하고, 먼저 허만달 굴돌통이 각 읍으로 두루 돌아 민심을 살펴보고 십일 주(州)를 다 구경하며 왕도(王都)에 이르니, 이곳은 제일명승지지(第一名勝之地)라. 의관문물(衣冠文物)이 번화하고 영웅호걸들이 무리지어 왕래하며, 창기(娼妓) 풍악(風樂)이 곳곳이 번화하더라.

차시(此時) 율도왕이 주색에 침닉하여 정사를 돌아보지 아니하고 후원에 잔치를 배설하여 일일연락(日日連樂)하니, 간신이 승간(乘間)하여 일어나고, 조정이 어지러워 백성이 서로 살해하니, 지식 있는 사람은 깊은 산중에 들어가 은거하여 난을 피하는지라. 굴돌통이 허만달로 더불어 두루 돌아 민심과 국정을 살피고 돌아올새, 한 주현(州縣)에 다다르니 관문(官門) 앞에 두 소년이 엎드려 슬피 애통하더라.

하회(下回) 분석(分釋)하라.

세(歲) 신축 십일월 일 사직동 서

권지삼 종(終)

1 화설(話說). 허만달 굴돌통 양인이 각 읍에 두루 돌아 민심도 살피고 십일주를 다 구경하고 왕도에 이르니, 이곳은 제일 명승지라. 의관문물이 번화하고 영웅호걸들이 무리지어 왕래하고, 창기 풍악이 곳곳이 번화하더라.

차시 율도왕이 주색에 침닉하여 정사를 돌아보지 아니하고, 후원에 잔치를 배설하여 일일연락하니, 간신이 승간하여 일어나고 조정이 어지러워 백성을 살해하니, 지식 있는 사람은 깊은 산중에 들어가 은거하여 난을 피하는지라. 굴돌통이 허만달로 더불어 두루 돌아 민심과 국정을 살피고 돌아올새, 한 주현에 다다르니, 관문 앞에 두 소년이 엎드려 슬피 통곡하며 관리를 잡고 애걸하며 몸을 부딪치며 부모를 살려지라 하거늘, 관리들이 숫두어러[1] 왈,

2 "원님이 어려우니 어찌 대신함을 바라리오? 일찍이 재물을 바쳐 살기를 구하라."

하니, 두 소년이 슬피 통곡하거늘, 만달이 나아가 소년에게 통곡하는 연고를 물으니, 양인이 대왈,

"우리는 이곳 사람으로 가친(家親)이 옥에 갇혔으매 몸으로 대신하고 부친을 구하려 하나, 원님이 회뢰(賄賂)를 바치면 죄를 사(赦)하리라 하오니, 어디 가 은자(銀子)를 얻으리오? 이러하므로 통곡하나이다."

만달이 들음에 가장 측은히 여겨 즉시 은자를 주니, 관리가 받아 가지고 즉시 가거늘, 그 소년이 붙들고 사례하여 가로되,

"죽어가는 사람을 살리시니 은혜 백골난망(白骨難忘)이라. 존성대명

---

1) 숫두어러: 수군거려. 웅성웅성하여.

(尊姓大名)을 듣고자 하나이다."

만달 왈,

"구태여 우리 성명은 알아 무엇하리오? 약소한 재물을 주고 과한 사례를 받으리오? 일찍이 바치고 부모를 살리라."

하고 총총히 돌아가 주점에서 쉬더니, 문득 여남은 사람이 급히 들어오
니, 이는 저희 군사라. 만달 등이 급히 데리고 수풀 속에 들어와 돌통더 3
러 왈,

"이제 홍장군의 명이 국정을 살피고 기약을 어기오지 말라 하였으니 오래지 않아 대군(大軍)이 이를지라. 급히 돌아가 대군을 영접하러 왔나이다."

하거늘, 굴돌통 허만달이 날랜 군사 오십 명을 뽑아 귀에 대어 가로되,

"여등(汝等)은 태홍현 성중(城中)에 들어가 사처(四處)에 숨었다가 이리이리 하라. 대군이 이르는 날 성을 취하리라."

약속을 정하여 보내고, 이날 밤에 높은 대(臺)에 올라 멀리 바라보니, 차시는 시월(十月) 망간(望間)이라. 금풍(金風)은 소슬하여 찬 기운이 사람을 침노하고, 소상강(瀟湘江) 떼기러기는 맑은 소리로 북을 향하여 날아가고, 월색(月色)은 동령(東嶺)에 비치어 해수(海水)가 백깁[2]을 펼친 듯한데, 서북으로 바라보니 홀연 화광(火光)이 연천(連天)하며 점점 가까이 오거늘, 만달이 대경(大驚) 대희(大喜) 왈,

"이제 대군이 이르니 우리 영접하여 태홍현을 취하리라."

하고, 급히 내려와 선중(船中)에 머물던 군사를 육지에 내리고, 수백 군 4
을 지휘하여 대군을 영접하게 하고, 삼백 정병(精兵)을 거느려 불 놓을 기계(器械)를 가지고 나아갈새, 굴돌통은 수십인을 데리고 높은 산에 올라 불을 들어 형세를 돕더라.

길동의 대군이 호호탕탕(浩浩蕩蕩)이 행하여 율도국 지경에 이르니,

---

2) 백깁: 흰 비단.

먼저 왔던 장수 나아가 영접할새, 전장군(前將軍) 장길이 먼저 육지에 내려 풍우같이 나아오니, 만달이 합병(合兵)하여 성하(城下)에 이른대, 연염(煙焰)이 창천(漲天)하고 화세(火勢) 급한지라. 문득 성문을 크게 열고 대군을 맞아들이거늘, 허만달·장길 등이 대군을 몰아 일시에 물밀 듯 들어가니 성중이 대란(大亂)하는지라. 장길 왈,

"홍장군이 전령(傳令)하되, '추호(秋毫)를 불범(不犯)하라.' 하니, 이제 백성이 불의지변(不意之變)을 당하여 수미(首尾)를 모르는지라. 일변으로 사문(四門)에 방을 붙여 백성을 안무(按撫)하라."

하고, 관사(官舍)에 들어가 백성을 잡아내니, 김순이 크게 놀라 아무리
5 할 줄 아지 못하거늘, 만달 왈,

"이는 착한 사람이니 죽이지 말라."

한대, 김순을 길동에게 뵈니, 길동이 그 맨 것을 끄르고 위로하여 놀란 것을 진정한 후 데리고 성에 들어가 백성을 안무하고 잔치를 배설하여 즐길새, 수일을 머물러 쉬고 김순으로 참모사(參謀師)를 삼고 군사를 세 떼에 나눠 물밀 듯 나아가니, 지나는 바에 대적할 이 없고 각 읍 주현이 바람을 좇아 항복하는지라. 선봉장 허만달 굴돌통이 선척(船隻) 수천을 거느려 나아가더니, 앞에 두 소년이 포의옥대(布衣玉帶)로 나아오다가 군사를 보고 피하여 달아나거늘, 군사 따라가 잡아오니, 이 다른 사람이 아니라 전일 노중(路中)에서 구하던 최도기 형제어늘, 만달이 대희하여 길동을 뵌대, 길동이 기꺼 선봉 참군(參軍)을 삼아 나아갈 새, 대군이 여수성에 이르니, 산천이 험악하고 성이 높으며 해자(垓字)가 깊고 자사
6 (刺史)가 성을 지키었으니 성명은 문주적이라. 수하(手下)에 정병 수만이 있고 장수 삼십 원(員)이요, 겸하여 만부부당지용(萬夫不當之勇)이 있는지라.

문득 체탐(體探)이 보(報)하되,

"난데없는 도적이 일어나 반월(半月) 못하여 삼십여 성을 항복받고

지금 성하에 이르렀다."

하거늘, 자사 대경하여 즉시 군사를 일으켜 사문을 굳이 지키고 제장(諸將)을 모와 의논 왈,

"이제 이름 없는 도적이 일어나 아국지경(我國之境)을 범하여 삼일 내에 삼십여 성을 항복받고 지금 성하에 이르렀으니, 무슨 묘책으로 도적을 파(破)할꼬?"

제장 왈,

"도적의 근본과 허실을 아지 못하고 성에 나가 대적하다가 패하면, 우리 예기(銳氣) 최찰(摧擦)할 뿐이오니, 다만 성을 굳이 지키고 밖으로 구병(救兵)을 기다려 합병하여 치면 가히 한 북에 파하리라."

주적 왈,

"이제 도적이 성하에 이르렀거늘 나가 싸우지 아니하고 성을 지키다가 양식이 진(盡)하면 군중이 어지러니 어찌 앉아 곤(困)함을 받으리오? 여등(汝等)은 겁하거든 물러가라."

하고, 정병 오천을 거느려 성문을 대개(大開)하고 나는 듯이 나아오거늘, 7
길동이 성 십 리에 영채(營寨)를 세우고 두 선봉으로 치라하더니, 자사가 군을 거느려 나옴을 보고 대희하여 피갑상마(被甲上馬)하여 문기(門旗) 아래 나서니, 자사가 또한 진세(陣勢)를 이루고 피갑상마하여 진전(陣前)의 나서니, 양인이 상대하매, 길동이 황금투구에 보신갑(保身甲)을 입고 천리부운총(千里浮雲驄)을 타고 손에 보검을 들었으니, 위풍이 늠름하고 제장이 옹위(擁衛)하였더라. 자사는 자금(紫金)투구에 홍금갑(紅錦甲)을 입고 자추마(紫騅馬)를 타고 손에 장창(長槍)을 들었으니, 위풍이 늠름하고 풍채 빼어났더라. 채를 들어 길동을 가리켜 왈,

"무명 소적(小敵)이 감히 국가를 침범하여 삼십여 성을 앗고 나의 성하에 이른다? 일찍 항복하여 죽기를 면하라. 불연즉(不然則) 너희 성명을 보전치 못하고 편갑(片甲)도 남기지 아니하리라."

길동이 대로 왈,

"황구소아(黃口小兒)가 맹호를 모르고 감히 큰 말을 하난다? 이제 너
8 희 국왕이 정사가 불명(不明)하여 주색에 침닉하고 충량(忠良)을 살해하며 백성을 도탄(塗炭)하니, 내 이제 천명을 받자와 무도혼군(無道昏君)의 유죄자(有罪者)를 치나니, 일찍이 항복하여 무죄한 생령(生靈)을 구하라."

자사가 대로(大怒)하여 좌우를 돌아보아 왈,

"뉘 능히 이 도적을 잡을꼬?"

말이 맞지 못하여 등 뒤로 좇아 한 장수가 응성출마(應聲出馬)하니 이는 손응모라. 창을 두루며 대호(大呼) 왈,

"뉘 나를 대적할다?"

하고 진전(陣前)에서 왕래치빙(往來馳騁)하거늘, 굴돌통 허만달이 좌우로 내달아 응모를 취하여 수십 합을 싸우되 불분승부(不分勝負)러니, 응모가 기운이 진하여 정심(正心)이 어지럽거늘, 자사가 대로하여 장창을 빗기고 말을 달려 짓쳐 나아가 응모를 구하고 바로 길동을 취하거늘, 길동이 맞아 싸워 오십 합에 이르러 길동이 문득 패하여 본진을 바라고 서(西)흐로 행하거늘, 만달 등 모든 장수 일시에 군사를 거느려 급히 달아나니, 자사가 군사를 지휘하여 급히 짓쳐 십여 리를 따라 일진을 대살
9 하고 돌아가더라. 만달 왈,

"장군이 패함은 어찌된 일이니이꼬?"

길동이 웃어 왈,

"이는 계교라. 만일 저로 더불어 싸우면 힘만 허비할 따름이요, 성을 파(破)치 못하리니, 이제 저희 이김을 인하여 오늘 밤에 우리 진을 겁칙하리니, 모로미 계교 위에 계교를 써 성을 파하리라."

제장이 그 신기한 지략을 탄복하더라.

이에 길동이 굴돌통 허만달 장길 등 삼장(三將)을 불러 분부 왈,

"그대 등은 철기(鐵騎) 삼천을 거느려 성 우편에 나아가 산 뒤에 매복하였다가 도적이 지나거든 길을 막고 마주 치라."

삼장이 청령하고 군을 거느려 가니라. 또 최도기 최도성 김순을 불러 왈,

"그대 등은 본현군(本縣軍) 일천을 거느려 성중 군사 맨드리하고[3] 성 좌편으로 나아가 수풀이 무성한 곳에 매복하였다가, 자사 나간 후에 성하에 나아가 여차여차 하면 성문을 열어 들이리니, 대군을 영접하여 성을 취하라."

또 정찬 정기 정수 삼장을 불러 왈,

"너희는 일만 정병을 거느려 성 우편 소로에 매복하였다가, 성문을 열고 나오거든 김순 등을 집응(執應)하여 성을 취하되 추호도 백성을 살해하지 말라."

제장이 각각 청령하고 군을 거느려 물러가거늘, 또 허만대 허만충을 불러 왈,

"너희는 일천 군을 거느려 영채(營寨) 밖에 매복하였다가 적병이 이르거든 불을 들어 형세를 삼고 내달아 엄살(掩殺)하라."

하고, 이에 전령하여 넓은 들에 거짓 영채를 세우고 날랜 군사 사백여 명으로 하여금 쟁, 북을 울려 도적을 기다리고, 기여(其餘) 제장은 길동이 거느리고 서문 성하로 나아가 매복하더라.

자사가 일진을 이기고 돌아오니 제장이 하례(賀禮) 왈,

"장군의 용력은 당할 자가 없을까 하나이다."

자사가 왈,

"이번 싸움에 도적의 장수를 잡을러니, 제 스스로 겁하여 달아났으니 멀리 아니 갔을지라. 오늘 밤에 따라 불의에 겁칙하면 한 북에 도적을 가히 파하리라."

3) 성중 군사 맨드리하고: 성중의 군사인 것처럼 하고.

하고, 일만 정병을 거느려 초경(初更)에 밥 먹고 이경(二更)에 행군할새,
11 손응모로 성을 지키우고 행하여 가더니, 멀리 바라보니 수리 허(許)에 영채를 곳곳이 이루고 쟁, 북을 어지러이 울리거늘, 자사가 일군을 지휘하여 일시에 고함하고 짓쳐 들어가니, 문득 사람은 하나도 없고 헛 기치(旗幟)만 꽂았거늘, 바야흐로 계교를 행한 줄 알고 급히 퇴군하더니, 일성포향(一聲砲響)에 채(寨) 밖으로서 불이 일어나며 일표군(一驃軍)이 살출(殺出)하니 위수대장(爲首大將)은 허만대 허만충이라. 크게 엄살하니, 자사가 싸울 마음이 없어 제장에게 뒤를 막으라 하고 일군을 휘동(麾動)하여 나아가더니, 문득 일성포향에 산상으로서 일군이 내달아 길을 막고 대호 왈,

"문주적은 닫지 말라. 허만달 굴돌통 장길이 이에서 기다린 지 오래더니라."

하거늘, 자사가 분력(奮力)하여 싸워 길을 앗아 달아날새, 김순이 성하에 숨었더니, 자사가 나옴을 보고 일군(一軍)을 인하여 성하에 나아가 외쳐 왈,

"문장군이 적병에 싸이었으니 급히 나와 구하라."

12 하거늘, 성 지킨 군사가 보니 저희 군사와 같은지라. 의심치 아니코 손응모가 일군을 거느려 급히 나아오거늘, 최도기 손이 이는 곳에 응모의 머리 마하(馬下)에 떨어지니 군사가 사산분주(四散奔走)하는지라. 정찬 등이 문이 열림을 보고 급히 일만 정병을 거느려 물밀 듯 들어가니 성중이 대란(大亂)하거늘, 일변(一邊)으로 백성을 안무(按撫)하고 성상에 기치를 벌여 위엄을 삼더라.

차시 자사가 싼 데를 헤치고 일군을 거느려 달아날새, 오장(五將)이 합병(合兵)하여 일진(一陣)을 대살(大殺)하니 주검이 뫼 같고 피 흘러 내가 되었더라. 자사가 겨우 수백 기(騎)를 거느려 성하에 이르니, 이 도적이 벌써 성을 취하여 성상(城上)에 기치를 꽂았거늘, 자사가 하릴없어

철봉산성으로 가리라 하고 오백 기를 거느리고 달아나더니, 문득 일성포향에 일원대장이 가는 길을 막고 대호 왈,

“자사 문주적은 닫지 말라. 활빈당 행수 의병장 홍길동이 기다린 지 오래다.”

하거늘, 자사가 죽기 싸워 겨우 난을 벗어나 철봉산성으로 달아나다. 13

길동이 대대(大隊) 인마를 거느려 성에 들어가 대연을 배설하여 삼군을 호상(犒賞)하고 제장으로 더불어 의논 왈,

“이제 칠십여 성을 항복받았으나 앞에 철봉산성이 있으니 그 곳을 취하면 왕도(王都)는 여반장(如反掌)이라. 무슨 묘책으로 이 성을 취할꼬?”

김순이 대왈,

“철봉산성이 산천이 험악하여 쉬이 파키 어렵고, 태수 김현충은 문무가 겸전한 장수라. 신출귀몰(神出鬼沒)한 재주가 있거늘, 또 문주적이 그 곳으로 달아났으니 준비함이 있을지라. 장군이 먼저 격서를 보내고 대군을 삼로(三路)로 나누어 나아가면 가히 한 북에 파하리니다.”

길동이 옳이 여겨 먼저 격서를 보내고 대군을 삼로로 나눠 나아가다.

각설. 철봉태수 김현충이 정히 공사(公事)를 다스리더니, 홀연 성중이 요란하며 군사가 급히 들어와 보하되,

“난데없는 도적이 일어나 한 달이 못하여 네 주현(州縣)을 파하고 칠 14
십여 성을 항복받아 나아오니, 그 세(勢) 대따림[4] 같고 태산맹호(泰山猛虎) 같아 자사가 싸우다가 패하여 이르렀다.”

하거늘, 태수 대경하여 자사를 맞아 들어가 대연을 배설하여 삼군을 호상(犒賞)하고 제장으로 더불어 의논 왈,

“이제 칠십여 성을 적에게 앗기고, 이제 장군이 적으로 더불어 싸웠으니 도적의 허실을 알지라. 무슨 묘책으로 도적을 파하리오?”

“이 도적은 타국 도적이라. 적장의 성명은 홍길동이요, 만부부당지용

---

4) 세(勢) 대따림: 파죽지세(破竹之勢).

(萬夫不當之勇)이 있으며 겸하여 신출귀몰한 재주가 있으니 가히 경적(輕敵)지 못하리라. 성을 굳이 지키고 사람으로 하여금 왕도(王都)에 보장(報狀)하여 밖으로 구원 병졸이 오거든 합병하여 치면 가히 도적을 잡으리이다."

태수가 왈,

"장군의 말이 옳다."

하고, 일변 율도왕에게 고급(告急)한 후 성중 백성으로 성을 지키고 군사를 일으켜 요해처(要害處)를 수엄(守嚴)하며, 일변으로 군용(軍容)을
15 정제하여 대적코자 하더라.

차시 길동이 네 주현을 항복받고 칠십여 성을 얻으매 위풍과 인덕이 사방에 진동하는지라. 자못 의기양양하여 철봉성하에 이르러 보니, 성상에 기치 삼열(森列)하여 성을 굳이 지키고 준비함이 있거늘, 길동이 성하에 진세를 이루고 격서를 보내니, 하였으되,

> 활빈당 행수(行首) 의병장 홍길동은 일봉서(一封書)를 태수에게 부치나니, 내 천명을 받자와 의병을 일으켜 행하는 바에 각 읍 군현이 망풍귀순(望風歸順)하여 항복하거늘, 너는 망령되이 나의 군사를 항거코자 하니 어찌 어리지[5] 아니하리오? 성을 파하는 날 네 성명(性命)을 보전치 못하리니, 너는 모로미 일찍 항복하여 생령(生靈)을 구하고 천명을 순수(順受)하면 군(君)을 봉(封)하고 열후(列侯)를 삼아 부귀를 한가지로 하리라.

하였더라.

태수가 제장으로 더불어 도적 칠 일을 의논하더니, 소졸(小卒)이 보하
16 되, '홍길동의 격서가 이르렀다.' 하거늘, 태수가 받아 떼어 보고 대로하여 격서를 찢어 땅에 던지고 왈,

"무명 소적이 어찌 감히 나를 수욕(授辱)하리오?"

---

5) 어리다: 어리석다.

하고 칼을 들고 일떠서며 꾸짖어 왈,

"내 당당히 이 도적을 죽여 분(憤)을 설(雪)하리라."

하니, 좌우가 간왈(諫曰),

"장군은 도적을 경(輕)히 여기지 말으소서. 이제 문장군도 오히려 패하였으니, 어찌 일시 분을 참지 못하여 나가 싸우다가 도적의 간계에 빠지면 성을 보전치 못할지라. 이제 구원을 기다려 치면 도적을 한 북에 파하리이다."

하더라.

이튿날 평명(平明)에 하령(下令) 왈,

"나는 본디 하향(遐鄕) 조그만 선비로서 천은(天恩)을 입사와 나로 하여금 이곳 태수를 하였으니, 몸이 맟도록 국은을 만분지일이나 갚고자 하나니, 제군(諸軍)은 한가지로 힘을 다하여 도적을 파할진대 나라에 주(奏)하고 높은 벼슬을 얻어 부귀를 누리게 하리라. 만일 영을 어기는 자가 있으면 군법을 행하리니 삼가고 삼갈지어다."

제인이 일시에 팔을 뽐내어 한 번 싸우기를 원하거늘, 태수가 군심(軍 17
心)이 이 같음을 짐작하고 짐짓 돋우어 가로대,

"여등(汝等)이 싸우다가 만일 불행함이 있으면 어찌 원통치 아니하리오. 이제 노약(老弱)과 환과고독지인(鰥寡孤獨之人)을 뽑아 돌려보내리라."

하고 전령 왈,

"여등(汝等)은 각각 돌아가 부모를 반기며, 처자를 반기며, 전지(戰地)에 임(臨)치 말라."

하니, 삼군이 태수의 덕택을 탄복하여 각골감은(刻骨感恩)하거늘, 태수 문주적으로 성을 지키우고, 정병 수만을 거느려 성 밖에 진치고, 이튿날 양군이 대진하고 접전할새, 태수가 갑(甲)을 입고 말에 올라 장창을 들고 문기(門旗) 아래 서서 대호(大呼) 왈,

"적장은 빨리 나와 내 칼을 받으라."

하거늘, 길동이 제장을 거느려 문기 아래 나오니, 황금봉시(黃金鳳翅)투구에 용린보신갑(龍鱗保身甲) 입고 총이말을 타고 보검을 들었으니, 위풍이 늠름하더라. 태수가 채를 들어 길동을 가리켜 왈,

18 "무명 소적이 개미 같은 무리를 거느려 감히 아국지경(我國之境)을 침범하나뇨? 일찍이 항복하여 죽기를 면하라. 불연즉 편갑(片甲)도 돌려 보내지 아니하리라."

길동이 대로(大怒) 질왈(叱曰),

"너희 국왕이 정사를 다스리지 아니하고 주색에 침닉(沈溺)하여 충량을 살해하고 백성을 도탄(塗炭)하니, 이는 망국(亡國)할 때라. 내 천명을 받자와 의병을 일으켜 진발(進發)하매, 지나는 바에 망풍귀순(望風歸順)하여 칠십여 성을 항복 받고 이에 이르렀거늘, 감히 큰 말을 하난다? 모로미 일찍 귀순하여 죽기를 면하라."

태수가 대로하여 정창출마(挺槍出馬)하여 달려들거늘, 길동이 대로하여 좌우를 돌아보아 왈,

"뉘 능히 도적을 잡을꼬?"

언미필(言未畢)에 한 장수 대호 왈,

"닭 잡는데 어찌 소 잡는 연장을 쓰리오?"

하거늘, 모두 보니 이는 선봉장 굴돌통이라. 이에 말을 뛰어 진전(陣前)에 나와 크게 꾸짖어 왈,

"네 천시(天時)를 모르고 망령되이 우리 병(兵)을 항거코자 하는다? 우리 대장군은 응천순인(應天順人)하여 소과군현(所過郡縣)이 망풍귀순
19 하는지라. 네 모로미 천명을 순수(順受)하여 쾌히 나와 항복하여 죽기를 면하라."

하니, 태수 분기충천(憤氣衝天)하여 맞아 싸워 이십여 합에 불분승부(不分勝負)러니, 태수가 정신을 가다듬어 크게 소리를 지르고 창을 들어 굴돌통의 말 가슴을 찔러 엎지러치니, 이때 길동이 선봉의 위급함을 보고

즉시 진언(眞言)을 염(念)하여 육정육갑(六丁六甲)으로 돌통을 구하여 오라 하니, 신장(神將)이 청령하고 풍운을 멍에하여 나아가 구하여왔거늘, 길동이 돌통을 불러 놀람을 위로하고 제장을 모아 상의 왈,

"태수의 용맹은 우리 군중에 당할 이 없으리니, 졸연(猝然)히 파(破)키 어려운지라. 이제 계교로써 사로잡으리라."

하고, 즉시 오원대장(五員大將)을 뽑아 귀에 대고 이리이리하라 하니 오장(五將)이 청령하고, 이튿날 굴돌통이 출마(出馬) 대호(大呼) 왈,

"무지 필부는 빨리 나와 내 칼을 받아라."

태수가 대로하여 돌통으로 더불어 교전 수십 합에 돌통이 거짓 패하
여 달아나거늘, 태수가 급히 따라 산곡에 이르러는 문득 일성포향(一聲 20
砲響)에 복병(伏兵)이 살출(殺出)하거늘, 태수 놀라 돌아보니 일원대장이 황금투구 쓰고 황의(黃衣) 황건(黃巾)에 사륜거(四輪車)를 타고 황의군(黃衣軍)을 몰아 내닫거늘, 태수가 더욱 황겁(惶怯)하여 동(東)을 바라고 닫더니, 또 일원대장이 청의(青衣) 청건(青巾)에 청룡(青龍)을 타고 청의군(青衣軍) 거느려 동(東)을 막거늘, 태수가 능히 나아가지 못하고 남(南)으로 닫더니, 또 일원 대장이 홍포(紅袍) 홍건(紅巾)을 입고 주작(朱雀)을 타고 홍의군(紅衣軍) 거느려 길을 막거늘, 태수가 대적지 못하여 서(西)흐로 달아나니, 또 일원 대장이 백건(白巾) 백포(白袍)를 입고 백호(白虎)를 타고 백의군(白衣軍)을 거느려 서(西)를 막거늘, 태수가 정신을 정치 못하여 북(北)을 바라고 닫더니, 또 일원대장이 흑건(黑巾) 흑포(黑袍)를 입고 현무(玄武)를 타고 흑의군(黑衣軍) 거느려 길을 막으니, 태수가 아무리 할 줄을 몰라 망지소조(罔知所措) 할 즈음에 홀연 한 선관(仙官)이 공중에서 내려와 대호 왈,

"너 조그마한 필부가 한갓 용(勇)만 믿고 감히 의병을 항거코자 하니 21
어찌 요대(饒貸)하리오."

언필(言畢)에 산상에서 신장이 내려와 태수를 결박하여 말게 내리치

니, 길동이 이에 군사로 하여금 잡아 돌아오니라.

차시 문주적이 태수의 패함을 보고 일군(一軍)을 인(引)하여 성문을 크게 열고 불의에 내달아 영채를 엄살하거늘, 만달 등 중장(衆將)이 함께 내달아 교봉(交鋒) 십여 합에 불분승부(不分勝負)러니, 김용철이 철퇴를 들어 주적을 쳐 죽이고 여군(餘軍)을 항복받으니, 길동의 대군이 물밀듯 성에 들어가 백성을 안무하고 관사에 좌정하매 태수를 계하(階下)에 꿇리고 여성(厲聲) 대매(大罵) 왈,

"네 이제도 항(降)치 아니할다?"

태수가 눈을 부릅뜨고 크게 꾸짖어 왈,

"내가 일시 간계에 속아 네게 사로잡혔으나 어찌 살기를 도모하여 도적에게 굴하리오? 빨리 죽여 나의 충성을 온전케 하라."

하고 소리를 벽력같이 지르거늘, 길동이 앙천(仰天) 탄왈(歎曰),

22 "이는 짐짓 충신이라. 내 어찌 해하리오?"

하고, 좌우를 물리치고 친히 내려와 맨 것을 끌러 좌(座)를 주고 칭찬 왈,

"장군은 짐짓 고자(古者) 충신으로 다름이 없도다."

드디어 주찬(酒饌)을 내와 관대(款待)하며 놀란 것을 위로하니, 태수가 길동의 의기를 보고 그제야 사례 왈,

"장군이 패군지장(敗軍之將)을 이렇듯 관대하시니 어찌 항복지 아니하리오."

길동이 대희하여 설연관대(設宴款待)할새, 태수로 더불어 즐기고 인하여 태수를 머물러 성을 지키우고, 이튿날 대군을 휘동(麾動)하여 왕도에 이르니, 이곳은 산천이 험악하고 성곽이 견고하여 족히 만리장성에 비길러라. 길동이 대군을 정제하여 성 삼십 리에 물러 하채(下寨)하고, 율도국왕에게 격서를 전하니 왈,

> 활빈당 행수 의병장 홍길동은 삼가 글월을 율도왕에게 부치나니, 천하는

> 한 사람의 천하가 아니라. 자고로 성탕(成湯)은 성인이시되 걸(桀)을 치시고,
> 무왕(武王)은 성군이시되 주(紂)를 치신지라. 이러므로 내 의병을 일으켜 삼 23
> 군을 영솔하여 대강을 건너매 향하는 바에 능히 대적할 이 없는지라. 벌써
> 칠십여 성을 항복받으니, 군위(軍威) 대진(大振)하고 인덕(仁德)이 해내(海
> 內)에 진동하는지라. 율도국왕은 일찍 천명을 순수하여 항복하고 생령(生靈)
> 을 구하면 전가(傳家)를 보전하고 열후(列侯)를 봉하여 부귀를 한가지로 하
> 려니와, 불연즉(不然則) 나라가 망하고 성이 파(破)하는 날은 옥석(玉石)이
> 구분(俱焚)하리라. 후에 뉘우치나 밎지 못하리니 왕은 숙찰지(熟察之)하라.

하였더라.

수성장(守城將)이 격서를 거두어 왕께 드린대, 왕이 보기를 맟고 대로하여 문무제신(文武諸臣)을 모아 의논 왈,

"무명 소적이 어찌 감히 이렇듯 하리오. 뉘 능히 이 도적을 잡아 과인의 근심을 덜리오."

제신이 주왈,

"이제 적세(敵勢) 호대(浩大)하여 칠십여 성을 항복받고 성하에 이르렀으니, 패함이 조석에 있을지라. 대왕은 급히 군사를 조발(調發)하사 성을 지키고 맹장(猛將)을 택출하여 도적을 방비하옵소서."

왕이 청파(聽罷)에 대로 왈,

"적이 성하에 임하였거늘 어찌 앉아서 물러감을 기다리리오? 나라가 24
망하면 내 몸이 돌아갈 데 없고 죽어 묻힐 땅이 없을지라. 내 적으로 더
불어 사생을 결(決)하리라."

즉시 경국지병(傾國之兵)을 조발하여 왕이 친정(親征)할새, 모골대로 선봉을 삼고 김일대로 후응사(後應師)를 삼고, 왕이 스스로 중군(中軍)이 되어 제신(諸臣)을 거느려 나아갈새, 먼저 사람으로 하여금 적세를 탐정(探偵)하라 하니, 돌아와 보(報)하되,

"적병이 벌써 흑제성을 파하고 병(兵)을 나누어 삼로(三路)로 나아

온다."
하거늘, 왕이 삼군을 호령하여 삼경(三更) 통고[6]에 성을 떠나 행하여 양관(襄關)에 이르러 하채(下寨)하니, 길동의 군사가 벌써 양관 사십 리에 하채하고 제장(諸將)을 불러 분부하되,

"명일 오시(午時)에 율도왕을 가히 사로잡으리니 시각을 어기오지 말라. 위령자(違令者)는 참(斬)하리라."
하고, 선봉 굴돌통 허만달을 불러 왈,

"여등(汝等)은 일천 군을 거느려 양관 남편 소로(小路)로 가 매복하였다가 여차여차 하라."
25 하고, 좌장군 이의경과 전장군 장길을 불러 왈,

"그대는 삼천군을 거느려 산곡 좌편에 매복하였다가 여차여차 하라."
하고, 후군장 정창 정기 정수를 불러 왈,

"너희 등은 일만 정병을 거느려 양관 우편 소로에 매복하였다가 여차여차 하라."
하니, 제장이 각각 청령하고 인군(引軍)하여 가거늘, 이튿날 길동이 일진군을 거느려 진문(陣門)을 대개(大開)하고 출마 대호 왈,

"무도한 율도왕은 들어라. 그대 주색에 침닉(沈溺)하여 간언(諫言)을 쓰지 아니하고 무죄한 백성을 살해하니 이는 걸주(桀紂)의 치(治)라. 천의 어찌 무심하시리오? 이러므로 내 의병을 일으켜 이에 이르렀으니 빨리 나와 항복하여 만성인민(滿城人民)을 구하라."

왕이 대로하여 토산마(兎產馬)를 타고 쌍검(雙劍)을 들어 길동과 싸우더니, 미급(未及) 삼 합에 길동이 거짓 패하여 달아나거늘, 율도왕이 따르더니 선봉장 굴돌통이 좌편 수풀 가운데로서 좇아 내닫거늘, 모골대
26 산곡을 보고 달아나거늘, 율도왕이 꾸짖고 급히 따라 양관을 나와 산곡으로 들어가거늘, 율국 제장이 크게 외쳐 왈,

6) 통고: 미상.

"대왕은 따르지 마소서. 그곳이 산세 험악하니 반드시 간계가 있는가 하나이다."

왕이 분노 왈,

"내 어찌 저를 두리리오?"

하고, 말을 채쳐 따라 점점 깊은 데를 들어가니 길이 좁고 산천이 험악하거늘, 정히 주저하더니, 문득 일성포향(一聲砲響)에 사면 복병(伏兵)이 내달아 크게 엄살(掩殺)하는지라. 왕이 대경하여 급히 퇴군하더니, 또 일지군(一枝軍)이 내달아 길을 막으니 위수대장(爲首大將)은 홍길동이라. 손에 장창(長槍)을 들고 총이마(驄耳馬)를 타고 대호 왈,

"율도왕은 닫지 말라."

하거늘, 왕이 길동을 봄에 분기대발(憤氣大發)하여 맞아 싸워 사십여 합에 불분승부더니, 돌통이 군을 돌이켜 철통같이 싸고 치니, 금고(金鼓) 함성이 천지진동(天地震動)하더라. 왕이 정히 시살(廝殺)하더니, 또 보하되,

"적병이 본진(本陣)에 불을 놓고 충살(衝殺)하나이다."

왕이 듣고 싸울 마음이 없어 말을 돌이켜 달아나더니, 전면에 일진광 27
풍(一陣狂風)이 일어나며 화광(火光)이 충천하거늘, 왕이 앙탄(仰歎) 왈,

"내 남을 경히 여겨 이런 화를 만났으니 누를 한하리오?"

언파에 칼을 들어 자문(自刎)하니, 그 아들 창이 부왕의 시신을 붙들고 통곡하다가 자결하니라.

이때 왕의 군사가 일시에 항복하거늘, 길동이 군을 거두어 본진에 돌아와 왕의 부자를 왕례(王禮)로 장(葬)하고, 이날 제장을 거느려 풍악을 갖추고 도성에 들어가 백성을 안무하고, 대연을 배설하여 군사를 호궤(犒饋)하고 제장을 각각 벼슬을 하일새, 굴돌통으로 순무대장(巡撫大將) 안찰사(按察使)를 하이어 각 읍을 순행하이게 하고, 허만달로 상장(上將)을 하이고, 허만대로 거기장군(車騎將軍)을 하이고, 김현충으로 원융

사(元戎師)를 하이고, 기여(其餘) 제장(諸將)은 각각 차례로 공로를 보아 수령(守令), 방백(方伯)을 하이고, 군졸도 상사(賞賜)를 후(厚)히 하여, 창름(倉廩)을 열어 백성에게 나누어 주니 백성이 감열(感悅)하여 산호만세
28 (山呼萬歲)를 하고 은혜를 감축하더라.

십일월 갑자일(甲子日)에 길동이 즉위하니, 만조백관(滿朝百官)이 만세를 부르고 즐기는 소리 일국에 진동하더라. 왕이 제장을 각각 봉작(封爵)을 더하고, 부친 승상공(丞相公)을 추증(追贈)하여 현덕왕이라 하고, 백룡으로 부원군(府院君)을 봉하고, 모친으로 태왕비(太王妃)를 봉하고, 백씨로 왕비를 봉하고, 조씨로 충렬좌부인(忠烈左婦人)을 봉하고, 정씨로 숙렬우부인(淑烈右婦人)을 봉하고, 각각 궁을 수축하여 거하게 하고, 부친 산소를 선릉이라 하고, 승상부인으로 현덕태왕후를 봉하고, 신료(臣僚)를 보내어 실가(悉家)를 호행(護行)하여 와 궁중에 안돈(安頓)하니라.

왕이 즉위함으로부터 덕을 닦으며 정사를 어질게 하니, 십 년이 못하여 국태민안(國泰民安)하고 산무도적(山無盜賊)하며 도불습유(道不拾遺)하여 격양가(擊壤歌)를 부르니 태평세계러라. 일일은 왕이 조회(朝會)를 받을새 제신을 대하여 왈,

"과인(寡人)이 한 회포가 있으니, 경등(卿等)은 들으라. 내 이제 왕위에 즉(卽)하나 선릉은 조선지경(朝鮮之卿)[7]이요, 의외에 병조판서를 지
29 내고 정조(正租) 일천 석을 사급하시매 국은을 입사왔으니 어찌 천은을 잊으리오? 제신(諸臣) 중 지용지사(智勇之士)를 가리어 사(使)를 삼아 표주(表奏)하고 선릉에 헌작(獻爵)코자 하나니, 경등은 뜻이 어떠하뇨?"

제신이 주왈(奏曰),

"하교가 마땅하시니 한림학사(翰林學士) 정희로 사신을 정하사이다."

---

7) 선릉은 조선지경(朝鮮之卿): 아버지는 조선의 고관(高官). 선릉은 길동의 아버지 무덤이나, 여기서는 길동이 자신의 아버지를 가리키는 말로 썼음.

왕이 즉시 정희를 인견(引見) 왈,

"과인이 경으로 조선 사신을 정하나니, 조선에 나아가 태황후와 형공(兄公)을 모셔 오면 공을 중히 갚으리라."

정희 주왈,

"신이 명심하여 모셔오리이다."

왕이 대희하여 이튿날 일봉표(一封表)와 금주보패(金珠寶貝)와 서간을 만들어 모후(母后)와 형공께 각각 부치더라.

정희 즉시 하직하고 배를 타 행한 지 삼삭(三朔)만에 조선국 서강(西江)에 배를 대고 경성에 들어가 표를 올리니, 차시 상이 길동을 보내시고 그 재주의 신기함을 칭찬하사 세월이 여류하여 여러 해 되었더니, 일일(一日)은 문득 근시(近侍) 주왈,

"율도국이 표문을 올렸나이다."

상이 놀라사 받아 어람(御覽)하시니,

> 전임 병조판서 율도왕 홍길동은 돈수백배(頓首百拜)하옵고 일장(一張)
> 표문을 받들어 왕상 탑하(榻下)에 올리옵나니, 신은 본래 미천한 몸으로 왕 30
> 작(王爵)을 누리오니 이는 전하의 홍복(洪福)을 힘입사옴이라. 왕사(往事)를 생각하오면 황송전율(惶悚戰慄)하온지라. 복원 성상은 신의 무상(無狀)한 죄를 사하시고 만세(萬世)로 안강(安康)하옵소서.

하였더라. 상이 남필(覽畢)에 대경(大驚) 대찬(大讚)하시고 즉시 홍상서를 패초(牌招)하사 율도왕의 표문을 뵈시고 칭찬하사 위유(慰諭)하시니, 상서가 주왈,

"성상(聖上)의 홍복(洪福)을 입사와 신이 율도국에 나아가 위유하고자 하나이다."

상이 의윤(依允)하사 율국 위유사(慰諭使)를 하이시니, 상서가 하직숙배(肅拜)하고 집에 돌아와 태부인을 모시고 경성을 떠나 서강에 이르

러 배에 올라 순풍을 좇아 돛을 달고 수삭(數朔)만에 율도국에 이르니, 왕이 중사(中使)를 보내어 영접하고 멀리 나와 맞아 들어갈새, 그 장한 위의(威儀) 비할 데 없더라. 성에 들어가 바로 궐중(闕中)에 가니 백씨 등이 절하여 뵌대, 태부인(太夫人)이 애휼(愛恤)하고 문왈,

"상공의 산소를 어디 뫼셨나뇨?"

왕 왈,

"일봉산[8] 하에 모셨나이다."

31 부인 왈,

"한 번 다녀오리라."

왕이 태모(太母)를 뫼셔 선릉에 이르니, 부인이 능소에 올라 일성통곡(一聲痛哭)에 기절하니, 왕과 상서가 급히 구하여 궁중에 돌아와 인하여 졸하니 시년(時年)이 팔십이러라. 왕과 상서가 붕천지통(崩天之痛)을 당하니, 어찌 슬프지 아니하리오. 좌우가 구하여 인사를 차리매 장일(葬日)을 택하여 선릉에 합장하고 새로이 애통함을 마지아니터라.

차시 홍상서가 사군지심(事君之心)이 간절하여 조선으로 행할새, 선릉에 통곡 하직하고 궁중 상하를 이별함에, 배를 타고 무사히 득달하여 예궐복명(詣闕復命)하니라. 차시 율도국왕이 형공을 이별하고 궁중에 돌아와 세월을 보내더니, 왕모(王母)가 연(年)이 칠십에 이르러 우연히 촉상(觸傷)하여 졸하니, 일국(一國)이 발상거애(發喪擧哀)하고 능호(陵號)를 현능이라 하다. 삼년 종제(終制)를 무사히 지내고 일일연락(日日宴樂)하더라.

왕이 일찍 삼자를 두었으니, 장자(長子)의 명은 현이니 왕비 백씨의 소생이요, 차자(次子)의 명은 창이니 정씨의 소생이요, 삼자(三子)의 명
32 은 석이니 조씨의 소생이라. 장자 현으로 세자를 봉하였더라.

왕이 등극한 지 수십 년에 나이 육십을 당함에 적송자(赤松子)의 자

8) 일봉산: 앞에서는 원봉산이라고 했음.

취를 찾고자 하여, 일일은 문무(文武)를 모아 전위(傳位)하고 양자(兩子)를 각각 땅을 베어 군(君)을 봉하고 풍류를 갖추어 즐길새, 왕이 노래 불러 왈,

> 세상을 생각하니 인생이 초로(草露) 같고 백 년이 유수(流水)로다.
> 부귀빈천(富貴貧賤)이 시유여(是有如)니 반생갱여하(半生更如何)오.
> 안기생(安期生) 적송자는 내 벗인가 하노라.

왕이 가파(歌罷)에 추연강개(惆然慷慨)하며 막불유체(莫不流涕)러라.

원래 도성 삼십 리 허(許)에 한 명산이 있으니, 호왈(號曰), '영산'이라. 경개 절승(絶勝)하고 신선이 내려와 노는 곳이라. 왕이 그곳에 한 정자를 이루고 백씨로 더불어 그 곳에 처하여 선도(仙道)를 닦으니, 일월정기(日月精氣)를 마시고 화식(火食)을 먹지 아니하니 정신이 청한(淸閑)한지라.

일일은 오색구름이 정자에 어리고 뇌정벽력(雷霆霹靂)이 천지진동
하거늘, 신왕(新王)이 대경하여 제신(諸臣)을 거느려 영산에 올라가 보 33
니 물색(物色)은 의구(依舊)하되 부왕과 모비(母妃)는 없는지라. 놀라
찾되 마침내 종적이 없는지라. 하릴없어 돌아와 허능(虛陵)에 허장(虛
葬)하니라.

왕의 자손이 대대로 왕작을 누리매 기이한 사적을 민멸(泯滅)키 아까울새 대강 기록하노라.

세(歲) 신축 십일월 일 사직동 서(書)

4. 조종업본과 경판30장본

	조종업본	경판30장본	
	홍길동전 권지일	홍길동전 권지단(卷之單)	
1	화설(話說). 대명(大明) 경태(景泰) 연간에 조선국 세조조 때에 동화문 밖에 일위 재상이 있으니, 성은 홍이요 명은 ○○○라. 대대 ○○○○이요 청덕수○○○○○○○○ 또한 공검정직하여 ○○○○○○ 찍 용문에 올라 벼슬이 ○○○○○○ 물망이 높으며 충효겸전○○○○ 추앙하는 바 되고, 상이 ○○○○○○ 금백으로써 많이 상사○○○○○○ 일국에 진동○○○○○○은 인형이니 정실 유부인 소생이요, 소년에 등과하여 벼슬이 한림(翰林)에 거하였고, 차자 길동은 시비 춘낭의 소생이라.	화설(話說). 조선국 세종조 시절에 한 재상이 있으니 성은 홍이요 명(名)은 모(某)라. 대대 명문거족(名門巨族)으로 소년등과(少年登科)하여 벼슬이 이조판서에 이르매, 물망(物望)이 조야(朝野)에 으뜸이요, 충효겸비(忠孝兼備)하기로 이름이 일국에 진동하더라. 일찍 두 아들을 두었으니, 일자(一子)는 이름이 인형이니 정실(正室) 유씨 소생이요, 일자는 이름이 길동이니 시비(侍婢) 춘섬의 소생이라.	1
2	공이 길동을 나을 때에 방춘화시(芳春花時)를 당하여 몸이 곤비(困憊)하여 이에 화원 난간을 의지하여 잠깐 조으더니, 문득 한 곳에 들어가니 청산은 첩첩하고 녹수는 잔잔한데, 황금 같은 꾀꼬리는 양류간(楊柳間)에 왕래하여 춘흥을 돋우니 경개 절승하여 가장 아름답더라. 공이 춘경을 탐하여 점점 나아가니, 길이 끊어지고 층암절벽은 하늘에 연(連)하였고, 흐르는 폭포는 백룡이 있어 조으는 듯, 석담(石潭)에	선시(先時)에 공(公)이 길동을 낳을 때에 일몽(一夢)을 얻으니, 문득 뇌정벽력(雷霆霹靂)이 진동하며 청룡이 수염을 거스리고 공에게 향하여 달려들거늘, 놀라 깨달으니 일장춘몽(一場春夢)이라.	

	채운이 가득하였거늘, 공이 춘흥을 이기지 못하여 석상에 올라 걸터앉아 고요히 양수(兩手)로 맑은 물을 우희여 수파를 희롱하더니, 홀연 뇌정벽력(雷霆霹靂)이 천지를 진동하는 가운데 물결이 흉용(洶湧)하여, 또 일진청풍이 대작하며 오색 채운이 일어나는 곳에 청룡이 수염을 거스리고 눈을 부릅뜨고 주홍 같은 큰 입을 벌리고 공을 향하여 바로 달려들거늘, 공이 혼비백산하여 아무리 할 줄 모르고 황황하여 몸을 급히 피하다가 문득 깨달으니 남가일몽(南柯一夢)이라.	
	심중(心中)에 가장 의혹하며 또한 대희(大喜)하여 즉시 일어나 바로 내당으로 들어가니 부인이 몸을 일어 맞거늘, 공이 희색이 만면하여 부인의 옥수를 잡고 친합(親合)코자 하더니, 부인이 손을 떨치고 정색 대왈(對曰),	심중(心中)에 대희(大喜)하여 생각하되, '내 이제 용몽(龍夢)을 얻었으니 반드시 귀한 자식을 낳으리라' 하고 즉시 내당으로 들어가니, 부인 유씨 일어 맞거늘, 공이 흔연(欣然)히 그 옥수를 이끌어 정히 친합(親合)고자 하거늘, 부인이 정색 왈(曰),
3	"상공의 체위(體位) 존중하실 뿐 아니라 또한 소년이 아니시거늘, 하물며 시비의 무리들이 규방을 엿봄을 생각지 아니하시고 백주에 체면을 잃으시고 연소경박자(年少輕薄子)의 불측 비루한 행실을 전혀 본받고자 하시니, 첩이 그윽이 명공을 위하여 취치 않아 남에게 알까 하나이다."	"상공이 체위(體位) 존중하시거늘, 연소경박자(年少輕薄子)의 비루함을 행(行)코자 하시니 첩은 봉행(奉行)치 아니하리로소이다."
	하고, 언흘(言訖)에 발연작색(勃然作色)하여 언어가 한설(寒雪) 같고 즉시 몸을 일어 방문을 열고 밖으로 나가니, 공이 가장 무류하여 몽사를 설화코자 하나 천기(天機)를 누설함이 불가한지라, 분노함을 참지 못하여 미온지색(未穩之色)을 띠고 밖으로 나와 당중(堂中)에 앉아 부인의 헤아림이 없음을 홀로 한탄하기를 마지아니하더니, 마침 시비 춘섬이 차를 받들어 올리	하고, 언파(言罷)에 손을 떨치고 나가거늘, 공이 가장 무류하여 분기를 참지 못하고 외당(外堂)에 나와 부인의 지식이 없음을 한탄하더니, 마침 시비 춘섬이 차를 올리기로 그 고요함을 인하여 춘섬을 이끌고 협실(夾室)에 들어가 정히 친합하니, 이때 춘섬의 나이 십팔이라. 한 번 몸을 허(許)한 후로 문외에 나지 아니하고 타인을 취할 뜻이 없으니, 공이 기특히 여겨 인하여

거늘, 공이 차를 받은 후 좌우가 고요함을 인하여 춘섬을 이끌어 협실(夾室)에 들어가 친합하니, 섬의 나이 십팔에 이르고, 비록 천비나 천성이 가장 온순하고 자못 약간 자색이 있더라. 공이 불시에 위력으로 친합하니, 춘섬이 감히 항거치 못하여 드디어 공의 뜻을 순히 하여 몸을 허(許)한 후는 이후로부터 방문을 나지 아니하고 다시 다른 장부를 취할 뜻을 두지 아니하니, 4 공이 그 절개를 기특히 여겨 인하여 첩을 삼으니라. 춘낭(娘)이 그 달부터 잉태하여 십삭(十朔) 만에 일개 옥동(玉童)을 생(生)하니, 그 아이 설부(雪膚) 윤택함이 백설이 엉긴 듯하고, 옥으로 깎은 듯한 안모(顔貌)와 추월(秋月) 같은 풍채 짐짓 영웅의 기상이러라. 공이 일견(一見)에 대희하여 이름을 길동이라 하다. 그 아이 점점 자라 인사를 알매 기골이 더욱 비범하여, 하나를 들으매 열을 통하고 열을 들은 즉 백을 통하여 만사에 모를 것이 없으니, 또한 총명이 과인하여 한 번 눈으로 보고 귀로 들으면 잊지 아니하는지라. 공이 길동의 기이함을 알고 가만히 탄왈, "천도무심(天道無心)하여 알음이 없음 같도다. 이러한 영걸로서 어찌 나의 부인에게 내지 아니하시고, 천비 춘섬에게 났는고?" 하더라. 일일은 공이 길동의 손을 이끌어 앞에 앉히고 길이 탄하여 가로대, "부인은 내 말을 들으소서. 이 아이 비록 영걸이나 천비의 소생이니 쓸 데 없는지라. 원통할사 부인의 고집한 탓이라."	잉첩(媵妾)을 삼았더니, 과연 그 달부터 태기(胎氣) 있어 십삭(十朔) 만에 일개 옥동(玉童)을 생(生)하니, 기골이 비범하여 짐짓 영웅호걸의 기상이라. 공이 일변 기꺼하나 부인에게 나지 못함을 한하더라.

5 하니, 부인이 웃으며 그 연고를 물은대, 공이 눈썹을 찡기고 길이 탄식하여 왈, “전일에 부인이 후생의 말을 들었던들 이 아이 반드시 부인의 복중(腹中)에서 탄생하리랏다.” 하고 그 때 몽사를 일일이 이르대, 부인이 공의 말씀을 듣고 그제야 내심에 비록 애달라 하나 무가내하(無可奈何)라. 다만 웃고 답왈, “도시(都是) 천수이니 어찌하리오.” 하더라.	
세월이 여류(如流)하여 길동의 나이 팔 세에 이르매 풍신(風神) 용화(容華)가 더욱 준수하니, 일가가 다 더욱 귀중히 여기고, 공이 또한 크게 사랑하나, 근본이 천생(賤生)이라 하여 부친을 야야(爺爺)라 부르면 문득 달초(撻楚)하고, 형을 형이라 부르면 눈을 부릅뜨고 금제(禁制)하니, 이러구러 길동의 나이 십 세 넘도록 부형을 입으로 감히 부르지 못하고 천대함을 스스로 콜콜이 슬퍼함을 마지아니하더니, 일일은 때 추구월(秋九月) 망간(望間)을 당하여 명월(明月)은 벽공(碧空)에 조요(照耀)하고 청풍은 김장에 소슬하여 즐거운 사람은 홍치를 돕고, 근심하는 사람은 슬픈 회포를 돕는지라. 길동이 고요히 서당에 앉아 글을 읽다가 서안(書案)을 밀치고 스스로 탄식하여 가로대,	길동이 점점 자라 팔 세 되매, 총명이 과인(過人)하여 하나를 들으면 백을 통하니, 2 공이 더욱 애중하나 근본 천생(賤生)이라. 길동이 매양 호부호형(呼父呼兄)하면 문득 꾸짖어 못하게 하니, 길동이 십 세 넘도록 감히 부형을 부르지 못하고, 비복(婢僕) 등이 천대함을 각골통한(刻骨痛恨)하여 심사를 정치 못하더니, 추구월(秋九月) 망간(望間)을 당하매, 명월(明月)은 조요(照耀)하고 청풍은 소슬하여 사람의 심회를 돕는지라. 길동이 서당에서 글을 읽다가 문득 서안(書案)을 밀치고 탄왈(嘆曰),
6 “대장부가 세상에 처하매 공맹(孔孟)이 못될진대 차라리 다 떨치고 출장입상하여, 나서는 달만한 황금인을 요하(腰下)에 비껴 차고 대장단상에 높이 앉아 손오(孫吳) 병서(兵書)를 외우며 천병만마를 휘하에 거느리고 좌작진퇴(坐作進退)하며 동정서	“대장부가 세상에 나매 공맹(孔孟)을 본받지 못하면, 차라리 병법(兵法)을 외워 대장인(大將印)을 요하(腰下)에 비껴 차고 동정서벌(東征西伐)하여 국가에 대공을 세우고 이름을 만대에 빛냄이 장부의 쾌사라. 나는 어찌하여 일신이 적막하고 부형이 있

벌(東征西伐)하여 공을 이루고, 들어는 정승이 되어 이음양순사시(理陰陽順四時)하여 나라를 어질게 돕고 백성을 공평이 다스려 기특한 이름을 후세에 전하고 얼굴을 인각(麟閣)에 그려 빛냄이 대장부의 쾌한 일이라. 고인이 운(云)하되, '왕후장상(王侯將相)이 영유종호(寧有種乎)아' 하니 누를 두고 이른 말인고. 세상 사람이 다 부형을 부르되 나는 어찌하여 홀로 아비를 아비라 못하고 형을 형이라 부르지 못하는고."	으되 호부호형을 못하니 심장이 터질지라. 어찌 통한(痛恨)치 않으리오."
하여, 말을 마치며 슬픔을 이기지 못하여 뜰에 내려 달그림자를 희롱하며 검무를 추더니, 이때 공이 추월이 명랑함을 사랑하여 사창을 밀치고 정히 월색을 구경하더니, 길동이 처음은 뜰에서 검무(劍舞)를 희롱하다가 사창을 여는 소리를 듣고 제 방에 왕래하여 검무하거늘, 공이 시동(侍童) 7 으로 하여금 길동을 부르니, 길동이 즉시 칼을 던지고 대서헌에 들어가 배현(拜見)하온대, 공이 흔연히 가로대,	하고 말을 마치며 뜰에 내려 검술을 공부하더니, 마침 공이 또한 월색을 구경하다가 길동의 배회함을 보고 즉시 불러 문왈(問曰),
"밤이 이미 깊었거늘 무슨 홍이 있관대 월하에 배회하는다?	"네 무슨 홍이 있어 야심(夜深)토록 잠을 자지 아니하는다?"
길동이 부복 대왈, "소인이 마침 월색을 사랑하여 잠깐 홍치 있삽기로 방황하였나이다." 공이 이르대, "너 어린 아이 무슨 즐거운 홍이 되리오."	
길동이 공경 대왈(對曰),	길동이 공경 대왈(對曰),
"하늘이 만물을 내심에 오직 사람이 귀하다 하오니, 소인이 대감 정기를 얻어 사람이 되었사오니 이는 다 대감의 사랑하시는 배요, 기중에 남녀가 유별하오니 남자는 귀하고 여자는 천하온지라. 소인이 당	"소인이 마침 월색을 사랑함이어니와, 대개 하늘이 만물을 내시매 오직 사람이 귀하오나, 소인에게 이르러는 귀하옴이 없사오니 어찌 사람이라 하오리이까?" 공이 그 말을 짐작하나 짐짓 책왈(責曰),

당한 남자가 되어 났사오니 이만 큰 낙이 없사오되, 다만 평생에 설운 바는 소인이 주야(晝夜)에 대감 성덕이 일신에 넘치오되 오직 하늘을 우러러 보지 못할소이다."

말로 좇아 두 줄 눈물이 홍협(紅頰)을 적시는지라. 공이 심하(心下)에 비록 측은하나 십 세 소아가 세상 고락을 짐작하여 상의(上意)를 췌탁(揣度)하니, 만일 그 뜻을 위로하면 더욱 마음이 방탕하고 법제
8 (法制) 서지 못하리라 하여 짐짓 꾸짖어 가로대,

"재상가 천비 소생이 비단 너 하나뿐이 아니라. 네 어찌 교만 방자함이 이렇듯 하뇨? 차후 만일 이런 말이 있으면 내 안전(眼前)에 용납지 못하리라."

하니, 길동이 공의 책(責)을 들으매 다만 눈물만 흘리고 난간에 엎드렸더니, 식경(食頃) 후 공이 명하여 물러가라 하거늘, 길동이 침소에 돌아와 슬퍼함을 마지아니하더라.

이러구러 수월(數月)이 되었더니, 일일은 길동이 대서헌에 들어가니 공이 홀로 앉아 좌우가 고요하거늘, 길동이 부복(俯伏) 왈,

"소인이 감히 묻잡나니, 비록 천생이오나 문(文)으로 급제하오면 정승까지 이르옵고, 무(武)로 출신(出身)하오면 능히 대장까지 하오리이까?"

공이 이 말을 듣고 어이없어 크게 꾸짖어 왈,

"내 월전(月前)에 경계하되 다시 방자한 말을 들리지 말라 하였거늘, 네 어찌 또 이렇듯 하는다?"

하고 꾸짖어 물리치니, 길동이 제 어미 침

"네 무슨 말인고?"

길동이 재배(再拜) 고왈(告曰),

"소인이 평생 설운 바는, 대감 정기로 당당하온 남자가 되었사오니 부생모육지은(父生母育之恩)이 깊삽거늘, 그 부친을 부친이라 못하옵고, 그 형을 형이라 못하오니 어찌 사람이라 하오리이까?"

하고 눈물을 흘려 단삼(單衫)을 적시거늘, 공이 청파(聽罷)에 비록 측은하나 만일 그 뜻을 위로하면 마음이 방자(放恣)할까 저어 크게 꾸짖어 왈,

"재상가 천비 소생이 비단 너뿐이 아니어든, 네 어찌 방자함이 이 같으뇨? 차후
다시 이런 말이 있으면 안전(眼前)에 용납 3
지 못하리라."

하니, 길동이 감히 일언(一言)을 고(告)치 못하고 다만 복지유체(伏地流涕)뿐이라. 공이 명하여 물러가라 하거늘, 길동이 침소로 돌아와 슬퍼함을 마지아니하더라.

길동이 본디 재기과인(才氣過人)하고 도량(度量)이 활달(豁達)한지라. 마음을 진정치 못하여 밤이면 잠을 이루지 못하더니,

9	소에 돌아와 그 어미더러 이르되, "내 모친으로 더불어 전생연분이 중(重)하여 금세(今世)에 모자가 되었사오니, 구로지은(劬勞之恩)을 생각하옵건대 호천망극(昊天罔極)하온지라. 남아가 세상에 처하오매 입신양명(立身揚名)하여 이현부모(以顯父母)하고, 조선(祖先) 향화(香火)를 빛내오며, 부생모육(父生母育)하온 은혜를 갚사옴이 당연하온지라. 나의 팔자가 기구하여 향당(鄕黨)이 업수이여기고 친척이 천대하오니, 흉중(胸中)에 품은 한을 천지는 알으실지라. 대장부가 어찌 근본을 지키고 남의 휘하가 되어 그 지휘를 받으리오. 당당히 조선국 병조판서 인수(印綬)를 받아 상장군(上將軍)이 못될진대, 차라리 신세를 물외(物外)에 던져 유취만년(遺臭萬年) 하올지라. 바라건대 모친은 구구한 사정을 유념치 말으시고, 일신을 보전하여 소자의 찾음을 기다리소서."	일일은 길동이 어미 침소에 가 울며 고왈, "소자가 모친으로 더불어 전생연분이 중(重)하여 금세(今世)에 모자가 되오니 은혜 망극(罔極)하온지라. 그러나 소자의 팔자가 기박(奇薄)하여 천한 몸이 되오니 품은 한이 깊사온지라. 장부(丈夫)가 세상에 처하매 남의 천대 받음이 불가하온지라. 소자가 자연 기운을 억제치 못하여 모친 슬하(膝下)를 떠나려하오니, 복망(伏望) 모친은 소자를 염려치 말으시고 귀체(貴體)를 보중하소서."
	하니, 그 어미 청파에 크게 놀라 가로대, "재상가 천생이 너뿐이 아니어든 무슨 일로 곡(曲)한 마음을 발(發)하여 어미 간장을 사르느뇨? 장래 장성하면 일정(一定) 상공의 처분이 계시리니 아직 어미를 생각하여 천대를 감수하라."	그 어미 청파에 대경(大驚) 왈, "재상가 천생이 너뿐이 아니어든 어찌 협(狹)한 마음을 발(發)하여 어미 간장을 사르느뇨?"
10	길동이 대왈, "상공의 천대는 내념(內念)이 없삽거니와, 일가 노복이 다 업수이여겨 아무 천혈(賤血)이라 지목하오니, 생각하오면 한이 골수에 사무치는지라. 옛날 장충의 아들 길산이 천비 소생이로되, 십삼 세에 그 어미를 이별하고 운봉산에 들어가 도를 닦아 아름다운 이름을 후세에 전하오되, 그 시종(始終)을 알 이 없삽나니, 소자가 또한	길동이 대왈, "옛날 장충의 아들 길산은 천생이로되 십삼 세에 그 어미를 이별하고 운봉산에 들어가 도를 닦아 아름다운 이름을 후세에 유전하였으니, 소자가 그를 효칙(效則)하여 세상을 벗어나려하오니 모친은 안심하사 후일을 기다리소서. 근간(近間) 곡산모(谷山母)의 행색을 보니 상공의 총(寵)을 잃을까 하여 우리 모자를 원수같이 아는지

그런 사람을 효칙(效則)하여 몸을 세상에 벗어나려 하오니, 복망(伏望) 모친은 자식이 있다 말으시고 세월을 보내시면, 후일 서로 찾아 모자의 정을 이을 날이 있으리이다. 근간(近間) 곡산모(谷山母)의 행색을 보오니 상공의 총(寵)을 잃을까 저어하여 우리 모자를 원수같이 여겨 장차 해할 뜻을 두오니, 불구에 큰 화를 입을까 하나이다. 소자가 집을 떠나올지라도 모친은 불효자를 생각지 말으시고 경심찰지(警心察知)하사 스스로 화(禍)를 취치 말으소서."
한대, 그 어미 어루만져 이르대,
"네 말이 비록 유리하나 곡산모는 가장 인후한 여자라. 어찌 그대도록 요악(妖惡)하리오."
길동이 대왈,
"세상인심은 가히 측량치 못할 것이오니, 모친은 소자의 헛되이 말함으로 알지 말으시고 내두(來頭)를 보아가며 잘 처치하소서."
그 어미 길동의 허다(許多) 설화를 들으매 비회를 금치 못하여 모자가 서로 위로하더라.
원래 이 곡산모는 이름이 초란이니, 곡산 기생으로 공이 첩을 삼아 가장 총애하니, 부귀 영총이 가중에 제일이러라. 각 읍 진봉(進封)과 주옥(珠玉) 진찬(珍饌)이 아니 오는 곳이 없으되 공이 다 저를 주니, 마음이 스스로 방자하고 뜻이 교만하여, 가중 상하에 잠깐 불편한 일이 있으면 한번 공에게 참소한즉 문득 생경지폐(生梗之弊) 일어나는지라. 이러므로 써 가중(家中) 권(權)이 다 돌아갔더라. 남이 만일 천히 되면 좋아하고, 귀히 되면 구수(寇讐)같이

라. 큰 화를 입을까 하옵나니 모친은 소자 나감을 염려치 말으소서."
하니, 그 어미 또한 슬퍼하더라.

원래 곡산모는 본디 곡산 기생으로 상공의 총첩(寵妾)이 되었으니 이름은 초란이라. 가장 교만 방자하여 제 심중에 불합(不合)하면 공(公)께 참소(讒訴)하니, 이러므로 가중(家中) 폐단이 무수한 중, 저는 아들이 없고 춘섬은 길동을 낳아 상공이 매양 귀히 여김을 심중에 앙앙(怏怏)하여 없이함을 도모하더니,

12	알더니, 공이 용몽을 꾸고 길동을 낳으매 인물이 비범하므로 공이 극히 사랑하는지라. 행여 저의 총을 아일까 하여 춘낭을 시기하고, 또 공이 종종 웃어 이르되, "너도 길동 같은 아들을 낳아 나에게 만년(晩年) 영화를 뵈게 하라." 하니, 초낭(娘)이 심중에 앙앙(怏怏)하여 매일 생남함을 바라나 종시 일점 끼친 혈육이 없어 가장 무류하여 하더라.		
	길동이 점점 자라매, 가중(家中) 상하에 은전을 많이 흩어 요악한 무리와 흉용한 관상녀를 상통하여 길동을 해하려 하니, 무녀 등이 일일(日日)이 왕래하여 계교를 정할새, 초란이 이르되,	일일은 흉계를 생각하고 무녀(巫女)를 청하여 왈,	
	"이 아이를 없애지 아니하면 나의 일생이 불평하리니, 그대 등은 나의 일생을 편히 하여주면 은혜를 후히 갚아 평생을 좋이 살게 하리라."	"나의 일신을 평안케 함은, 이 곧 길동을 없애기에 있는지라. 만일 나의 소원을 이루면 그 은혜를 후히 갚으리라."	
	한대, 상녀와 무녀 등이 물욕을 탐하여 흉계를 생각고 초란더러 이르되,	하니, 무녀가 듣고 기꺼 대왈(對曰),	
13	"상공은 충효의 군자시라. 천한 자식을 위하여 나라를 저버리지 아니실지라. 당금(當今) 홍인문(興仁門) 밖에 관상 잘하는 여자가 있으니, 사람의 얼굴을 한 번 보아 전후 길흉을 반드시 판단한다 하오니, 가히 이 사람을 청하여 관곡(款曲)히 대접한 후 소원과 계교를 다 자시 이르고, 상공께 천거하여 전후사(前後事)를 본 듯이 고하오면 상공이 필경 대혹(大惑)하여 길동을 반드시 죽이실 것이오니, 그 때를 타 낭자가 여차여차하시면 가히 써 대사를 이루리이다."	"지금 홍인문(興仁門) 밖에 일등(一等) 관상녀(觀相女)가 있으니, 사람의 상을 한 번 보면 전후 길흉을 판단하나니, 이 사람을 청하여 소원을 자시 이르고, 상공께 천거하여 전후사(前後事)을 본 듯이 고하면, 상공이 필연 대혹(大惑)하사 그 아이를 없애고자 하시리니, 그 때를 타 여차여차하면 어찌 묘계(妙計) 아니리이꼬?"	4
	한대, 초란이 차언(此言)을 듣고 대희하여 이르되,		

	“이 계교는 과연 신출귀몰(神出鬼沒)하니 가히 그 사람을 급히 청하라. 내 저로 더불어 서로 의논하리라.” 하고 즉시 은자 오십 냥을 내어주어 청하여 오라 하니, 무녀가 초란을 하직하고 바로 홍인문 밖 관상자의 집에 가 홍승상의 시첩(侍妾) 초란의 소욕지설(所欲之說)을 다 설파하고 그 가져온바 은자 오십 냥을 내어 주니, 이 사람은 본디 욕심이 많은지라. 오십 냥 은자를 보고 불같은 탐심이 마음을 검기니, 어찌 써 인명중사(人命重事)를 돌아보리오. 문득 사생을 아끼지 아니하고 즉시 무녀를 따라 홍승상 부중에 이르니, 초란이 불러 협실에서 보고 일을 이룬 후 평생이 유족토록 은혜를 갚을 바로써, 데리고 후히 대접하며 필백(疋帛)으로써 그 마음을 기껍게 하고 서로 밀밀히 의논하니, 관상자가 흔연히 낙종(諾從)하며 계교를 정하고 돌아가니라.	초란이 대희하여 먼저 은자(銀子) 오십 냥을 주며 상자(相者)를 청하여 오라 하니, 무녀가 하직고 가니라.
14	이튿날 공이 부인으로 더불어 길동을 기려 왈, “이 아이 헌헌장부(軒軒丈夫)니 장래 큰 그릇이 되려니와, 다만 천생임을 한탄하노라.” 부인이 정히 공의 말씀을 대답고자 하더니, 문득 일위(一位) 여자가 밖으로 좇아 들어와 당하에서 배알하거늘, 모두 보니, 그 여자가 의표(儀表)가 비범하고 상모(相貌)가 기이하거늘, 공이 물어 가로대,	이튿날 공이 내당에 들어와 부인으로 더불어 길동의 비범함을 일컬으며 다만 천생임을 한탄하고 정히 말씀하더니, 문득 한 여자가 들어와 당하(堂下)에 문안하거늘,
	“그대는 어떠한 여자완대 무슨 일로 들어왔느뇨?”	공이 괴이히 여겨 문왈(問曰), “그대는 어떠한 여자완대 무슨 일로 왔느뇨?”
	그 여자가 고두(叩頭)하고 고하여 왈,	그 여자가 왈,
	“소인은 홍인문 밖에서 사옵거니와, 팔자가 기박하여 소인이 팔 세에 부모를 잃	“소인은 관상하기로 일삼더니, 마침 상공 문하에 이르렀나니이다.”

으옵고 일신이 혈혈무의(孑孑無依)하와 천지로 집을 삼고 사방으로 오유(遨遊)하옵더니, 마침 신인을 만나와 관형찰색(觀形察色)하는 법을 전수하오매, 사람의 얼굴을 한 번 살피오면 전후 화복길흉을 능히 판단하옵는고로, 상공 문하에 이르러 첩의 배운 바 재주를 시험코자하와 왔나이다.” 부인이 그 여자의 용모가 미려(美麗)하고 또 품은 재주가 있다함을 듣고, 그 술법을 듣고자 하여 청말(廳末)에 좌(座)를 주고 주과를 내어 관대한 후, 공이 웃고 이르되, “네 관상을 잘 한다 하니, 금일 우리 가중 사람의 얼굴을 보아 차례로 평론하라.” 하니, 그 여자가 심중에 저의 계교 이룸을 대희하여 공으로부터 가중 상하노소를 한 번 살피고 일일이 평론함에 전후를 본 듯이 명백히 이르니, 여합부절(如合符節)하고 반점도 어기옴이 없는지라. 공과 부인이 칭찬함을 마지않아, “과연 묘한 술법이로다.” 일컫고, 시비로 하여금 길동을 부르라 하여, 길동이 면전(面前)에 이름에 그 여자를 보여 가로대, “우리 늦게야 이 아이를 얻음에 사랑이 비길 데 없으니, 네 이 아이 상을 자세히 보아 장래사를 명백히 이르라.”	
한대, 상자가 길동의 얼굴을 이윽히 보다가 문득 일어 절하여 왈, “이 공자를 보오니 천고(千古)의 영웅이요 일대영걸이라. 연(然)이나 다만 애달프온 바는 지체 잠깐 부족하오니, 아지 못게이다, 감히 묻잡나니, 부인이 탄생하신 바이니까?”	공이 차언(此言)을 듣고 길동의 내사(來事)를 알고자 하여 즉시 불러 뵈니, 상녀(相女)가 이윽히 보다가 놀라며 왈, “이 공자의 상(相)을 보니 천고(千古) 영웅이요 일대호걸이로되, 다만 지체 부족하오니 다른 염려는 없을까 하나이다.”

공이 점두(點頭) 왈, "아니라. 과연 천비 소생이라. 위인이 순 16 후하므로 내 극히 사랑하노라."	
하니, 그 여자가 또 다시 오래 보다가 문득 거짓 놀라는 체 하고, 가장 주저하거늘, 공이 괴이히 여겨 물어 가로대,	하고 말을 내고자 하다가 주저하거늘, 공과 부인이 가장 괴히 여겨 문왈,
"무슨 괴이한 일이 있어 놀라는다? 색이 있느뇨? 너는 모로미 실진무은(悉陳無隱)하라."	"무슨 말을 바른대로 이르라."
상자가 오래도록 가장 지지하다가 고하여 왈, "소첩이 장안 백만 가호에 다니며 재상가 귀공자의 상을 많이 보았으되, 일찍 이런 면목은 보지 못하였나니, 만일 실사를 바로 고하오면 상공께 죄책을 들을까 하나이다." 상공과 부인이 가로대, "그대의 관상하는 법술이 하 신이하니 어찌 그릇 봄이 있으리오. 그대는 실(實)로써 자세히 이르고 추호도 거리끼지 말지어다. 우리 무슨 일에 허물할 바가 있으리오." 그 여자가 번거함을 혐의하는 듯하고 마침내 이르지 아니하거늘, 공이 이에 몸을 일어 협실로 들어가 좌하고 상자를 청하여 힐문(詰問)하니, 그 여자가 그제야 가만히 고왈,	상녀가 마지못하여 좌우를 물리치고 왈,
"첩이 공자의 상을 보오니 만고 영웅준걸이라. 흉중(胸中)에 천지조화를 품어 있 17 고 미간(眉間)에 강산정기(江山精氣) 영롱하오니, 이는 짐짓 기이한 상이오매 이러므로 감히 바로 고치 못하나이다. 우리 조선은 본디 소국이라 왕자(王者)의 기상이 쓸 데 없고, 다만 장성하여 기상이 발월하여 방탕무기(放蕩無忌)하오면 타일에 장차	"공자의 상을 보온 즉, 흉중(胸中)에 조화가 무궁하고, 미간(眉間)에 산천정기(山川精氣) 영롱하오니, 짐짓 왕후(王侯)의 기상이라. 장성하면 장차 멸문지화(滅門之禍)를 당하오리니, 상공은 살피소서."

멸문지화(滅門之禍)를 취하오리니, 상공은 잘 방비하소서.”	
공이 청파(聽罷)에 경아(驚訝)하여 묵묵반향(默默半晌)에 가로대,	공이 청파(聽罷)에 경아(驚訝)하여 묵묵반향(默默半晌)에 마음을 정하고 왈,
“만일 그대 말 같을진대 크게 놀랍거니와, 제 본디 천비 소생이라 용맹이 아무리 있으나 사류에 참예치 못할 것이오. 또한 오십이 넘도록 출입을 못하게 하면 제 비록 제갈무후(諸葛武侯)의 재주와 약간 활달한 기운이 있은들 어찌 능히 하리오.”	“사람의 팔자는 도망키 어렵거니와 너는 이런 말을 누설치 말라.”
그 여자가 웃고 왈,	
“옛 사람이 운하되, ‘왕후장상(王侯將相)이 영유종호(寧有種乎)아’ 하였으니, 이는 인력으로 미칠 바가 아니니이다.”	
공이 탄식고 은자(銀子) 오십 냥을 내어 상녀를 주며 이르되,	당부하고 약간 은자(銀子)를 주어 보내니라.
“이 일은 나의 금제(禁制)하기에 있는 것이니, 너는 돌아가 행여 타인에게 누설치 말지어다. 만일 이런 말을 유통(流通)하면 18 그 죄를 면치 못하리니 삼가고 조심하라.”	
상녀가 돈수 사례하고 은을 거두어 가지고 드디어 하직고 돌아가니라.	
이날부터 공이 더욱 길동을 엄칙하여 일동일정(一動一靜)을 자세히 살피고, 글을 가르치매 충효로써 권장하나 가중 천대는 갈수록 자심하니, 길동이 설움을 이기지 못하여 후원 심당(深堂)에 자취를 감추어 손오(孫吳) 병서(兵書)와 육도삼략(六韜三略)이며 천문지리(天文地理)를 잠심하여 정통치 못할 것이 없더라. 공이 탐지하여 알고 크게 근심하여 가로대,	차후로 공이 길동을 산정(山亭)에 머물게 하고 일동일정(一動一靜)을 엄숙히 살피니, 길동이 이를 당하매 더욱 설움을 이기지 못하나 할 길 없어 육도삼략(六韜三略)과 천문지리(天文地理)를 공부하더니, 공이 이 일을 알고 크게 근심하여 왈,
“이놈이 본디 기상과 재주가 범류(凡類)와 다른지라. 만일 범람한 의사를 내어 이심(二心)을 품을진대, 우리 집 선대부터 갈	“이 놈이 본디 재주가 있으매, 만일 범람한 의사를 두면 상녀의 말과 같으리니 이를 장차 어찌 하리오.”

충보국(竭忠報國)하던 충량지가(忠良之家)가 일조에 멸문지화를 당하리니, 어찌 애달고 한홉지 아니하리오. 저를 일찍이 없이하여 일가의 화를 면함만 같지 못하다.” 하고, 일가 종족을 모아 이 일을 설파하고, 가만히 길동을 죽여 후환을 없이하고자 하다가, 자연 천륜이 중하매 차마 행치 못하 19 고 세월을 보내더라.	하더라.
이때 초란이 무녀와 상자로 하여금 공의 천륜지정을 돌이켜 길동을 의심하게 하고, 또 특재라 하는 자객을 청하여 은자를 주고 가만히 길동을 해하려 할새, 일일은 초란이 공께 고하여 왈, “천첩(賤妾)이 잠깐 듣자오니, 관상하는 계집이 길동을 보고 왕기(王氣) 있더라 하오니, 그윽이 염려하건대 후래(後來)에 멸문지화를 볼까 두려하나이다.”	이때 초란이 무녀와 상자를 교통(交通)하여 공의 마음을 놀랍게 하고, 길동을 없애고자 하여 천금을 버려 자객을 구하니 이름은 특재라. 전후사를 자시 이르고, 초란이 공께 고왈, “일전(日前) 상녀 아는 일이 귀신같으매 길동의 일을 어찌 처치하시나니이꼬? 천첩 5 (賤妾)도 놀랍고 두려워하옵나니, 일찍 저를 없이함만 같지 못하리로소이다.”
공이 놀라 문왈, “이 일이 가장 중대하거늘 네 어찌 이런 말을 입 밖에 내어 대화(大禍)를 스스로 취하려 하는다?” 초란이 염용(斂容) 대왈, “옛말에 일렀으되, ‘낮말은 새가 듣고 밤말은 쥐가 듣는다’ 하오니, 만일 이 말이 점점 전파하여 조정에 및사온즉 상공댁 일문을 보전치 못하시리니, 천첩의 어린 소견에는 일찍이 저를 없이하여 후환을 끊게 함만 같지 못할까 하옵나이다.”	
공이 눈썹을 찡기어 왈, “이 일은 나의 처분에 있으니 여등(汝等)은 다시 누설치 말라.” 하니, 초란이 황공하여 감히 다시 참소할 말은 내지 못하더라. 20 공이 이로 인하여 심사(心思)가 자연 불	공이 이 말을 듣고 눈썹을 찡기어 왈, “이 일은 내 장중(掌中)에 있으니 너는 번거히 굴지 말라.” 하고 물리치나, 심사(心思)가 자연 산란하여 밤이면 잠을 이루지 못하고 인하여 병이 된지라.

호하매 주야 번뇌하니, 부자 천륜지정에 길동을 차마 죽이지 못하고 후원 별당을 수소(修掃)하여 길동을 가두어 출입을 금단하니, 길동이 초란의 참소를 인하여 엄책(嚴責)을 듣고 출입도 임의로 못하매 한입골수(恨入骨髓)하여 밤에 잠을 이루지 못하고 서안을 의지하여 주역을 숭상하니, 육십사괘 팔문둔갑지술(八門遁甲之術)이며 바람과 비를 부르는 법을 모를 것이 없이 정통하더라. 공이 비록 길동의 풍신재화(風神才華)가 비범함을 사랑하나, 상녀의 말을 들은 후는 자연 마음에 비감하여 세세히 생각하되,

"내 충성을 다하여 나라를 받들거늘, 불초한 자식 길동으로 말미암아 몸이 죽을 땅에 빠져 욕이 조종에 및고 화가 삼족에 미칠 것이니, 차라리 저를 죽여 후환을 없이코자 한즉, 부자 정리에 이 일은 차마 행치 못할 바라. 이를 장차 어찌하리오."

하고, 심사가 번뇌하여 식불감미(食不甘味)
하고 침불안석(寢不安席)하여 형용이 초췌
21 하니 드디어 병을 이루는지라. 부인과 장
자 좌랑이 크게 근심하며 의논하되,

"길동으로 인하여 부친 병환이 나신 것이니, 인정에 차마 행치 못할 바나 마지못하여 길동을 죽여 없이하여 야야의 마음을 위로하시게 하고, 조종 청덕을 무느치지 않을 것이요, 또한 홍씨 일문의 대화를 면할 것이로되, 인명중사(人命重事)를 용이히 못하리니 어찌하면 좋을꼬?"

하더니, 마침 초란이 나아와 고왈,

"상공의 환후(患候)가 위중하심은 전혀 상녀의 말로 좇아 길동을 두고자 한즉 후환을 두림이요, 죽이고자 한즉 인정에 차

부인과 좌랑(佐郞) 인형이 크게 근심하여 아무리 할 줄 모르더니, 초란이 곁에 뫼셨다가 고왈,

"상공 환후(患候)가 위중하심은 길동을 두심이라. 천하온 소견은 길동을 죽여 없이하면 상공의 병환도 쾌차하실 뿐 아녀

마 못할 일이오매 유예미결하심이니, 먼저 길동을 죽인 후 그 연유를 상공께 고하오면 병환이 중하신 중에 이 말씀을 들으시고 슬퍼하시나, 심려(心慮)를 방심(放心)하시면 자연 회춘하시리이다."	문호(門戶)을 보존하오리니, 어찌 이를 생각지 아니시나이꼬?"
부인이 가로대,	부인 왈,
"네 말이 비록 유리하나 죽일 계교가 없어 하노라."	"아무리 그러나, 천륜(天倫)이 지중(至重)하니 차마 어찌 행하리오."
초란이 심중에 암희(暗喜)하여 대왈,	초란 왈,
"천첩이 듣자오니 동리에 특재라 하는 22 자객이 있사오니, 용력이 과인하여 나는 제비라도 잡는다 하오니, 이제 가히 사람으로 하여금 저를 불러 천금을 주고 밤을 타 자취 없이 죽이면 행심(幸甚)이올까 하나이다."	"듣자오니 특재라 하는 자객이 있어 사람 죽임을 낭중취물(囊中取物)같이 한다 하오니, 천금을 주어 밤에 들어가 해하오면, 상공이 알으시나 할 길 없사오리니 부인은 재삼(再三) 생각하소서."
부인과 한림이 눈물을 흘려 가로대,	부인과 좌랑이 눈물을 흘려 왈,
"이 일이 인정에 차마 못할 바로대, 그 근본 대의는 국가를 위함이요, 또한 문호를 보전하며 상공을 위함이니, 현마 어찌 하리오."	"이는 차마 못할 바로되, 첫째는 나라를 위함이요, 둘째는 상공을 위함이요, 셋째는 문호를 보존함이라. 너의 계교대로 행하라."
하고 바삐 계교를 행하라 한대, 초란이 대희하여 침방에 돌아와 즉시 사람으로 하여금 특재를 불러 술을 권하고 전후사를 자세히 일러 왈,	초란이 대희하여 다시 특재를 불러 이 말을 자시 이르고, 금야에 급히 행하라 하니, 특재 응낙고 밤들기를 기다리더라.
"이는 소상공(小相公)과 부인의 명하심이니, 오늘 밤 사경에 가만히 후원 별당에 들어가 길동을 죽이되 자취 없이 하라."	
하고, 말을 마치며 즉시 은자 백 냥을 주어 후히 상(賞)하고, 이날 밤을 기다려 행사하려 하더라. 특재 대희하여 은자를 거두어 가지고 가로대,	
"이는 황구소아(黃口小兒)라 무슨 근심이 있으리이꼬?"	
하고, 드디어 하직고 돌아가더라.	

차설. 초란이 특재를 보내고 내당에 들어가 이 연유를 자시 고하고, 금야에 행사하
23 려함을 자세히 아뢰니, 부인이 탄식하여 왈,

"내 저를 혐의하여 죽임이 아니요, 사세부득이 행함이니 어찌 자손에게 해 없으리오."

하니, 좌랑이 위로 주왈(奏曰),

"태태(太太)는 과려(過慮)치 말으소서. 일이 이미 이에 이르렀으니 후회막급이라. 길동의 시신이나 능라금의(綾羅錦衣)로서 조촐히 영장(永葬)하고 제 어미를 후히 대접하면 야야(爺爺)가 알으실지라도 왕사(往事)는 하릴없는지라. 자연 심려가 풀리시면 회춘하시리니 모친은 대의를 생각하사 과도히 슬퍼 말으소서."

하더라. 부인이 밤이 맟도록 심회 번란(煩亂)하여 능히 잠을 이루지 못하고 비창 참도(慘悼)하더라.

이날 길동이 밤이 되매 고요히 당중에 처하여 『주역』을 잠심(潛心)하더니, 때 정히 삼경을 치거늘, 야심함을 깨달아 바야흐로 서안을 물리치고 자리에 나아가 자고자 하더니, 문득 창 밖에 까마귀 세 번 울고 북으로 날아가거늘, 길동이 까마귀 우는 소리를 듣고 혼자 이르되, '이 금수는 본디 밤을 꺼리는 짐승이라. 남으로부터
24 날아와서 북으로 가며 우는 소리 고이하다.' 하고, 이에 글자를 해득하여 생각하되, '까마귀 소리에 자객이 오리라 하니, 아지 못게라, 어떤 사람이 무고히 나를 해하려 하는고?' 하고, 소매 안으로서 한 점 괘를 얻으니 가장 좋지 않은지라. 혜오되, '내 암커나 미리 방적할 도리를 준비하리라' 하고, 방중에 팔문둔갑지법(八門遁甲

차설(且說). 길동이 그 원통한 일을 생각하매 시각을 머물지 못할 일이로되, 상공의 엄령이 지중하므로 할 길 없어 밤이면 잠을 이루지 못하더니, 차야(此夜)에 촉(燭)을 밝히고 『주역』을 잠심(潛心)하다가, 문득 들으니 까마귀 세 번 울고 가거늘, 길동이 괴이히 여겨 혼자말로 이르되, '이 짐승은 본디 밤을 꺼리거늘, 이제 울고 가니 심히 불길하도다' 하고 잠깐 팔괘(八卦)를 벌여 보고, 대경(大驚)하여 서안을 물리고 둔갑법(遁甲法)을 행하여 그 동정을 살피더니,

之法)을 베풀새, 남방(南方)의 이허중(離虛中)을 응(應)하여 북방(北方)에 붙이고, 북방의 감중련(坎中連)을 응하여 남방에 붙이고, 동방의 진하련(辰下連)을 응하여 서방에 붙이고, 서방의 태상절(兌上絶) 응하여 동방에 붙이고, 건방(乾方) 건괘(乾卦)는 손방(巽方)에 옮기고, 곤방(坤方)의 곤괘(坤卦)는 간방(艮方)에 옮기고, 손방(巽方)과 손괘(巽卦)는 건방(乾方)에 옮기고, 동서남북으로 각각 방위를 바꾸어 육정육갑(六丁六甲)을 가운데 두고 때를 기다려 응하게 하니, 이는 장신둔갑지술(藏身遁甲之術)이러라.

이날 특재 삼경을 기다려 비수를 들고
몸을 공중에 소소아 홍부 후원 담을 넘어
길동의 처소한 바 소당에 나아가 여어보
니, 사창(紗窓)의 촉영(燭影)이 희미한데
인적이 희소하거늘, 길동의 잠들기를 기다
25 려 죽이고자 하더니, 문득 남으로부터 까
마귀 날아와 길동의 처한 방 앞에서 세 번
울고 북으로 날아가거늘, 특재 심하(心下)
에 경아하여 이르되,

"길동은 반드시 범상한 사람이 아니로다. 저 짐승이 무슨 알음이 있어 천기를 누설하는고? 만일 길동이 지음(知音)함이 있을진대 나의 일이 그릇되리로다. 그러나 어린 아이 무슨 지식이 과인하여 능히 알리오."

하고 즉시 몸을 날려 방중에 들어가니, 일개 옥동이 서안을 의지하여 촉(燭)을 밝히고 팔괘를 응하여 진언을 외우니, 문득 음풍(陰風)이 문 밖에 삽삽(颯颯)하여 정신이 산란하거늘, 특재 가장 괴이히 여겨 칼을 안고 심중에 탄식하여 가로대,

“내 일찍 이런 대사를 당하여 겁함이 없더니, 오늘날은 심회 경동하니 크게 괴이하도다.” 하고, 돌아가고자 하다가 다시 생각하되, “내 평생에 사방으로 오유하여 이런 대사에 한 번도 실수함이 없더니, 어찌 오늘날 조그만 소아를 두려 그저 돌아가리오.”	
26 하고, 손에 비수를 들고 완완(緩緩)히 나아가 정히 길동을 하수(下手)코자 하더니, 문득 길동은 간 데 없고 홀연 일진음풍(一陣陰風)이 삽삽(颯颯)히 일어나며 뇌정벽력이 천지진동하더니, 문득 방중이 변하여 망망한 들이 되고 돌이 무수하여 살기충천한대, 청산은 울울(鬱鬱)하고 간수(澗水)는 잔잔한데 낙락장송은 하늘을 가리우고 의의녹죽(猗猗綠竹)은 사면으로 둘렀으니 풍경이 가려(佳麗)하거늘, 특재 정신을 겨우 수습하여 생각하되, “내 아까 길동을 해하려 방중에 들어왔거늘 어찌 이러한 산곡이 되었는고?” 하고 몸을 돌리어 나가고자 하나, 아무데로 향하여 갈 줄을 몰라 전지도지(顚之倒之)하여 동서를 분간치 못하다가, 겨우 한 시냇가에 이르러 탄식하여 왈, “내 남을 경(輕)히 여기다가 이런 화를 취하니 누를 원하며 누를 한하리오. 이것이 반드시 길동의 조화로라.” 하고, 비수를 감추고 시냇가를 좇아 나아갈새, 한 곳에 다다르니 높은 충암절벽이 반공에 솟았으니 진퇴유곡이라. 특재 큰 바위 위에 올라 앉아 사면으로 돌아보니,	사경(四更)은 하여 한 사람이 비수를 들고 완완(緩緩)히 방문을 열고 들어오는지라. 길동이 급히 몸을 감추고 진언(眞言)을 염(念)하니, 홀연 일진음풍(一陣陰風)이 일어나며 집은 간데없고 첩첩한 산중에 풍경이 거룩한지라.
27 홀연 풍편(風便)에 처량한 옥저 소리 들리거늘, 괴이히 여겨 다시 살펴보니, 일위 아동이 흑건 흑대로 나귀를 타고 옥저를 슬	특재 대경하여 길동의 조화가 신기함을 알고 비수를 감추어 피코자 하더니, 문득 길이 끊어지고 충암절벽이 가리었으니 진 6

피 불며 오거늘, 특재 몸을 빼어 바위틈에 감추고 피코자 할 즈음에 그 소년이 옥저를 그치고 특재를 향하여 꾸짖어 왈,

“무지한 필부여 나의 말을 들으라. 성인이 이르시되, 나무를 깎아 사람을 만들어 죽여도 또한 적앙(積殃)이라 하여 그 벌이 있다 하여계시거늘, 이제 너는 어떤 사람이완대 금은을 탐하여 무죄한 사람을 해하려 하는다? 내 비록 삼척소아나 어찌 너 같은 추한(醜漢)에게 몸을 마치리오. 초패왕(楚霸王)의 장력(壯力)으로도 강동(江東)을 못 건너고 오강(烏江)에서 자문(自刎)하였으며, 필부 형경(荊卿)의 날랜 칼이 쓸 곳이 전혀 없어 역수(易水)에 울었거든, 너 같은 좀쳇의 필부야 더욱 일러 무엇하리오. 수연(雖然)이나 네 화를 스스로 취하니 어찌 죽기를 면하리오. 높고 높으신 청천이 두렵지 아니랴.”

특재 황망히 눈을 들어 보니, 이는 곧 길
28 동이라. 생각하되, ‘내 저로 인하여 평생 힘을 허비하였는지라. 대장부가 차라리 죽을지언정 어찌 마음을 굴하리오?’ 하고, 정신을 가다듬어 길동을 크게 꾸짖어 왈,

“내 일찍 검술을 배워 사방에 횡행하매 조선에는 나의 적수가 없고, 내 또한 너의 부형의 명을 받아 이에 이르러 너를 해하려 하나니, 너는 쾌히 천명을 순수하라.” 하고, 언흘(言訖)에 비수를 춤추어 나아들거늘, 길동이 대로하여 즉시 저를 죽이고자 하나 손에 촌철(寸鐵)이 없는지라. 이에 몸을 날려 공중에 올라 풍백(風伯)에 싸이어 입으로 진언을 염하더니, 문득 일진흑운(一陣黑雲)이 일어나며 큰 비 붓듯이 오고, 대풍이 부는 곳에 사석이 날리니, 특재

되유곡이라. 사면으로 방황하더니, 문득 저 소리 들리거늘, 정신을 차려 살펴보니 일위소동(一位小童)이 나귀를 타고 오며 저 불기를 그치고 꾸짖어 왈,

“네 무슨 일로 나를 죽이려 하는다? 무죄한 사람을 해하면 어찌 천액(天厄)이 없으리오.”

하고 진언을 염하더니,

홀연 일진흑운(一陣黑雲)이 일어나며 큰비 붓듯이 오고 사석(沙石)이 날리거늘,

	눈을 뜨지 못하고 겨우 정신을 수습하고 바위를 의지하여 보니 길동이 간 데 없거늘, 심하(心下)에 그 재주를 항복하고 정히 도망코자 하나, 갈 바를 알지 못하더니, 문득 길동이 대호(大呼) 왈, "너는 은전을 탐하여 불의를 행하니 하늘이 어찌 그저 두시리오. 화를 자취하였	특재 정신을 수습하여 살펴보니 길동이라. 비록 그 재주를 신기히 여기나, '어찌 나를 대적하리오' 하고, 달려들며 대호(大呼) 왈,
29	으니 수원수구(誰怨誰咎)리오. 네 다만 애달픈 바는 홍인문 밖에서 사는 관상녀에게 속았도다." 하고, 공중으로서 내려와 앉으며 또 꾸짖어 왈, "내 너로 더불어 본디 원수가 없거늘, 무슨 뜻으로 나를 해코자 하는다?" 특재 그제야 길동의 재주를 항복하여 이에 애걸 왈, "이는 진실로 소인의 죄 아니라 상공댁 소낭자 초란이 무녀와 관상녀를 결연하여 노야(老爺)께 참소하고, 소인으로 하여금 공자를 죽이라 하고 천금으로 상사(賞賜)하마 하시니, 무지 천한(賤漢)이 물욕을 탐하여 이에 왔삽더니, 명천이 공자를 도우사 일이 탄로(綻露)하였사오니, 공자는 소인의 죄를 사(赦)하심을 바라옵나이다."	"너는 죽어도 나를 원(怨)치 말나. 초란이 무녀와 상자로 하여금 상공(相公)과 의논하고 너를 죽이려 함이니, 어찌 나를 원망하리오." 하고 칼을 들고 달려들거늘,
	길동이 분기를 참지 못하여 특재의 칼을 앗아 손에 들고 고성대질(高聲大叱) 왈, "네 재물을 탐하여 사람 죽이기를 좋이 여기니, 이런 무리를 그저 두면 반드시 후환이 되리로다." 하고, 말을 마치매 칼을 춤추어 나아가 친히 특재의 머리를 버히니, 한 줄 무지개 일어나며 특재의 머리 방중에 내려지거늘,	길동이 분기를 참지 못하여 요술로 특재의 칼을 앗아 들고 대매(大罵) 왈, "네 재물을 탐하여 사람 죽임을 좋이 여기니, 너 같은 무도(無道)한 놈을 죽여 후환을 없이하리라." 하고 한번 칼을 드니 특재의 머리 방중에 내려지는지라.
30	길동이 칼을 들고 땅에 내려 하늘을 우러러 건상(乾象)을 살펴보니, 은하는 서호로	

기울었고, 희미한 날빛이 몽롱하여 근심하는 사람의 수회를 돕는 듯하더라. 길동이 분기 오히려 없지 않아 생각하되, '관상하는 계집을 어찌 그저 두리오' 하고, 바로 홍인문 밖 관상녀의 집에 이르러 입으로 진언을 염하며 풍백을 부르니, 문득 음풍이 대작하며 벽력 소리 천지진동하고, 관상녀를 잡아내어 풍운 가운데 넣어 몰아다가 특재 죽인 방안에 들이치고 꾸짖어 이르되,

"네 능히 나를 알쏘냐? 나는 이 곧 홍상공댁 공자라. 내 너로 더불어 본디 원업(冤業)이 없거늘, 나를 무슨 연고로 요망한 말을 꾸며 상공께 고하여 부자대륜(父子大倫)을 끊게 하고, 일가를 화목치 못하게 하니 그 무슨 일인다? 어찌 네 죄를 용서하리오."

한대, 이때에 관상녀가 첫잠이 몽롱하여 정히 자더니, 문득 몸이 풍운에 싸이어 유유탕탕(悠悠蕩蕩)히 불리어 감에, 혼백이 비월하여 아무 곳에 가 놓인 줄 모르고 정신을 수습지 못하더니, 길동의 책언을 들
31 으매 그제야 풍도(酆都) 지옥이 아니요, 인간인 줄 짐작하고, 말을 크게 하여 이르되,

"이 일은 다 소낭자 초란의 모해함이요, 천첩의 자행한 죄 아니오니, 바라건대 공자는 천첩의 자작지얼(自作之孼)이 아님을 살피사 죄를 용서하시고 잔명(殘命)을 살리심을 바라옵나이다."

길동이 분연하여 크게 꾸짖어 가로대,

"초란은 상공의 총애지인이요, 또한 나의 어미라. 네 감히 요괴로운 말을 하여 죄 위에 죄를 더하리오. 너는 일개 요물(妖物)로 대신(大臣)을 농락하고 인명을 살

길동이 분기를 이기지 못하여 이 밤에 바로 상녀를 잡아 특재 죽은 방에 들이치고 꾸짖어 왈,

"네 나로 더불어 무슨 원수가 있건대 초란과 한가지로 나를 죽이려 하더냐?"

하고 버이니, 어찌 가련치 아니하리오.

	해하기를 용이히 하였으니, 하늘이 너의 악사(惡事)를 밉게 여기사 나로 하여금 너 같은 요물을 없이하여 후환을 끊게 하심이니, 네 죽으나 감히 나를 원치 말나.” 하고, 말을 마치며 칼을 들어 관상자의 머리를 베어 두 조각에 내니, 가련하다! 은자를 탐하여 불의지사를 행하다가 일명(一命)을 맞고 천추에 부끄러운 매명(賣名)을 면치 못하니, 어찌 가석(可惜)치 아니하리오.	
32	이때 길동이 특재와 관상녀를 죽이고 오히려 분한 기운을 이기지 못하여 바로 내당에 들어가 초란을 죽이고자 하다가, 다시 돌이켜 생각하대,	이때 길동이 양인을 죽이고 건상(乾象)을 살펴보니, 은하수는 서(西)으로 기울어지고, 월색은 희미하여 수회(愁懷)를 돕는지라. 분기를 참지 못하여 또 초란을 죽이고자하다가, 상공이 사랑하심을 깨닫고 칼을 던지며 망명도생(亡命圖生)함을 생각하고
	“옛 사람이 이르되, ‘영인부아(寧人負我)언정 무아부인(無我負人)이라’ 하였으니, 제 나를 저버렸을지언정 내 어찌 저를 저버리리오. 이미 두 사람을 죽임도 마지못하여 행함이라. 내 차라리 망명도생(亡命圖生)하여 세상을 하직하고 몸을 산림에 붙여 부운(浮雲)같이 세월을 보내리라.”	
	하고, 이렇듯이 주의(主意)를 정하매 표연히 상공 침소에 나아가 하직고자 하더니, 이때 공이 잠을 깨어 창외에 인적이 있음을 경아(驚訝)하여 창을 열치고 보니, 길동이 계하(階下)에 엎드려 읍읍(悒悒)하거늘, 공이 가장 괴이히 여겨 문왈,	바로 상공 침소에 나아가 하직을 고(告)코자 하더니, 이때 공이 창외에 인적 있음을 괴히 여겨 창을 열고 보니, 이 곧 길동이라. 인견(引見) 왈,
	“금일 밤이 깊어 거의 종고(鐘鼓)가 울릴 때 되었거늘, 네 어찌 지금 잠을 자지 아니하고 이렇듯 하는다?”	“밤이 깊었거늘 네 어찌 자지 아니하고 이리 방황하는다?”
	길동이 다시 일어 절하고 고왈,	길동이 복지(伏地) 대왈,
	“소인 길동이 상공의 정기를 받자와 사람이 되어 세상에 났사오니, 생아지은(生我之恩)이 호천망극(昊天罔極)이라. 몸이 맞도록 부생모육지은(父生母育之恩)을 만	“소인이 일찍 부생모육지은(父生母育之恩)을 만분지일이나 갚을까 하였더니, 가내(家內)에 불의지인(不義之人)이 있어 상공께 참소하고 소인을 죽이려하오매, 겨우

분지일이나 갚삽고자 하였삽더니, 가내(家 33 內)에 불의지인(不義之人)이 있사와 상공의 마음을 의혹하시게 하옵고, 소인을 또한 해하려 하옵다가 일이 누설하여 성사치 못하오매, 오늘 밤에 집안에 큰 변이 있사와 소인이 겨우 목숨을 보전하였사오나, 소인이 가중에 있삽다가는 반드시 소인의 목숨을 보전치 못하올지라. 사세여차(事勢如此)하온 고(故)로 마지못하여 목숨을 도망코자 하와, 한 번 집을 떠나오매 부자형제 다시 모일 기약이 묘연하온지라. 금일 상공을 뵈어 안하에 하직을 고하옵나니, 엎드려 바라옵건대 상공은 귀체를 진중하사 만수무강하옵소서.”	목숨은 보전하였사오나 상공을 뫼실 길 없삽기로 금일 상공께 하직을 고하나이다.”
하거늘, 공이 뜻밖에 길동의 말을 듣고 크게 놀라 가로대,	하거늘, 공이 대경 왈,
“네 이 어찐 말인다? 금일 가중에 무슨 변괴 있관대 어린 아이 불시에 집을 버리고 어디를 지향 없이 가려하는다?”	“네 무슨 변고가 있관대 어린 아이 집을 버리고 어디로 가려하는다?”
길동이 복지(伏地) 대왈,	길동이 대왈,
“명일이 오면 자연히 알으실 일 있사오리이다. 상공은 불효자 길동으로서 성념(聖念)에 유념치 말으시고 가사를 잘 처치하소서.”	“날이 밝으면 자연 알으시려니와 소인 7 의 신세는 부운(浮雲)과 같사오니, 상공의 버린 자식이 어찌 참소를 두리리이꼬?” 하며 쌍루(雙淚)가 종횡(縱橫)하여 말을 이루지 못하거늘,
공이 길동의 말을 들으매, 마음에 생각 34 하되, '내 짐작컨대 이 아이는 범류(凡類)가 아니라, 만류하여도 제 필연 듣지 아니리라' 하고, 길동더러 왈,	
“네 이제 집을 떠나면 어디로 향하여 가려 하는다?”	
길동이 여쭈오되,	
“소인의 신세는 뜬 구름 같사오니 하늘과 땅으로 집을 삼아 거칠 것이 없나이다.”	
공이 침음양구(沈吟良久)에 위로 왈,	

"너는 나의 기출(己出)이라. 비록 팔방에 오유할지라도 범람한 마음을 두지 말고 문호에 화(禍)를 취치 말라. 만일 불미지사(不美之事)가 있으면 우리 누대(累代) 충량지가(忠良之家)가 그릇되리니 어찌 애달지 아니하리오. 너는 조심조심하라." 길동이 배사(拜辭) 왈, "소인의 심중에 철천지한이 있사옴은, 나이 십여 세 되도록 아비를 아비라 부르지 못하옵고 형을 형으로 부르지 못하오니, 지금 원(怨)이 골수에 깊어 세상에 출두하올 길이 없사오니, 어찌 애달지 아니하오리이꼬."	
공이 위로하여 가로대, "네 원이 여차하니 금일로부터 너의 원을 풀어줄 것이니 조심 공검(恭儉)하여 가문에 욕이 밎게 말라."	공이 그 형상을 보고 측은이 여겨 개유(開諭) 왈, "내 너의 품은 한을 짐작하나니, 금일로부터 호부호형(呼父呼兄)함을 허(許)하노라."
35 길동이 다시 절하고 주왈, "야야는 천한 자식을 생각지 말으시고 어미를 긍측히 여기사 공규(空閨)의 한(恨)이 없게 하소서." 공이 흔연히 허락하고, 길동의 손을 이끌어 무애함이 삼세(三歲) 적자(赤子)나 다름이 없더니, 이윽하여 공이 다시 경계하여 가로대, "너는 부디 마음을 좋이 먹으라." 하고 여러 번 일컬으니, 길동이 명을 받고 주왈,	
"소자의 평생의 한 조각 한을 금일이야 쾌히 풀었사오니, 이제 죽어도 여한이 없도소이다." 언흘(言訖)에 두 번 절하여 하직하고 몸을 돌이켜 밖으로 나가거늘, 공이 마음에 측은히 여기나 무슨 연고인지 알지 못하니	길동이 재배 왈, "소자의 일편지한(一片之恨)을 야야(爺爺)가 풀어주옵시니 죽어도 한이 없도소이다. 복망(伏望) 야야는 만수무강하옵소서." 하고 재배(再拜) 하직하니, 공이 붙들지 못하고 다만 무사함을 당부하더라.

가장 번뇌하더라.

이때 길동이 부공을 하직하고 드디어 어미 침소에 들어가 이별을 고할새, 길동이 그 모(母)더러 일러 가로대,

"소자가 금일 망명도주하여 관산천리(關山千里)에 갈 길이 아득하온지라. 바라건대 모친은 한낱 불초자를 생각하사 심두(心頭)에 거리끼지 말으시고 귀체를 보중하소서."

춘낭이 이 말을 듣고 길동의 손을 잡고 크게 통곡하여 이르되,

36 "어린 아이 어찌 졸연히 집을 떠날 생각을 하며, 네 만일 한번 집 문을 나매 지향이 없을지니 우리 모자가 서로 만날 기약이 묘연할지라. 오아(吾兒)는 여모(汝母)의 외로운 정리를 생각하여 일찍이 돌아옴을 바라노라."

하고 모자가 서로 눈물을 흘려 비읍(悲泣)하더니, 길동이 일어 두 번 절하여 하직할새 모자가 서로 붙들고 눈물을 흘리며 차마 떠나지 못하더라. 금계(金鷄) 새배를 보하거늘, 각각 눈물을 거두고 모자가 겨우 이별하니, 이 정히 초목이 위하여(한 행 빠졌음) 친을 이별하고 문을 나니, 운산은 첩첩하고 해수는 잔잔한데, 주인 없는 객이요 지향 없는 손이라. 천지 비록 광대하나 일신이 난처하여 정처 없이 행하니 어찌 가련치 아니리오. 보는 자가 위하여 슬퍼하더라.

화설. 이때 초란이 특재를 길동의 방에 보내고 소식이 없음을 십분 의아하고 가장 괴이히 여겨 즉시 심복 사람을 보내어 가만히 알고 오라 하더라.

세재 경술 하사월 이십오일 필서

길동이 또 어미 침소에 가 이별을 고하여 왈,

"소자가 지금 슬하를 떠나오매 다시 뫼실 날이 있사오리니 모친은 그 사이 귀체를 보중하소서."

춘랑이 이 말을 듣고 무슨 변괴(變怪) 있음을 짐작하나, 아자(兒子)의 하직함을 보고 집수(執手) 통곡 왈,

"네 어디로 향코자 하는다? 한 집에 있어도 처소(處所)가 초원(稍遠)하여 매양 연연(戀戀)하더니, 이제 너를 정처 없이 보내고 어찌 있으리오. 너는 수이 돌아와 모자가 상봉함을 바라노라."

길동이 재배 하직하고 문을 나매, 운산이 첩첩하여 지향 없이 행하니, 어찌 가련치 않으리오.

	조종업본	경판30장본
	홍길동전 권지이	
1	화설. 초란의 심복 사람이 전도(顚倒)히 돌아와 보하되, "길동의 침소에 가 여어보니, 길동은 간데 업고 특재의 목 없는 시신이 방에 거꾸러졌거늘, 또 살펴보니 한 계집의 시신이 있더이다." 하니, 초란이 차언(此言)을 듣고 혼비백산하여 급히 내당에 들어가 부인께 보한대, 부인이 또한 대경실색하여 좌랑을 불러 이 연유를 이르고 길동을 찾으나 종적이 없는지라. 경혹(驚惑)함을 마지아니하여 공께 나아가 왈, "길동이 간밤에 사람을 죽이고 망명도주하였나이다."	차설. 초란이 특재의 소식 없음을 십분(十分) 의아(疑訝)하여 사기(事機)를 탐지하니, 길동은 간데없고 특재의 주검과 계집의 시신이 방중에 있다 하거늘, 초란이 혼비백산(魂飛魄散)하여 급히 부인께 고한대, 부인이 또한 대경하여 좌랑을 불러 이 일을 이르며 상공께 고하니,
	공이 청파(聽罷)에 놀라 이르되, "밤에 길동이 와 하직을 고하고 가장 슬퍼하거늘, 내 괴이히 여겼더니 이 일이 있도다."	공이 대경실색(大驚失色) 왈, "길동이 밤에 와 슬피 하직을 고하매 괴히 여겼더니, 이 일이 있도다."
	장자 좌랑이 감히 은휘(隱諱)치 못하여 직고(直告) 왈, "야야는 번뇌치 말으소서. 야야가 길동으로 심려를 과히 하사 병환이 비경(非輕)하시기로 초란을 명하여 이런 기틀을 이르오니, 초란이 또한 깊이 염려하여 가만히 자객을 보내어 길동을 죽여 후환을 없이한 2 후에 야야께 연유를 고하려 하였삽더니, 도리어 길동의 해를 입은가 하나이다." 공이 차언을 듣고 대질(大叱) 왈, "네 전혀 협착한 소견으로서 어찌 조정에 참예하리오. 내 초란을 죽여 한을 풀리라." 하고, 일변 가인을 엄칙하여 '차사를 만일	좌랑이 감히 은휘(隱諱)치 못하여 초란의 실사(實事)를 고한대, 공이 더욱 분노하여 일변 초란을 내치고 가만히 그 시체를 없이하며 노복(奴僕)을 불러 이런 말을 내지 말라 당부하더라.

누설하면 죽기를 면치 못하리라' 분부하고, 초란을 잡아내어 죽이려 하다가 다시 생각하되, '만일 길동의 어미 알면 사단이 좋지 못할 것이요, 말이 누설하여 타인이 알면 집안의 큰 대환을 면치 못하리니, 가만히 방추하여 자취를 없이함만 같지 못하다.' 하고, 심복인을 명하여 초란을 멀리 갖다가 버리고 오게 하니라.

이때 홍인문 밖 관상하는 계집의 부모와 자식들이 일야간(一夜間)에 잃고 사방으로 찾으나 종적이 없으니, 동리 사람들이 다 이르되, '그 날 풍우에 싸이어 승천하였다' 하더라.

각설. 길동이 부모를 이별하고 한 번 집
문을 나매, 비록 집이 있으나 들어가지 못
하고 부모가 계시나 능히 의탁지 못하는지
3 라. 어찌 슬프지 않으리오. 일신(一身)이 표
박(漂泊)하여 사해로 집을 삼고 부운의 객
이 되어 지향 없이 묘묘망망(渺渺茫茫)히
행하여 한 곳에 이르니, 산이 높고 물이 맑
아 경개(景槪) 가장 절승(絶勝)한지라. 길동
이 산로로 말미암아 점점 들어가며 좌우를
살펴보니, 청계벽담(淸溪碧潭)에 간수는 잔
잔하고 층암절벽에 녹죽은 의의한데, 기화
요초(琪花瑤草)와 산금야수(山禽野獸)는 객
을 보고 반겨 길을 인도하는 듯하더라. 길
동이 풍경의 가려함을 사랑하여 점점 들어
가니 경개 더욱 절승한지라. 나아가고자 하
나 길이 끊어지고 물러오고자 하나 또한
어려운지라. 정히 주저할 즈음에 홀연 난데
없는 표자(瓢子) 하나가 물에 떠내려오거
늘, 마음에 혜오되, '이런 심산유곡에 어찌
인가가 있으리오. 반드시 절이나 도관(道
觀)이나 있도다' 하고 시내를 좇아 수 리를

각설. 길동이 부모를 이별하고 문을 나매 일신(一身)이 표박(漂泊)하여 정처 없이 행하더니, 한 곳에 다다르니 경개(景槪) 절승(絶勝)한지라. 인가(人家)를 찾아 점점 들어가니 큰 바위 밑에 석문(石門)이 닫혔거늘, 가만히 그 문을 열고 들어가니 평원광야(平原廣野)에 수백 호 인가가 즐비하고, 여러 사람이 모여 잔치하며 즐기니, 이곳은 도적의 굴혈(窟穴)이라.

들어가니, 큰 바위 밑에 석문(石門)이 은은
히 닫혔거늘, 길동이 나아가 돌문을 열고
들어가니 천지 명랑하고 평원광야(平原廣
野)에 일망무제(一望無際)라. 산천이 험난
4 하니 별유천지(別有天地)요 비인간(非人間)
이러라. 수백 호 인가가 즐비하고 기중(其
中)에 일좌(一座) 대각(大閣)이 있거늘, 그
집을 향하여 들어가니, 여러 사람이 모여
바야흐로 대연을 배설하고 주준(酒樽)을 서
로 날리며 무슨 공론이 분분하니, 원래 이
산중은 도적의 굴혈(窟穴)이라.

길동이 석말(席末)에 나가 들으니, 저희
서로 행수(行首)를 다투어 정치 못하여 하
거늘, 길동이 가만히 생각하되, '내 망명한
사람으로서 정히 의탁할 곳이 없더니, 하늘
이 도우사 오늘날 나로 하여금 이곳에 이
르게 하시니, 가히 영웅의 지기를 펼 때로
다.' 하고, 언연(偃然)히 좌중에 나아가 허
리를 굽혀 예하고 이르되,

"나는 경성 홍승상의 천첩 소생 길동이
러니, 가중의 천대함을 받지 않으려하고 스
스로 집을 버리고 도주하여 사해팔방으로
주류하여 정처 없이 다니더니, 금일 하늘이
지로(指路)하사 이곳에 이르렀으니, 내 비
록 연소부재(年少不才)나 원컨대 모든 호걸
의 으뜸 장수가 되어 사생고락을 한가지로
함이 어떠하뇨?"

중인이 면면상고(面面相顧)하여 모두 말
5 이 없더니, 기중(其中) 일인이 이르되,

"내 그대 기상을 보니 진실로 영웅준걸
이라. 그러나 여기 두 가지 일이 있으니 그
대 능히 행할쏘냐?"

길동 왈,

"감히 묻나니, 그 두 가지 일을 듣고자

문득 길동을 보고 그 위인이 녹록(碌碌)
치 않음을 반겨 문왈, 8

"그대는 어떤 사람이완대 이곳에 찾아
왔느뇨? 이곳은 영웅이 모도였으나 아직
괴수(魁首)를 정치 못하였으니, 그대 만일
용력(勇力)이 있어 참예(參預)코자 할진대,
저 돌을 들어보라."

길동이 이 말을 듣고 다행하여 재배 왈,

"나는 경성 홍판서의 천첩 소생 길동이
러니, 가중 천대를 받지 않으려하여 사해팔
방(四海八方)으로 정처 없이 다니더니, 우
연히 이곳에 들어와 모든 호걸의 동료됨을
이르시니 불승감사(不勝感謝)하거니와, 장
부가 어찌 저만한 돌 들기를 근심하리오."

하노라.”

기인(其人) 왈,

“그 하나는 이 앞에 소부석이란 돌이 있으니 그 무게 천균(千鈞)이라. 능히 그 돌을 들면 그 용력을 가히 알 것이오. 그 둘째는 경상도 합천 해인사를 쳐 그 절 재물을 탈취코자 하나, 그 절에 있는 중의 수가 수천 명이라. 재물이 누거만(累巨萬)이로되 감히 칠 모책이 없나니, 그대 능히 이 두 가지를 행할진대 오늘로부터 우리 등의 행수를 삼으리라.”

길동이 이 말을 듣고 대소 왈,

“남아가 세상에 처하매, 우흐로 천문을 살피고 아래로 음양술수와 손오의 병서를 능통하여, 나면 삼군의 장수가 되고 들면 이음양순사시(理陰陽順四時)하여, 백료(百寮)의 으뜸이 되어 얼굴을 인각(麟角)에 그리고 이름을 죽백(竹帛)에 드리워 후세에 유전하면 이 어찌 대장부의 쾌사가 아니리
오. 나는 시운이 불행하고 명도가 기구하여
6 능히 사류에 참예치 못하니 평생의 한하는
바라. 어찌 이 두 가지를 근심하리오.”

하니, 모든 사람이 크게 기꺼 이르되,

“만일 이러하면 당당이 시험하리라.”

하고 언파에 길동을 데리고 소부석 있는 곳으로 나아가니, 길동이 소매를 걷고 그 돌을 들어 팔위에 놓고 일어나 수십 보를 행하다가 공중에 던지거늘, 제인(諸人)이 보고 놀라 일시에 배복(拜伏) 왈,

“과연 장사랏다. 우리 수천 명 사람에 일찍이 돌을 드는 자가 없더니 오늘 하늘이 도우사 장군을 보내어 우리 행수를 정하게 하시니 어찌 즐겁고 다행치 아니리오.”

하고, 인하여 길동으로 하여금 상좌에 앉히

하고 그 돌을 들어 수십 보를 행하다가 던지니, 그 돌 무게 천근(千斤)이라. 제적(諸賊)이 일시에 칭찬 왈,

“과연 장사로다. 우리 수천 명 중에 이 돌 들 자가 없더니, 오늘날 하늘이 도우사 장군을 주심이로다.”

하고 길동을 상좌에 앉히고 술을 차례로

<table>
<tr>
<td>고 술을 내어 차례로 절하여 뵈고, 안책(案冊)과 부고(府庫) 문서를 일일이 봉하여 올리거늘, 길동이 받아 세세히 살핀 후에 군사를 명하여 즉시 백마(白馬)를 잡아 피를 가져오라 하여 제인을 대하여 왈,
"자금(自今) 이후로는 우리 중인이 마음을 한가지로 하고 힘을 다하여 수화(水火)를 피치 말고 사생고락을 또한 한가지로 동심
7 육력(同心戮力)하여, 만일 언약을 저버리고 마음을 고치는 자가 있으면 하늘이 큰 벌을 내리우사 죽이기를 면치 못하리라."
모두 일시에 소리를 응하여 왈,
"우리 등이 어찌 장군의 영을 호발(毫髮)이나 거역할 자가 있으리오."</td>
<td>권하고, 백마(白馬)를 잡아 맹세하며 언약을 굳게 하니, 중인(衆人)이 일시에 응낙하고 종일 즐기더라.</td>
</tr>
<tr>
<td>하더라. 길동이 대열하여 이날부터 날마다 잔치하여 즐기더라. 이후로는 길동이 중인(衆人)으로 더불어 병서를 달통하고, 무예를 연습하며 진세를 벌여 각색 재주를 날마다 익히니, 불과 수월지내(數月之內)에 군용(軍容)이 정제하고 무예 가장 정숙(精熟)하더라.</td>
<td>이후로 길동이 제인(諸人)으로 더불어 무예를 연습하여 수월지내(數月之內)에 군법이 정제한지라.</td>
</tr>
<tr>
<td>일일은 길동이 모든 사람을 다 모으고 분부하여 왈,
"우리 이제 양식과 재물이 부족하였으니, 내 장차 합천 해인사를 치고자 하나니, 만일 영을 어기오는 자가 있으면 군법으로써 시행하리라."
하니, 제인이 일시에 고두청령(叩頭聽令)하거늘, 길동이 이에 약속을 정하고, 일필(一匹) 청려(靑驢)에 수십 종자를 데리고 재상가 자제 모양을 하여,
"바로 합천 해인사로 나아가 동정을 탐지한 후 즉시 돌아오리니 그대 등은 잠깐 기다리라."</td>
<td>일일은 제인이 이르되,
"아등(我等)이 벌써 합천(陜川) 해인사(海印寺)를 쳐 그 재물을 탈취코자 하나 지략이 부족하여 거조(擧措)를 발(發)치 못하였더니, 이제 장군의 의향이 어떠하시니이꼬?"
길동이 소왈(笑曰),
"내 장차 발군(發軍)하리니 그대 등은 지위(知委)대로 하라."
하고, 청포흑대(靑袍黑帶)에 나귀를 타고 종자(從者) 수인(數人)을 데리고 나가며 왈,
"내 그 절에 가 동정을 보고 오리라."
하고 가니, 완연한 재상가 자제라.</td>
</tr>
</table>

8	하고, 청포흑대(靑袍黑帶)로 표연히 행하니 완연히 재상가 자제러라. 모든 사람이 한번 보매 칭찬함을 마지아니하더라.	
	길동이 노새를 바삐 몰아 해인사 동구(洞口)에 들어가며 우선 사람으로 하여금 선문(先文)을 보내어, '경성 홍승상댁 자제 글공부하러 온다' 하니, 그 절 중들이 모두 이르되,	
	"우리 절이 본디 대찰(大刹)이거늘 근래에 가장 피폐하였더니, 이제 재상가 자제들이 글공부하러 오시면 그 힘이 과연 적지 아니하리로다."	
	하고, 수천 명 중이 배알차(拜謁次)로 일시에 동구 밖에 나아가 맞아 사중에 들어와 차례로 합장배례하고 원로에 평안히 행차하심을 치하하니, 길동이 정색하고 모든 중더러 일러 가로대,	그 절에 들어가 먼저 수승(首僧)을 불러 이르되,
	"내 들으니 너희 절이 유명한 대찰이라. 또한 경개 절승하여 가장 보암직하다 하기로, 내 한번 구경도 하고 수월을 머물러 공부하여 가을 과거를 보려하여 내려왔으니, 너는 사중에 잡인을 각별 금단하고 조용한 방사(坊舍)를 수쇄(收刷)하여 머물게 하라."	"나는 경성 홍판서 댁 자제라. 이 절에 와 글공부하러 왔거니와, 명일에 백미 이십 석을 보낼 것이니, 음식을 정히 차리면 너희들로 한가지로 먹으리라." 하고, 사중(寺中)을 두루 살펴보며 후일을 기약하고 동구(洞口)를 나오니, 제승(諸僧)이 기꺼하더라.
9	제승(諸僧)이 고두청령하고 차담(茶啖)을 정비하여 올리거늘, 길동이 흔연히 하저(下箸)하고 몸을 일어 법당을 두루 살핀 후 날이 늦으매 노승을 불러 이르되,	
	"내 인읍 아중에 들어가 잠깐 유(留)하여 올 것이니, 부디 잡인을 금단하고 방사를 잘 수쇄하여 지키라. 내 명일 백미 이십 석을 본관으로서 보낼 것이니 금월 십오일 밤에 술을 많이 갖추어 대후(待候)하라. 내 너희 등으로 더불어 상하를 데리고 한가지로 술 먹어 즐긴 후에 그 날부터 공부를 착	

실히 하리라.” 하니, 노승이 합장 사례하고 서로 칭찬하기를 마지아니하더라. 길동이 즉시 제승을 이별하고 길을 떠나 동구로 나아오니 제인이 맞아 기꺼하더라.	
길동이 명일에 과연 백미 이십 석을 절로 보내되, 홍승상댁에서 본읍으로 관자(關子)하여 보내는 것이라 하니, 모든 중들이 크게 기꺼 백미를 고중에 넣고 기약한 날 밤에 술을 갖추어 대후하였더니, 이날 길동이 모든 도적을 분부하여 왈,	길동이 돌아와 백미 이십 석을 보내고, 중인(衆人)을 불러 왈,
10 “내 오늘 해인사에 올라가 여차여차하여 모든 중들을 결박하거든 너희 등은 이때를 타 응변(應變)하라.”	“내 아무 날은 그 절에 가 이리이리 하리니, 그대 등은 뒤를 좇아와 이리이리 하라.”
하니, 제적이 일시에 응낙하고 약속을 명정(明正)히 하매 술을 내와 즐기더라.	
길동이 수십 추종을 거느리고 십오일 야에 바로 해인사에 이르니, 제승이 동구 밖에 나와 대후하였다가 영접하여 들어가니, 길동이 노승을 불러 이르되,	하고, 그 날을 기다려 종자 수십 인을 데리고 해인사에 이르니, 제승이 맞아 들어가니, 길동이 노승을 불러 문왈,
“내 향일(向日)에 백미를 보내어 주찬을 갖추라 하였더니 어찌하였느뇨?	“내 보낸 쌀로 음식이 부족지 아니하더뇨?”
노승이 합장 대왈,	노승 왈,
“이미 다 준비하여 상공의 처분을 기다리옵나이다.”	“어찌 부족하리이까? 너무 황감(惶感)하여이다.” 9
길동이 이르되, “내 일찍 들으니 이 절 뒤의 풍경이 가려(佳麗)하다 하니, 너희 등으로 더불어 한가지로 그 곳에서 종일토록 즐기고자 하나니, 이 절 중이 하나도 떠나지 말고 일제히 모이라.” 하니, 제승이 어찌 대적의 흉계를 알리오. 흔연히 응낙하고, 제승이 감히 거역지 못하여 상하노소 없이 다 그 절 뒤 벽계에 이르	

11	러 차례로 좌를 정할새, 길동은 상좌(上座)에 앉고 기여(其餘) 제승은 연치로 좌차(座次)를 분(分)하여 앉으매 반상(飯床)을 드리거늘, 길동이 술을 부어 먼저 마시고 또 술을 부어 차례로 모든 중들을 권한대, 제승이 황공함을 못내 일컫고 한 잔씩 먹은 후에 길동의 하저하기를 기다리더라.	길동이 상좌(上座)에 앉고 제승을 일제히 청하여 각기 상을 받게 하고, 먼저 술을 마시며 차례로 권하니 모든 중이 황감하여 하더라. 길동이 상을 받고 먹더니, 문득 모래를 가만히 입에 넣고 깨무니 그 소리 큰지라 제승이 듣고 놀라 사죄하거늘, 길동이 거짓 대로하여 꾸짖어 왈,
	길동이 가만히 소매로서 모래를 내어 입에 넣으니, 모래 깨어지는 소리에 모든 중들이 놀라 황망히 사죄하거늘, 길동이 대로하여 눈을 부릅뜨고 크게 꾸짖어 이르되,	
	"내 너희 등으로 더불어 승속지례(僧俗之禮)를 버리고 한가지로 즐기고자 하거늘, 너희 나를 업수이여기고 음식을 부정히 함이 이렇듯이 하니 어찌 통한치 아니리오."	"너희 등이 어찌 음식을 이다지 부정(不淨)케 하뇨? 이는 반드시 능멸(凌蔑)함이라."
	말을 마치며 하인을 분부하여 왈, "제승을 결박하라. 내 아중에 들어가 각별 중치하리라."	
	하니, 하인이 일시에 응성하고 내달아 차례로 결박하여 앉히니 모든 중들이 비록 용맹하나 어찌 감히 거역하리오. 모두 혼불부체(魂不附體)하여 황공 전율할 따름이러라.	하고, 종자에게 분부하여 제승을 다 한 줄에 결박하여 앉히니, 사중(寺中)이 황겁(惶怯)하여 아무리 할 줄 모르는지라.
12	이때 모든 도적들이 동구에 매복하였다가 제승을 다 결박하였음을 듣고 일시에 달려들어 절에 있는 재물을 다 수탐하여 갈새, 완완히 제 기물 가져가듯 하니, 모든 중들이 바야흐로 그 기미를 알고 벗어나고자 하나 사지를 단단히 결박하였으니 어찌 능히 몸을 요동하리오. 다만 여러 중들이 입으로 소리만 지를 따름이요, 아무리 할 줄 몰라 하더라.	이윽고 대적(大賊) 수백여 명이 일시에 달려들어 모든 재물을 제 것 가져가듯 하니, 제승이 보고 다만 입으로 소리만 지를 따름이라.
	이때 절에 있는 불목하니 주방에서 그릇을 쇄소하다가 불의에 대적을 만나 돌입하여 우마를 가지고 들어와 창고를 열어 재	이때 불목하니 마침 나갔다가 이런 일을 보고 즉시 관가에 고하니, 합천 원(員)이 듣고 관군을 조발(調發)하여 그 도적을 잡으

물을 수탐하여 감을 보고, 분기를 참지 못하여 후원 담을 넘어 도망하여 바로 합천 고을에 들어가 이 사연을 관부에 자세히 고하니, 합천군수가 이 말을 듣고 대경하여 즉시 관군을 조발하여 도적을 잡으라 하고, 또 고을 백성을 뽑아 수백 장교로 하여금 즉시 뒤를 접응(接應)하여 제적을 잡아오라 하니, 모든 장교가 관군과 민군을 거느려 호호탕탕히 나아갈새, 이때 모든 도적이 임의로 수만 재물을 수탐하여 우마에 싣고 13 정히 행하려 하더니, 문득 멀리 뒤를 바라보니, 후면에 티끌이 하늘에 닿았는데 금고(金鼓) 소리 천지에 진동하며 따르는 군사가 풍우 같은지라. 모든 도적이 관군을 보고 창황실조(蒼黃失措)하여 잡힐까 두려 아무리 할 줄 모르고 도리어 길동을 원망하거늘, 길동이 제적의 창황함을 보고 크게 불러 가로대, “너희 무리는 다 황구소아(黃口小兒)라. 어찌 나의 깊은 소견을 알리오. 여등(汝等)은 조금도 두려 말고 동구를 지나 남편 대로로 가라. 내 스스로 추병(追兵)을 막아 저 관군으로 하여금 회군하여 북편으로 가게 하리라.” 모든 도적이 일시에 우마를 몰아 남편 대로로 향하여 가거늘, 길동이 즉시 도로 법당으로 치달아 중의 장삼을 입고 송낙을	라 하니, 수백 장교 도적의 뒤를 좇을새,
쓰고 동구에 나와 높은 뫼에 올라 관군을 기다려, 오는 양을 보고 크게 웨여 이르되,	문득 보니 한 중이 송낙을 쓰고 장삼 입고, 뫼에 올라 외쳐 왈,
“관군은 이곳으로 오지 말고, 도적의 무리 우마를 몰아 북편 대로로 가니 빨리 따르라.”	“도적이 북편 소로(小路)로 가니 빨리 가 잡으소서.”
하고 장삼 소매를 높이 들어 북녘을 가르친대, 군관 장교들이 풍우같이 몰아오다가	하거늘, 관군이 그 절 중인가 하여 풍우같이 북편 소로로 찾아가다가, 날이 저문 후 잡지 못하고 돌아가니라.

14 문득 중의 가리키는 양을 보고 이르되,

"저 중이 높은 데 올라 도적 가는 곳을 가리키니 우리 수고를 거의 덜괘라."

하고, 남편 대로는 버리고 북편 소로로 성화같이 분주히 따라가거늘, 길동이 그제야 도로 내려와 제적을 인도하여 완연이 행하게 하고, 길동이 가만히 은신법(隱身法)을 행하여 먼저 동구에 돌아와 남은 도적으로 하여금 주식(酒食)을 갖추고 도적의 돌아옴을 기다리더니, 황혼 때에 바야흐로 제적이 수천 우마를 거느려 돌아와 길동을 향하여 고두하례(叩頭賀禮) 왈,

"장군의 신기한 법술과 거룩한 재주는 귀신도 측량치 못하리로소이다."

길동이 웃어 왈,

"대장부가 되어 이만 재능(才能)을 못할진대 그 무엇을 하며, 남의 중인(衆人) 총중(叢中)의 행수가 되리오."

모든 도적이 대열하여 잔치를 배설하여 즐긴 후, 수탐하여 온 금은을 내어 조수(照數)하여 보니 수만금이라. 각각 상사하고, 길동이 이후로는 도적의 이름을 활빈당(活貧黨)이라 하여 조선 팔로(八路)로 다니며, 만일 불의한 자가 있으면 그 재물을 탈취
15 하고 지빈무의(至貧無依)한 자가 있으면 문득 재물을 주어 구제하되 성명을 일절 통치 아니하더라.

이때 합천 관군이 도적을 따라 북으로 추살(追殺)하여 수십 리를 둘러싸고 두루 방문(訪問)하되 도적의 자취를 마침내 찾지 못하는지라. 하릴없이 돌아와 관부에 이대로 고하니, 합천군수가 크게 놀라 즉시 나라에 주문(奏聞)하니, 그 주문(奏文)에 하였으되,

길동이 제적(諸賊)을 남편 대로로 보내고 제 홀로 중의 복색으로 관군을 속여 무사히 굴혈로 돌아오니, 모든 사람이 벌써 재물을 수탐하여 왔는지라. 일시에 나와 사례하거늘, 길동이 소왈,

"장부가 이만 재주 없으면 어찌 중인(衆人) 괴수(魁首) 되리오."

하더라.

이후로 길동이 자호(自號)를 활빈당(活貧黨)이라 하여 조선 팔도로 다니며 각 읍 수령이 불의로 재물이 있으면 탈취하고, 혹 지빈무의(至貧無依)한 자가 있으면 구제하며, 백성을 침범치 아니하고, 나라에 속한 재물은 추호도 범치 아니하니, 이러므로 제적이 그 의취(意趣)를 항복하더라.

난데없는 도적 수만 명이 백주에 합천 해인사를 치고 절에 있는 누거만 재물을 탈취하여 가오매, 관군을 발하여 잡으려 하오나 마침내 종적을 찾지 못하옵기로 감히 아뢰오니, 복걸 성상은 살피소서.

하였더라. 상이 보시고 크게 근심하사 왈,

"팔도에 행관(行關)하여 잡으라."

하시고,

"만일 이 도적을 잡는 자가 있으면 무론귀천(毋論貴賤)하고 천금상(千金賞)에 만호후(萬戶侯)를 봉하리라."

하시니, 행관이 팔로에 내리매 사방이 물끓듯 하여 도적을 잡으려 하더라.

각설. 길동이 모든 사람으로 하여금 서로 의논 왈,

"우리 등이 비록 도적의 무리나 본디 나
16 라 양민이라. 난시(亂時)를 당하면 시석(矢石)을 무릅쓰고 몸을 버려 죽기로써 임금을 섬길 것이로되, 지금 당하여는 사해 태평하고 국가가 무사하니, 우리 등이 아직 산림에 웅거하여 백성의 재물을 취하면 나라 근본을 해함이니 이는 불의라. 만일 우리 중에 여염(閭閻) 작폐(作弊)하는 자가 있으면 군법을 시행할 것이요, 나라에 진공(進貢)하는 재물과 상납하는 전곡을 탈취하면 이는 역적이라 또한 사죄를 면치 못하리니, 다만 각 읍 수령의 준민고택(浚民膏澤)하여 불의로 모은 재물을 앗아 먹으면 이는 의적이라. 이제 이 일은 우리 활빈당의 큰 법이니, 제군은 명심찰지(銘心察知)하여 불의지사를 말아 써 죄에 범(犯)치 말지어다."

제적이 일시에 응낙하여,

"명을 좇으리이다."

하더라.	
이러구러 수월(數月)이 되매, 길동이 제적(諸賊)을 불러 분부 왈, “우리 이제 창곡이 비었으니, 내 함경감영에 들어가 창(倉)의 곡식과 온갖 병기를 탈취코자 하나니, 그대 등은 각각 일 인씩 흘 17 러 성중에 들어가 숨었다가, 모일 사경에 남문 밖에 불 일어남을 보고 감사와 관교(官校)들과 백성들이 다 성 밖으로 나가거든 성이 빈 때를 타 창고의 곡식과 병기를 탈취하되, 백성의 재물은 추호도 범치 말라.”	일일은 길동이 제인(諸人)을 모으고 의논 왈, “이제 함경감사(咸鏡監司)가 탐관오리(貪官汚吏)로 준민고택(浚民膏澤)하여 백성이 다 견디지 못하는지라. 우리 등이 그저 두지 못하리니 그대 등은 나의 지휘대로 하라.”
하니, 모든 사람이 일시 영을 듣고 물러가거늘, 길동이 또 오륙 인을 뽑아 변복을 시켜 데리고 길을 날새, 기약한 날 밤 사경 때에 함경감사 영문 밖에 이르러 군사 오십 인으로 하여금 시초(柴草)를 많이 수운(輸運)하여 쌓고 일시에 불을 지르니, 편시(片時)에 화광충천(火光衝天)하니, 관가며 백성이 홀연 화세 급함을 보고 아무리 할 줄을 모르고 창황분주 하는지라. 길동이 급히 성중에 들어가 관문을 두드리며 크게 웨여 가로대,	하고, 하나씩 흘러들어가 아무 날 밤에 기약을 정하고, 남문 밖에 불을 지르니 감사가 대경하여 그 불을 구하라 하니, 관속이며 백 10 성들이 일시에 내달아 그 불을 구할새,
“선릉에 불이 나 화세 급하여 참봉과 능군(陵軍)이 몰사하였으니 빨리 불을 구하소서.” 하니, 감사가 잠결에 이 소리를 듣고 혼불부체(魂不附體)하여 급히 몸을 일어 바라보니, 화광이 하늘에 닿았는지라. 대경실색하여 급히 호령하여 관군을 조발하여 가로대, “이제 선릉에 불이 났으니 너희 등은 급히 구하라.” 하고, 급히 지휘하여 성문을 나갈새, 성중 백성이 남녀 없이 불의지변을 당하였는지라. 18 창고를 지키었던 군사가 하나도 없는지라.	

	이때 길동이 모든 도적을 지휘하여 창고를 열고 군기와 곡식을 탈취하여 우마에 싣고 바로 북문으로 내달아 축지법을 행하여 밤새도록 달려 동구에 다다르니, 동방이 바야흐로 밝았더라. 길동이 제인더러 왈, “우리 행치 못할 일을 행하였으니 감사가 필연 장계(狀啓)할지라. 장계하면 우리는 잡지 못하려니와 기중(其中)에 애매한 사람이 그릇 잡혀 죄를 당할 것이니, 이 어찌 적악(積惡)한 일이 아니리오. 이제 함경감영 북문에 방을 써 붙이되, ‘창고의 곡식과 군기 도적한 자는 활빈당 행수 홍길동이라’ 하리라.” 제적이 차언(此言)을 듣고 크게 놀라 일시에 소리 질러 왈, “이 어찐 말씀이니이꼬. 이는 화를 취코자 함이로소이다.” 길동이 소왈(笑曰), “여등(汝等)은 겁내지 말라. 내 자연 피할 모책이 있으리니 잡말 말고 내 지휘대로 거행하라.” 제적이 의아함을 마지아니하나 감히 영을 어그릇지 못하여 밤들기를 기다려 북문에 붙이고 돌아오니라.	길동의 수백 적당이 일시에 성중에 달려들어 창고를 열고 전곡과 군기를 수탐하여 북문으로 달아나니, 성중이 요란하여 물 끓듯 하는지라. 감사가 불의지변(不意之變)을 당하여 아무리 할 줄 모르더니, 날이 밝은 후 살펴보니 창고의 군기와 전곡이 비었거늘, 감사가 대경실색(大驚失色)하여 그 도적 잡기를 힘쓰더니, 홀연 북문에 방을 붙였으되, ‘아무 날 전곡 도적한 자는 활빈당 행수(行首) 홍길동이라.’ 하였거늘, 감사가 발군(發軍)하여 그 도적을 잡으려 하더라. 차설(且說). 길동이 제적(諸賊)과 한가지로 전곡을 많이 도적하였으나, 행여 길에서 잡힐까 염려하여 둔갑법(遁甲法)과 축지법(縮地法)을 행하여 처소에 돌아오니 날이 새고자 하였더라. 일일은 길동이 제인을 모으고 의논 왈, “이제 우리 합천 해인사에 가 재물 탈취하고 또 함경감영에 가 전곡을 도적하여 소문이 파다하려니와 나의 성명을 써 감영에 붙였으니 오래지 아니하여 잡히기 쉬울지라. 그대 등은 나의 재주를 보라.”
19	이날 밤에 길동이 초인(草人) 일곱을 만들어 각각 진언을 염하여 혼백을 붙이니, 일곱 초인이 일시에 팔을 뽐내며 크게 소리하고, 여덟 길동이 한데 모여 난만(爛漫)히 수작하니 어느 길동이 정 길동인지 그 진가(眞假)를 알지 못할러라. 모든 도적이 이를 보고 일시에 손뼉 쳐 웃어 가로대, “장군의 신기 묘술은 진실로 귀신도 측량치 못하리로소이다.” 하더라. 여덟 길동이 팔도로 분산할새, 매	하고, 즉시 초인(草人) 일곱을 만들어 진언(眞言)을 염(念)하고 혼백(魂魄)을 붙이니, 일곱 길동이 일시에 팔을 뽐내며 크게 소리하고 한 곳에 모여 난만(爛漫)히 수작하니, 어느 것이 정 길동인지 알지 못하는지라. 팔도에 하나씩 흩어지되, 각각 사람 수백여 명씩 거느리고 다니니, 그 중에도 정 길동이 어느 곳에 있는 줄 알지 못할러라. 여덟 길동이 팔도에 다니며 호풍환우(呼風喚雨)하는 술법을 행하니, 각 읍 창곡(倉穀)

도에 길동이 하나가 도적 오백 명씩 거느려 가게 하니, 모든 도적들이 각각 행장을 차려 길을 떠나매, 정 길동이 어느 곳에 있는 줄을 알지 못하고 민망하더니, 차시 함경감사가 불을 구하고 돌아오니, 창고 지키었던 군사가 고하되, “아까 성중이 고요한 때에 홀연 난데없는 무수한 도적이 창곡과 군기를 다 도적하여 갔나이다.” 하거늘, 감사가 대경실색하여 급히 사면으로 발포(發捕)하여 도적을 잡으라 하되 마침내 그 종적을 알지 못하더니, 문득 북문 지킨 군사가 보하되, “간밤에 여차여차하여 쓴 방문을 문외에 20 붙였나이다.” 하거늘, 감사가 떼어오라 하여 보고 이르되, “이는 천고에 괴이한 일이로다.” 좌우더러 문왈, “함경도 내에 홍길동이란 자가 있느냐?” 좌우가 아뢰되, “아무도 그 시종(始終)을 알 이 없나이다.”	을 일야간(一夜間)에 종적(蹤迹) 없이 가져가며, 서울 오는 봉물(封物)을 의심 없이 탈취하니, 팔도 각 읍이 소요하여 밤에 능히 잠을 자지 못하고 도로에 행인이 그쳤으니, 이러므로 팔도가 요란한지라.
감사가 또 다시 도내 각 읍에 행관하여 그 도적을 잡으라 하되 능히 잡지 못하는지라. 감사가 하릴없어 이 일로써 나라에 장계하니, 상이 보시고 가장 근심하사 가라사대, 행관(行關)에, “만일 길동을 잡아드리는 자가 있으면 중상(重賞)하리라.” 하시고, 사문에 방을 붙이니 장안이 크게 소동하더라. 각설. 길동이 초인 일곱을 만들어 한 도에 하나씩 보내고, 자기는 전라도·경기 양도에 왕래하여 각 도 각 읍에 봉송하는 재물을 탈취하니, 팔도가 소동하여 밤에 능히	감사가 이 일로 장계(狀啓)하니, 대강 하였으되, 난데없는 홍길동이란 대적이 있어, 능히 풍운을 짓고 각 읍의 재물을 탈취하오며 봉송(封送)하는 물종(物種)이 올라가지 못하여 작란이 무수하오니, 그 도적을 잡지 못하오면 장차 어느 지경에 이를 줄 알지 못하오리니, 복망(伏望) 성상(聖上)은 좌우포청(左右捕廳)으로 잡게 하소서. 하였더라. 상이 보시고 대경하사 포장(捕 11

21	잠을 자지 못하고 창고와 군기를 엄히 지키나, 길동의 수단이 바람을 부르며 비를 행하는 술(術)이 있는지라. 백주에 풍운과 사석을 날려 사람의 눈을 뜨지 못하게 하고, 창고를 열고 곡식과 재물을 탈취하여 종적이 없이 가져가니, 이로 말미암아 발마(撥馬)가 도로에 연속하여 팔도 장계 일시에 오르니, 그 주문(奏聞)에 갈왔으되,	將)을 명초(命招)하실새, 연(連)하여 팔도 장계(狀啓)를 올리는지라.
	홍길동이란 도적이 능히 구름을 지으며 풍백을 부려 운무 중에 각 읍 수령의 재물을 탈취하오니 그 형세 태산 같사온지라. 이러므로 잡을 길이 없나이다.	
	하였더라. 상이 남필에 팔도 장계의 연월일시를 보시니 한달 한날이거늘, 더욱 크게 놀라사 차탄하시며 가로대,	연하여 떼어 보시니, 도적의 이름이 다 홍길동이라 하였고, 전곡 잃은 일자를 보시니 한날한시라. 상이 크게 놀라사 가라사대,
	"이놈의 용맹과 술법이 옛날 초패왕(楚霸王) 항적(項籍)과 무향후(武鄕候) 제갈공명이라도 및지 못하리로다. 아무리 신기한들 한 사람이 동월 동일에 팔로로 다니며 작란하는고? 이는 심상치 아니한 도적이로다. 뉘 능히 차적(此賊)을 잡아 국가의 근심을 덜고 백성의 폐단이 없게 하리오."	"이 도적의 용맹과 술법은 옛날 치우(蚩尤)라도 당치 못하리로다. 아무리 신기한 놈인들 어찌 한 몸이 팔도에 있어 한날한시에 도적하리오. 이는 심상(尋常)한 도적이 아니라. 잡기 어려우리니, 좌우 포장이 발군(發軍)하여 그 도적을 잡으라."
	하신대, 옥음(玉音)이 맞지 못하여서 문득 반부 중으로서 한 신하가 출반주(出班奏) 왈,	하시니, 이때 우포장 이흡이 주왈(奏曰),
22	"이는 조그만 도적이라. 비록 약간 술법을 행하여 팔도에 작란하오나 어찌 옥체(玉體)의 염려하실 바리이꼬, 신이 비록 재주 없사오나 일지병(一枝兵)을 빌리시면 홍길동 등 모든 도적을 생금(生擒)하여 국가의 큰 환을 없이하고 성념(聖念)을 덜리이다." 하거늘, 모두 보니 이는 포도대장 이흡이라. 상이 깃그샤 즉시 정예한 군사 수	"신이 비록 재주 없사오나 그 도적을 잡아오리니 전하는 근심 말으소서. 이제 좌우 포장이 어찌 병출(幷出)하오리이까?"

	천을 주시며 위유하사 왈, "과인이 일찍 경의 지략을 아나니, 족히 근심이 없거니와, 곤(閫) 이외는 경이 임의로 처결하여 도적을 잡으라."	
	하시니, 이흡이 드디어 탑하(榻下)에 하직하고 즉일 바로 행군하여 성 밖에 나와 각각 흩어 보내어 약속을 정하되, 문경(聞慶)으로 모이라 하고, 홀로 행하여 김포 오십 리를 나와 날이 저물거늘, 주점을 찾아 쉬려하더니, 문득 일위(一位) 청포소년(靑袍少年)이 나귀를 타고 동자를 거느려 주점으로 들어오거늘, 이포장이 일어 예하고 좌정 후 청포소년이 문득 한숨 지며 탄식하거늘,	상이 옳이 여기사 급히 발행함을 재촉하시니, 이흡이 하직하고 허다 관졸을 거느리고 발행할새, 각각 흩어져 아무 날 문경(聞慶)으로 모도임을 약속하고, 이흡이 약간 포졸(捕卒) 수삼인(數三人)을 데리고 변복하고 다니더니, 일일은 날이 저물매 주점을 찾아 쉬더니, 문득 일위(一位) 소년이 나귀를 타고 들어와 뵈거늘, 포장이 답례(答禮)한대,
	이공이 문왈, "그대 무슨 근심이 있관대 이렇듯 슬퍼하느뇨?"	
	그 소년이 답왈,	그 소년이 문득 한숨지며 왈,
23	"'보천지하(普天之下)가 막비왕토(莫非王土)요, 솔토지빈(率土之濱)이 막비왕신(莫非王臣)이라.' 하니, 내 비록 향곡(鄕曲) 유생(儒生)이나 나라를 위하여 근심하노라."	"보천지하(普天之下)에 막비왕토(莫非王土)요, 솔토지민(率土之民)이 막비왕신(莫非王臣)이라 하니, 소생이 비록 향곡(鄕曲)에 있으나 국가를 위하여 근심이로소이다."
	이공 왈,	포장이 거짓 놀라며 왈,
	"그대 근심하는 일을 듣고자 하노라."	"이 어찌 이름이뇨?"
	그 소년이 이르되,	소년 왈,
	"이제 홍길동이란 도적이 팔로로 다니며 작란(作亂)하되 술법이 있으니, 각 읍 수령이 밤에 잠을 능히 자지 못하고, 나라가 근심하사 팔도에 행관하여 잡는 자가 있으면 중히 쓰리라 하시나, 힘이 약하고 잡을 사람이 없으니 이로 근심하노라."	"이제 홍길동이란 도적이 팔도로 다니며 작란(作亂)하매 인심이 소동하오니, 이 놈을 잡지 못하오니 어찌 분한(憤恨)치 않으리오."
	이공이 이르되,	포장이 이 말을 듣고 왈,
	"그대 기골이 장대하고 말씀이 충직하니, 내 비록 재주 없으나 그대를 따라 일비지력(一臂之力)을 도우리니, 그대 나로 더불	"그대 기골이 장대하고 언어가 충직하니 나와 한가지로 그 도적을 잡음이 어떠하뇨?"

어 동심합력(同心合力)하여 도적을 잡아 국가 근심을 덞이 어떠하리오.” 그 소년이 가로대, “그 도적의 용맹이 과인하여 겸인지용(兼人之勇)이 있다하니, 공이 나로 더불어 동심합력하면 잡으려니와 만일 그렇지 아니하면 도리어 우리 화(禍)를 자취(自取)할까 하노라.” 이공이 이르되, “대장부가 죽으면 죽을지언정 한번 언약한 후 어찌 실신(失信)하리오.”	
24 그 소년이 이르되, “내 벌써부터 잡고자 하되 용력 있는 사람을 얻지 못하였더니, 이제 공이 나를 따르고자하면 그윽한 곳에 가 재주를 시험하리라.”	소년 왈, “내 벌써 잡고자 하나 용력 있는 사람을 얻지 못하였더니, 이제 그대를 만났으니 어찌 만행(萬幸)이 아니리오마는, 그대 재주를 알지 못하니 그윽한 곳에 가 시험하자.”
하고 몸을 일어 밖으로 나가거늘, 이공이 그 소년을 따라 한 곳에 다다르니, 그 소년이 높은 뫼에 올라앉으며 이르되,	하고 한가지로 행하더니, 한 곳에 이르러 높은 바위 위에 올라앉으며 이르되,
“그대 힘을 다하여 발로 나를 차 언덕 아래 내리치면 그 용력을 가히 알지라.”	“그대 힘을 다하여 두 발로 나를 차라.”
하고, 기중 높은 뫼 끝에 올라앉거늘, 이공이 가만히 생각한대, ‘제 비록 역발산(力拔山) 기개세(氣盖世)하는 용력이 있은들, 내 한 번 차면 제 어찌 아니 떨어지리오.’ 하고, 평생 힘을 다하여 두 발노 매우 차니, 그 소년이 문득 몸을 돌아앉으며 이르되,	하고 낭 끝에 나아 앉거늘, 포장이 생각하되, ‘제 아무리 용력이 있은들 한 번 차면 제 어찌 아니 떨어지리오’ 하고, 평생 힘을 다하여 두 발로 매우 차니, 그 소년이 문득 돌아앉으며 왈,
“공(公)이 짐짓 장사로다. 내 여러 사람을 시험하되, 일찍 하나도 나를 요동하는 자가 없더니, 오늘날 공에게 차이매 오장이 울리고 참기 가장 어렵도다. 공이 나를 쫓아오면 홍길동을 잡을 것이니 내 뒤를 따르라.”	“그대 짐짓 장사로다. 내 여러 사람을 시험하되 나를 요동하는 자가 없더니, 그대에게 차이매 오장이 울리는 듯하도다. 그대 나를 따라오면 길동을 잡으리라.” 12
하고, 첩첩한 산곡(山曲)으로 들어가니 산천이 험악하고 수목이 무성하여 동서남북	하고, 첩첩한 산곡(山曲)으로 들어가거늘, 포장이 생각하되, ‘나도 힘을 자랑할 만하

을 능히 분간치 못할러라. 그 소년이 돌아서며 이르되,	더니, 오늘 저 소년의 힘을 보니 어찌 놀랍지 않으리오. 그러나 이곳까지 왔으니 설마 저 소년 혼자라도 길동 잡기를 근심하리오' 하고 따라가더니, 그 소년이 문득 돌아서며 왈,
“이곳이 홍길동이 있는 굴혈이라. 내 먼 25 저 탐지하고 나올 것이니 여기서 잠깐 기 다리라.” 이공이 이르되, “내 이미 그대로 더불어 사생(死生)을 허(許)하여 이에 이르렀으니, 어찌 나를 이곳에 머물러 시랑(豺狼)의 해를 당하라 하느뇨?” 그 소년이 웃어 가로대, “대장부가 어찌 시랑을 두려하리오. 공이 실로 겁하거든 먼저 들어가 적정을 탐지하고 나오라. 내 홀로 이곳에 있어 기다리리라.” 이공이 이르되, “그대 말이 쾌활하니 빨리 들어가 적세를 살피라. 이 도적을 잡아 국가 근심을 덜고 대공을 세우리니, 마땅히 명심 계지하라.” 청포소년이 미소부답(微笑不答)하고 표연히 산곡간으로 향하여 들어가더라.	“이곳이 길동의 굴혈이라. 내 먼저 들어가 탐지할 것이니, 그대는 여기서 기다리라.”
이포장이 홀로 기다리더니, 일락함지(日落咸池)하고 월생동령(月生東嶺)하니 문득 시랑은 전후좌우에 순라(巡邏)하거늘, 이공이 진퇴유곡이라. 하릴없어 큰 남글 안고 앉아 그 소년을 기다리더니, 홀연 산상으로 서 들레는 소리 요란하며 수십 군졸이 내려 오는지라. 이공이 대경 황망하여 바라보니 26 그 군사 상모(相貌)가 가장 흉악하거늘, 정 히 몸을 피하고자 하더니, 그 군사가 전후 좌우로 에워싸고 결박하며 꾸짖어 왈,	포장이 마음에 의심되나 빨리 잡아옴을 당부하고 앉았더니, 이윽고 홀연 산곡(山谷)으로 좇아 수십 군졸이 요란히 소리 지르며 내려오는지라. 포장이 대경하여 피코자 하더니, 점점 가까이 와 포장을 결박하며 꾸짖어 왈,
“네 포도대장 이모(某)인다? 우리 등이 지부(地府) 십대명왕(十代明王)의 명을 받	“네 포도대장 이흡인다? 우리 등이 지부왕(地府王) 명을 받아 너를 잡으러 왔다.”

자와 너를 잡으려 두루 편답(遍踏)하여 다니며 기포(譏捕)하되 일찍 잡지 못하였더니, 오늘 날 이곳에 와 만날 줄이야 어찌 뜻하였으리오?”	
언파에 철삭(鐵索)으로 목을 옭아 풍우같이 몰아가니, 이공이 불의지변(不意之變)을 만나 혼불부체(魂不附體)하여 수십 리를 가더니, 한 곳에 다다라 성문을 넘어 들어가니 천지 광대하고 별유세계(別有世界)러라. 심중에 생각하되,	하고 철삭(鐵索)으로 목을 옭아 풍우같이 몰아가니, 포장이 혼불부체(魂不附體)하여 아무런 줄 모르는지라. 한 곳에 다다라 소리 지르며 꿇려 앉히거늘, 포장이 정신을 진정하여 치밀어 보니, 궁궐이 광대한데 무수한 황건역사(黃巾力士)가 좌우에 벌였고,
“내 이렇듯 몰리어 이곳에 들어왔으니, 어찌 다시 살아 세상에 돌아가기를 바라리오.” 하고, 정신을 겨우 진정하여 눈을 들어 좌우를 살펴보니, 의의(猗猗)한 궁궐에 광채 영롱하여 일색(日色)에 바애는데, 무수한 군졸이 머리에 황건(黃巾)을 쓰고 좌우에 나열하였으니 위의(威儀) 가장 엄숙하거늘, 또 훤화지성(喧譁之聲)이 심히 요란한지라. 27 이공이 마음에 혜오되, ‘살아 육신이 왔는가, 죽어 혼백이 왔는가?’ 다만 엎드렸더니, 문득 앞으로서 한 소리 길게 나며 무수한 나졸이 내달아 잡아 계하에 꿇리거늘, 이공이 아무런 줄 몰라 엎드려 명을 기다리더니, 전상(殿上)의 한 왕자(王者)가 금포옥대	
(錦袍玉帶)로 탑 위에 높이 앉아 소리를 크게 하여 왈, “그대 조그만 필부로서 감히 외람한 뜻을 내어 홍장군을 잡으려 하매, 주륙산 신령이 진노하사 십대명왕(十代明王)께 고하여 그대를 잡아 죄를 묻고 철옥에 가두어 광언망설(狂言妄說)한 죄를 다스려 후인을 징계코자 하나니, 좌우는 이 사람을 엄수하라.”	전상(殿上)에 일위(一位) 군왕(君王)이 좌탑(座榻)에 앉아 여성(厲聲) 왈, “네 요마필부(幺麼匹夫)로 어찌 홍장군을 잡으려하는고? 이러므로 너를 잡아 풍도성(酆都城)에 가두리라.”
말이 맞지 못하여서 수십 군졸이 일시에 소리를 응하여 달려들어 결박하거늘, 이공	

	이 난간을 굳이 잡고 크게 웨여 왈,	포장이 겨우 정신을 차려 왈,
	“소인은 인간 잔천(殘喘)한 사람으로서 무죄히 잡혀 들어와 죄를 당하오니, 복걸(伏乞) 명부(冥府)는 조감(照鑑)하소서.”	“소인은 인간의 한미(寒微)한 사람이라 무죄히 잡혀왔으니 살려보냄을 바라나이다.”
	하고 언파에 크게 울거늘, 좌우가 대소하고, 꾸짖어 왈,	하고 심히 애걸하거늘, 전상에서 웃음소리 나며 꾸짖어 왈,
28	“이 용렬한 사람아. 어찌 지부(地府) 십전(十殿)과 십대명왕이 있으리오. 얼굴을 들어 나를 자세히 보라. 나는 다른 사람이 아니요, 이곧 활빈당 행수 홍길동이라. 그대 무식천견(無識淺見)으로 감히 외람한 의사를 내어 나를 잡고자 하매, 그 용맹과 뜻을 알고자 하여 작일(昨日) 내 청포소년이 되어 그대를 인도하여 이곳에 이름은, 그대로 하여금 우리 위엄을 보게 함이라.”	“이 사람아 나를 자시 보라. 나는 곧 활빈당 행수 홍길동이라. 그대 나를 잡으려하매 그 용력과 뜻을 알고자 하여 작일(昨日)에 내 청포소년으로 그대를 인도하여 이곳에 와 나의 위엄을 뵈게 함이라.”
	하고, 말을 마치매 좌우를 명하여 그 맨 것을 끌러 올려 앉히고 술을 부어 연하여 사오 배를 권하여 진정한 후, 가로되,	하고, 언파에 좌우를 명하여 맨 것을 끌러 당(堂)에 앉히고 술을 내와 권하며 왈,
	“그대 같은 유(類)는 천만이라도 나를 능히 잡으며 금단(禁斷)치 못하리니, 내 그대를 쾌히 죽여 세상을 다시 보지 못하게 할 것이로되, 그대 같은 필부를 죽이고 어디 가서 용납하리오. 그대는 빨리 돌아가라. 연(然)이나 그대 나를 보았다 하면 반드시 죄책이 있으리니, 이런 말을 일절 내지 말고 재생지인(再生之人)으로 생각하여 다시 그대 같은 사람이 있거든 경계하여 그대같이 속는 폐를 없게 하라.”	“그대는 부질없이 다니지 말고 빨리 돌아가되, 나를 보았다 하면 반드시 죄책이 있을 것이니 부디 이런 말을 내지 말라.”
	하고, 또 그 종자(從者)를 잡아들여 계하(階下)에 꿇리고 크게 꾸짖어 왈,	
29	“너희 등은 무지(無知) 천류(賤流)로 이흡을 좇아 나를 잡으려 하였으니 내 너희를 죽여 분을 풀 것이로되, 내 이미 너희 장수를 살려 보내며 너희를 해하리오. 너	

희 다시 외람한 뜻을 품을진대 내 앉아서도 너희를 잡아다가 죽일 것이니 삼가 조심하라." 하고, 즉시 군사를 호령하여 그 맨 것을 끄르고 위로하여 주식을 먹이고 이포장을 향하여 왈, "그대를 위하여 우리 한 잔 술로 정을 표하리라."	
하고 술을 내오라 하니, 이공이 바야흐로 놀란 정신을 수습하여 자시 보니 과연 청포소년이라. 그제야 속은 줄 알고 머리를 숙여 감히 한 말을 답(答)지 못하고 다만 권하는 술을 감히 사양치 못하여 취토록 먹으니, 길동이 담소하고 즐기거늘, 이포장이 그 신기함을 심중에 못내 탄복하더니, 이러구러 취한 술이 깨어 갈(渴)함을 견디지 못하여 하더니, 홀연 사지를 동여 요동치 못하는지라. 괴이히 여겨 가만히 정신을 진정하여 살펴보니, 가죽 부대 속에 넣었거 30 늘, **대**경(大驚) 황황(遑遑)하여 간신히 부대를 뜯고 나와 보니 가죽부대 셋이 일자(一字)로 나무 위에 매어 달렸거늘, 차례로 끌러 내리어 놓고 보니, 처음에 떠날 제 데리고 갔던 하인이라.	하고, 다시 술을 부어 권하며 좌우를 명하여 내어보내라 하니, 포장이 생각하되, 내가 이것이 꿈인가, 생신가? 어찌하여 이에 왔으며, 길동의 조화를 신기히 여겨 일**어** 13 가고자 하더니, 홀연 사지를 요동치 못하는지라. 괴히 여겨 정신을 진정하여 살펴보니, 가죽 부대 속에 들었거늘, 간신히 나와 본즉 부대 셋이 나무에 걸렸거늘, 차례로 끌러 내어보니 처음 떠날 제 데리고 왔던 하인이라.
서로 보며 이르되, "이것이 어인 일인고? 꿈인가 생신가? 죽어 황천에 돌아갔나, 세상에 살아있는가? 우리 이제 문경으로 모이자 하였더니 어찌하여 이곳에 왔는고?"	서로 이르되, "이것이 어쩐 일고? 우리 떠날 제 문경으로 모이자 하였더니, 어찌 이곳에 왔는고?"
하며 정신이 산란하여 두루 살펴보니, 이곧 다른 곳이 아니라 장안 북악산(北岳山)이라. 네 사람이 어이없어 장안 성중을 굽어보니 꿈결 같은지라. 묵묵반향(默默半晌)에 이포장 왈,	하고 두루 살펴보니, 다른 곳 아니오, 장안성(長安城) 북악(北岳)이라. 사인(四人)이 어이없어 장안을 굽어보며, 하인더러 일러 왈,

"나는 청포소년에게 속아 이에 왔거니와 여등(汝等)은 어찌하여 잡혀 왔는다?"

삼인이 고왈,

"소인 등이 주점에서 자옵더니, 일성뇌정(一聲雷霆)에 풍운 중 싸이어 묘묘탕탕(渺渺蕩蕩)히 몰아가니 아무데로 가는 줄 모르옵고 왔삽거니와, 어찌 이곳에 올 줄이야 뜻하였으리이까?"

이공이 가로대,

"이 일이 가장 허무맹랑하니 남에게 전
설(傳說)치 말라. 타인이 들은즉 도리어 화
31 를 취하리라. 여등은 일절 누설치 말라. 그
러나 길동의 신술과 묘산(妙算)은 귀신도
측량치 못하리니 어찌 인력(人力)으로 잡으
리오. 우리 등이 이제 들어가면 죄책이 있
으리니 아직 수월을 기다려 들어가자."

하고, 네 사람이 내려오더라.

이적에 나라에서 팔로에 행관(行關)하여 길동을 잡으라 하시되, 길동의 변화가 불측(不測)하여 장안 대로로 초헌(軺軒)을 타고 왕래하되 능히 잡을 자가 없고, 혹 각 읍에 노문(路文) 놓고 쌍교(雙轎)를 타고 왕래하되 능히 알 자가 없더라. 길동이 팔도로 다니며 각 읍 수령 중에 만일 어질지 못한 자가 있으면 길동이 가어사(假御使)가 되어 선참후계(先斬後啓)하니, 그 계문(啓聞)에 갈왔으되,

> 팔도 각 읍 수령 중 혹 빙공영사(憑公營私)하여 준민지고택(浚民之膏澤)하고 어질지 못하옵기로 가어사 홍길동이 선참후계하나이다.

하였더라. 상이 남파(覽罷)에 대로하사 왈,

"너는 어찌 이곳에 왔느뇨?"

삼인이 고왈,

"소인 등은 주점에서 자옵더니, 홀연 풍운에 싸이어 이리 왔사오니 무슨 연고를 알지 못함이로소이다."

포장 왈,

"이 일이 가장 허무맹랑하니 남에게 전설(傳說)치 말라. 그러나 길동의 재주가 불측(不測)하니 어찌 인력(人力)으로써 잡으리오. 우리 등이 이제 그저 들어가면 필경 죄를 면치 못하리니 아직 수월(數月)을 기다려 들어가자."

하고 내려오더라.

차시(此時) 상(上)이 팔도에 행관(行關)하사 길동을 잡아들이라 하시되, 그 변화가 불측(不測)하여 장안 대로로 혹 초헌(軺軒)도 타고 왕래하며, 혹 각 읍에 노문(路文) 놓고 쌍교(雙轎)도 타고 왕래하며, 혹 어사(御使)의 모양을 하여 각 읍 수령 중 탐관오리(貪官汚吏)하는 자를 문득 선참후계(先斬後啓)하되, 가어사(假御使) 홍길동의 계문(啓聞)이라 하니,

상이 더욱 진노하사 왈,

	"이놈이 각 읍에 다니며 작란함이 이렇듯 한대, 잡지 못하니 어찌 하리오."	"이 놈이 각 도에 다니며 이런 작란을 하되, 아무도 잡지 못하니 이를 장차 어찌 하리오."
32	하시더니, 도승지(都承旨) 탑하에 이르러 팔도 감사의 장계를 올리거늘, 상이 떼어보시니 그 장계에 갈왔으되,	하시고, 삼공육경(三公六卿)을 모아 의논하시더니, 연하여 장계(狀啓) 오르되, 다 팔도에 홍길동이 작란하는 장계라.
	홍길동이라 하옵는 도적이 고을마다 작란하와 민폐 적지 아니하오니, 복걸 성상은 군사를 조발하사 길동을 잡아 민폐를 덜어주옵심을 엎드려 천만 바라옵나이다.	
	하였더라. 상이 남필(覽畢)에 크게 근심하사 물어 가라사대,	상이 차례로 보시고 크게 근심하사 좌우를 돌아보시며 문왈,
	"이놈의 근본이 어디서 난 놈인고? 좌우 제신 중에 뉘 능히 이놈의 근본을 아는 자가 있느뇨?"	"이 놈이 아마도 사람은 아니요 귀신의 작폐(作弊)니, 조신(朝臣) 중 뉘 그 근본을 짐작하리오."
	하시니, 옥음이 미처 맞지 못하사, 한 사람이 출반주 왈,	일인이 출반주 왈,
	"홍길동은 전임 우승상 홍모의 서자(庶子)요, 이부좌랑 홍인형의 서제(庶弟)오니, 일찍 사람을 죽이고 나가온 지 수년(數年)이라 하옵더니, 이제 홍모와 인형을 패초(牌招)하여 하문(下問)하오시면 자연 그 근파(根派)를 알으실 듯 하여이다."	"홍길동은 전임 이조판서 홍모의 서자(庶子)요, 병조좌랑 홍인형의 서제(庶弟)오니, 이제 그 부자를 나래(拿來)하여 친문(親問)하시면 자연 알으실까 하나이다."
	상이 청파에 대로하사 왈,	상이 익로(益怒) 왈,
	"이런 말을 어찌 즉시 고(告)치 아니하였는다?"	"이런 말을 어찌 이제야 하는다?"
33	하시고, 즉시 금오랑(金吾郞)을 패초하사 가라사대,	
	"네 이제 급히 가 전임 우승상 홍모를 잡아오라."	
	하시고, 또 선전관으로 하여금 인형을 패초하라 하시니, 금부도사와 선전관이 나졸을	하시고 즉시 홍모는 금부(禁府)로 나수(拏囚)하고, 먼저 인형을 잡아들여 친국(親鞫)

거느리고 홍승상 집에 돌입하여 어명을 전한대, 가중이 물 끓듯 하고, 승상이 또한 아무 연고인줄 모르나 다만 나졸을 따라 취옥(就獄)하니, 선전관은 홍좌랑을 패초하여 탑하에 복지하온대, 상이 진노(震怒)하사 문왈,

"도적 홍길동은 너희 서제라 하니, 네 이제 길동을 빨리 잡아들여 일가의 대화를 면하라."

좌랑이 머리를 조으며 주왈,

"신의 천하온 동생이 불충불효하와 일찍 사람을 죽이옵고 망명도주(亡命逃走)하오매 그 사생을 모르온 지 벌써 수년이라. 늙은 아비 이로 말미암아 신병(身病)이 복발(復發)하와 명재조석(命在朝夕)이옵고, 이제 불초하온 길동이 신의 가내(家內)에 사죄(死罪)를 짓삽고 나라에 베일 죄를 당하였사오니, 신의 부자가 죄 만사무석(萬死無惜)이로소이다. 비록 그러하오나 자식에게
34 는 그른 부모가 없다 하오니, 옛날 고수(瞽叟)는 어지지 아니 하오되 착한 순(舜)을 두옵고, 순(舜)은 천하 대성인이사되 상균(商均) 같은 불초자를 두시고, 유하혜(柳下惠)는 천고의 어진 사람으로 공부자(孔夫子)와 벗을 삼았으나, 그 아우 불인(不仁)하여 천하 만민의 질고(疾苦)가 되어 이름을 도척(盜跖)이라 하고 태항산에 웅거하여 적당 수천을 거느리고 사람을 죽여 그 간(肝)을 내어 포육(脯肉)을 만들어 먹고, 이르는 곳마다 작은 나라는 능히 대적치 못하고 성을 버리고 달아나며, 큰 나라는 성을 굳게 지키어 살기를 도모하오니 이는 천하의 질고라. 그 형이 유약하여 능히 금치 못하였사오니, 지금 신의 아비 나이 팔십여 세에

하실새, 천위(天威) 진노하사 서안(書案)을 쳐 가라사대,

"길동이란 도적이 너의 서제라 하니, 어찌 금단(禁斷)치 아니하고 그저 두어 국가의 대환(大患)이 되게 하느뇨? 네 만일 잡
아들이지 아니하면 너의 부자의 충효를 돌 14
아보지 않으리니 빨리 잡아들여 조선 대변(大變)을 없게 하라."

인형이 황공하여 면관돈수(免冠頓首) 왈,

"신의 천한 아우 있어 일찍 사람을 죽이고 망명도주(亡命逃走)하온 지 수 년이 지나오되, 그 종적을 아옵지 못하와 신의 늙은 아비 이로 인하여 신병(身病)이 위중하와 명재조석(命在朝夕)이온 중, 길동이 무도불측(無道不測)함으로 성상의 근심을 끼치오니 신의 죄 만사무석(萬死無惜)이오니, 복망(伏望) 전하는 하해지택(河海之澤)을 드리옵서 신의 아비 죄를 사(赦)하사 집에 돌아가 조병(調病)케 하시면, 신이 죽기로써 길동을 잡아 신의 부자의 죄를 속(贖)하올까 하나이다."

신의 아우 천생 길동으로 하와 신석(晨夕)에 병이 되어 명재조석이오니, 복걸 전하는 자비지택을 드리우사 신의 아비 죄를 사(赦)하사 집에 돌아가 조병케 하오시면 신이 죽기로써 길동을 잡아 성상 근심을 덜리이다." 상이 그 효의(孝義) 말씀을 감동하사 홍모를 놓아 다시 우승상을 복직하시고, 좌랑 35 으로 경상감사를 제수하사 일 년 한을 주시며 길동을 잡아들이라 하시니, 감사가 사은숙배하고 인하여 하직한 후 집에 잠깐 들어가 배별(拜別)하고, 즉일 발행하여 여러 날 만에 감영에 이르러 도임하고, 드디어 각 읍에 행관하니, 기서(其書)에 왈,	상이 문파(聞罷)에 천심(天心)이 감동하사, 즉시 홍모를 사(赦)하시고 인형으로 경상감사를 제수하사 왈, "경이 만일 감사의 기구(器具) 없으면 길동을 잡지 못할 것이요, 일 년 한을 정하여 주나니 수이 잡아들이라." 하시니, 인형이 백배사은(百拜謝恩)하고 인하여 하직하며, 즉일 발행하여 감영에 도임하고 각 읍에 방(榜)을 붙이니, 이는 길동을 달래는 방이라. 기서(其書)에 왈,
사람이 세상에 나매 오륜이 으뜸이요, 오륜이 중한 것은 군부(君父)이니, 군부의 명을 거역하면 이는 불충불효라. 어찌 세상에 용납하리오. 길동은 오륜을 알거든 형을 찾아와 사로잡히라. 야야가 너로 인하여 백수모년(白首暮年)에 눈물이 거둘 날이 없고, 음식의 맛을 또한 알지 못하여 조석에 병환이 우중(又重)하시고, 네 죄 중한 고로 성상이 진노하사 야야를 수금하시고 나로 하여금 이 도백(道伯)을 제수하사 너를 잡아올리라 하시니, 만일 잡지 못하면 군명 거역한 죄를 당하여 홍씨(洪氏) 누대청덕(累代淸德)을 너로 하여금 일조(一朝)에 멸(滅)하리니, 어찌 슬프지 않으리오. 바라건대 길동은 부형의 경상을 고념(顧念) 36 하여 일찍이 자원하여 일문의 화를 면케	사람이 세상에 나매 오륜이 으뜸이요, 오륜이 있으매 인의예지(仁義禮智) 분명하거늘, 이를 알지 못하고 군부의 명을 거역하여 불충불효 되면 어찌 세상에 용납하리오. 우리 아우 길동은 이런 일을 알 것이니 스스로 형을 찾아와 사로잡히라. 우리 부친이 너로 말미암아 병입골수(病入骨髓)하시고 성상이 크게 근심하시니, 네 죄악이 관영(貫盈)한지라. 이러므로 나를 특별히 도백(道伯)을 제수하사 너를 잡아들이라 하시니, 만일 잡지 못하면 우리 홍문(洪門)의 누대청덕(累代淸德)이 일조(一朝)에 멸(滅)하리니 어찌 슬프지 않으리오. 바라나니 아우 길동은 이를 생각하여 일찍 자현(自現)하면 너의 죄도 덜릴 것이요, 일문(一門)을 보존하리니, 아지못게라, 너는 만 번 생각하여 자

하고 너희 백대(百代)에 누덕(累德)을 끼치지 말라.	현하라.
하였더라. 감사가 각 관에 행관하고 도임 삼일에 심사가 산란하여 공사를 전폐(全廢)하고 가장 우민(憂悶)하더니	하였더라. 감사 이 방을 각 읍에 붙이고 공사를 전폐(全廢)하여 길동이 자현하기만 기다리더니

찾아보기

경인한국학연구총서

1	高麗時代의 檀君傳承과 認識	金成煥 / 372쪽 / 20,000원
2	대한제국기 야학운동*	김형목 / 438쪽 / 22,000원
3	韓國中世史學史(II)-朝鮮前期篇*	鄭求福 / 472쪽 /25,000원
4	박은식과 신채호 사상의 비교연구	배용일 / 372쪽 / 20,000원
5	重慶 大韓民國臨時政府史	황묘희 / 546쪽 / 30,000원
6	韓國 古地名 借字表記 硏究	李正龍 / 456쪽 / 25,000원
7	高麗 武人政權과 地方社會**	申安湜 / 350쪽 / 20,000원
8	韓國 古小說批評 硏究**	簡鎬允 / 468쪽 / 25,000원
9	韓國 近代史와 萬國公法	김세민 / 240쪽 / 15,000원
10	朝鮮前期 性理學 硏究	이애희 / 316쪽 / 18,000원
11	한국 중·근세 정치사회사	이상배 / 280쪽 / 17,000원
12	고려 무신정권시대 文人知識層의 현실대응*	金晧東 / 416쪽 / 20,000원
13	韓國 委巷文學作家 硏究*	차용주 / 408쪽 / 20,000원
14	茶山의 『周易』 解釋體系	金麟哲 / 304쪽 / 18,000원
15	新羅 下代 王位繼承 硏究	金昌謙 / 496쪽 / 28,000원
16	한국 고시가의 새로운 인식*	이영태 / 362쪽 / 20,000원
17	일제시대 농촌통제정책 연구**	김영희 / 596쪽 / 32,000원
18	高麗 睿宗代 政治勢力 硏究	金秉仁 / 260쪽 / 15,000원
19	高麗社會와 門閥貴族家門	朴龍雲 / 402쪽 / 23,000원
20	崔南善의 歷史學	李英華 / 300쪽 / 17,000원
21	韓國近現代史의 探究*	趙東杰 / 672쪽 / 30,000원
22	일제말기 조선인 강제연행의 역사	정혜경 / 418쪽 / 23,000원
23	韓國 中世築城史 硏究	柳在春 / 648쪽 / 33,000원
24	丁若鏞의 上帝思想	金榮一 / 296쪽 / 16,000원
25	麗末鮮初 性理學의 受容과 學脈	申千湜 / 756쪽 / 35,000원
26	19세기말 서양선교사와 한국사회*	유영렬·윤정란 / 412쪽 / 20,000원
27	植民地 시기의 歷史學과 歷史認識	박걸순 / 500쪽 / 25,000원
28	고려시대 시가의 탐색	金相喆 / 364쪽 / 18,000원

29 朝鮮中期 經學思想研究 이영호 / 264쪽 / 15,000원

30 高麗後期 新興士族의 硏究 李楠福 / 272쪽 / 14,000원

31 조선시대 재산상속과 가족** 文淑子 / 344쪽 / 17,000원

32 朝鮮時代 冠帽工藝史 研究* 張慶嬉 / 464쪽 / 23,000원

33 韓國傳統思想의 探究와 展望 최문형 / 456쪽 / 23,000원

34 동학의 정치사회운동* 장영민 / 664쪽 / 33,000원

35 高麗의 後三國 統一過程 研究 류영철 / 340쪽 / 17,000원

36 韓國 漢文學의 理解 車溶柱 / 416쪽 / 20,000원

37 일제하 식민지 지배권력과 언론의 경향 황민호 / 344쪽 / 17,000원

38 企齋記異 研究 柳正一 / 352쪽 / 17,000원

39 茶山 倫理思想 研究* 장승희 / 408쪽 / 20,000원

40 朝鮮時代 記上田畓의 所有主 研究* 朴魯昱 / 296쪽 / 15,000원

41 한국근대사의 탐구 유영렬 / 528쪽 / 26,000원

42 한국 항일독립운동사연구** 신용하 / 628쪽 / 33,000원

43 한국의 독도영유권 연구 신용하 / 640쪽 / 33,000원

44 沙溪 金長生의 禮學思想* 張世浩 / 330쪽 / 17,000원

45 高麗大藏經 研究 崔然柱 / 352쪽 / 18,000원

46 朝鮮時代 政治權力과 宦官 張熙興 / 360쪽 / 18,000원

47 조선후기 牛禁 酒禁 松禁 연구* 김대길 / 334쪽 / 17,000원

48 조선후기 불교와 寺刹契 韓相吉 / 408쪽 / 20,000원

49 식민지 조선의 사회 경제와 금융조합 최재성 / 488쪽 / 24,000원

50 민족주의의 시대 - 일제하의 한국 민족주의 - ** 박찬승 / 448쪽 / 22,000원

51 한국 근현대사를 수놓은 인물들(1)** 오영섭 / 554쪽 / 27,000원

52 農巖 金昌協 研究 차용주 / 314쪽 / 16,000원

53 조선전기 지방사족과 국가* 최선혜 / 332쪽 / 17,000원

54 江華京板 『高麗大藏經』의 판각사업 연구** 최영호 / 288쪽 / 15,000원

55 羅末麗初 禪宗山門 開創 研究* 조범환 / 256쪽 / 15,000원

56 조선전기 私奴婢의 사회 경제적 성격** 安承俊 / 340쪽 / 17,000원

57 고전서사문학의 사상과 미학* 허원기 / 320쪽 / 16,000원

58 新羅中古政治史研究 金德原 / 304쪽 / 15,000원

59 근대이행기 민중운동의 사회사 박찬승 / 472쪽 / 25,000원

60 朝鮮後期 門中書院 硏究** 이해준 / 274쪽 / 14,000원

61 崔松雪堂 文學 硏究 金鍾順 / 320쪽 / 16,000원

62 高麗後期 寺院經濟 硏究* 李炳熙 / 520쪽 / 26,000원

63 고려 무인정권기 문사 연구 황병성 / 262쪽 / 14,000원

64 韓國古代史學史 정구복 / 376쪽 / 19,000원

65 韓國中世史學史(I)-고려시대편 정구복 / 604쪽 / 43,000원

66 韓國近世史學史** 정구복 / 436쪽 / 22,000원

67 근대 부산의 민족운동 강대민 / 444쪽 / 22,000원

68 大加耶의 形成과 發展 硏究 李炯基 / 264쪽 / 16,000원

69 일제강점기 고적조사사업 연구* 이순자 / 584쪽 / 35,000원

70 淸平寺와 韓國佛敎 洪性益 / 360쪽 / 25,000원

71 高麗時期 寺院經濟 硏究* 李炳熙 / 640쪽 / 45,000원

72 한국사회사의 탐구 최재석 / 528쪽 / 32,000원

73 조선시대 農本主義思想과 經濟改革論 吳浩成 / 364쪽 / 25,000원

74 한국의 가족과 사회* 최재석 / 440쪽 / 31,000원

75 朝鮮時代 檀君墓 認識 金成煥 / 272쪽 / 19,000원

76 日帝强占期 檀君陵修築運動 金成煥 / 500쪽 / 35,000원

77 고려전기 중앙관제의 성립 김대식 / 300쪽 / 21,000원

78 혁명과 의열-한국독립운동의 내면-* 김영범 / 624쪽 / 42,000원

79 조선후기 천주교사 연구의 기초 조 광 / 364쪽 / 25,000원

80 한국 근현대 천주교사 연구 조 광 / 408쪽 / 28,000원

81 韓國 古小說 硏究* 오오타니 모리시게 / 504쪽 / 35,000원

82 高麗時代 田莊의 構造와 經營 신은제 / 256쪽 / 18,000원

83 일제강점기 조선어 교육과 조선어 말살정책 연구* 김성준 / 442쪽 / 30,000원

84 조선후기 사상계의 전환기적 특성 조 광 / 584쪽 / 40,000원

85 조선후기 사회의 이해 조 광 / 456쪽 / 32,000원

86 한국사학사의 인식과 과제 조 광 / 420쪽 / 30,000원

87 高麗 建國期 社會動向 硏究* 이재범 / 312쪽 / 22,000원

88 조선시대 향리와 지방사회* 권기중 / 302쪽 / 21,000원

89	근대 재조선 일본인의 한국사 왜곡과 식민통치론*	최혜주 / 404쪽 / 29,000원
90	식민지 근대관광과 일본시찰	조성운 / 496쪽 / 34,000원
91	개화기의 윤치호 연구	유영렬 / 366쪽 / 25,000원
92	고려 양반과 兩班田 연구	윤한택 / 288쪽 / 20,000원
93	高句麗의 遼西進出 硏究	尹秉模 / 262쪽 / 18,000원
94	高麗時代 宋商往來 硏究	李鎭漢 / 358쪽 / 25,000원
95	조선전기 수직여진인 연구	한성주 / 368쪽 / 25,000원
96	蒙古侵入에 대한 崔氏政權의 外交的 對應	姜在光 / 564쪽 / 40,000원
97	高句麗歷史諸問題	朴眞奭 / 628쪽 / 44,000원
98	삼국사기의 종합적 연구	신형식 / 742쪽 / 51,000원
99	조선후기 彫刻僧과 佛像 硏究	崔宣一 / 450쪽 / 30,000원
100	한국독립운동의 시대인식 연구	한상도 / 510쪽 / 36,000원
101	조선총독부 중추원 연구	김윤정 / 424쪽 / 30,000원
102	미쩰의 시기*	김영수 / 336쪽 / 23,000원
103	중국 조선족 교육의 역사와 현실	박금혜 / 546쪽 / 40,000원
104	지명과 권력-한국 지명의 문화정치적 변천-	김순배 / 678쪽 / 53,000원
105	일제시기 목장조합 연구**	강만익 / 356쪽 / 25,000원
106	한글의 시대를 열다	정재환 / 472쪽 / 35,000원
107	고구려의 東北方 境域과 勿吉 靺鞨	김락기 / 292쪽 / 20,000원
108	조선후기 화폐유통과 경제생활	정수환 / 389쪽 / 28,000원
109	구비설화 속 거주공간과 인간욕망	김미숙 / 265쪽 / 20,000원
110	신라 목간의 세계*	이경섭 / 448쪽 / 34,000원
111	일제시대 미곡시장과 유통구조	오호성 / 446쪽 / 34,000원
112	조선후기 정치·사회 변동과 추국	김우철 / 304쪽 / 23,000원
113	조선후기 지방사의 이해	김우철 / 308쪽 / 23,000원
114	고구려 남방 진출사	장창은 / 490쪽 / 35,000원
115	조선시대 史庫制度 연구	박대길 / 332쪽 / 24,000원
116	朝鮮時代 遊覽文化史 硏究	이상균 / 400쪽 / 30,000원
117	일제강점기 도자사 연구	엄승희 / 656쪽 / 47,000원
118	한국 근현대 불교사의 재발견	김순석 / 450쪽 / 33,000원

***대한민국학술원 우수학술 도서**　　****문화체육관광부 우수학술 도서**